Studienbücher zur Kommunikations- und Medienwissenschaft

Reihe herausgegeben von
G. Bentele, University of Leipzig, Leipzig, Deutschland
H.-B. Brosius, Universität München, München, Deutschland
O. Jarren, Institut für Publizistikwissenschaft und Medienforschung, Universität Zürich, Zürich, Schweiz

Herausgeber und Verlag streben mit der Reihe „Studienbücher zur Kommunikations- und Medienwissenschaft" an, das Fachgebiet Kommunikationswissenschaft als Ganzes wie die relevanten Teil- und Forschungsgebiete darzustellen. Die vielfältigen Forschungsergebnisse der noch jungen Disziplin Kommunikationswissenschaft werden systematisch präsentiert, in Lehrbüchern von kompetenten Autorinnen und Autoren vorgestellt sowie kritisch reflektiert. Das vorhandene Basiswissen der Disziplin soll damit einer größeren fachinteressierten Öffentlichkeit zugänglich gemacht werden.

Herausgeber und Verlag wollen mit der Reihe dreierlei erreichen:

- Zum ersten soll zur weiteren Entwicklung, Etablierung und Profilierung des Faches Kommunikationswissenschaft beigetragen werden. Kommunikationswissenschaft wird als sozialwissenschaftliche Disziplin verstanden, die sich – mit interdisziplinären Bezügen – vor allem mit Phänomenen der öffentlichen Kommunkation in der Gesellschaft befasst.
- Zum zweiten soll den Studierenden und allen am Fach Interessierten ein solider, zuverlässiger, kompakter und aktueller Überblick über die Teilgebiete des Faches geboten werden. Dies beinhaltet die Darstellung der zentralen Theorien, Ansätze, Methoden sowie der Kernbefunde aus der Forschung. Die Bände konzentrieren sich also auf das notwendige Kernwissen. Die Studienbücher sollen sowohl dem studienbegleitenden Lernen an Universitäten, Fachhochschulen und einschlägigen Akademien wie auch dem Selbststudium dienlich sein. Auf die didaktische Aufbereitung des Stoffes wird deshalb großer Wert gelegt.
- Zum dritten soll die Reihe zur nötigen Fachverständigung und zur Kanonisierung des Wissens innerhalb der Disziplin einen Beitrag leisten. Die vergleichsweise junge Disziplin Kommunikationswissenschaft soll mit der Reihe ein Forum zur innerfachlichen Debatte erhalten. Entsprechend offen für Themen und Autorinnen bzw. Autoren ist die Reihe konzipiert.

Weitere Bände in der Reihe http://www.springer.com/series/12331

Thomas Koch · Christina Peter · Philipp Müller

Das Experiment in der Kommunikations- und Medienwissenschaft

Grundlagen, Durchführung und Auswertung experimenteller Forschung

Thomas Koch
Johannes Gutenberg-Universität Mainz
Mainz, Deutschland

Philipp Müller
Johannes Gutenberg-Universität Mainz
Mainz, Deutschland

Christina Peter
Ludwig-Maximilians-Universität München
München, Deutschland

ISSN 2524-3306   ISSN 2524-3314   (electronic)
Studienbücher zur Kommunikations- und Medienwissenschaft
ISBN 978-3-658-19753-7   ISBN 978-3-658-19754-4   (eBook)
https://doi.org/10.1007/978-3-658-19754-4

Die Deutsche Nationalbibliothek verzeichnet diese Publikation in der Deutschen Nationalbibliografie; detaillierte bibliografische Daten sind im Internet über http://dnb.d-nb.de abrufbar.

Springer VS
© Springer Fachmedien Wiesbaden GmbH, ein Teil von Springer Nature 2019
Das Werk einschließlich aller seiner Teile ist urheberrechtlich geschützt. Jede Verwertung, die nicht ausdrücklich vom Urheberrechtsgesetz zugelassen ist, bedarf der vorherigen Zustimmung des Verlags. Das gilt insbesondere für Vervielfältigungen, Bearbeitungen, Übersetzungen, Mikroverfilmungen und die Einspeicherung und Verarbeitung in elektronischen Systemen.
Die Wiedergabe von Gebrauchsnamen, Handelsnamen, Warenbezeichnungen usw. in diesem Werk berechtigt auch ohne besondere Kennzeichnung nicht zu der Annahme, dass solche Namen im Sinne der Warenzeichen- und Markenschutz-Gesetzgebung als frei zu betrachten wären und daher von jedermann benutzt werden dürften.
Der Verlag, die Autoren und die Herausgeber gehen davon aus, dass die Angaben und Informationen in diesem Werk zum Zeitpunkt der Veröffentlichung vollständig und korrekt sind. Weder der Verlag, noch die Autoren oder die Herausgeber übernehmen, ausdrücklich oder implizit, Gewähr für den Inhalt des Werkes, etwaige Fehler oder Äußerungen. Der Verlag bleibt im Hinblick auf geografische Zuordnungen und Gebietsbezeichnungen in veröffentlichten Karten und Institutionsadressen neutral.

Verantwortlich im Verlag: Barbara Emig-Roller

Springer VS ist ein Imprint der eingetragenen Gesellschaft Springer Fachmedien Wiesbaden GmbH und ist ein Teil von Springer Nature
Die Anschrift der Gesellschaft ist: Abraham-Lincoln-Str. 46, 65189 Wiesbaden, Germany

Vorwort

Experimente sind in der Kommunikations- und Medienwissenschaft weit verbreitet und haben die empirische Forschung im Fach entscheidend geprägt. Entsprechend nimmt experimentelle Forschung auch in der Methodenausbildung eine zentrale Rolle ein. Umso mehr erstaunt es, dass in der kommunikationswissenschaftlichen Literatur kein Lehrbuch existiert, das sich speziell dem Experiment widmet. Neben diversen Einführungen in die Methoden der Kommunikations- und Medienwissenschaft (z. B. Brosius et al. 2016; Scheufele und Engelmann 2009; Springer et al. 2015) gibt es fachspezifische Standardwerke zur Inhaltsanalyse (z. B. Früh 2017; Rössler 2017), zur Befragung (Möhring und Schlütz, 2010) und zur Beobachtung (Gehrau 2017). Hinzu kommen Monografien zu qualitativen Methoden (Meyen et al. 2011) oder zu Skalen in der Kommunikationswissenschaft (Rössler 2011). Diese Liste ließe sich problemlos fortführen, doch findet sich darauf kein Buch, das sich explizit mit Experimenten im Fach auseinandersetzt – auch keines im englischsprachigen Raum.

Nun existieren natürlich einzelne Publikationen zur Durchführung und Analyse von Experimenten aus der Psychologie und anderen Sozialwissenschaften. Auf diese Bücher können auch Kommunikationswissenschaftlerinnen und Kommunikationswissenschaftler zurückgreifen, denn grundsätzlich bestehen bei der Durchführung von Experimenten keine großen Unterschiede zwischen den sozialwissenschaftlichen Fächern: Für Grundannahmen und Designs, Vorgehen und Auswertung gibt es Standards, die wir auch im vorliegenden Buch nicht über den Haufen werfen. Allerdings weisen kommunikationswissenschaftliche Experimente einige Spezifika auf, die sie von Experimenten anderer Sozialwissenschaften unterscheiden. Das betrifft z. B. die Stimuli, bei denen es sich oftmals um Medienbeiträge handelt. Für deren Gestaltung gelten besondere Voraussetzungen, um interne und externe Validität zu gewährleisten. Daran schließt direkt die Frage nach dem Setting an: Wie ist beispielsweise eine Rezeptionssituation zu gestalten, wenn man Versuchspersonen im Rahmen eines Experiments einen Fernsehbeitrag ansehen lässt? Dürfen einzelne Medienbeiträge losgelöst von jeglichem Kontext präsentiert werden? Es betrifft aber auch spezielle ethische Aspekte, die insbesondere im Bereich der Wirkung von gewalthaltigen Medieninhalten, Pornografie und Gesundheitskommunikation zu beachten sind. Im Laufe dieses Buches werden wir immer wieder auf solche

Aspekte zu sprechen kommen, die genuin für kommunikationswissenschaftliche Experimente sind.

Zudem ist es für Studierende einfacher und für Dozierende hilfreich, in einem Lehrbuch Beispiele aus dem eigenen Fach zu finden. Denn das Lernen abstrakter Ideen gelingt deutlich leichter mit verständlichen und anschaulichen Szenarien. Solche konkreten Beispiele aus dem eigenen Fach schärfen zudem das Bewusstsein, wozu man die Methodenlektüre eigentlich braucht. Diese Notwendigkeit wird umso deutlicher, da Studierende sich oftmals über den Umfang, den die Methodenausbildung in der Kommunikationswissenschaft einnimmt, beklagen: Man hatte doch Kommunikationswissenschaft als Studienfach gewählt, um etwas über Journalisten, Medienwirkungen und PR zu lernen, nicht, um sich in einer Methodenvorlesung oder einem Forschungsseminar zu langweilen. Häufig hilft der Einsatz passender Beispiele, um ein Verständnis für die Relevanz empirischer Forschung und der dafür notwendigen Methodenausbildung zu schaffen. Wir haben in diesem Buch darauf geachtet, möglichst viele konkrete Szenarien aus dem kommunikationswissenschaftlichen Forschungsalltag zu berichten, um die oftmals abstrakten Ideen, die hinter experimenteller Forschung stehen, anschaulich darzustellen.

Insofern gab es einige Gründe, warum wir uns zusammengetan und diese Monografie verfasst haben. Wir wollten ein Lehrbuch entwickeln, das insbesondere für Studierende der Kommunikations- und Medienwissenschaft gedacht ist, die gerade in die experimentelle Forschung einsteigen. In vielen Kapiteln finden sich aber auch tiefergehende Ausführungen und weiterführende Gedanken, die für höhere Semester und junge Wissenschaftlerinnen und Wissenschaftler interessant sein können.

Das Buch kann jedoch nicht die empirische Praxis in allen Facetten darstellen. Erst wenn man ein Experiment selbst durchführt und allen Problemen und Widrigkeiten in der Praxis begegnet, lernt man empirische Forschung wirklich kennen. Die Recherche geeigneter Literatur, das Ringen um Worte bei der Hypothesenformulierung, die Entwicklung eines passenden Designs, die Bedenken, ob ein Stimulus brauchbar ist, der mühsame Prozess der Rekrutierung von Versuchspersonen, der oft ernüchternde und ratlose Blick auf die Resultate, aber auch die Freude über die gelungene Durchführung – all das erlebt man nur in der Praxis. Das Buch fungiert daher lediglich als theoretische Basis: Es soll als Ratgeber bei der Planung, Durchführung und Auswertung eines Experiments dienen und dabei helfen, die diversen Stolpersteine während dieses Prozesses sichtbar zu machen und zu umschiffen. Denn kein Lehrbuch kann jemals die praktischen Erfahrungen ersetzen, die Wissenschaftlerinnen und Wissenschaftler auf ihrem Weg mühsam sammeln müssen. Wir wünschen Ihnen daher nicht nur beim Lesen unseres Buchs viel Freude und Erkenntnisgewinn, sondern vor allem auch beim eigenen „Experimentieren"!

Thomas Koch
Christina Peter
Philipp Müller

Inhaltsverzeichnis

1	**Grundlagen experimenteller Forschung**	1
1.1	Die Erforschung von Ursache-Wirkungs-Beziehungen	1
1.2	Definition Experiment	4
1.3	Einordnung in die Forschungslandschaft	7
1.4	Zwischenfazit und Literaturhinweise	10
2	**Kausalität und Untersuchung kausaler Zusammenhänge**	15
2.1	Zusammenhänge zwischen Merkmalen	15
2.2	Ursachen von Zusammenhängen	18
2.3	Kausalität und Scheinkausalität	23
2.4	Bedingungen (zum Nachweis) von Kausalität	24
2.5	Nicht-experimentelle Prüfung kausaler Zusammenhänge	26
	2.5.1 Gründe gegen den Einsatz experimenteller Forschung	26
	2.5.2 Alternativen zur Prüfung kausaler Zusammenhänge	28
2.6	Zwischenfazit und Literaturhinweise	31
3	**Hypothesen**	33
3.1	Generierung von Hypothesen	33
3.2	Nutzen von Hypothesen	36
3.3	Arten von Hypothesen	38
	3.3.1 Systematisierung von Hypothesen anhand ihres Gültigkeitsanspruches	38
	3.3.2 Systematisierung von Hypothesen anhand ihrer Struktur	40
3.4	Formulierung von Hypothesen	42
3.5	Annehmen und Ablehnen von Hypothesen	45
3.6	Zwischenfazit und Literaturhinweise	47

4 Validität und Varianten von Experimenten 51
    4.1   Interne vs. externe Validität: Die Gretchenfrage 51
    4.2   Labor- vs. Feldexperimente 54
    4.3   Online-Experimente 56
        4.3.1   Online ist nicht gleich online 56
        4.3.2   Vor- und Nachteile von Online-Experimenten 57
    4.4   Quasi-Experimente 59
    4.5   Replikationen 61
    4.6   Zwischenfazit und Literaturhinweise 64

5 Experimentelle Designs und Manipulation 67
    5.1   Eine oder mehrere Personengruppen – Within- und Between-Subject Designs 67
        5.1.1   Mehrere Gruppen, ein Messzeitpunkt 68
        5.1.2   Eine Gruppe, mehrere Messzeitpunkte 69
        5.1.3   Mehrere Gruppen, mehrere Messzeitpunkte: Gemischte Designs 72
    5.2   Ein- und mehrfaktorielle Designs 74
        5.2.1   Ein Faktor, mehrere Stufen 75
        5.2.2   Mehrere Faktoren, mehrere Stufen: Zwei- und mehrfaktorielle Designs 76
        5.2.3   Unvollständige Designs 77
        5.2.4   Logik mehrfaktorieller Designs: Haupt- und Interaktionseffekte 78
    5.3   Manipulation im Experiment: Überblick 80
    5.4   Arten experimenteller Manipulation 82
    5.5   Manipulationscheck und Pretest 85
    5.6   Medieninhalte als Stimuli 88
    5.7   Zwischenfazit und Literaturhinweise 90

6 Vorbereitung und Durchführung von Experimenten 93
    6.1   Störvariablen und Fehler 94
        6.1.1   Zufällige Fehler 95
        6.1.2   Systematische Fehler und Konfundierung 96
        6.1.3   Vermeidung von Fehlern – Umgang mit Störvariablen 97
    6.2   Aufteilung und Testung der Versuchspersonen 99
        6.2.1   Randomisieren 100
        6.2.2   Parallelisieren (Matching) 101
        6.2.3   Einzel- vs. Gruppenversuche 102
    6.3   Versuchssituation 104

	6.4	Instruktionen	106
	6.5	Versuchsleiter und Versuchsleitereffekte	108
		6.5.1 Versuchsleitereffekte	108
		6.5.2 Elimination von Versuchsleitereffekten	111
	6.6	Zwischenfazit und Literaturhinweise.	113
7	**Versuchspersonen**		**115**
	7.1	Stichproben, Repräsentativität und Gruppengrößen	115
		7.1.1 Typen von Stichproben	116
		7.1.2 Zum Problem fehlender Repräsentativität in Experimenten	118
		7.1.3 Stichprobengrößen und Poweranalysen	120
		7.1.4 Berichten der Stichprobe	122
	7.2	Rekrutierungsstrategien	124
		7.2.1 Möglichkeiten der Rekrutierung	125
		7.2.2 Rekrutierung von Kindern und Jugendlichen	127
	7.3	Zur Teilnahme motivieren	128
	7.4	Einladungen formulieren	131
	7.5	Anforderungsmerkmale und Anforderungseffekte	135
	7.6	Testungseffekte	137
	7.7	Zwischenfazit und Literaturhinweise.	139
8	**Messung der Variablen**		**143**
	8.1	Arten von Variablen und die Reihenfolge ihrer Messung	144
		8.1.1 Unabhängige und abhängige Variablen	144
		8.1.2 Drittvariablen	146
		8.1.3 Weitere Messungen	147
		8.1.4 Zeitpunkt der Messung	148
	8.2	Operationalisierung: Vom Konstrukt zum Indikator	150
		8.2.1 Verschiedene Arten von Konstrukten und ihre Indikatoren	151
		8.2.2 Messniveaus der Indikatoren	154
	8.3	Befragungsmessung	157
		8.3.1 Befragungsmodi	157
		8.3.2 Fragetypen und ihre Vor- und Nachteile	159
		8.3.3 Sonderformen der Befragungsmessung	161
	8.4	Beobachtungsmessung	163
	8.5	Inhaltsanalytische Messung	166

	8.6	Güte der Messung	168
		8.6.1 Validität der Messung	169
		8.6.2 Reliabilität der Messung	171
	8.7	Berichten der Messung	174
	8.8	Zwischenfazit und Literaturhinweise	176
9	**Auswertung von Experimenten**		**179**
	9.1	Erste Schritte bei der Auswertung: Daten aufbereiten	180
		9.1.1 Datensichtung und Datenbereinigung	180
		9.1.2 Datenmodifikation	182
	9.2	Deskriptive Statistik	186
		9.2.1 Absolute und relative Häufigkeiten	186
		9.2.2 Lage- und Streuungsmaße	186
		9.2.3 Häufigkeits- und Wahrscheinlichkeitsverteilungen	188
	9.3	Induktive Statistik: Auswertungslogik bei experimentellen Daten	189
		9.3.1 Hypothesentests: Alles eine Frage der Wahrscheinlichkeit	190
		9.3.2 Alles dreht sich um Varianz	193
	9.4	Der Vergleich von zwei Gruppen	196
		9.4.1 Berechnung der Prüfgröße t	197
		9.4.2 Signifikanz	199
		9.4.3 Effektstärke	200
		9.4.4 Teststärke	201
	9.5	Der Vergleich von mehr als zwei Gruppen: einfaktorielle Varianzanalyse	202
		9.5.1 Berechnung der Prüfgröße F	203
		9.5.2 Post-hoc-Tests	205
	9.6	Statistische Kontrolle von Störvariablen: Kovarianzanalyse	206
	9.7	Mehrfaktorielle Varianzanalyse: Interaktionseffekte	209
	9.8	Andere Auswertungsverfahren	213
	9.9	Berichten der Befunde	214
		9.9.1 Datenmodifikation	214
		9.9.2 Darstellung der Hypothesentests	215
		9.9.3 Allgemeine Hinweise zum Berichten von Kennwerten	216
		9.9.4 Tabellarische bzw. grafische Darstellung	218
	9.10	Zwischenfazit und Literaturhinweise	220
10	**Ethik in der experimentellen Forschung**		**223**
	10.1	Forschungsethische Grundprinzipien	224
	10.2	Forschungsethik bei der Planung und Durchführung von Experimenten	226
		10.2.1 Freiwilligkeit der Studienteilnahme	227
		10.2.2 Vermeiden einer Schädigung der Versuchspersonen	230
		10.2.3 Debriefing der Versuchspersonen	231
		10.2.4 Vertraulichkeit und Datenschutz	232

	10.3	Forschungsethik beim Umgang mit Experimentaldaten	234
	10.4	Forschungsethik beim Berichten von Experimenten	238
	10.5	Zwischenfazit und Literaturhinweise	240
11	**Ein Leitfaden für die praktische Durchführung von Experimenten**		**245**
	11.1	Eine Forschungsidee finden und ausarbeiten	245
	11.2	Ein Untersuchungsdesign entwickeln	248
	11.3	Die Untersuchung vorbereiten und durchführen	250
	11.4	Die Daten auswerten und Bilanz ziehen	256

Literatur 261

Sachverzeichnis 271

Grundlagen experimenteller Forschung 1

In der kommunikationswissenschaftlichen Forschung begegnen wir oft Fragestellungen, die sich mit dem Einfluss von Medieninhalten auf Rezipientinnen und Rezipienten beschäftigen. Dies können beispielsweise Wirkungen von Werbung, Filmen, journalistischer Berichterstattung oder politischen Kampagnen sein. Wird das TV-Duell den Wahlausgang beeinflussen? Reduzieren Schockbilder auf den Päckchen den Konsum von Zigaretten? Führt Negativität in der journalistischen Berichterstattung zu einem verzerrten Weltbild der Rezipientinnen und Rezipienten? Machen Gewaltdarstellungen im Fernsehen Jugendliche aggressiv? Bei allen genannten Beispielen ist jeweils eine Ursache (z. B. die Rezeption gewalthaltiger Inhalte) mit einer vermuteten Wirkung (z. B. Aggressivität von Jugendlichen) verknüpft. Um solche Fragen nach Ursache-Wirkungs-Beziehungen zu beantworten, ist die kommunikationswissenschaftliche Forschung auf Experimente angewiesen. Zu Beginn dieses Kapitels erklären wir kurz, warum die Erforschung von Medienwirkungen mitunter kompliziert sein kann. Anschließend erklären wir, was ein Experiment ist, welche Logik der Experimentalforschung zugrunde liegt und wie man Experimente in die Forschungslandschaft einordnen kann.

1.1 Die Erforschung von Ursache-Wirkungs-Beziehungen

Mit einiger Regelmäßigkeit gibt es Diskussionen darüber, ob Darstellungen von mageren Models in der Werbung und in einschlägigen Fernsehsendungen Essstörungen bei jungen Frauen verursachen. In dieser Debatte wird ein ursächlicher Zusammenhang zwischen zwei Phänomenen postuliert, der nur ganz schwierig nachzuweisen ist. Betrachten wir die beiden Phänomene erst einmal separat: Zunächst geht es um die Beobachtung, dass junge Frauen häufig Darstellungen von sehr mageren Models sehen. Im Alltag begegnen uns auf Plakaten, Anzeigen und in Werbespots viele schlanke Models und man könnte glauben, dass Werbetreibende immer häufiger extrem schlanke Frauen abbilden. Nehmen wir einmal an, dass die Anzahl sehr schlanker Models in der Werbung in den letzten 15 Jahren gestiegen ist. Nun gibt es einen zweiten Trend, der dem gleichen Muster folgt: Essstörungen, vor allem Magersucht, haben in den letzten 15 Jahren deutlich zugenommen (Statistisches Bundesamt 2017).

Wir haben jetzt zwei Beobachtungen gemacht: Erstens wurden in den letzten 15 Jahren die in verschiedenen Medien abgebildeten Models immer dünner und zweitens nahm im gleichen Zeitraum die Anzahl an Essstörungen bei jungen Frauen zu. Darauf basierend könnte man annehmen, dass beides ursächlich zusammenhängt: Die Rezeption von Darstellungen solcher Magermodels könnte bewirken, dass bei jungen Frauen Essstörungen auftreten. Aus beiden unabhängigen Beobachtungen wird also ein ursächlicher bzw. kausaler Zusammenhang konstruiert: Die Darstellung dünner Models löst Essstörungen aus. Diese Annahme ist jedoch aufgrund unserer beiden Beobachtungen nicht haltbar, denn bloß, weil beide Phänomene das gleiche Muster aufweisen, heißt das nicht, dass diese auch ursächlich zusammenhängen.

Stellen Sie sich weiter vor, man findet in einer Befragung heraus, dass junge Frauen, die häufig Inhalte mit Magermodels rezipieren, vermehrt unter Essstörungen leiden. Man weiß damit also, dass beide Phänomene zusammen, also bei denselben Personen, auftreten. Kann man nun schlussfolgern, dass die Konfrontation mit Magermodels Essstörungen verursacht? Nein, denn genauso könnte man von einer umgekehrten Wirkungsrichtung ausgehen: Essgestörte junge Frauen wenden sich häufig gezielt solchen Inhalten zu, weil die darin abgebildeten Models ihrem Schönheitsideal entsprechen. Darüber hinaus wäre es möglich, dass beide Ereignisse gar nicht kausal zusammenhängen und unabhängig voneinander auftreten. Man spricht hier von Scheinkausalität – mit diesem Phänomen beschäftigen wir uns ausführlich in Abschn. 2.3. Der bloße Zusammenhang zweier Variablen sagt also nichts über die Ursache-Wirkungs-Beziehung aus, in der diese Phänomene stehen. Nähme eine Wissenschaftlerin an, dass die Rezeption von Magermodels zu Essstörungen führt, müsste sie also herausfinden, ob beides *ursächlich* zusammenhängt und ob die Rezeption der Models wirklich die Ursache und Essstörungen die Folge daraus sind.

Doch wie erbringt man einen solchen Nachweis? Dazu müsste man nicht nur den systematischen Zusammenhang zeigen, sondern auch die zeitliche Abfolge beider Ereignisse im Blick behalten sowie alternative Erklärungen ausschließen (dazu gleich ausführlich Abschn. 2.4). Und genau das ist es, was Experimente leisten. Mit ihnen kann die Forschung klären, ob das eine Phänomen tatsächlich die Ursache für das andere Phänomen ist. Ein solches Experiment könnte beim vorliegenden Beispiel ganz einfach aussehen: Man zeigt jungen Frauen mehrere Werbeanzeigen mit schlanken Models und prüft, ob sich diese Rezeption negativ auf ihre Einstellung zum Essen bzw. auf ihr Essverhalten auswirkt. Man könnte auch testen, ob die Frauen nach dem Betrachten der Anzeigen eine ungesundere Einstellung zum Essen aufweisen als eine vergleichbare Gruppe, die diese Bilder nicht gesehen hat. Oder man könnte beobachten, ob die Frauen nach dem Ansehen solcher Werbeanzeigen zu anderen Lebensmitteln greifen. Würde man ein solches Vorgehen wählen, hätte man ein sozialwissenschaftliches Experiment durchgeführt.

Experimente untersuchen, ob und wie ein bestimmter Sachverhalt (z. B. gewalthaltige Filme, Furchtappelle oder Abbildungen magerer Models) einen anderen Sachverhalt beeinflusst bzw. verändert (z. B. das Ausmaß der Aggressivität, das Fahr- oder das Essverhalten). Die Existenz solcher Kausalzusammenhänge kann nur mit Experimenten zweifelsfrei nachgewiesen werden; nicht-experimentelle Vorgehen werden zwar eingesetzt, doch sind diese nur bedingt in der Lage, einen solchen Nachweis zu erbringen (Abschn. 2.5 wird dies ausführlich darstellen). Weil wir uns in der Kommunikationswissenschaft sehr häufig mit Ursache-Wirkung-Beziehungen beschäftigen, sind Experimente hier zentral für die Forschung.

Doch was nutzt es uns und der Gesellschaft, wenn wir solche Fragen nach Ursachen und Wirkungen beantworten können? An dieser Stelle kommt ein wichtiges Ziel und eine gesellschaftliche Aufgabe der Forschung zum Tragen: Wissenschaft soll auf Basis von Studien die Realität beschreiben, erklären und Prognosen ableiten, um Handlungsempfehlungen für andere gesellschaftliche Akteure geben zu können. Das führt uns zurück zum eingangs vorgestellten Beispiel: Wenn wir auf Basis verschiedener Experimente zeigen, unter welchen Umständen die Darstellung sehr schlanker Models bei jungen Frauen Essstörungen auslösen, können wir Politik, Regulierungsbehörden und Medienschaffende beraten. Wir könnten z. B. problematische Formate und Sendungen benennen, besonders anfällige Problemgruppen identifizieren oder Faktoren herausarbeiten, die solche Wirkungen begünstigen oder abmildern. Dann wären wir in der Lage, wissenschaftlich fundierte Empfehlungen zur Prävention abzugeben und zur Bekämpfung von Essstörungen beizutragen. Solche Empfehlungen könnten beispielsweise lauten, den Einsatz sehr schlanker Models zu reglementieren oder Aufklärungskampagnen zu initiieren.

> **Auf den Punkt: Die Erforschung von Ursache-Wirkungs-Beziehungen**
> - Die Kommunikationswissenschaft setzt sich oft mit den Wirkungen von Massenmedien auseinander und hinterfragt die Ursachen, die hinter bestimmten beobachteten Phänomenen stecken (z. B. Wahlverhalten, Kaufentscheidungen, Aggressionen).
> - Dabei steht die Frage im Mittelpunkt, ob eine bestimmte Ursache (z. B. die Rezeption schlanker Models in der Werbung) eine spezifische Wirkung (z. B. essgestörtes Verhalten) auslöst.
> - Mithilfe von Experimenten können wir solche Kausalzusammenhänge eindeutig überprüfen.
> - Auf der Basis experimenteller Befunde kann man Prognosen ableiten und Handlungsempfehlungen geben.

1.2 Definition Experiment

Die Forschung nutzt Experimente also, um Ursache-Wirkungs-Beziehungen zu untersuchen. Und das ist auch schon einer der wichtigsten Aspekte, um Experimente zu definieren: Sie dienen der *Überprüfung von Kausalannahmen*. Eine Kausalannahme bezeichnet dabei die Vermutung einer Forscherin oder eines Forschers, dass zwei Ereignisse oder Zustände ursächlich miteinander verknüpft sind: Glaubt eine Forscherin, dass die Rezeption gewalthaltiger Filme, wie z. B. „Rambo III", zu aggressivem Verhalten führt, dann benennt sie eine Ursache (Rezeption des Films) und eine Folge dieser Ursache (aggressives Verhalten). Sie trifft in diesem Fall eine Annahme darüber, welche Wirkung ein bestimmtes Ereignis nach sich zieht. Experimente werden durchgeführt, um solche Vermutungen über Ursache-Wirkungs-Zusammenhänge zu überprüfen. Diese Annahmen nennt man auch Hypothesen und Kap. 3 wird diese noch ausführlich diskutieren.

Nun stellt sich zwangsläufig die Frage, wie man Kausalannahmen untersucht. Dazu wird in Experimenten *mindestens eine unabhängige Variable aktiv variiert*. Die unabhängige Variable (manchmal auch exogene oder erklärende Variable genannt) ist jene Größe, die man als potenzielle Ursache für eine interessierende Wirkung vermutet. Sie wird im Rahmen des Experiments manipuliert: Um zu wissen, ob der Film „Rambo III" Rezipienten aggressiver macht, könnte die Forscherin aus unserem Beispiel einer Gruppe von Personen (die sog. Versuchspersonen, vgl. dazu Kap. 7) den Film zeigen und einer anderen Gruppe einen gewaltlosen Film vorführen. Die unabhängige Variable wäre also die Art des gezeigten Films (gewalthaltig vs. nicht gewalthaltig). So gibt es in diesem Experiment zwei Gruppen, die miteinander verglichen werden: Die Gruppe, die den gewalthaltigen Film rezipiert, bezeichnen wir als *Experimentalgruppe* (EG). Die Gruppe, die den Stimulus nicht erhält bzw. eine andere Ausprägung des Stimulus (indem man z. B. die Gewaltszenen aus dem Film herausschneidet oder einen anderen, gewaltlosen Film zeigt), nennt man *Kontrollgruppe* (KG). In dieser einfachen Version eines experimentellen Designs wird genau eine unabhängige Variable mit zwei Ausprägungen variiert. Diese Variation erfolgt nicht willkürlich, sondern systematisch und planvoll. Ein solcher Plan kann sehr komplex sein, wie Kap. 5 noch zeigen wird. Er kann viele verschiedene Komponenten und deren Zusammenspiel betrachten. Wenn man beispielsweise erfahren möchte, wie der Film „Rambo III" das Aggressivitätslevel hoch aufmerksamer Rezipienten beeinflusst, die kurz vorher Frustration erlebt haben, muss man drei Sachverhalte gleichzeitig manipulieren. Entsprechend muss für ein experimentelles Vorgehen **mindestens** eine unabhängige Variable aktiv variiert werden, es können aber auch mehrere sein.

Die Forscherin aus unserem Beispiel erwartet nun, dass die Variation der unabhängigen Variable nicht folgenlos bleibt, sondern eine Wirkung hervorruft. Genauer gesagt, geht sie davon aus, dass die Rezeption von Rambo III die Aggressivität der Rezipienten im Vergleich zu einer Gruppe, die einen gewaltfreien Film sieht, steigert. Um das zu prüfen, muss man den Einfluss der *Manipulation auf eine oder mehrere abhängige Variablen messen* (diese werden auch endogene oder erklärte Variablen

1.2 Definition Experiment

genannt). Man prüft also, ob die Manipulation (in unserem Beispiel die Präsentation eines gewalthaltigen Films vs. die Präsentation eines Films ohne Gewaltdarstellungen) bestimmte Veränderungen bei den Versuchspersonen eines Experiments hervorruft. Solche Veränderungen können im Verhalten, im Denken oder im emotionalen Befinden einer Person auftreten. Man nennt diese drei Bereiche auch Konation, Kognition und Affekt/Emotion. Bei der Wirkung von „Rambo III" ließen sich neben der potenziellen Wirkung auf aggressives Verhalten auch Effekte auf das emotionale Befinden untersuchen: Sind Versuchspersonen nach dem Ansehen des Films gestresst, wütend oder verärgert? Wirkungen auf bestimmte Kognitionen der Probanden könnten ebenfalls interessant sein: Erinnern sich die Versuchspersonen insbesondere an die gewalthaltigen Szenen oder an anderes? Die Beispiele zeigen, dass es viele verschiedene Arten von abhängigen Variablen gibt, die man wiederum unterschiedlich erheben kann. Neben der Befragung und der Beobachtung sind Inhaltsanalysen und physiologische Messungen (z. B. die Messung von Herzschlagfrequenz oder Pupillenreaktionen) Methoden, um in der Kommunikationswissenschaft Variablen zu messen. Wir werden die verschiedenen Möglichkeiten zur Messung abhängiger Variablen in experimentellen Studien in Kap. 8 vorstellen.

Um sicher zu gehen, dass Effekte der abhängigen Variable auch wirklich von der Manipulation der unabhängigen Variable hervorgerufen wurden, *müssen Experimente unter kontrollierten Bedingungen durchgeführt werden*. Das bedeutet, dass man außer der Manipulation alle anderen potenziellen Einflüsse ausschalten oder konstant halten muss. Dies betrifft zwei Aspekte: Erstens müssen sich die Versuchspersonen in den verschiedenen Gruppen gleichen, was oft mittels einer Zufallsverteilung auf die Gruppen sichergestellt werden soll (vgl. dazu ausführlich Abschn. 6.2). Weiß die Forscherin beispielsweise, dass Frust neben Filmgewalt ein zentraler Auslöser für Aggressivität ist, muss sie dafür sorgen, dass sich Experimental- und Kontrollgruppe vor dem Experiment nicht in diesem Merkmal unterscheiden. Hier kommt die sogenannte Randomisierung ins Spiel: Die zufällige Zuteilung zu Experimental- und Kontrollgruppe soll sicherstellen, dass in beiden Gruppen gleich viel Frustrierte und nicht Frustrierte sind. Dieser Aspekt ist absolut zentral. Ohne zufällig verteilte Versuchspersonen handelt es sich bei einer sozialwissenschaftlichen Studie nicht um ein Experiment, sondern allenfalls um ein Quasi-Experiment (vgl. dazu Abschn. 4.4). Zweitens müssen die äußeren Umstände bzw. der Ablauf bei allen Gruppen gleich sein, sprich alle erhalten die gleichen Fragen, Instruktionen, die gleiche Versuchsleiterin bzw. den gleichen Versuchsleiter, sehen den Film in den gleichen Räumlichkeiten usw. Denken Sie nochmals an die Aufteilung in eine Experimentalgruppe, die „Rambo III" zu sehen bekommt, und eine Kontrollgruppe, die den Film nicht sieht. Beide Gruppen von Personen, das Vorgehen und die äußeren Umstände müssen sich gleichen. Es darf also nicht sein, dass eine Gruppe „Rambo III" gemütlich abends zu Hause anschaut, während die Kontrollgruppe ihren Film am frühen Morgen in einem Hörsaal zu sehen bekommt.

Experimente sind eine bestimmte Art, empirische Forschung durchzuführen. Sie sind keine Methode zur Datenerhebung – man kann mit einem Experiment per se ja nichts messen. Wollen wir untersuchen, ob ein gewalthaltiger Film wie „Rambo III" die Zuschauer aggressiv werden lässt, müssen wir deren Aggressionen irgendwie ermitteln. Man kann die Zuschauer beispielsweise nach dem Ansehen des Films befragen, wie gestresst und wütend sie sind – die im Rahmen des Experiments eingesetzte Erhebungsmethode wäre dann eine Befragung. Man könnte auch beobachten, wie aggressiv sich die Versuchspersonen nach dem Film verhalten – die Methode zur Datenerhebung wäre dann eine Beobachtung. Man muss also eines von mehreren denkbaren Vorgehen wählen, um das Ausmaß der Aggressivität zu erfassen. Der Begriff Experiment bezieht sich dagegen auf die Art, wie mit der unabhängigen Variable umgegangen wird – also ob diese lediglich gemessen oder aktiv manipuliert wird. Anders gesagt: *Ein Experiment ist eine Untersuchungsanordnung* (auch Untersuchungsanlage oder Untersuchungsdesign genannt). Das zentrale Kriterium, das experimentelle Untersuchungsanordnungen von nicht-experimentellen unterscheidet, ist, dass der Forscher bzw. die Forscherin aktiv eingreift, indem er/sie die unabhängige Variable systematisch variiert.

Auf den fünf hervorgehobenen Aspekten basiert nun unsere Definition:

▶ **Definition Experiment** Ein Experiment ist eine Untersuchungsanordnung zur Überprüfung von Kausalannahmen, bei der unter kontrollierten Bedingungen mindestens eine unabhängige Variable aktiv variiert und deren Einfluss auf eine oder mehrere abhängige Variablen gemessen wird.

Auch wenn die Menge an Ausführungen in diesem Kapitel vielleicht ein anderes Bild vermittelt, liegt Experimenten eine bestechend einfache Logik zugrunde: Man bildet (mindestens) zwei Gruppen, die sich in allen Merkmalen gleichen (z. B. Alter, Geschlecht, Bildungsgrad usw.) und bei denen während des Ablaufs des Experiments alle Faktoren konstant gehalten werden (z. B. gleiche Laborräume, gleicher Versuchsleiter). Dann präsentiert man den Gruppen unterschiedliche Ausprägungen eines Stimulus (Manipulation der unabhängigen Variable) und misst die jeweils interessierende abhängige Variable (z. B. Einstellung, Verhalten, Intentionen). Wenn sich Unterschiede zwischen den Gruppen zeigen, kann man davon ausgehen, dass diese von der Manipulation verursacht wurden, da sich die Gruppen ja nur in der Manipulation unterscheiden. Entsprechend dreht sich bei einem Experiment alles um Manipulation und Kontrolle: Man kontrolliert alle sonstigen Bedingungen so präzise, dass die vorgenommene Manipulation der unabhängigen Variable als alleinige Ursache des etwaigen Effekts zurückbleibt.

Auf den Punkt: Definition Experiment
- Mithilfe von Experimenten werden Kausalannahmen überprüft; man testet also Ursache-Wirkungs-Zusammenhänge zwischen Variablen.
- Bei einem Experiment wird mindestens eine unabhängige Variable aktiv variiert: Der Forscher bzw. die Forscherin greift in das Untersuchungsgeschehen ein und manipuliert gezielt ein Merkmal, dass er als Ursache vermutet.

- Bei einem Experiment werden die Auswirkungen der Manipulation auf eine oder mehrere abhängige Variablen gemessen; man nutzt bei einem experimentellen Vorgehen also geeignete Methoden (z. B. Befragung, Beobachtung), um die vermuteten Wirkungen auf die Versuchspersonen zu erfassen.
- Ein Experiment ist eine Untersuchungsanordnung, keine Methode der Datenerhebung.
- Ein Experiment muss unter kontrollierten Bedingungen durchgeführt werden, um andere Variablen (als die gezielt manipulierte) als Ursache für die gemessene Wirkung auszuschließen.

1.3 Einordnung in die Forschungslandschaft

Das vorliegende Buch widmet sich dem Experiment in der Kommunikations- und Medienwissenschaft und betrachtet damit einen sehr spezifischen Ausschnitt der Wissenschaft. Innerhalb der Wissenschaft gibt es verschiedene Teilbereiche, wobei die Einteilung in Natur-, Geistes- und *Sozialwissenschaften* eine recht geläufige Differenzierung ist. Jede Wissenschaft verfügt dabei über ihr eigenes Methodeninventar, also einen Bestand an Vorgehensweisen, um Fragestellungen in dem Fach empirisch beantworten zu können. Natürlich ist dieses zwischen verschiedenen sozialwissenschaftlichen Fächern (z. B. zwischen der Kommunikationswissenschaft, der Soziologie und Psychologie) deutlich ähnlicher als z. B. zwischen sozial- und naturwissenschaftlichen Fächern (z. B. Kommunikationswissenschaft und Physik). Experimente gibt es aber in allen Sozial- (z. B. in der Psychologie, Soziologie, Pädagogik, Politikwissenschaft usw.) und Naturwissenschaften (z. B. in der Medizin, Pharmazie, Chemie etc.). Sozialwissenschaftliche Experimente zeichnen sich dadurch aus, dass sie sich im weitesten Sinne dem gesellschaftlichen Zusammenleben der Menschen widmen und deren Verhalten, Emotionen und Kognitionen analysieren. Daher arbeiten diese Experimente mit Menschen als Probanden. In den Naturwissenschaften kann man aber auch Naturgesetze, Werkstoffe, das Verhalten von Tieren, die Wirkung chemischer Stoffe usw. experimentell prüfen.

Die *Kommunikations- und Medienwissenschaft* ist ein Teilbereich der Sozialwissenschaften und untersucht schwerpunktmäßig die Rolle der medial vermittelten Kommunikation für gesellschaftliche Zusammenhänge. Dies betrifft die Entstehung, Verbreitung, Produktion, Rezeption und Wirkung medialer Botschaften. Dabei kann man beispielsweise historische, politologische, psychologische, soziologische, ökonomische oder pädagogische Perspektiven einnehmen. Im Vergleich zu anderen Wissenschaftsdisziplinen ist die Kommunikations- und Medienwissenschaft eine sehr junge Forschungsdisziplin, die als Lehrfach in Deutschland erst seit 1916 besteht. Eine gute Übersicht über die Disziplin bietet z. B. Pürer (2003).

Um neue Erfahrungen über bestimmte Entwicklungen im Bereich der Kommunikations- und Medienwissenschaft zu gewinnen, wird *Forschung* betrieben. Darunter versteht man das systematische Suchen nach neuen Erkenntnissen sowie deren strukturierte und intersubjektiv nachvollziehbare Dokumentation und Publikation. Forschung unterscheidet sich somit vom zufälligen Entdecken eines Sachverhalts: Wenn Sie Ihre Geschwister und Eltern bei der Fernsehnutzung beobachten und dabei sehen, dass die jüngeren Geschwister sehr oft den Kanal wechseln, während Ihre Eltern deutlich seltener umschalten, dann haben Sie zufällig eine Beobachtung gemacht, aber keinesfalls wissenschaftlich den Zusammenhang von Alter und Zapping untersucht. Das vorliegende Buch wird noch häufig auf diesen Aspekt der systematischen Analyse zurückkommen.

Die Forschung innerhalb des Faches wird theoretisch und empirisch betrieben. Theoretisch zu forschen bedeutet, durch systematische und kritische Aufarbeitung bestehender Literatur Annahmen zu formulieren, weiterzuentwickeln oder zu prüfen. *Empirisch zu forschen* bedeutet, systematisch Erfahrungen über die Realität zu sammeln und diese mit Vermutungen, die wir über die Realität haben, abzugleichen. Experimentelle Forschung ist dabei immer empirisch. Nimmt eine Forscherin beispielsweise an, dass ein stereotypes Bild von Muslimen in der Berichterstattung dazu führt, dass Teile der Bevölkerung diesen negativer gegenüberstehen, kann sie diese Annahme empirisch prüfen, d. h. mit Daten aus der Realität abgleichen. Sie könnte einer Gruppe von Personen gezielt stereotypisierte Berichterstattung vorlegen und im Anschluss deren Einstellung zu Muslimen mit der einer Kontrollgruppe vergleichen. Dieser Vergleich wird zu einer Entscheidung führen, ob sich die Annahme bestätigt (und man sie demnach aufrechterhalten kann) oder nicht. Anders gesagt: Man konfrontiert seine Annahme mit einer Beobachtung aus der Realität. So geht jegliche empirische Forschung vor: Sie gewinnt Erkenntnisse durch das Sammeln und Auswerten von Informationen über die beobachtbare Realität. Auf diese Weise generiert empirische Forschung neues Wissen. Der Erfolg empirischer Forschung hängt von drei Komponenten ab: 1) Welche theoretische Annahme wird formuliert und wie wird sie formuliert? 2) Wie adäquat werden die Beobachtungen der Realität durchgeführt? 3) Lassen sich diese Beobachtungen generalisieren? Wie experimentelle Forschung mit diesen drei Fragen umgeht, wird dieses Buch insbesondere in den Kap. 3, 4 und 9 erläutern.

Empirische Forschung kann *deskriptiv oder explanativ* erfolgen und somit entweder die Beschreibung oder die Erklärung von Verhalten, Kognitionen und Emotionen zum Ziel haben. Die Beschreibung eines Sachverhalts ist oftmals Ausgangspunkt empirischer Studien: Dieser muss sorgfältig benannt, systematisiert und definiert werden, um Aussagen über Häufigkeiten, Ausprägungsgrade oder Zusammenhänge treffen zu können. Will man in einer Befragung prüfen, wie ausgeprägt die Islamophobie der deutschen Bevölkerung ist, könnte man ausgewählte Personen bitten, verschiedene Statements über Muslime einzuschätzen (z. B. „Es gibt zu viele Muslime in Deutschland"). Forscherinnen und Forscher können die Antworten der Befragten nun deskriptiv darstellen, indem sie beschreiben, wie oft und in welchem Ausmaß diesem Statement zugestimmt wurde. Sie berichten z. B., dass 46,1 % der deutschen Bevölkerung der Aussage, es gebe zu viele Muslime in Deutschland, zustimmen (Zick et al. 2011). Häufig reicht Forscherinnen und Forschern eine deskriptive Beschreibung aber nicht aus: Sie wollen nicht nur

1.3 Einordnung in die Forschungslandschaft

wissen, wie ausgeprägt die Islamfeindlichkeit in der Bevölkerung ist, sondern sind auch daran interessiert, welche Ursachen dafür verantwortlich sind (z. B. Rezeption stereotyper Berichterstattung über Muslime) bzw. was aus einer solchen Einstellung folgt (z. B. Wahl einer bestimmten Partei). Man hinterfragt also Ursache und Wirkung zwischen zwei Merkmalen. Das unterscheidet das Beschreiben vom Erklären bzw. eben die Deskription von der Explanation. Experimentelle Forschung widmet sich speziell dem Erklären, also dem Betrachten einer Ursache-Wirkungs-Beziehung. Neben Beschreibung und Erklärung sind zudem Vorhersage und Veränderung zentrale Ziele wissenschaftlicher Tätigkeit: Man will auch Prognosen abgeben und Verfahren entwickeln, um positive Änderungen anzustoßen. Eine übersichtliche und gut erklärte Darstellung dieser Funktionen bieten Hussy, Schreier und Echterhoff (2010).

Explanative Forschung kann *experimentell oder nicht-experimentell* durchgeführt werden. Diesen Aspekt haben wir bereits in den vorangegangenen Unterkapiteln angesprochen: Beim experimentellen Vorgehen manipuliert die Forscherin bzw. der Forscher aktiv eine unabhängige Variable, wohingegen bei nicht-experimenteller Forschung keine solche systematische Variation erfolgt. Wenn man herausfinden möchte, ob Journalisten unter Stress andere Selektionskriterien bei der Nachrichtenauswahl anlegen als in einer entspannten Arbeitssituation, könnte man die Nachrichtenauswahl der Journalisten einfach in stressigen und entspannten Zeiten beobachten. Ein solches nicht-experimentelles Vorgehen hätte allerdings den Nachteil, dass man damit keinen gesicherten Nachweis über Kausalität erbringen kann. Alternativ könnte die Forscherin bzw. der Forscher auch aktiv eingreifen und bei einer Gruppe von Journalisten künstlich Stress erzeugen, bei einer anderen Gruppe eine entspannte Atmosphäre schaffen und dann die Selektion von Nachrichten beobachten. Wir werden in Abschn. 2.5 noch sehen, welche verschiedenen Möglichkeiten es gibt, um Kausalzusammenhänge zu erforschen, und diskutieren, wo die Probleme dieser Alternativen liegen (und warum sie oftmals eingesetzt werden müssen).

Experimentell zu forschen heißt also, ein bestimmtes Untersuchungsdesign zu wählen und damit Kausalannahmen zu überprüfen. Dafür braucht man auch Methoden, um Daten zu erheben. Bei der Datenerhebung greift man zumeist auf Befragungen und Beobachtungen, auf physiologische Messungen und seltener auch auf Inhaltsanalysen zurück. Wir werden in Kap. 8 noch ausführlich über die verschiedenen Methoden berichten. Dieses Vorgehen ist so gut wie immer *quantitativ*. Das bedeutet, dass der zu interessierende Sachverhalt systematisch und basierend auf einer Vielzahl empirischer Beobachtungen numerisch dargestellt wird (Brosius et al. 2016). Nur sehr selten stößt man in den Sozialwissenschaften auf *qualitative Experimente*. Kleining (1986) beschreibt dieses als „nach wissenschaftlichen Regeln vorgenommene(n) Eingriff in einen (sozialen) Gegenstand zur Erforschung seiner Struktur. Es ist die explorative, heuristische Form des Experiments" (S. 724). Im Gegensatz zum quantitativen Verständnis, das in diesem Buch zugrunde gelegt wird, verfolgt es nicht die Idee, bestehende Annahmen zu überprüfen, sondern will entdecken und Strukturen explorieren. Auch hier greift die Forscherin bzw. der Forscher aktiv ein: Ein Beispiel dafür wäre ein

Gedankenexperiment, bei dem man die Probanden bittet, sich einen bestimmten Sachverhalt vorzustellen. Das qualitative Experiment bricht dabei mit den starren Strukturen, die eingangs postuliert wurden: Statt einer Kontrolle der Bedingungen fordert es deren Flexibilisierung, statt starren Testens postuliert es Offenheit des Forschenden und des Gegenstands (Burkart 2010). Die Möglichkeiten eines Kausalitätsnachweises sind dabei allerdings eingeschränkt. Wer sich für qualitative Experimente interessiert, dem sei die Lektüre der Aufsätze von Kleining (1986) und Burkart (2010) ans Herz gelegt, die einen historischen Abriss bieten und eine Übersicht zum Vorgehen und zu Regeln des qualitativen Experiments darstellen.

> **Auf den Punkt: Einordnung des Experiments in die Forschungslandschaft**
> - Wissenschaftlerinnen und Wissenschaftler suchen systematisch nach neuen Erkenntnissen, dokumentieren und publizieren diese.
> - Ein wichtiger Weg, neues Wissen zu generieren, erfolgt durch das Sammeln von Erfahrungen in der Realität und deren Auswertung (empirische Forschung).
> - Dabei kann das Beschreiben (deskriptiv) oder das Erklären (explanativ) empirischer Sachverhalte das Ziel sein.
> - Auf der Suche nach Erklärungen für bestimmte Phänomene ist experimentelle Forschung ein häufig gewählter Weg.
> - Das vorliegende Buch legt ein quantitatives Verständnis des Experiments zugrunde; qualitative Experimente unterscheiden sich davon in zentralen Merkmalen und werden nur sehr selten eingesetzt.

1.4 Zwischenfazit und Literaturhinweise

Sie beobachten eines Tages, dass manche Menschen während der Zeitungslektüre Musik hören und fragen sich, ob das deren Erinnerung an das Gelesene beeinflusst. Erinnern sich diese Personen etwa schlechter an die Inhalte eines Artikels, weil sie durch die Musik abgelenkt wurden? Basierend auf dieser Idee könnten Sie eine allgemeine Annahme treffen, wie sich musikalische Begleitung bei der Zeitungslektüre auswirkt: Wenn Rezipienten während des Lesens eines Zeitungsartikels Musik hören, erinnern sie sich schlechter an dessen Inhalte als eine Vergleichsgruppe, die während der Lektüre keine Musik hört. Dies ist nur eine Vermutung (man könnte auch sagen: eine Hypothese), deren allgemeine Gültigkeit noch nicht getestet wurde. Um sie zu überprüfen, können Sie Personen, die sich bereit erklären, bei einem Versuch mitzumachen, in zwei Gruppen teilen: Der einen Gruppen legen Sie einen Zeitungsartikel vor, den diese Personen genau eine Minute lang lesen dürfen (Kontrollgruppe). Den Personen aus der anderen Gruppe legen Sie den gleichen Artikel ebenfalls eine Minute lang vor; während der Lektüre spielen sie jedoch Musik im Hintergrund ab (Experimentalgruppe). Sie achten

1.4 Zwischenfazit und Literaturhinweise

penibel darauf, dass jeder genau eine Minute lang liest, dass dies jeweils im gleichen Raum, zu einer ähnlichen Zeit und an den gleichen Plätzen stattfindet (Kontrolle der Situationsvariablen). Nach dem Lesen des Artikels stellen Sie den Personen acht Fragen zu den Inhalten und prüfen, wie viele sie davon richtig beantworten können. Die unabhängige Variable wäre also das Abspielen bzw. Nicht-Abspielen der Musik, die abhängige Variable die Anzahl der korrekt erinnerten Informationen. Schließlich vergleichen Sie die Antworten beider Gruppen und prüfen, ob die Gruppe, die während des Lesens Musik gehört hat, tatsächlich durchschnittlich weniger Informationen erinnert als die Kontrollgruppe. Wäre dies so, hätte das Experiment Ihre ursprüngliche Annahme bestätigt. Dies wäre, in aller Kürze, ein experimentelles Vorgehen (eine ganze ähnliche Studie zur Informationsverarbeitung und Erinnerungsleistung bei paralleler Mediennutzung haben die Kolleginnen Emde-Lachmund und Kollegen 2017 durchgeführt). Weil das erste Kapitel zahlreiche neue Begriffe einführte, für die teilweise auch mehrere Synonyme existieren, stellt Tab. 1 diese nochmals anschaulich dar.

In diesem Kapitel wurde auch verdeutlicht, dass es sich bei Experimenten um keine Methode der Datenerhebung handelt, sondern um eine bestimmte Art, Forschung zu betreiben. Experimentalforschung zeichnet sich dadurch aus, dass die Forscherin bzw. der Forscher eine potenzielle Ursache (unabhängige Variable) systematisch manipuliert und ihre Auswirkungen misst, während er alle anderen Begleitumstände konstant hält. Dieses Vorgehen ermöglicht es, Fragen nach Ursache-Wirkungs-Beziehungen zu beantworten. Gerade in der Kommunikationswissenschaft gibt es vielfältige Fragen, die sich um Kausalbeziehungen drehen, beispielsweise:

- Überzeugen die Kandidatinnen und Kandidaten in TV-Duellen eher durch Inhalte oder vorwiegend durch Optik, Mimik und Gestik?
- Bewegen Furchtappelle auf Autobahn-Plakaten die Menschen dazu, vorsichtiger zu fahren?
- Überzeugt ein Werbespot mit Musik eher als ein Werbespot ohne Musik?
- Führt die Rezeption von Pornografie zur Unzufriedenheit mit dem eigenen Sexualleben?
- Widmen Rezipienten Nachrichtenbeiträgen mehr Aufmerksamkeit, wenn diese ihren Voreinstellungen entsprechen?
- Posten Facebook-Nutzerinnen bei einer Diskussion eher einen Kommentar, wenn sie glauben, dass die Mehrheit ihrer Meinung ist?
- Wählen Menschen, wenn sie traurig sind, eher lustige Fernsehserien, um ihre Stimmung aufzubessern?

Sie sehen, dass diese Fragen sehr unterschiedliche Bereiche kommunikationswissenschaftlicher Forschung tangieren: politische und visuelle Kommunikation, Gesundheitskommunikation, Werbung, Unterhaltungserleben, Medienpädagogik und -psychologie. Kaum ein Forschungsfeld in der Kommunikationswissenschaft kommt ohne experimentelle Forschung aus.

Tab. 1 Zentrale Begriffe der Experimentalforschung und deren Synonyme

Begriff	Synonyme	Erklärung
Manipulation	Treatment, Variation der unabhängigen Variable, Intervention	Systematische und aktive Veränderung der unabhängigen Variable aktiver Eingriff durch die Forscherin bzw. den Forscher
Experimentalgruppe	Treatmentgruppe, Versuchsgruppe	Gruppe von Versuchspersonen, die einen experimentellen Stimulus erhält
Kontrollgruppe	Vergleichsgruppe	In allen Merkmalen mit der Experimentalgruppe vergleichbare Gruppe von Versuchspersonen, die keinem oder einem neutralen Stimulus ausgesetzt wird
Unabhängige Variable	Exogene Variable, erklärende Variable, Faktor, (manipulierte) Bedingung, Prädiktor, x	Variable, die im Rahmen eines Experiments aktiv manipuliert wird; ihre Wirkung auf die abhängige Variable soll untersucht werden
Abhängige Variable	Endogene Variable, erklärte Variable, Zielvariable, Wirkung, y	Variable, die sich durch die Manipulation beeinflusst werden soll (bzw. davon „abhängt"); ihre Messung gibt Auskunft über Ausmaß und Richtung des Effekts der unabhängigen Variable
Störvariablen	Störfaktoren, Störbedingungen, Fehler, Kovariate	Variablen, die (neben der unabhängigen Variable) auch Einfluss auf die abhängige Variable nehmen können
Kausalität	Ursache-Wirkungs-Beziehung, Ursächlichkeit	Ein bestimmtes Ereignis ist die Ursache für eine nachfolgende Wirkung

Es gibt einige weitere Bücher, die in die Durchführung sozialwissenschaftlicher Experimente einführen. Für den Einstieg eignet sich z. B. auch „Das psychologische Experiment: Eine Einführung" von Oswald Huber (2013). Das Buch ist mittlerweile in der sechsten Auflage erschienen und wird nicht nur von Studierenden der Psychologie regelmäßig zurate gezogen. Es zeichnet sich durch seine klare Struktur und die vielen anschaulichen Beispiele aus; zudem lockern zahlreiche Cartoons, die Oswald Huber alle selbst gezeichnet hat, die Thematik auf. Ebenfalls aus der Psychologie stammt das von Walter Hussy und Anita Jain (2002) verfasste Lehrbuch „Experimentelle Hypothesenprüfung in der Psychologie": Neben der Versuchsplanung und Durchführung steht hier auch insbesondere die Auswertung experimenteller Forschung im Fokus. Das vorliegende Buch ist die erste deutschsprachige Einführung zur experimentellen Forschung

1.4 Zwischenfazit und Literaturhinweise

aus der Perspektive der Kommunikationswissenschaft. Jedoch haben Brosius, Haas und Koschel (2016) dem Experiment drei Kapitel in ihrem Lehrbuch „Methoden der empirischen Kommunikationsforschung. Eine Einführung" gewidmet („Grundlagen", „Validität und Fehler" sowie „Varianten und Durchführung"). Dieses Buch ist bereits in der siebten Auflage erschienen und mittlerweile ein Standardwerk für den Einstieg in die quantitative empirische Forschung in der Kommunikationswissenschaft. Es bietet einen kompakten und leicht verständlichen Überblick.

> **Auf den Punkt: Literaturhinweise**
> - Brosius, H.-B., Haas, A. & Koschel, F. (2016). *Methoden der empirischen Kommunikationsforschung. Eine Einführung* (7. Aufl.). Wiesbaden: VS Verlag für Sozialwissenschaften.
> - Huber, O. (2013). *Das psychologische Experiment: Eine Einführung* (6. Aufl.). Bern: Verlag Hans Huber.
> - Hussy, W. & Jain, A. (2002). *Experimentelle Hypothesenprüfung in der Psychologie*. Göttingen: Hogrefe.

Kausalität und Untersuchung kausaler Zusammenhänge 2

Das vorherige Kapitel explizierte, dass ein Experiment eine empirische Untersuchungsanordnung zur Überprüfung von Kausalannahmen ist. Entsprechend dreht sich bei der experimentellen Forschung alles um Ursache-Wirkungs-Beziehungen. Man will mit Experimenten nicht nur herausfinden, *ob* zwei Sachverhalte zusammenhängen, sondern auch *wie* diese zusammenhängen, also welches Ereignis der Auslöser ist und welches die Folge davon. Im vorherigen Kapitel sprachen wir vom Zusammenhang zwischen der Nutzung von Fernsehformaten mit schlanken Models und Essstörungen. Dabei stellte sich die Frage, ob die Rezeption dieser Inhalte (Ursache) dazu führt, dass man ein verzerrtes Schönheitsideal adaptiert und in eine Essstörung rutscht (Wirkung) oder ob das Vorhandensein einer Essstörung und damit eines verzerrten Schönheitsideals (Ursache) dazu führt, dass man eher Inhalte rezipiert, die dieses Ideal bestätigen (Wirkung). An diese Frage nach der Wirkungsrichtung wird das vorliegende Kapitel anknüpfen und ausführlich anhand unterschiedlicher Beispiele erklären, wie und warum zwei Sachverhalte zusammenhängen können und was in diesem Zusammenhang Kausalität bedeutet (und was nicht). Anschließend präsentieren wir drei zentrale Bedingungen, die erfüllt sein müssen, um kausale Zusammenhänge identifizieren zu können. Zuletzt erklären wir, wie man versuchen kann, Kausalannahmen auch mittels nicht-experimenteller Forschung zu prüfen.

2.1 Zusammenhänge zwischen Merkmalen

Wenn es einen Zusammenhang zwischen zwei Merkmalen gibt, stehen diese miteinander in Beziehung. Ein klassisches Beispiel für einen Zusammenhang ist der von Körper- und Schuhgröße: Würden wir eine große Anzahl von Personen nach ihrer Körper- und Schuhgröße befragen, würden wir feststellen, dass große Personen im Durchschnitt größere Schuhe tragen und kleine Personen meist kleine. Beide körperlichen Merkmale hängen also zusammen. Das bedeutet keineswegs, dass es keine kleinen Personen mit riesigen Füßen geben kann (oder anders herum) – jeder kennt sicherlich eine Ausnahme. Doch wenn man eine große Zahl von empirischen Beobachtungen nimmt, also die Körper- und Schuhgröße vieler Menschen anschaut, zeigt sich, dass die beschriebene Beziehung zwischen den beiden Merkmalen existiert; es scheint also eine Regel zu geben. Wir werden in diesem Kapitel zunächst einige grundlegende Überlegungen zu Zusammenhängen erklären.

Stellen Sie sich vor, Sie führen eine repräsentative Befragung der deutschen Bevölkerung durch und messen einerseits das Ausmaß der Ängstlichkeit auf einer fünfstufigen Skala (von 1 = gar nicht ängstlich bis 5 = sehr ängstlich) und erheben andererseits, in welchem Umfang die Befragten Krimis sehen (Umfang der Kriminutzung in Stunden pro Monat). Sie können nun prüfen, ob die beiden erhobenen Variablen zusammenhängen; einen solchen Zusammenhang zwischen zwei Variablen nennt man auch *Korrelation*. Diese kann man recht einfach mathematisch zeigen: Man überprüft, ob die beiden Variablen das gleiche Muster aufweisen (also kovariieren), ob also Abweichungen vom Mittelwert bei der einen Variable mit Abweichungen vom Mittelwert bei der anderen Variable einhergehen. Nehmen wir an, wir hätten eine durchschnittliche Ängstlichkeit von 3,0 auf unserer fünfstufigen Skala und eine durchschnittliche Kriminutzung von 30 h pro Monat. Wenn beide erhobenen Variablen kovariieren, könnte das einerseits bedeuten, dass Personen, die mehr Krimis sehen als der Durchschnitt (also z. B. über 40 h pro Monat) auch ängstlicher sind als der Durchschnitt (z. B. einen Wert von 4,0 oder höher auf der Skala haben). Personen, die bei der Kriminutzung hohe Werte angeben, kreuzen also auch im Durchschnitt bei der Ängstlichkeitsskala hohe Werte an. Im Umkehrschluss kreuzen Personen, die bekunden, wenig Krimis zu nutzen, bei der Ängstlichkeitsskala eher niedrige Werte an. Dies wäre ein Beispiel für einen *positiven Zusammenhang*. Allgemeiner formuliert gehen dabei Abweichungen bei einer Variable x mit korrespondierenden Abweichungen bei einer Variable y einher. Je größer also x, desto größer ist y bzw. je kleiner x, desto kleiner ist y. Abb. 2.1 stellt einen fiktiven positiven Zusammenhang von Kriminutzung und Ängstlichkeit dar; jeder Punkt repräsentiert hier die Werte eines Befragten. Man erkennt, dass mit zunehmender Kriminutzung (auf der X-Achse) eine größere Ängstlichkeit (auf der Y-Achse) einhergeht. Die schräge graue Linie symbolisiert diesen Zusammenhang.

Andererseits wäre es auch vorstellbar, dass Personen, die mehr Krimis sehen als der Durchschnitt, auch weniger ängstlich sind als der Durchschnitt. Allgemeiner formuliert würde hohe Ängstlichkeit mit weniger Kriminutzung einhergehen bzw. umgekehrt eine geringe Ängstlichkeit mit einer hohen Kriminutzung. Wer also bei der Kriminutzung hohe Werte angibt, der kreuzt im Durchschnitt bei der Ängstlichkeit niedrige Werte an und umgekehrt. Auch hier würden die beiden Variablen kovariieren, allerdings gäbe es einen *negativen Zusammenhang*. Von einem negativen Zusammenhang spricht man also, wenn Abweichungen bei einer Variable x mit indirekt proportionalen Abweichungen bei der Variable y einhergehen. Ganz einfach ausgedrückt: je größer x, desto kleiner y bzw.

2.1 Zusammenhänge zwischen Merkmalen

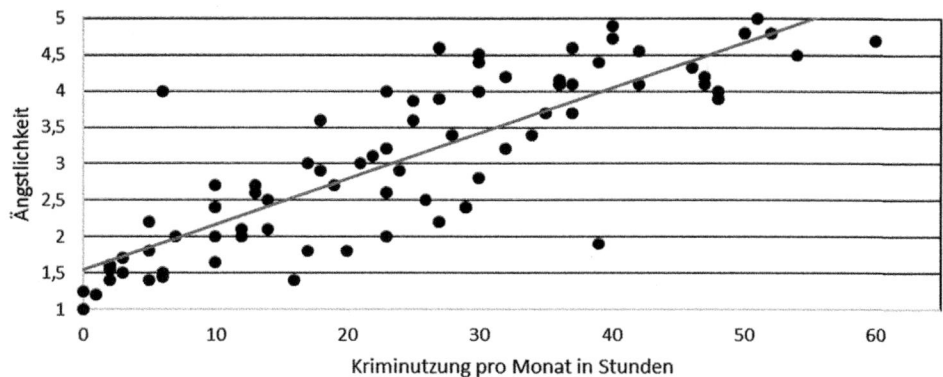

Abb. 2.1 Beispiel für einen positiven linearen Zusammenhang

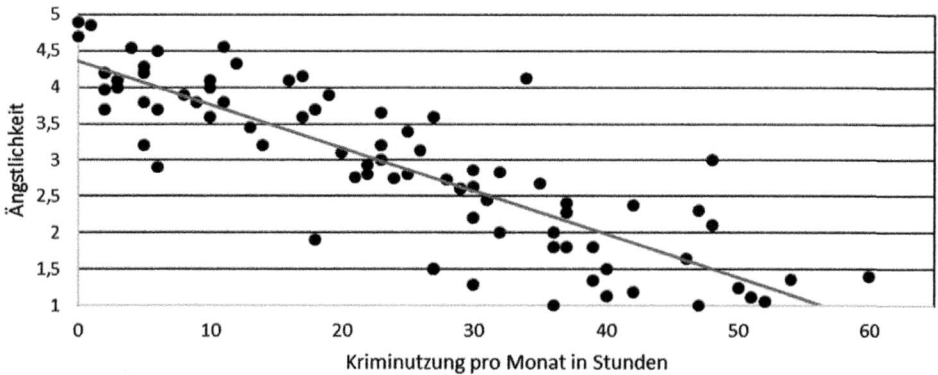

Abb. 2.2 Beispiel für einen negativen linearen Zusammenhang

je kleiner x, desto größer y. Abb. 2.2 zeigt einen fiktiven negativen Zusammenhang von Kriminutzung und Ängstlichkeit; wiederum repräsentiert jeder Punkt die Werte eines Befragten. Diese Grafik zeigt, dass mit zunehmender Kriminutzung (auf der X-Achse) eine geringere Ängstlichkeit (auf der Y-Achse) einhergeht. Die schräge graue Linie symbolisiert diesen Zusammenhang.

Zusammenhänge zwischen zwei Variablen können – unabhängig davon, ob sie positiv oder negativ sind – *unterschiedlich stark* sein. Eine mögliche positive Korrelation zwischen Ängstlichkeit und Kriminutzung wäre sicherlich nicht allzu ausgeprägt: Es ist ja nicht so, dass alle Krimifans große Angsthasen sind. Grundsätzlich haben wir es in der Medienwirkungsforschung meist mit eher schwachen Korrelationen zu tun. Um die Stärke eines Zusammenhangs zwischen zwei Variablen auszudrücken, haben sich in der Statistik einheitliche Maße durchgesetzt, welche die ermittelte Kovarianz standardisieren. Man errechnet dabei einen sog. Korrelationskoeffizienten. Dieser Kennwert schwankt zwischen −1 und +1, wobei −1 einen perfekt negativen Zusammenhang und

+1 einen perfekt positiven Zusammenhang zwischen den beiden Variablen beschreibt. Der Wert 0 bedeutet hingegen, dass beide Variablen nicht zusammenhängen, intensive Kriminutzung also zum Beispiel bei einigen zu hoher, bei anderen wiederum zu geringer Angst führt.

> **Auf den Punkt: Zusammenhänge zwischen Merkmalen**
> - In der Kommunikationswissenschaft interessiert uns häufig, ob zwei Merkmale zusammenhängen, ob diese also miteinander in Beziehung stehen. Solche Zusammenhänge können positiv oder negativ und von unterschiedlicher Stärke sein.
> - Ein positiver Zusammenhang zwischen zwei Merkmalen bedeutet, dass Abweichungen vom Mittelwert in die gleiche Richtung erfolgen, also höhere Werte der einen Variable mit höheren Werten der anderen Variable einhergehen (je größer x, desto größer y bzw. je kleiner x, desto kleiner y).
> - Ein negativer Zusammenhang zwischen zwei Variablen bedeutet, dass Abweichungen vom Mittelwert in die entgegengesetzte Richtung erfolgen, also höhere Werte der einen Variable mit niedrigeren Werten der anderen Variable einhergehen (je größer x, desto kleiner y bzw. je kleiner x, desto größer y).
> - Zusammenhänge zwischen Merkmalen können unterschiedlich stark sein, je nachdem, wie viele einzelne Wertpaare dem jeweiligen Muster folgen. Man beschreibt diese Stärke in der Regel mit einem standardisierten Korrelationskoeffizienten von -1 bis $+1$.

2.2 Ursachen von Zusammenhängen

Wenn eine Befragung zeigt, dass eine hohe Kriminutzung mit einer erhöhten Ängstlichkeit einhergeht, haben wir einen positiven Zusammenhang zwischen beiden Variablen identifiziert. Wir wissen aber noch nicht, warum dieser besteht. Hierfür gibt es insgesamt sechs mögliche Erklärungen (vgl. dazu Abb. 2.3):

(1) So könnte es sein, dass die vermehrte Nutzung von Krimis dazu führt, dass Menschen ängstlicher werden. Sieht man Gewalt und Verbrechen im Krimi, kann das zunächst situativ die Angst erhöhen, selbst Opfer eines Verbrechens zu werden. Bei Personen, die sich besonders häufig Raub, Mord und Totschlag im Fernsehen aussetzen, könnte sich über die Zeit eine chronische Ängstlichkeit entwickeln. Die Kriminutzung wäre in diesem Szenario die Ursache, die eine ausgeprägte Ängstlichkeit als Wirkung nach sich zieht.

(2) Es wäre weiterhin möglich, dass die Kausalität zwischen Kriminutzung und Ängstlichkeit genau andersherum bedingt ist, also ängstliche Menschen vermehrt Krimis ansehen. Denkbar wäre, dass ängstliche Menschen nicht so gerne vor die Tür gehen

2.2 Ursachen von Zusammenhängen

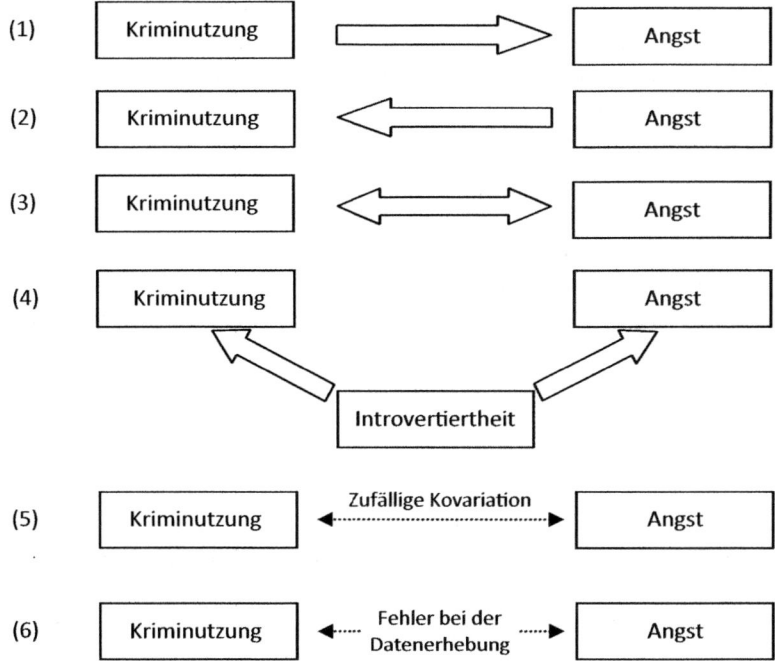

Abb. 2.3 Mögliche Ursachen von Zusammenhängen

(da könnte man ja Opfer eines Verbrechens werden) und entsprechend generell mehr fernsehen (und damit auch mehr Krimiserien nutzen). Alternativ wäre möglich, dass ängstliche Menschen gerne Krimis nutzen, weil sie ihr Weltbild bestätigen („Sag ich doch, nur Mord und Totschlag überall!"). In beiden Fällen wäre das Ausmaß der Ängstlichkeit die Ursache, die vermehrte Nutzung von Krimis die nachgeschaltete Wirkung.

(3) Weiterhin könnten sich auch beide Sachverhalte gegenseitig bedingen. In diesem Szenario würde die Kriminutzung dazu führen, dass Rezipienten ängstlicher werden, diese verängstigten Menschen blieben in der Folge lieber zu Hause und schauten noch mehr Krimis. Dies kann man als Spiralprozess verstehen, bei dem Ursache und Wirkung immer wieder wechseln: Kriminutzung führt zu Angst, diese wiederum zu mehr Kriminutzung, die wiederum noch mehr Angst verursacht usw. Ursache und Wirkung sind in so einem Fall stark verwoben und lassen sich analytisch nur durch Längsschnittstudien trennen (Slater 2007).

(4) Die beiden Sachverhalte könnten aber – wie im vorherigen Kapitel beschrieben – auch nur scheinbar in einem Ursache-Wirkungs-Verhältnis stehen und stattdessen von einer (oder mehreren) dritten Variable(n) abhängen. In unserem Beispiel könnte dies Introvertiertheit sein: Introvertierte Menschen gehen seltener aus und sehen deswegen abends mehr fern (eine Zeit, zu der Krimis gewöhnlich laufen). Gleichzeitig sind introvertierte Personen aber auch generell ängstlicher (z. B. Sulz und Müller 2000). So würde man einen

Zusammenhang zwischen Angst und Kriminutzung entdecken, dem in Wirklichkeit aber keine Kausalität zugrunde liegt. Es muss freilich nicht eine einzelne Drittvariable sein, die den Zusammenhang verantwortet – auch ein Bündel von Variablen, die miteinander in Beziehung stehen, ist denkbar.

(5) Solche vermeintlichen Kausalzusammenhänge (man spricht von Scheinkausalität, vgl. Abschn. 2.3) entstehen aber nicht nur durch Drittvariablen, sondern können auch durch einen Zufall verursacht werden. Ein zufallsbedingter Zusammenhang entsteht, wenn zwei Variablen systematisch, aber ohne direkt oder indirekt miteinander in Beziehung zu stehen, in die gleiche Richtung abweichen. Manchmal korrelieren zufallsbedingt einzelne Variablen, die aber gar nichts miteinander zu tun haben. So hängt beispielsweise die Zahl der jährlichen Filmauftritte von Nicolas Cage mit der Anzahl an Personen zusammen, die in den jeweiligen Jahren durch das Stolpern über ihre eigenen Füße starben (Vigen 2016). Und die Homepage https://scheinkorrelation.jimdo.com/ zeigt einen unglaublichen starken Zusammenhang ($r=,91$) zwischen der erreichten Höhe im Stabhochsprung bei deutschen Hallenmeisterschaften und der Anzahl der für wissenschaftliche Versuche verwendeten Kaninchen. Diese Variablen korrelieren also statistisch, bedingen sich aber nicht gegenseitig bzw. werden auch nicht von derselben Drittvariable verursacht.

(6) Zuletzt kann es auch sein, dass sich in einem Datensatz Zusammenhänge zeigen, die in der sozialen Realität gar nicht existieren, sondern durch methodische Fehler entstanden. Der vermeintliche Zusammenhang zeigt sich also nur im Datensatz, nicht jedoch in der Realität. Man spricht dann auch von einem methodischen Artefakt. Solche Fehler können sich unter anderem bei der Stichprobenauswahl, beim eingesetzten Messinstrument oder durch Befragtenmerkmale einschleichen. Ein klassisches Beispiel sind Antworttendenzen von Befragten wie die sog. Akquieszenz, eine Tendenz von Personen, Fragen eher zuzustimmen. Häuft sich diese Zustimmung bei zwei verschiedenen Variablen („Ich nutze häufig Krimis" und „Ich bin ein ängstlicher Mensch"), zeigt sich im Datensatz ein Zusammenhang als Folge eines methodischen Artefakts. Ein anderes Beispiel ist das sog. „Hypothesenraten" (vgl. Abschn.7.5), bei dem sich Versuchspersonen während der Studie Gedanken über das Ziel der Untersuchung machen und erahnen, was die Forscherin bzw. der Forscher herausfinden will („Die will doch sicher einen Zusammenhang zwischen Ängstlichkeit und Kriminutzung nachweisen"). Dies kann dazu führen, dass Versuchspersonen (oftmals implizit) nachhelfen und ihre Antworten dieser Vermutung entsprechend geben. Eine weitere Ursache kann in der fehlerhaften Zusammensetzung der Stichprobe liegen: Möchte man also z. B. eine Aussage über die deutsche Bevölkerung machen, dann kann man in der Regel nicht alle 80 Mio. Bundesbürger befragen, sondern wählt für die Studie eine kleine Subgruppe, die sog. Stichprobe (vgl. Abschn.7.1). Hat man bei dieser Auswahl einen Fehler gemacht und versehentlich besonders viele ängstliche Kriminutzer rekrutiert, findet man in den Daten einen Zusammenhang, der möglicherweise bezogen auf die gesamtdeutsche Bevölkerung so nicht existiert (vgl. dazu Abschn.7.1.3 und 9.3.1).

2.2 Ursachen von Zusammenhängen

Neben diesen Gründen für das Zustandekommen von Zusammenhängen unterscheidet man noch zwischen Erklärungen erster und zweiter Ordnung. Alle bislang angeführten Beispiele bezogen sich auf Effekte, bei denen sich eine Variable direkt auf eine andere Variable auswirkt. Man spricht hier von einem Effekt erster Ordnung, also einem unmittelbaren bzw. direkten Effekt, wenn z. B. Kriminutzung Angst auslöst. Immer wieder stößt man aber auch auf komplexere Kausalketten, bei denen *intervenierende Variablen* ins Spiel kommen. Der Wortherkunft nach bedeutet intervenieren, dass man in ein Geschehen eingreift, dass man also zwischen zwei Parteien vermittelt. Und genau das tun intervenierende Variablen: Sie treten vermittelnd zwischen zwei Merkmale und stellen dadurch einen Zusammenhang zwischen diesen Merkmalen überhaupt erst her. Daher nennt man sie auch *Mediatorvariablen*.

Auf unser Beispiel übertragen wäre es also eine Kausalität erster Ordnung, wenn Kriminutzung direkt Angst auslösen würde (vgl. Abschn. 2.4). Es wäre aber vorstellbar, dass eine Drittvariable diesen Effekt mediiert, wenn z. B. Kriminutzung eine verzerrte Wahrnehmung der Realität verursacht und diese verzerrte Wahrnehmung dann wiederum die Angst auslöst. In der Medienwirkungsforschung würde man einen solchen Effekt als Kultivierung zweiter Ordnung bezeichnen (Gerbner und Gross 1976; Gerbner et al. 1979): Vielnutzer von Krimis überschätzen die Anzahl schwerer Straftaten, weshalb sie ängstlicher werden. Beruht der Effekt allein auf dieser verzerrten Einschätzung, bedeutet dies im Umkehrschluss, dass Kriminutzer, welche die Anzahl an Straftaten nicht überschätzen, durch die Kriminutzung nicht ängstlicher werden. Eine solche Kausalkette lässt sich lange fortsetzen, wenn man theoretisch begründete Annahmen dazu hat. Beispielsweise wäre denkbar, dass es einen Zusammenhang von Kriminutzung und dem Kauf von Pfeffersprays gibt, der durch die verzerrte Wahrnehmung der Realität und das daraus resultierende Angstempfinden mediiert wird (Personen, die aufgrund ihrer verzerrten Realitätswahrnehmung aber nicht ängstlicher werden, bewaffnen sich dann entsprechend auch nicht).

Man kann weiterhin zwischen einer vollständigen und einer teilweisen Mediation unterscheiden. Im eben genannten Beispiel, bei dem die Kriminutzung eine verzerrte

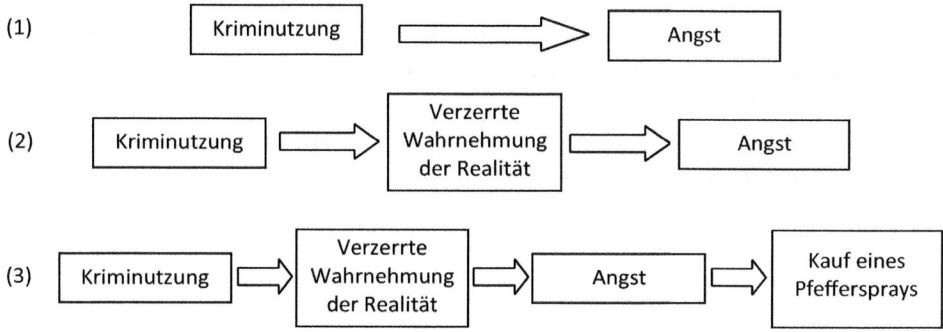

Abb. 2.4 Kausalitäten erster, zweiter und dritter Ordnung

Wahrnehmung der Realität verursacht und diese wiederum die Angst auslöst, würde der Effekt der Kriminutzung auf die Angst vollständig mediiert. Personen werden also nur ängstlicher, weil sie die Realität als gefährlicher wahrnehmen. Mathematisch würde sich zeigen, dass der direkte Einfluss der Variable Kriminutzung auf die Angst verschwindet, wenn man die Mediatorvariable in die Auswertung mit einbezieht. Wir haben oben aber bereits diskutiert, dass Kriminutzung auch direkt Angst auslösen kann: Dann würde die verzerrte Wahrnehmung der Realität nur einen Teil des Effekts erklären; man spricht dann von einer teilweisen oder *partiellen Mediation*.

Erklärungen höherer Ordnung sind in der Realität durchaus häufig anzutreffen und finden seit einigen Jahren verstärkt Eingang in die Forschung. Die Komplexität dieser Zusammenhänge ist jedoch eine Herausforderung: Empirisch nachweisen lässt sich die Kausalität eines Zusammenhangs erst durch eine experimentelle Manipulation, weshalb man zum Nachweis einer Mediation jede einzelne Variable (unabhängige und Mediatoren) manipulieren und deren Effekte untereinander bzw. auf die abhängige Variable testen müsste. Häufig kürzen Forscherinnen und Forscher jedoch diesen Prozess ab und verweisen auf andere Studien, die einzelne Kausalzusammenhänge bereits experimentell nachgewiesen haben. Dies wird in der Literatur aber äußerst kritisch diskutiert (vgl. z. B. Trafimow 2015; Bullock et al. 2010).

> **Auf den Punkt: Ursachen von Zusammenhängen**
> - Ein kausaler Zusammenhang zwischen zwei Variablen X und Y kann drei Gründe haben:
>   (1) X verursacht Y.
>   (2) Y verursacht X.
>   (3) X und Y bedingen sich gegenseitig.
> - Ein nicht-kausaler Zusammenhang (Scheinkausalität) zwischen zwei Variablen kann ebenfalls drei Gründe haben:
>   (1) Eine Drittvariable verursacht den Zusammenhang.
>   (2) Der Zusammenhang basiert auf einem Zufall.
>   (3) Der Zusammenhang beruht auf methodischen Fehlern.
> - Bei kausalen Zusammenhängen kann man Erklärungen erster, zweiter und höherer Ordnungen unterscheiden. Bei Erklärungen erster Ordnung wird ein Effekt von X auf Y unmittelbar bzw. direkt ausgelöst, bei Erklärungen zweiter bzw. höherer Ordnung treten eine oder mehrere intervenierende Variablen dazwischen und vermitteln bzw. mediieren den Zusammenhang, sodass komplexere Kausalketten entstehen.

2.3 Kausalität und Scheinkausalität

Die zentrale Frage, die uns in der Experimentalforschung umtreibt, betrifft die nach **Kausalität**. Der Begriff stammt vom lateinischen Wort *causa* ab, was Grund oder Ursache bedeutet. Entsprechend bezeichnet Kausalität die Beziehung zwischen Ursache und Wirkung. Man hinterfragt, ob ein spezifisches Ereignis (z. B. die Rezeption eines Horrorfilms) zu einem bestimmten anderen Ereignis (z. B. Angst) führt. In diesem Beispiel wäre die Rezeption eines Horrorfilms die Ursache, die eine spezifische Wirkung, nämlich ein Erleben von Angst, herbeiführt. Nicht alle Ereignisse, die gemeinsam auftreten, sind aber kausal (bzw. ursächlich) miteinander verknüpft.

So stößt man im Internet auf verschiedene Seiten, die sehr seltsame Zusammenhänge von Ereignissen demonstrieren (z. B. Vigen 2016): Beispielsweise gibt es eine extrem starke Korrelation ($r = ,95$) zwischen der Anzahl an Hochzeiten in Kentucky und der Anzahl an Personen, die in den USA ertranken, nachdem sie von einem Fischerboot gefallen waren. Und eine geradezu kurios perfekte Korrelation ($r = ,99$) ergibt sich zwischen der Scheidungsrate in Maine und dem Pro-Kopf-Konsum von Margarine in den Jahren 2000 bis 2009. Haben sich die Ehepaare in Maine etwa getrennt, weil sie über den exzessiven Margarine-Einkauf des Ehepartners in Streit gerieten? Bestimmt nicht, denn diesem Zusammenhang liegt mit ziemlicher Sicherheit keine Kausalität zugrunde – beide Ereignisse haben also höchstwahrscheinlich nichts miteinander zu tun.

Eine solche empirisch beobachtete Korrelation von zwei Variablen, zwischen denen jedoch kein Kausalzusammenhang besteht, nennt man *Scheinkausalität*. Die zwei Variablen stehen dabei in keinem Ursache-Wirkungs-Verhältnis. Häufig liest man auch die Begriffe „Scheinkorrelation" bzw. „Scheinzusammenhang", die jedoch missverständlich sein können: In der Statistik beschreibt ein Korrelationskoeffizient nämlich lediglich die Stärke eines Zusammenhangs zwischen zwei Variablen. Dieser kann stark oder schwach oder auch gar nicht vorhanden sein, aber eben nicht „zum Schein" existieren (Kelle 2008 S. 203).

Wie kommt es zu solchen Scheinkausalitäten? Menschen interpretieren Ereignisse, die um sie herum passieren, oft aus einer Ursache-Wirkungs-Logik heraus und nehmen vorschnell Kausalzusammenhänge an, wo keine sind (Shaklee und Mims 1982; Shaklee und Tucker 1980; Ward und Jenkins 1965). Der lateinische Ausdruck „post hoc, ergo propter hoc" („danach, daher deswegen") bezeichnet diesen Fehlschluss, dass das gemeinsame Auftreten zweier Ereignisse ohne weitere Prüfung als kausal interpretiert wird; Menschen fühlen sich einfach wohler, wenn sie hinter Ereignissen eine gewisse Logik erkennen und sie dem Zufall nicht hilflos ausgeliefert sind. Weitere Gründe für solche voreiligen Fehlschlüsse liegen in der menschlichen Neigung, Informationen so zu gewichten und zu interpretieren, dass sie zu unseren Vorannahmen passen (sog. Bestätigungsfehler oder confirmation bias; Chapman und Chapman 1969; Shaklee und Tucker 1980). Hätten wir beispielsweise die Vermutung, dass Krimirezeption Menschen ängstlicher macht, dann würden wir vielleicht häufiger bemerken, wenn der Mitbewohner nach der Rezeption einer Tatortfolge die Haustür absperrt. Unsere Annahme hat sich scheinbar bestätigt. Allerdings könnte es auch sein, dass der Mitbewohner eben meistens um 22.00 Uhr die Haustüre absperrt und häufig abends Krimis ansieht, diese beiden Handlungsmuster jedoch in keiner Weise zusammenhängen.

Das wohl bekannteste Beispiel für Scheinkausalität ist der Zusammenhang zwischen der Anzahl an Störchen und der Zahl der Geburten. Es lässt sich beobachten, dass in Deutschland über Jahrzehnte hinweg die Anzahl der Störche und die Geburtenzahl zurückgingen (letzterer Trend stoppte allerdings in den letzten Jahren und kehrte sich sogar leicht um). Robert Matthews (2000) von der Aston University in Birmingham hat den Zusammenhang zwischen der Zahl der Störche und der Geburtenrate in 17 Ländern untersucht und findet einen starken statistischen Zusammenhang zwischen beiden Variablen ($r=,62$). Dennoch wird wohl kaum jemand annehmen, dass beide Sachverhalte tatsächlich kausal miteinander verknüpft sind, Störche also die Babys bringen. Vielmehr ist es so, dass es in hoch industrialisierten Ländern und Regionen weniger Lebensraum für Störche gibt und zugleich in diesen Gebieten die Geburten zurückgehen, weil z. B. die Frauenerwerbstätigkeit höher ist oder eine kindgerechte Umwelt fehlt. Dies unterstreicht auch die empirische Beobachtung, dass in ländlich geprägten Regionen viele Störche gemeinsam mit einer hohen Geburtenrate auftreten, während in urban geprägten Zonen die Geburtenrate deutlich niedriger ist und sehr viel weniger Störche dort leben. Obwohl also rechnerisch ein starker Zusammenhang besteht, liegt diesem kein Ursache-Wirkungs-Prinzip zugrunde. Scheinkausalität kann aus drei Gründen entstehen, die wir im nachfolgenden Kapitel beschreiben.

> **Auf den Punkt: Kausalität und Scheinkausalität**
> - Scheinkausalität bezeichnet einen Zusammenhang zwischen zwei Variablen, der jedoch nicht kausal bedingt ist, dem also keine Ursache-Wirkungs-Logik zugrunde liegt.
> - Der in der Praxis gängigere Begriff „Scheinkorrelation" führt etwas in die Irre, da rechnerisch sehr wohl ein Zusammenhang besteht, diesem aber keine Kausalbeziehung zugrunde liegt.
> - Das menschliche Denken ist sehr fehleranfällig für voreilige Kausalschlüsse: Das gemeinsame Auftreten zweier Ereignisse wird oftmals voreilig als Ursache-Wirkungs-Beziehung interpretiert.

2.4 Bedingungen (zum Nachweis) von Kausalität

Nun haben wir allerlei über Zusammenhänge und deren Ursachen erfahren und wissen: Nur, weil wir in der Befragung einer Stichprobe einen Zusammenhang zwischen dem Umfang der Kriminutzung und dem Ausmaß der Ängstlichkeit finden, können wir nicht

2.4 Bedingungen (zum Nachweis) von Kausalität

schlussfolgern, dass die Rezeption von Krimis Menschen ängstlicher macht. Zwar ist das Vorhandensein einer Korrelation die Grundbedingung für eine zugrunde liegende Ursache-Wirkungs-Beziehung zwischen zwei Variablen – nur ist sie alleine nicht ausreichend, um Kausalität nachzuweisen. Wann aber kann man Kausalität als gegeben annehmen? Neben einem Zusammenhang als erste Bedingung müssen noch die zeitliche Abfolge und die Kontrolle alternativer Erklärungen berücksichtigt werden. Diese drei Bedingungen für Kausalität wurden ursprünglich 1843 von John Stuart Mill, einem englischen Philosophen, beschrieben (Mill 2002). Dieser bezog sich wiederum auf die Ideen von David Hume, einem schottischen Philosophen, der als Vordenker der Aufklärung gilt und bereits Mitte des 18. Jahrhunderts wegweisende Ideen zur Kausalität vorstellte.

Gehen wir diese drei Bedingungen im Einzelnen durch: Zunächst muss also ein *systematischer Zusammenhang zwischen der angenommenen Ursache und der angenommenen Wirkung* bestehen. Diese Bedingung unterstellt bereits zweierlei: Erstens müssen beide Konstrukte kovariieren, wie bereits in Abschn. 2.1 expliziert wurde. Zweitens zeigt die Formulierung dieser Bedingung, dass man bei Kausalität eine Ursache und eine Wirkung differenziert. Für die Ursache haben wir in Abschn. 1.2 bereits den Begriff unabhängige Variable eingeführt, also jene Größe, von der man vermutet, dass sie einen entsprechenden Effekt ausübt. Von ihr unterscheidet man die abhängige Variable, die von der Ursache beeinflusst wird, also von ihr abhängt.

Die zweite Bedingung für den Nachweis von Kausalität ist die *zeitliche Abfolge von Ursache und Wirkung:* Die Ursache muss vor dem Effekt auftreten. In der Experimentallogik würde man sagen, dass die Veränderung der unabhängigen Variable zeitlich vor der Veränderung der abhängigen Variable erfolgen muss. Stellen Sie sich vor, Sie finden den oben skizzierten Zusammenhang zwischen Ängstlichkeit und dem Umfang der Kriminutzung: Um plausibel sagen zu können, ob ängstliche Personen vermehrt Krimis nutzen oder ob die Rezeption von Krimis dazu führt, dass solche Personen ängstlicher werden, müsste man prüfen, welches der Ereignisse zuerst auftritt. Hätte man Anhaltspunkte dafür, dass die Befragten erst nach der Nutzung von Krimis ängstlicher sind, dann wäre dies ein Indiz für die Kausalrichtung. Beispielsweise könnte man Rezipienten vor und nach der Rezeption des „Tatorts" nach ihrer Ängstlichkeit befragen: Stellt man nun fest, dass diese zunimmt, wäre dies ein Hinweis dafür, dass Krimirezeption Personen tatsächlich ängstlicher macht.

Warum diese Annahme aber immer noch ein Fehlschluss sein könnte, verdeutlicht die letzte und am schwierigsten zu erfüllende Bedingung: *Alternative Erklärungen müssen durch ein Konstanthalten aller anderen Variablen ausgeschlossen werden.* Warum ist es allein kein Nachweis von Kausalität, wenn man weiß, dass zwei Variablen zusammenhängen und eine davon regelmäßig vor der anderen auftritt? Bleiben wir bei unserer Fragestellung, ob Kriminutzung die Probanden ängstlicher macht. Diese Fragestellung überprüfen wir anhand einer Folge der Krimi-Reihe „Tatort": Wir messen die Ängstlichkeit der Probanden um 20.00 Uhr, danach sehen sie den „Tatort". Kurz nach dessen Ende um 22:00 Uhr messen wir nochmals die Ängstlichkeit der Rezipienten und stellen fest, dass die Versuchspersonen ängstlicher als bei der ersten Messung sind. Nun läge es doch auf der Hand zu sagen, dass das Anschauen der Tatortfolge die Rezipienten ängstlicher gemacht hat. Aber haben wir in diesem Szenario wirklich alle Alternativerklärungen ausgeschlossen? So wäre es möglich, dass Menschen um 22:00 Uhr generell ängstlicher sind als um 20:00 Uhr (weil es um 22:00 Uhr z. B. dunkler ist). Wir vergleichen also nicht nur Ängstlichkeit vor und nach der Betrachtung des Films, sondern zusätzlich Ängstlichkeit zu zwei verschiedenen Tageszeiten. Damit ist der Zeitpunkt der Messung von Ängstlichkeit nicht konstant gehalten und könnte eine Alternativerklärung für die gefundenen Effekte darstellen. Es wäre auch möglich, dass Fernsehen generell aufwühlt und auch jede andere Sendung die Probanden ängstlicher gemacht hätte. Liegen im Rahmen einer empirischen Untersuchung von Zusammenhängen Alternativerklärungen für den eigentlich interessierenden Ursache-Wirkungs-Zusammenhang vor, spricht man von Konfundierung (vgl. Abschn. 6.1.2).

> **Auf den Punkt: Bedingungen (zum Nachweis) von Kausalität**
> Um Kausalität nachweisen zu können, müssen drei Bedingungen vorliegen:
>
> 1. Es muss einen systematischen Zusammenhang zwischen der angenommenen Ursache und der angenommenen Wirkung geben.
> 2. Die angenommene Ursache muss vor der angenommenen Wirkung auftreten.
> 3. Alternative Erklärungen müssen durch ein Konstanthalten aller anderen Variablen ausgeschlossen sein.

2.5 Nicht-experimentelle Prüfung kausaler Zusammenhänge

Neben experimenteller Forschung widmet sich auch nicht-experimentelle Forschung der Untersuchung von kausalen Zusammenhängen, da es verschiede Szenarien gibt, in denen Experimente nicht oder nur schwierig eingesetzt werden können. Im Nachfolgenden werden wir drei zentrale Gründe gegen den Einsatz experimenteller Forschung bei der Prüfung bestimmter Fragestellungen anführen und anschließend Probleme und Chancen dieser Alternativen diskutieren.

2.5.1 Gründe gegen den Einsatz experimenteller Forschung

Warum kann nicht jede Fragestellung, die eine Ursache-Wirkungs-Beziehung betrifft, experimentell getestet werden? Es gibt drei zentrale Gründe, die gegen ein experimentelles Vorgehen sprechen können: Erstens, wenn es um Fragestellungen geht, bei denen Versuchspersonen durch einen Stimulus psychischen oder physischen Schaden erleiden könnten, weshalb ein experimentelles Vorgehen aus ethischer Sicht nicht durchführbar

2.5 Nicht-experimentelle Prüfung kausaler Zusammenhänge

ist (vgl. dazu auch umfassend die Ausführungen in Abschn. 10.2.2). Zweitens gibt es methodische Gründe, die gegen die experimentelle Forschung zur Analyse einer Ursache-Wirkungs-Beziehung sprechen: Wenn die Fragestellung so komplex und vielschichtig ist, dass eine experimentelle Untersuchung nicht zu realisieren wäre oder die Manipulation einen derart massiven Eingriff in die Realität bedeuten würde, dass eine kontrollierte Überprüfung nicht mehr möglich ist. Und drittens sind oftmals Ursache-Wirkungs-Beziehungen relevant, die in der Vergangenheit liegen oder durch bestimmte einmalige Ereignisse ausgelöst wurden.

Widmen wir uns erstens den *ethischen Bedenken,* die eine experimentelle Forschung untersagen. Wir wollen untersuchen, ob die Rezeption von gewalthaltiger Pornografie im frühen Jugendalter zu einem verzerrten Frauenbild beiträgt und Misogynie (Frauenhass) verursacht – eine derzeit hoch relevante und aktuelle Fragestellung. Würde man diese streng nach Experimentallogik untersuchen, müsste man Jugendliche, die zwischen 12 und 14 Jahre alt sind, rekrutieren und in zwei Gruppen einteilen: Einer davon zeigt man gewalthaltige Pornofilme, eine Kontrollgruppe bekommt diese nicht zu sehen. Dass ein solches Vorgehen auf ethische Bedenken stoßen würde, leuchtet wohl jedem ein. Experimente sollten niemals durchgeführt werden, wenn Probanden durch die Exposition des Stimulus psychischen oder physischen Schaden nehmen könnten. So ist auch die in der Medienwirkungsforschung intensiv diskutierte Debatte um den Werther-Effekt (ob Berichterstattung über Selbstmorde Nachahmungstaten auslösen kann) ein Beispiel dafür, wie experimentelle Forschung sehr eindeutig an ethische Grenzen stoßen würde: Die Gefahr, Probanden durch die Exposition zu solcher Berichterstattung potenziell zu gefährden, ist zu groß. Entsprechend führen Studien zum Werther-Effekt in der Regel Befragungen durch oder versuchen, die Medienberichterstattung über Selbstmorde mit statistischen Daten zu Suiziden in Beziehung zu setzen (z. B. Niederkrotenthaler et al. 2010).

Zweitens sprechen manchmal *methodische Hindernisse* gegen das experimentelle Testen von Ursache-Wirkungs-Zusammenhängen. So gibt es Fragestellungen, bei denen eine experimentelle Untersuchung kaum zu realisieren wäre. Will man herausfinden, wie sich ein Umzug auf die Mediennutzungsgewohnheiten auswirkt, könnte man Probanden in zwei Gruppen teilen und eine davon bitten, den Wohnort zu wechseln. Doch wie sähe ein solches Vorgehen in der Praxis aus? Könnte man Familien mittels übermäßigen Einsatzes von Incentives tatsächlich dazu bewegen, in eine andere Stadt zu ziehen? Selbst wenn dies gelänge, ist die so entstandene Situation keinesfalls mit einem realen Umzug vergleichbar. Dies verdeutlicht ein zweites, damit verbundenes Problem: Eine Manipulation kann in solchen Fällen einen so massiven Eingriff bedeuten, dass eine adäquate Beantwortung der Forschungsfrage nicht möglich ist. Eine durchaus spannende Frage, welche die Wissenschaft derzeit umtreibt, ist, ob eine intensive Nutzung von sozialen Netzwerken dazu führt, dass Personen sich weniger mit Freunden im „realen Leben" verabreden. Eine solche Frage experimentell zu beantworten, würde zahlreiche methodische Probleme aufwerfen, die kaum zu lösen sind: Wie schaffe ich es, Personen randomisiert dazu zu bringen, viel oder wenig soziale Netzwerke zu nutzen? Umgekehrt, wie schafft man es, Nutzer sozialer Netzwerke in eine Kontrollgruppe zu stecken, die von heute auf morgen plötzlich keine sozialen Netzwerke mehr nutzen darf? Und selbst wenn dies gelänge, bliebe es fraglich, ob ein derart künstlich erzwungenes Nutzungsverhalten überhaupt die Realität widerspiegelt. Man würde auch sagen, dass solche Untersuchungen nicht extern valide sind – damit befasst sich Abschn. 4.1 noch ausführlich.

Drittens können auch *praktische Gründe* eine experimentelle Untersuchung unmöglich machen: Dies betrifft zum Beispiel Fragestellungen, bei denen irreversible Veränderungen bereits eingetreten sind oder die sich auf Effekte vergangener Ereignisse beziehen. Wenn Sie zum Beispiel wissen wollen, wie die Berichterstattung über die Anschläge auf das World Trade Center das Bild der Deutschen über Afghanistan geprägt hat, stehen Sie mit einem experimentellen Ansatz hilflos da: Sie können ja nicht zwei Gruppen bilden und der einen von den Anschlägen erzählen und der anderen nicht. Sie würden wohl kaum Personen finden, die von den Anschlägen nichts gehört haben. Sie wären in diesem Fall darauf angewiesen, Daten, die vor dem Anschlag zu diesem Thema erhoben wurden, mit Daten zu vergleichen, die danach erhoben wurden. Auch die Frage, ob die Existenz von Suchmaschinen (und damit das Bewusstsein, jegliches Wissen binnen Sekunden recherchieren zu können) die Allgemeinbildung verändert, kann man wohl nicht experimentell beantworten.

2.5.2 Alternativen zur Prüfung kausaler Zusammenhänge

Die vorangegangenen Absätze illustrierten verschiedene Fragestellungen, bei deren Überprüfung man aus unterschiedlichen Gründen auf Alternativen zur experimentellen Forschung angewiesen ist. Entsprechend setzt die Forschung bisweilen auch auf nicht-experimentelle Zugänge, um Ursache-Wirkungs-Beziehungen aufzuspüren. Am häufigsten finden dabei korrelative Querschnittdesigns (das Aufspüren von Zusammenhängen unter Kontrolle intervenierender Variablen), Zeitreihenanalysen, die Verknüpfung von Inhaltsanalyse- und Befragungsdaten sowie Quasi-Experimente Anwendung. Alle diese Alternativen können Kausalität nur begrenzt nachweisen. Wir betrachten nachfolgend die ersten drei genannten Möglichkeiten und diskutieren deren Vor- und Nachteile. Mit Quasi-Experimenten beschäftigt sich Abschn. 4.4 ausführlich.

Beginnen wir mit *korrelativen Querschnittdesigns*, die gerade im medizinischen Bereich zur Aufspürung von Ursache-Wirkungs-Beziehungen weit verbreitet sind, aber auch in der Kommunikationswissenschaft Anwendung finden. Querschnittsdesigns erheben die zu untersuchenden Merkmale zu einem Zeitpunkt. Diesem Vorgehen liegt die Idee zugrunde, dass man einen Zusammenhang in einem Datensatz aufzeigen und relevante Drittvariablen weitgehend kontrollieren könne. Man spricht dabei von einer ex post durchgeführten statistischen Kontrolle potenziell relevanter Bedingungen. Die Verbreitung solcher Studien im medizinischen Bereich ist einleuchtend, wenn man z. B. an die Wirkung von Suchtmitteln denkt: Führt jahrelanger Alkoholkonsum zu Leberschäden? Verursacht Rauchen Lungenkrebs? Schwächt Kokainkonsum das Immunsystem? Massive ethische Bedenken lassen es nicht zu, dass Mediziner einer Gruppe

2.5 Nicht-experimentelle Prüfung kausaler Zusammenhänge

von Probanden über Jahre hinweg Alkohol, Zigaretten oder Kokain verabreichen, um die Effekte mit einer Kontrollgruppe abzugleichen. Doch auch die Kommunikationswissenschaft nutzt bei einigen Themen derartige Korrelationsanalysen. So basieren viele Befunde zu Wirkungen von Gewaltdarstellungen auf Befragungsdaten: Grimm (1999) zeigt beispielsweise in einer groß angelegten Befragung, dass insbesondere bei Jugendlichen eine Präferenz für Fernsehgewalt mit hohen Angstwerten einhergeht. In diesem Zusammenhang versuchen Forscherinnen und Forscher, alternative Erklärungen auszuschließen, indem sie entsprechende Variablen erheben und in ihren Rechnungen kontrollieren. Durch solche korrelativen Querschnittdesigns kann zunächst nur die erste Bedingung zum Nachweis von Kausalität, das Auffinden eines systematischen Zusammenhangs zwischen den interessierenden Variablen, geprüft werden. Durch die Kontrolle von Drittvariablen können zwar alternative Erklärungen zum Teil ausgeschlossen und potenzielle Scheinkausalitäten erkannt werden, das vollständige Ausschließen *aller* alternativer Erklärungen ist aber nicht möglich, und meist ist die zeitliche Abfolge von Ursache und Wirkung nicht zweifelsfrei zu klären. Dennoch sind diese korrelativen Querschnittdesigns ein ganz wichtiger Baustein, um bei bestimmten Themengebieten Kausalnachweise erbringen zu können. Kelle (2008) beschreibt die historischen Wurzeln sowie die statistischen Überlegungen zu diesem Kontrollvariablenansatz in seinem Kap. 9 „Das Problem von ‚common causes' und Scheinkausalität" sehr umfassend – Interessierte können sich dort informieren.

Einen Schritt weiter gehen *Zeitreihenanalysen,* die auch Längsschnitt- oder Longitudinalstudien genannt werden. Im Gegensatz zu Querschnittstudien, die Daten nur zu einem Zeitpunkt erheben, erfassen sie die gleichen Daten zu mehreren Zeitpunkten. Bei diesem Studientyp kann man insbesondere zwischen Panel- und Trendanalysen differenzieren. Bei *Trendstudien* befragt man zwei unterschiedliche, möglichst strukturgleiche Stichproben (z. B. jeweils repräsentativ gezogen) zu jeweils einem Zeitpunkt. Ist man z. B. daran interessiert, ob die Berichterstattung über die Fußballweltmeisterschaft die Stimmung der Bevölkerung anhebt, kann man eine bevölkerungsrepräsentative Umfrage vor und eine zweite nach dem Ereignis durchführen. Bei *Panelstudien* werden dieselben Personen zu wiederholten Zeitpunkten befragt. Knoll et al. (2014) befragen beispielsweise Zuschauer von Fußballspielen vor und nach den Spielen nach ihrer Stimmung. So wollen sie ermitteln, inwiefern sich deren Stimmung durch Siege und Niederlagen verändert hat. Im Gegensatz zu korrelativen Querschnittdesigns können solche Longitudinalstudien nicht nur Zusammenhänge aufdecken, sondern auch die zeitliche Abfolge erfassen. Verändert sich die Stimmung der Befragten vor und nach dem Spiel, könnte man schlussfolgern, dass die Unterschiede in der Stimmung durch das Spiel hervorgerufen wurden. Allerdings kann das Vorgehen nicht den Ausschluss sämtlicher alternativer Erklärungen gewährleisten, denn die Veränderung der Stimmung könnte ja auch andere Ursachen haben: Vielleicht hat sich z. B. einfach das Wetter verändert, was der eigentliche Auslöser für den beobachteten Effekt war.

In der Kommunikationswissenschaft kommen oftmals *Verknüpfungen von Inhaltsanalyse und Befragungsdaten* zum Einsatz. Durch die inhaltsanalytische Untersuchung bestimmter Berichterstattung einerseits und der Befragung entsprechender Rezipienten andererseits will man Erkenntnisse über Medienwirkungen gewinnen. Ein typisches Beispiel wären Studien zum Agenda-Setting: Dabei geht es um die Frage, inwiefern die Massenmedien vorgeben, über welche Themen die Menschen nachdenken bzw. welche Themen ihnen wichtig sind. Die klassische Studie dazu von McCombs und Shaw (1972) fand 1968 in Chapel Hill statt; sie befragten 100 noch unentschlossene Wähler, welche Themen sie derzeit am meisten umtreiben. Zudem analysierten sie die Berichterstattung der dort verfügbaren Massenmedien. Die Befunde zeigen, dass die Medien- und Publikumsagenda miteinander korrelieren: Erfährt ein Thema in der Berichterstattung z. B. große Aufmerksamkeit, erachten es auch die Befragten für wichtig (und umgekehrt). Zwar stellte die Studie somit ein Indiz dafür her, dass die Massenmedien eine Themenagenda vorgeben, ein Nachweis von Kausalität war jedoch nicht möglich: Es könnte ja auch sein, dass sich die Journalisten bei der Berichterstattung an der Publikumsagenda orientieren, oder dass Drittvariablen den Zusammenhang verantworten. Weil diese Daten über alle Befragten aggregiert ausgewertet wurden, spricht man dabei von einer Analyse auf Aggregatebene. Studien setzen aber auch auf Ebene der einzelnen Befragten an und verbinden diese Individualdaten mit der rezipierten Berichterstattung. Ein solches Vorgehen wählten z. B. Reinemann et al. (2013), die im Rahmen der Bundestagswahl 2009 eine repräsentative Panel-Befragung in Berlin mit einer Inhaltsanalyse der Wahlkampfberichterstattung von 15 Medien kombinierten. Auf Individualebene analysierten sie so, welche Medien jede Person des Panels in welchem Zeitraum nutzte. Auf Basis der Inhaltsanalysedaten konnten sie Intensität und Tenor der von jedem Befragten individuell genutzten Medieninhalte recht genau abbilden. Aufgrund der Zeitreihenanalyse lieferten sie zudem ein weiteres Indiz für die Kausalrichtung, nämlich ob eine Veränderung der Medienberichterstattung einer Veränderung in Einstellungen oder Wahlentscheidungen voranging. Ein Ausschluss alternativer Erklärungen ist mit einem solchen Design jedoch auch nicht möglich.

> **Auf den Punkt: Nicht-experimentelle Prüfung kausaler Zusammenhänge**
> - Beim Nachweis von Kausalität können ethische, methodische und pragmatische Gründe gegen den Einsatz experimenteller Forschung sprechen.
> - Wenn experimentelle Forschung nicht möglich ist, sind Forscherinnen und Forscher auf Alternativen angewiesen. Insbesondere kommen korrelative Querschnittdesigns, Zeitreihenanalysen, Verknüpfungen von Inhaltsanalysen und Befragungsdaten sowie Quasi-Experimente zum Einsatz.
> - Diese Alternativen bergen jedoch Probleme und können meist den Ausschluss alternativer Erklärungen nicht gewährleisten.

2.6 Zwischenfazit und Literaturhinweise

Kausalität im Rahmen von kommunikationswissenschaftlichen Fragestellungen nachzuweisen, ist ein komplexes Unterfangen. Dies wird deutlich, wenn man betrachtet, wie vielschichtig verschiedene Ursachen und daraus resultierende Wirkungen verknüpft sind. Können wir also in der Kommunikationswissenschaft durch Experimente Kausalstrukturen gar nicht nachweisen? Manche Autoren sind generell der Ansicht, dass „Kausalität nie total empirisch beweisbar ist" (Zimmermann 1972, S. 92). So können mögliche Drittvariablen als Alternativerklärungen kaum komplett ausgeschlossen werden. Denken Sie zurück an die Fragestellung, ob Krimirezeption zu Ängstlichkeit führt. Wenn wir einer Gruppe von Personen einen „Tatort" zeigen und die Angst danach höher ist, was sagt uns das? Liegt es an diesem speziellen „Tatort" oder gilt das für alle Krimisendungen? Sind die Leute nur ängstlicher, weil es draußen mittlerweile dunkel ist? Steigert die einmalige Rezeption nur kurzfristig die Angst, oder führt eine dauerhafte Rezeption tatsächlich langfristig zu einer chronisch höheren Ängstlichkeit? Dürfen wir Personen überhaupt Inhalte zeigen, von denen wir glauben, dass Sie Angst auslösen? Das sind nur einige der vielen Probleme, denen wir uns in unserem Forschungsfeld im Rahmen von Experimenten stellen müssen. Wie Sie im Verlauf der weiteren Kapitel sehen werden, gibt es nicht das eine Patentrezept, um Kausalität zweifelsfrei nachzuweisen. Wichtig ist, dass man jedes Experiment, jede einzelne Studie immer nur als einen Baustein sieht, wenn es darum geht, komplexe Ursache-Wirkungs-Strukturen aufzuzeigen. Die Frage nach der Wirkung von Krimis auf die Ängstlichkeit ist mit dem einzelnen „Tatort"-Experiment nicht beantwortet, wie die Ausführungen oben gezeigt haben. Vielmehr würden wir in Folge-Experimenten Schritt für Schritt die formulierten Bedenken ausräumen (andere Uhrzeit wählen, anderen Krimi zeigen, Ängstlichkeit nochmals nach einem Tag messen usw.).

Gerade bei sehr komplexen Phänomenen, wie die Diskussion, ob die Rezeption fiktionaler Gewaltdarstellungen die Ausübung realer Gewalt fördert, benötigt man eine Vielfalt unterschiedlicher Studien, die sich dieser Frage systematisch aus verschiedenen Perspektiven nähern. Hier können Experimente sicherlich einen wertvollen Beitrag leisten, sind aber eben nur *ein* Baustein auf dem Weg zum Erkenntnisgewinn. Viele dieser einzelnen Bausteine können zusammen ein festes Fundament schaffen, auf dem die Behauptung über eine Kausalannahme irgendwann recht sicher stehen kann.

Das Kapitel sollte nicht nur Ursachen und Bedingungen von Kausalität aufzeigen, sondern auch vermitteln, dass experimentelle und nicht-experimentelle Forschung keineswegs Rivalen sind. So sind Experimente nicht der Königsweg sozialwissenschaftlicher Forschung. Sie sind nur ein Weg von vielen, um wissenschaftliche Erkenntnisse zu gewinnen. Denn auch hier gilt die alte Leier, die wichtiger nicht sein könnte: Die Wahl des methodischen Vorgehens hängt ausschließlich von der Fragestellung ab. Erst wenn das Forschungsinteresse präzise formuliert ist, kann man entscheiden, wie man die Fragestellung überprüfen sollte. Entsprechend sollte man sich nicht vorschnell dafür entscheiden, ein Experiment durchzuführen, noch nicht einmal, wenn man spezifische Wirkungsannahmen hat.

Wem der Einstieg in Fragen rund um die Kausalität noch nicht tief gehend genug war, dem legen wir auch an dieser Stelle ein paar Literaturempfehlungen ans Herz. Einige Aufsätze und Bücher setzen sich mit der Frage nach Scheinkausalitäten auseinander. Walter Krämer (2009) widmet in seinem populärwissenschaftlichen Buch „So lügt man mit Statistik" ein Kapitel dem Thema „Korrelation kontra Kausalität" und bringt dort unzählige Beispiele für Scheinkausalitäten. Ein fast 100 Jahre alter Klassiker zu diesem Thema, verbunden mit der Frage nach den Zeitreihenanalysen, ist der Aufsatz „Why do we sometimes get nonsense-correlations between time-series? A study in sampling and the nature of time-series" von G. Udny Yule (1926), dessen Lektüre sich auf jeden Fall lohnt. Zuletzt wollen wir auf die Monografie „Kausalität und Experiment in den Sozialwissenschaften: Methodologie und Forschungstechnik" von Winfried Schulz (1970) verweisen. Der Autor setzt sich in dem Buch mit der Logik und Leistungsfähigkeit experimenteller Sozialforschung auseinander und hinterfragt insbesondere deren Grenzen; dabei bespricht das Werk auch ausführlich die Kausallogik und die Herausforderungen von Kausalnachweisen.

> **Auf den Punkt: Literaturhinweise**
> - Krämer, W. (2009). *So lügt man mit Statistik.* Frankfurt am Main: Campus Verlag.
> - Schulz, W. (1970). *Kausalität und Experiment in den Sozialwissenschaften: Methodologie und Forschungstechnik.* Mainz: v. Hase & Koehler.
> - Yule, G. U. (1926). Why do we sometimes get nonsense-correlations between time-series? A study in sampling and the nature of time-series. *Journal of the Royal Statistical Society, 89,* 1–63.

Hypothesen 3

Forschung beginnt immer mit einer Fragestellung. Eine solche beschreibt ein Problem, das die Forscherin bzw. den Forscher umtreibt. Vermeiden Rezipienten Medieninhalte, die ihren eigenen Ansichten entgegenstehen? Beeinflusst die situative Stimmungslage, welche Medien Menschen nutzen? Warum nehmen Rezipienten manche Product-Placements als störend wahr? Wenn sich Forscherinnen und Forscher mit solchen Fragen beschäftigen, stellen sie oftmals Vermutungen über deren Beantwortung an. Bezogen auf die letzte Frage, könnte eine solche Vermutung lauten: Wenn Product-Placements sehr auffällig gestaltet sind, empfinden Rezipienten diese als störend. Man trifft also eine Annahme über einen Sachverhalt, ohne zu wissen, ob sie zutrifft. Diese Annahmen nennt man Hypothesen. Was genau sich hinter dem Begriff verbirgt und warum man solche Vermutungen vor der Durchführung eines Experiments aufstellen muss, beschreibt dieses Kapitel. Es zeigt zudem, welche verschiedenen Arten von Hypothesen existieren und wie man diese generiert und richtig formuliert.

3.1 Generierung von Hypothesen

Das Wort „Hypothese" ist der griechischen Sprache entlehnt („hypotithénai") und bedeutet „unterstellen". Und genau das machen Hypothesen: Sie unterstellen Antworten auf spezifische Fragen. Es sind somit vorläufige Antworten auf Forschungsfragen, deren Gültigkeit noch nicht bestätigt wurde. Im Alltag treffen wir viele Vermutungen ganz implizit, z. B. darüber, wie zwei Ereignisse kausal zusammenhängen – oftmals auch fälschlicherweise, wie wir aus dem vorherigen Kapitel wissen (vgl. dazu Kruglanski 1989). Eine typische Alltagshypothese wäre: Wenn ich heute Abend lange feiern gehe, dann bin ich morgen früh unausgeschlafen in der Methodenvorlesung. Diese implizit getroffene Annahme kann man im Laufe eines Studiums mehrmals testen und so prüfen, ob sie sich bestätigt oder nicht. Ganz ähnlich funktioniert dieses Vorgehen in der sozialwissenschaftlichen Forschung; nur werden Hypothesen hier explizit formuliert und systematisch getestet.

Bevor man Hypothesen formuliert, braucht man eine generelle Idee für eine Studie. Ein geeignetes Thema erfüllt bestenfalls drei Kriterien: Erstens sollte das Thema relevant sein, wobei man hier zwischen gesellschaftlicher und wissenschaftlicher Relevanz unterscheiden kann. Ein passendes Thema bringt bestenfalls beides mit: einerseits einen Nutzen für die Gesellschaft, die ja den größten Teil der Forschung auch finanziert, andererseits einen genuinen Nutzen für die Wissenschaft, um bestehende Theorien, Modelle und Ansätze zu testen, zu modifizieren und zu erweitern. Zweitens sollte die Themenstellung auf eine klar definierte Forschungslücke abzielen; nur so kann die Untersuchung Neues und Nützliches schaffen. Drittens sollte es die Forscherin bzw. den Forscher persönlich interessieren. Wenn man bedenkt, wie lange man sich damit auseinandersetzt (z. B. im Rahmen von Bachelor- und Masterarbeiten oder Dissertationen), ist es nicht nur legitim, sondern äußerst ratsam, einen Schwerpunkt zu wählen, den man persönlich spannend findet. Allerdings ist hier Vorsicht geboten, denn Interesse darf man nicht mit persönlicher Betroffenheit verwechseln. Letzteres kann problematisch sein: Wer z. B. über die stereotype Darstellung von Minderheiten forscht und sich der untersuchten Gruppe zugehörig fühlt, muss trotzdem eine kritische Distanz zum Forschungsgegenstand behalten können, sonst kann Voreingenommenheit die Befunde verzerren.

Das Suchen einer geeigneten Forschungslücke ist oftmals gar nicht so einfach. Interessiert sich eine Forscherin beispielsweise für die Wirkung von Fake News, hat sie noch lange keine Forschungslücke identifiziert, sondern nur ein Themengebiet gewählt. Noch ist völlig unklar, was für Aspekte von Fake News (z. B. Inhalte, Aufmachung, Quelle) und welche Effekte untersucht werden sollen (z. B. Einstellungen, Politikverdrossenheit, Medienvertrauen). Zur Identifikation einer Forschungslücke ist der Blick in die Literatur unerlässlich. Dieser würde in unserem Beispiel zeigen, dass es zur Wirkung von Fake News schon einige Studien gibt, aber auch offenbaren, dass noch zahlreiche Fragen offen sind. Bei einer solchen Recherche könnte die eben beschriebene Forscherin entdecken, dass sich bisherige Studien noch nicht der Frage gewidmet haben, wie man solche Falschmeldungen am effektivsten widerlegen kann. Zudem könnte sie bei ihrer Recherche auf einige Studien zur Widerlegung von Mythen stoßen, deren Erkenntnisse allerdings noch nicht auf das Fake News-Phänomen angewendet wurden. Wenn die Forscherin aus bestehenden Befunden bzw. vorhandenen Theorien dann spezielle neue Vermutungen über ein Phänomen ableitet, bezeichnet man das als *deduktives Vorgehen*: Sie formuliert ihre Zielsetzung und Annahmen basierend auf der Recherche von theoretischen Überlegungen, Modellen, Ansätzen und empirischen Befunden.

Nach der Literaturrecherche trifft sich die Forscherin mit Freunden. Ein Freund empört sich darüber, dass der Papst persönlich Donald Trump öffentlich im Präsidentschaftswahlkampf unterstützt hätte und stellt klar, dass diesen Katholiken nicht zu trauen sei. Da sich die Forscherin eingehend mit dem Thema Fake News beschäftigt hat, weiß sie, dass es sich dabei um eine der meistverbreiteten Falschnachrichten im

US-Wahlkampf handelte, die ihr Freund aber anscheinend aufgrund seiner negativen Einstellung zum Katholizismus unreflektiert geglaubt hat. Dieses Erlebnis bringt die Forscherin auf einen Gedanken: Vielleicht wirken Fake News besonders glaubwürdig auf solche Personen, deren Voreinstellung sie stützen? In diesem Fall würde sie ihre Forschungsidee *induktiv* entwickeln, indem sie von einer spezifischen Beobachtung (einem Einzelfall) abstrahiert und verallgemeinernde Rückschlüsse zieht. Es passiert in der Wissenschaft durchaus häufig, dass Forscherinnen und Forscher in einer Untersuchung auf einen bestimmten Sachverhalt stoßen, den sie nicht erwartet haben und aufgrund dieser Beobachtung weitere Forschungsarbeiten recherchieren und Annahmen treffen.

So hätte die Forscherin durch Deduktion und Induktion eine spannende Forschungslücke entdeckt und kann eine forschungsleitende Frage formulieren – also eine der gesamten Studie übergeordnete zentrale Fragestellung. Im eben genannten Beispiel könnte diese lauten: Wie beeinflusst die Voreinstellung von Rezipienten die Wirkung von Fake News? Diese Frage erscheint geeignet, um sie in einem Experiment zu testen. Basierend auf der übergeordneten Forschungsfrage identifiziert man nun Teilziele. Das kann auch über Forschungsfragen erfolgen, bei Experimenten nutzt man aber meist Hypothesen. Diese müssen akribisch aus bisherigen empirischen Befunden und theoretischen Überlegungen hergeleitet werden.

Eine letzte wichtige Frage ist die nach dem *Zeitpunkt der Hypothesenformulierung*. Hypothesen müssen vor der Durchführung einer Untersuchung formuliert werden. Auf dieser Basis konstruiert man einen (experimentellen) Test, der exakt auf diese Hypothese zugeschnitten ist. Man gleicht somit eine vorab entwickelte Vermutung mit der Empirie ab. Nach der Durchführung der Untersuchung und der Datenerhebung dürfen keine neuen Hypothesen aufgestellt, keine Hypothesen verändert und keine bestehenden Hypothesen entfernt werden. Warum das problematisch ist, soll das nachfolgende Beispiel erklären: Ein Akrobat wirft bei einer Aufführung seinen Zylinder rückwärts in die Menge, ein Zuschauer fängt ihn und der Akrobat behauptet, dass der Hut genau dort landen sollte. Wahrscheinlich würden Sie ihm nicht für diesen „einzigartigen" Wurf applaudieren, sondern denken, dass er das im Nachhinein ja leicht behaupten könne. Um den Nachweis seiner Wurfkünste zu erbringen, hätte er sein Ziel vorher mitteilen müssen. Und genau das Gleiche gilt für die Durchführung von Experimenten: Sie sollen eine vorab entwickelte Vermutung prüfen. Auf keinen Fall dürfen hypothesenprüfende Studien erst durchgeführt und im Nachhinein dazu passende Vermutungen aufgestellt werden (vgl. Abschn. 10.3 und 10.4).

> **Auf den Punkt: Generierung von Hypothesen**
> - Hypothesen sind theoretisch begründete Annahmen über Sachverhalte bzw. Zusammenhänge in der Realität.
> - Ein geeignetes Thema sollte den Forscher bzw. die Forscherin interessieren, von gesellschaftlicher und wissenschaftlicher Relevanz sein und in eine klar definierte Forschungslücke stoßen.

> - Die Ableitung von Forschungszielen und Hypothesen kann deduktiv oder induktiv erfolgen.
> - Jedem Experiment sollte eine forschungsleitende Frage vorangestellt werden.
> - Hypothesen müssen akribisch aus bisherigen empirischen Befunden und theoretischen Überlegungen hergeleitet und vor der Durchführung des Experiments formuliert werden.

3.2 Nutzen von Hypothesen

Warum muss man vor der Durchführung eines Experiments Hypothesen formulieren? Um diese Frage zu beantworten, werden wir zunächst erklären, warum Forschung stets eine genaue Zielsetzung braucht, und anschließend diskutieren, warum es sich bei Experimenten anbietet, diese in Form von Hypothesen zu konkretisieren. Beginnen wir mit dem generellen Nutzen einer exakten Formulierung der Forschungsziele: Je genauer man weiß, was man herausfinden möchte, desto präziser kann sich eine Untersuchung dem Forschungsgegenstand nähern. Bei Experimenten definiert eine sehr konkrete Zielsetzung bereits das Design des Experiments, indem sie alle unabhängigen und abhängigen Variablen explizit nennt. Eine derart genaue Zielsetzung strukturiert zudem den Ergebnisteil: Man testet Schritt für Schritt die einzelnen Hypothesen oder Forschungsfragen. Eine sehr genaue Formulierung der jeweiligen Ziele eines Experiments dient demnach als roter Faden für die theoretische Auseinandersetzung, den Aufbau des Experiments, die inhaltliche Ausgestaltung des Erhebungsinstruments sowie die Strukturierung des Ergebnisteils. Warum stellen wir aber in der Experimentalforschung Hypothesen auf, geben also eine vorläufige Antwort auf die Forschungsfragen, und nutzen nicht einfach die Forschungsfragen selbst? Letztlich sprechen insbesondere drei Gründe für den Einsatz von Hypothesen im Rahmen experimenteller Forschung.

Erstens liegt die zentrale Tätigkeit einer Forscherin bzw. eines Forschers im *Schaffen systematischer Annahmen* aus dem bisherigen Wissensstand (und ihrer anschließenden Prüfung). Diesen Gedanken hat insbesondere Karl Popper (1989) formuliert, ein österreichisch-britischer Philosoph, dessen Arbeiten zur Wissenschaftstheorie wegweisend sind. Sein fundamentales Werk „Die Logik der Forschung" beginnt folgendermaßen: „Die Tätigkeit des wissenschaftlichen Forschers besteht darin, Sätze oder Systeme von Sätzen aufzustellen und systematisch zu überprüfen; in den empirischen Wissenschaften sind es insbesondere Hypothesen, Theoriensysteme, die aufgestellt und an der Erfahrung durch Beobachtung und Experiment überprüft werden" (S. 1). Wenn Forscherinnen bzw. Forscher die entsprechende Literatur im Vorfeld gründlich aufarbeiten, entwickeln sie fast automatisch konkrete Annahmen im Kopf und können so Hypothesen aus vorhandenem Wissen ableiten und die zugrunde liegenden theoretischen Vorstellungen konkretisieren. Das Formulieren von Hypothesen ist nämlich kein entbehrlicher und müßiger

3.2 Nutzen von Hypothesen

Schritt, bevor die eigentliche Forschung beginnt; es ist ein immanenter Bestandteil des Forschungsprozesses.

Zweitens passen sich Hypothesen besser dem *hohen Standardisierungsgrad von Experimenten* an: Man untersucht hier bei maximaler Kontrolle von Störvariablen ganz spezifische Wirkungen einer oder mehrerer unabhängiger auf entsprechende abhängige Variablen. Es ist kein offenes, exploratives Vorgehen, bei dem der Schwerpunkt auf dem Entdecken neuer Strukturen und Zusammenhänge liegt, sondern man überprüft sehr konkrete Annahmen über Ursache-Wirkungs-Beziehungen. Der Einsatz von Hypothesen ist somit perfekt geeignet für dieses kontrollierte Zusammenspiel aus Manipulation und Kontrolle.

Drittens testen *die statistischen Verfahren,* die wir zur Auswertung der Daten heranziehen, Hypothesen und keine Forschungsfragen: Für die Durchführung sogenannter Nullhypothesentests, die bei der Auswertung experimenteller Daten in der Regel Anwendung finden, benötigt man spezifische Annahmen über den Zusammenhang von Merkmalen bzw. den Unterschiede von Gruppen (vgl. dazu Abschn. 3.3.1 und 9.3.1).

Eine häufige Frage ist nun, ob man unbedingt Hypothesen formulieren muss oder ob man in einem Experiment auch mit Forschungsfragen arbeiten kann. Hier scheiden sich die Geister: Auf der einen Seite stehen „Hypothesen-Fundamentalisten", die keine Forschungsfragen tolerieren. Auf der anderen Seite stehen Pragmatiker, die Forschungsfragen und Hypothesen mischen. Generell sollte man in der Experimentalforschung stets versuchen, passende Hypothesen zu formulieren. Manchmal ist dieses Unterfangen aber aus verschiedenen Gründen nicht möglich: Wenn es beispielsweise zu einem bestehenden Problem keine eindeutige theoretische Basis gibt, die zur Ableitung von Hypothesen geeignet ist, oder sich existierende Studien derart widersprechen, dass man keine spezifischen Vermutungen ableiten kann. In solchen und ähnlichen Fällen ist es angebracht, Forschungsfragen zu formulieren.

Auf den Punkt: Nutzen von Hypothesen
- Das Formulieren von Hypothesen ist immanenter Bestandteil des Forschungsprozesses.
- Eine präzise Formulierung von Hypothesen erleichtert die theoretische Auseinandersetzung, strukturiert den Aufbau und die Auswertung eines Experiments.
- Die in der Auswertung experimenteller Daten klassischerweise eingesetzten inferenzstatistischen Verfahren setzen die Formulierung von Hypothesen voraus.
- Lassen sich aus der bisherigen Forschung keine geeigneten Hypothesen ableiten, kann man auch mit Forschungsfragen arbeiten.

3.3 Arten von Hypothesen

Man stößt in der Literatur auf sehr unterschiedliche Arten von Hypothesen: Manche postulieren Zusammenhänge, andere Unterschiede, wieder andere Wirkungen mit konkreten Kausalrichtungen. Es gibt Hypothesen, die Veränderungen annehmen und solche, die einfach nur eine bestimmte Verteilung von Merkmalen vorhersagen. Manche Hypothesen sind so formuliert, dass sie über alle Individuen, Situationen und Zeitpunkte hinweg gültig sein sollten, andere sind stark eingeschränkt und treffen nur Annahmen für bestimmte Gruppen oder sogar nur für Einzelfälle. In diesem Kapitel werden wir die verschiedenen Arten von Hypothesen anhand von zwei Kriterien systematisieren: Einerseits anhand ihres Gültigkeitsanspruches, andererseits anhand ihrer Struktur.

3.3.1 Systematisierung von Hypothesen anhand ihres Gültigkeitsanspruches

Eine Hypothese kann sehr allgemeingültig für alle Personen und Situationen formuliert sein („Die Rezeption von Gewalt im Fernsehen evoziert Angst") oder sich auf einen ganz spezifischen Einzelfall beziehen („Wenn Person X heute Abend bei sich zu Hause ‚The Shining' ansieht, reagiert sie ängstlich"). Zwischen diesen beiden Punkten eines Kontinuums kann man nun verschiedene Hypothesentypen differenzieren, die sich im Grad ihrer Universalität unterscheiden. Groeben und Westmeyer (1981) charakterisieren auf dieser Basis verschiedene Typen.

Die allermeisten Hypothesen in der kommunikationswissenschaftlichen Forschungspraxis sind universelle Hypothesen. Diese können streng genommen nicht verifiziert, sondern nur falsifiziert werden, worauf wir in Abschn. 3.5 zurückkommen. Man differenziert hier nochmals zwischen unbeschränkten, beschränkten und quasiuniversellen Hypothesen. Alle diese Hypothesen beanspruchen eine Generalisierbarkeit über Situationen, Zeitpunkte, Räume und/oder Individuen hinweg. Dabei ist die *unbeschränkt universelle Hypothese* der progressivste Typ, da sie einen generellen Gültigkeitsanspruch für alle Fälle einer bestimmten Art postuliert und auch keine raum-zeitliche Einschränkung vornimmt. Das oben genannte Beispiel, dass die Rezeption von Fernsehgewalt Angst hervorrufe, steht dafür exemplarisch: Die Formulierung gilt ja ohne Einschränkung für alle Personen, alle Arten von Fernsehgewalt und alle erdenkbaren Situationen zu jeder Zeit. Häufig sind Hypothesen universell formuliert und die Forscherinnen und Forscher schränken die Gültigkeit der Hypothese erst in ihrer Diskussion am Ende des Forschungsberichtes ein: Sie erklären beispielsweise, dass die Befunde nur für die vorliegende Stichprobe, die spezifische Versuchssituation und das jeweilige Stimulusmaterial Gültigkeit beanspruchen können.

Derart universelle Hypothesen können auch mit bestimmten Einschränkungen formuliert werden, man spricht dann von *beschränkt universellen Hypothesen*. Menschen sind nun mal verschieden (man spricht auch von großer interindividueller Variabilität) und der

3.3 Arten von Hypothesen

gleiche Stimulus kann völlig unterschiedlich auf Personen wirken. Hinzu kommt, dass es oft von der Situation abhängt, wie man auf Reize reagiert: Denken Sie an das eben genannte Beispiel der Rezeption von „The Shining" – der Film entfaltet sicher unterschiedliche Wirkungen, abhängig davon, ob man ihn nachts alleine in einer dunklen Wohnung rezipiert oder gemeinsam mit Freunden am helllichten Tag. Daher schränkt man die Gültigkeit von Hypothesen oftmals raumzeitlich (in unserem Beispiel abends und zu Hause) oder personenbezogen (z. B. bei Heranwachsenden) ein. Solche Einschränkungen trifft man vor allem, um Bedingungen zu erforschen, unter denen Kausalwirkungen auftreten – man spricht dann von konditionalen Zusammenhängen oder Wirkungen. Man würde also Personen sowohl nachts als auch tagsüber die Sendung rezipieren lassen und dazu eine konditionale Hypothese aufstellen: „Die Rezeption eines Horrorfilms evoziert Angst, wenn er nachts angesehen wird." Das würde automatisch implizieren, dass es bei einer Rezeption tagsüber keinen Effekt gibt (würde man tagsüber einen schwächeren Effekt erwarten, müsste man das entsprechend explizieren). Bei der statistischen Auswertung spricht man bei konditionalen Wirkungen auch von sog. moderierten Effekten (vgl. Abschn. 9.7). Deswegen liest man für konditionale Hypothesen bisweilen auch die Bezeichnung Moderationshypothesen.

Neben derart expliziten Einschränkungen trifft man auch auf Hypothesen, deren Gültigkeit durch vage Ausdrücke wie „meist", „fast immer" oder „größtenteils" eingeschränkt werden. Dabei handelt es sich um *quasiuniverselle Hypothesen*. Durch das Hinzufügen solch limitierender Begriffe wird die Gültigkeit universeller Aussagen eingeschränkt und Ausnahmen werden einkalkuliert. Eine solche Einschränkung kann, wenn wir beim oben genannten Beispiel bleiben, in Form von „Die Rezeption von Horrorfilmen evoziert fast immer Angst" erfolgen. Das scheint erst einmal angebracht, weil Horrorfilme sicherlich nicht bei jedem Menschen Angst hervorrufen – es gibt ja auch Personen, die diese Filme völlig kalt lassen. Solche unbestimmten Limitationen lassen eine Hypothese aber oft zu vage werden, um sie konkret zu prüfen. Denn wie soll man testen, dass die Rezeption von Horrorfilmen fast immer Angst evoziert? Heißt „fast immer" in neun von zehn Fällen? Oder bedeutet es bei mehr als der Hälfte der Probanden? Daher sind quasiuniverselle Hypothesen ungeeignet für die statistische Prüfung; man sollte entsprechend darauf achten, im Rahmen empirischer Studien präzise Formulierungen zu wählen.

Ein weiterer Typus sind *singuläre und pseudosinguläre Hypothesen*. Dabei handelt es sich um extrem eingeschränkte Annahmen über Einzelfälle in bestimmten Situationen, wie das oben genannte Beispiel, dass eine Person X ängstlich reagiert, wenn sie zu einem definierten Zeitpunkt und an einem speziellen Ort einen bestimmten Film ansieht. Die pseudosinguläre Hypothese trifft hingegen keine Einschränkungen bei Raum und Zeit, ist jedoch ebenfalls auf einen Einzelfall bezogen. Mit solchen stark eingeschränkten Annahmen arbeiten wir in der Kommunikationswissenschaft normalerweise nicht, weil es ja gerade das Ziel ist, von Einzelfällen zu abstrahieren. Auch *bestimmte und unbestimmte Existenzhypothesen* spielen im kommunikationswissenschaftlichen Forschungsalltag (und insbesondere in der experimentellen Forschung) fast keine Rolle. In beiden

Fällen wird die Existenz eines spezifischen Falles postuliert und man versucht, diesen nachzuweisen. So könnte man beispielsweise die Annahme treffen, dass es irgendwo eine Person gibt, die Mario Barth lustig findet. Schafft es eine Forscherin bzw. ein Forscher, einen solchen Fall zu identifizieren, wäre die Hypothese bestätigt (bzw. in diesem Fall sogar verifiziert, vgl. Abschn. 3.5). Interessierten empfehlen wir die Lektüre der entsprechenden Abschnitte bei Groeben und Westmeyer (1981).

Unabhängig vom Gültigkeitsanspruch gibt es noch den Typus der *statistischen Hypothesen*. Hier wird unterschieden zwischen Nullhypothesen und Alternativhypothesen. Als *Alternativhypothese* wird die Hypothese bezeichnet, die die interessierende Annahme formuliert, also zum Beispiel einen Unterschied zwischen zwei Gruppen oder einen Zusammenhang zweier Merkmale postuliert. Alternativhypothesen tauchen in wissenschaftlichen Arbeiten meist durchnummeriert als H1, H2, H3 usw. auf. Zu jeder Alternativhypothese gibt es auch ein Gegenstück, die *Nullhypothese*. Die beiden Hypothesen stehen sich diametral gegenüber, weil sie jeweils das genaue Gegenteil annehmen. Behauptet die Alternativhypothese, dass sich die Angst der Probanden in Experimental- und Kontrollgruppe nach der Rezeption eines Horrorfilms unterscheidet, sagt die Nullhypothese schlicht, dass es nach der Rezeption keinen Unterschied gibt usw. In der Forschungspraxis formuliert man in der Regel nur die Alternativhypothese explizit und denkt die Nullhypothese mit. Die Differenzierung der zwei rivalisierenden Hypothesen spielt für die Auswertung experimenteller Forschung eine wichtige Rolle, weshalb wir in Abschn. 9.3.1 noch einmal darauf zu sprechen kommen.

3.3.2 Systematisierung von Hypothesen anhand ihrer Struktur

Eine weitere Differenzierung von Hypothesen kann man hinsichtlich ihrer inhaltlichen Struktur vornehmen und dabei vier Arten unterscheiden: Verteilungs-, Zusammenhangs-, Unterschieds- und Veränderungshypothesen (vgl. dazu z. B. Töpfer 2012).

Eine *Verteilungshypothese* trifft eine Annahme über die Häufigkeit des Vorkommens eines bestimmten Sachverhaltes. Dies kann recht allgemein formuliert sein (z. B. „Mehr als die Hälfte der deutschen Bevölkerung nutzt regelmäßig öffentlich-rechtliches Fernsehen.") oder auch eine sehr spezifische Verteilung skizzieren (z. B. „34 % der Jugendlichen zwischen 13 und 15 Jahren rezipierten bereits Pornografie."). Solche Hypothesen, die Aussagen über Verteilungen treffen, sind in der experimentellen Forschung selten anzutreffen, weil die Experimentalforschung keine deskriptiven Ziele verfolgt, sondern insbesondere Wirkungen erklären möchte.

Hingegen findet man *Zusammenhangshypothesen* durchaus in Experimenten. Diese beschreiben meist einen linearen Zusammenhang zwischen zwei kontinuierlichen Variablen und finden sich in Experimentalstudien vor allem dann, wenn die unabhängige Variable ordinal oder metrisch ist (z. B. verschiedene Wiederholungsraten eines Werbespots). Dieser Zusammenhang kann zunächst ungerichtet formuliert sein, z. B. „Es besteht ein Zusammenhang zwischen der Wiederholungsrate von Werbespots und der

Bewertung der darin enthaltenen Marke". Die Bezeichnung *ungerichtete Hypothese* rührt daher, dass sie nicht spezifiziert, ob die beiden Variablen positiv (mehr Wiederholung führt zu besserer Bewertung) oder negativ (mehr Wiederholung führt zu schlechterer Bewertung) zusammenhängen. Wird dagegen die Richtung des Zusammenhangs postuliert, spricht man von einer *gerichteten Hypothese*. Ob eine Hypothese gerichtet oder ungerichtet ist, hat auch nichts damit zu tun, ob sie eine *Kausal*richtung impliziert – Zusammenhangshypothesen finden sich häufig in Querschnittsbefragungen, wo Kausalität gar nicht nachgewiesen werden kann. Die Hypothese „Es besteht ein positiver Zusammenhang zwischen Nachrichtenkonsum und politischem Wissen" wäre also eine gerichtete Hypothese, ohne dass eine Aussage darüber getroffen wird, wie diese beiden Merkmale ursächlich zusammenhängen. Formuliert man diese Hypothese allerdings als „je-desto"-Zusammenhang, wird eine Kausalrichtung zumindest nahegelegt: Die Hypothese „Je mehr Nachrichten eine Person nutzt, desto höher ist ihr politisches Wissen" legt also nahe, dass die Nachrichtennutzung ursächlich das politische Wissen beeinflusst.

Am häufigsten trifft man in Experimenten sicherlich auf *Unterschiedshypothesen*. Diese geben an, dass sich mindestens zwei „Einheiten" bezüglich eines oder mehrerer Merkmale unterscheiden – in einem Experiment also in der Regel die Experimentalgruppen in Bezug auf die abhängige(n) Variable(n). Auch Unterschiedshypothesen können ungerichtet formuliert werden, wenn sie lediglich die Existenz eines Unterschieds postulieren, z. B. „Personen, die einen Gewaltfilm gesehen haben, unterscheiden sich von Personen, die keinen Gewaltfilm gesehen haben, in ihrem Aggressionspotential". Sie können aber auch die Richtung eines Unterschieds postulieren, z. B. „Personen, die einen Gewaltfilm gesehen haben, sind im Anschluss aggressiver als Personen einer Kontrollgruppe".

Veränderungshypothesen schließlich postulieren eine Veränderung im Zeitverlauf, z. B. „Fernsehnutzung nimmt mit steigendem Alter zu" oder „Die in H1 postulierten Framing-Effekte schwächen sich über die Zeit ab". Auch sie können gerichtet und ungerichtet formuliert werden. Man findet sie in Längsschnittstudien, in denen Effekte über ein bestimmtes Zeitintervall hinweg betrachtet werden.

Auf den Punkt: Arten von Hypothesen
- Hypothesen lassen sich anhand ihres Gültigkeitsanspruchs auf einem Kontinuum zwischen den Polen einer universellen Gültigkeit bis hin zur Gültigkeit für einen spezifischen Einzelfall einordnen.
- Hypothesen können zudem hinsichtlich ihrer inhaltlichen Struktur in Verteilungs-, Zusammenhangs-, Unterschieds- und Veränderungshypothesen differenziert werden.

3.4 Formulierung von Hypothesen

Hypothesen kommt in Forschungsarbeiten eine exponierte Stellung zu. Sie sind die Quintessenz der theoretischen Vorarbeit und gliedern ein komplexes Phänomen in viele konkrete, jeweils einzeln überprüfbare Untersuchungsschritte. Zudem stehen sie als Bindeglied zwischen dem theoretischen und dem empirischen Teil und strukturieren die Auswertung der Befunde. Entsprechend sollte man viel Zeit in die geeignete Formulierung von Hypothesen investieren. Das ist ein Prozess, der sehr nervenaufreibend sein kann, weil an die Formulierung wissenschaftlicher Hypothesen verschiedene Bedingungen geknüpft sind.

Eine erste zentrale Bedingung, die streng genommen nicht die Formulierung selbst, sondern die Passagen direkt davor betrifft, ist die *Begründbarkeit einer Hypothese:* Hypothesen müssen auf wissenschaftlich fundierten Überlegungen basieren. Eine Hypothese ist zwar eine Vermutung, doch sollte diese aus einem guten Grund aufgestellt werden. Wie man sie ableitet, haben wir zu Beginn des Kapitels thematisiert. Die Begründung hängt freilich vom jeweiligen Stand der Forschung zu einem Thema ab: Liegt umfangreiches theoretisches und empirisches Wissen zu einem Forschungsgegenstand vor, fällt es leichter, eine Hypothese stichhaltig zu begründen; doch auch bei wenig erforschten Themengebieten sollte die Vermutung schlüssig hergeleitet werden. Ist es nicht möglich, eine theoretisch plausible Begründung für eine Hypothese zu finden, sollte man erwägen, stattdessen eine Forschungsfrage zu formulieren.

Geeignete Hypothesen müssen zudem *konsistent* bzw. widerspruchsfrei formuliert sein. Die Bedingung der Widerspruchsfreiheit bezieht sich auf zwei Punkte. Einerseits betrifft es die interne Konsistenz einer Hypothese: sie darf sich nicht selbst widersprechen. Erforscht man die Wirkung medialer Gewaltdarstellungen, stößt man auch auf widersprüchliche Ansätze: So postuliert z. B. die Inhibitionsthese, dass die Rezeption medialer Gewaltdarstellungen die Tendenz zur eigenen Gewaltausübung hemmt, während die Stimulationsthese von einer Zunahme aggressiven Verhaltens ausgeht (Überblick bei Kunczik und Zipfel 2010). Eine Hypothese darf nun nicht unspezifisch behaupten, dass die Rezeption gewalthaltiger Darstellungen das Aggressionspotenzial fördert und hemmt; sie muss hingegen die Bedingungen spezifizieren, wann eine Inhibition und wann eine Stimulation zu erwarten ist, oder ungerichtet formuliert sein („Gewalthaltige Darstellungen führen zu einer Veränderung im Aggressionspotential."). Andererseits müssen auch sämtliche Hypothesen eines Experiments widerspruchsfrei sein (innerhalb der gleichen Studie dürfen sich Hypothesen nicht logisch entgegenstehen). Solche Widersprüche können sich innerhalb eines komplexen Geflechts an Hypothesen unbemerkt einschleichen, denn wissenschaftliche Befunde und Theorien können durchaus Gegensätzliches konstatieren. So zeigt sich z. B., dass die wiederholte Darbietung einer Aussage deren Glaubwürdigkeit beeinflusst: Während ein moderates Maß an Wiederholungen die Aussage glaubwürdiger erscheinen lässt, reduziert eine hohe Wiederholungsfrequenz die Glaubwürdigkeit (Koch und Zerback 2013). Ein Forscher kann

3.4 Formulierung von Hypothesen

nun aber nicht ohne diese Spezifikation in einer ersten Hypothese einen Anstieg der Glaubwürdigkeit postulieren und in einer zweiten von einer Reduktion ausgehen. Vielmehr müsste er die Randbedingungen spezifizieren und z. B. erklären, dass er bei einer moderaten Wiederholungsfrequenz (z. B. drei Präsentationen) einen Anstieg und bei einer hohen Wiederholungsfrequenz eine Reduktion der Glaubwürdigkeit erwartet.

Weiterhin muss eine geeignete Hypothese *empirisch überprüfbar* (man sagt auch kritisierbar) sein. Sie muss also so formuliert werden, dass man sie ablehnen oder beibehalten kann. Huber (2013) nennt einige Beispiele für Hypothesen, auf welche empirische Überprüfbarkeit nicht zutrifft. Er unterscheidet dabei zwischen Hypothesen, die prinzipiell nicht prüfbar sind, und solchen, die faktisch nicht überprüfbar sind. Prinzipiell nicht überprüfbar ist eine Hypothese, die rein logisch nicht getestet werden kann, also z. B. die launige Bauernregel „Kräht der Hahn auf dem Mist, ändert sich das Wetter oder es bleibt, wie es ist". Wie soll man diese Aussage auch widerlegen? Denn egal was passiert: Entweder bleibt das Wetter konstant oder es ändert sich – eine andere Möglichkeit gibt es ja gar nicht. Insofern existiert kein Ergebnis, das diese Bauernregel widerlegen könnte; die Formulierung besitzt keinen empirischen Gehalt. Hinzu kommen Hypothesen, die sich faktisch nicht überprüfen lassen, weil Begriffe oder Formulierungen zu vage sind. Eine Aussage wie „Das Internet wird sich niemals durchsetzen" kann weder empirisch getestet noch jemals abgelehnt werden. Diese Behauptung spezifiziert nicht, was „sich durchsetzen" bedeutet, für welchen Bereich sie gültig sein soll (z. B. bei der Buchung von Reisen oder dem Lesen von Nachrichten) oder gegen was genau sich das Internet durchsetzen soll.

Damit hängt ein weiterer Aspekt eng zusammen: Geeignete Hypothesen müssen *operationalisierbar sein*. Operationalisierung beschreibt den Prozess, ein Konstrukt messbar zu machen (vgl. Abschn. 8.2). Will man den Umfang der Fernsehnutzung einer Person erfassen, kann man diesen mittels einer Stoppuhr messen und in der Einheit „Anzahl in Minuten" festhalten. Oftmals haben wir es aber mit sog. latenten Konstrukten zu tun, also Sachverhalten, die nicht direkt beobachtbar sind, sondern aus anderen Indikatoren geschlossen werden müssen: Wie misst man beispielsweise das Ausmaß an Unterhaltung, die eine Person bei der Fernsehnutzung empfindet? Abschn. 8.2 wird diese Aspekte ausführlich thematisieren; an dieser Stelle ist nur relevant, dass Hypothesen mit Begriffen arbeiten müssen, die messbar gemacht werden können. Die Aussage „Wenn Menschen viel fernsehen, dann ist das problematisch" ist als Hypothese ungeeignet, denn wie will man „problematisch" operationalisieren: Es ist völlig unklar, ob das nun problematisch für die individuelle Gesundheit oder Bildung oder gar die Gesellschaft als Ganzes sein soll. Mit welchen wissenschaftlichen Messungen will man nachweisen, ob etwas allgemein problematisch ist?

Geeignete Hypothesen spezifizieren zudem *relevante Bedingungen*, unter denen sie gelten. Wir haben bereits in Abschn. 3.3 darauf hingewiesen, dass Forscherinnen und Forscher manchmal dazu tendieren, Hypothesen eher allgemein zu formulieren und die Reichweite der Befunde dann in der Diskussion einzuschränken; besser wäre, die Hypothesen selbst präzise zu formulieren. Die Annahme „Fernsehen macht Menschen gewalttätig" ist sicherlich zu allgemein: Man müsste die Art der Inhalte konkretisieren (z. B. gewalthaltige Filme) oder die Bezugsgruppe spezifizieren bzw. einschränken (z. B. Vielseher oder Jugendliche). Zudem könnte es sein, dass die Aussage nur auf Vielseher oder nur bei bestimmten Formen von Gewalt (z. B. physische Gewalt) zutrifft. Ob eine Hypothese bestätigt wird oder nicht, kann also von verschiedenen Bedingungen abhängen, wie individuellen Merkmalen, aber auch Stimulus- oder Situationsvariablen. Die Abschn. 5.2.4 und 8.1.2 setzen sich noch intensiver mit diesen sog. Moderatorvariablen auseinander.

Geeignete Hypothesen enthalten *keine Wertungen*. Dieser Aspekt bezieht sich nicht auf objektiv feststellbare Qualitätskriterien, sondern auf subjektive Interpretationen oder individuelle Ideale, welche die Forscherin bzw. der Forscher in die Formulierung einfließen lässt. Die Aussage „Scrubs ist die beste Fernsehserie aller Zeiten" formuliert eine persönliche Vorliebe und keine wissenschaftliche Annahme; sie ist empirisch nicht überprüfbar. Es mag die individuelle Neigung eines Forschers sein, aber solche subjektiven Werturteile sind in Hypothesen zu vermeiden. Natürlich kann man im Rahmen einer Umfrage ermitteln, was die beliebteste TV-Serie der Deutschen ist – das muss man dann aber in der Hypothese auch entsprechend formulieren.

Zuletzt sind geeignete Hypothesen *einfach und verständlich formuliert*. Dabei gilt das Gleiche wie für das wissenschaftliche Schreiben im Allgemeinen: Eine einfache Wortwahl, eine klare Sprache und eine unkomplizierte grammatikalische Struktur garantieren eine gute Formulierung. Bei der Formulierung von Wirkungshypothesen sind oftmals „Wenn-Dann-Hypothesen" oder „Je-Desto-Formulierungen" sehr gut geeignet, weil sie sprachlich die Struktur für eine bestimmte Kausalrichtung vorgeben. Wenn-Dann-Hypothesen eignen sich besonders, wenn Unterschiede zwischen (zwei) Gruppen angenommen werden („Wenn während des Lösens von Additionsaufgaben Musik präsentiert wird, dann machen diese Personen mehr Fehler"). Je-desto-Hypothesen eignen sich insbesondere, wenn man einen kausalen Zusammenhang zwischen metrischen Merkmalen postuliert („Je häufiger auffällige Product-Placements präsentiert werden, desto störender werden sie wahrgenommen"). Auch sollte man darauf achten, dass eine Hypothese nicht mehrere Vorhersagen auf einmal trifft, also beispielsweise „Je schneller ein Nachrichtensprecher redet, desto weniger Informationen behalten die Rezipienten, und je stärker er Dialekt spricht, desto unprofessioneller nehmen Rezipienten diesen wahr." In diesem Fall sollte man zwei getrennte Hypothesen für beide Vermutungen formulieren. Ähnliche Hypothesen (z. B. solche, die sich auf dieselbe unabhängige Variable beziehen), kann man auch gruppieren und unter der gleichen Nummerierung mit a), b), c) versehen. Zum Beispiel könnte man die Annahmen „Je schneller ein Nachrichtensprecher redet, desto unprofessioneller nehmen Rezipienten diesen wahr, desto weniger Informationen behalten sie und desto weniger aufmerksam verfolgen sie die Sendung" als einzelne Hypothesen formulieren, aber auch so: „Je schneller ein Nachrichtensprecher redet, desto a) unprofessioneller nehmen Rezipienten diesen wahr, b) weniger Informationen behalten sie und c) weniger aufmerksam verfolgen sie die Sendung."

Damit hat man drei einzelne Hypothesen (H1a, H1b, H1c), die man unabhängig voneinander annehmen oder ablehnen kann (siehe Abschn. 3.5).

Noch ein Wort zur Frage, *wie viele Hypothesen* man im Rahmen eines Experiments formulieren sollte. Genau wie auf die Frage nach der „besten Anzahl" an Literaturangaben in einem Forschungsbericht gibt es hier nicht die eine richtige Antwort, sondern die Anzahl hängt von der Zielsetzung und damit auch von der Anzahl an unabhängigen und abhängigen Variablen im Experiment ab. Ein Blick in die Fachzeitschriften zeigt, dass in kommunikationswissenschaftlichen Experimenten oft zwischen drei und acht Hypothesen getestet werden. Jedoch gibt es auch Studien, die nur eine einzige Hypothese oder über 20 Hypothesen prüfen. Man sollte dabei jedoch im Hinterkopf behalten, dass sich mit zunehmender Anzahl an Hypothesen (und damit verbundenen Hypothesentests) die Wahrscheinlichkeit erhöht, einzelne Hypothesen irrtümlicherweise anzunehmen (vgl. Abschn. 9.5).

> **Auf den Punkt: Formulierung von Hypothesen**
> Geeignete Hypothesen…
>
> - … basieren auf wissenschaftlich fundierten Überlegungen.
> - … sind in sich konsistent und stehen nicht zu anderen Hypothesen derselben Studie im Widerspruch.
> - … sind empirisch überprüfbar.
> - … sind operationalisierbar.
> - … spezifizieren die relevanten Bedingungen, unter denen die Hypothese gilt.
> - … enthalten keine Wertungen.
> - … sind sprachlich sauber formuliert.

3.5 Annehmen und Ablehnen von Hypothesen

Wir haben jetzt schon an verschiedenen Stellen vom Annehmen und Ablehnen einer Hypothese gesprochen, und Sie sind auch schon mit dem Begriff „Hypothesentest" in Berührung gekommen. Was genau bedeutet das? Beim *Testen einer Hypothese* überprüft man, ob die vorab entwickelte Annahme mit Beobachtungen aus der Realität übereinstimmt. Wenn ich vermute, dass die sexualisierte Gestaltung eines Werbebanners zu größerer Aufmerksamkeit führt als eine Bannerwerbung ohne sexualisierte Gestaltung, kann ich diese Annahme mit einem Experiment überprüfen. Man könnte Versuchspersonen einen Bildschirmtext lesen lassen, neben dem Werbebanner eingeblendet sind, die entweder freizügig gekleidete (Experimentalgruppe) oder nicht-freizügig gekleidete Testimonials zeigen (Kontrollgruppe). Per Blickaufzeichnung prüfen wir, wie viele Sekunden die Bannerwerbung jeweils fokussiert wird. Die so erhobenen Daten vergleichen wir dann mit unserer ursprünglichen Annahme. Wir schauen uns also an, wie viele Sekunden die Gruppe mit den sexualisierten Inhalten die Bannerwerbung im Durchschnitt fokussierte, und vergleichen dies mit dem Mittelwert der Kontrollgruppe. Dieser Test führt zu einem Ergebnis, das wir mit unserer vorab aufgestellten Hypothese abgleichen. Dieser Abgleich kann zur Ablehnung oder Annahme der Hypothese führen.

Die *Ablehnung der Hypothese* bedeutet, dass man die vorab aufgestellte Annahme mit den erhobenen Daten nicht stützen kann. Dieser Fall tritt in unserem Beispiel auf, wenn kein signifikanter Unterschied zwischen beiden Gruppen besteht (wenn also z. B. in beiden Gruppen die Anzeige ähnlich lang fokussiert worden wäre) oder aber auch, wenn die Kontrollgruppe die Anzeige signifikant länger betrachtet hätte. In beiden Fällen steht der Befund nicht in Einklang mit der ursprünglichen Annahme. Man kann auch sagen, dass man aufgrund der Daten die Hypothese nicht aufrechterhalten kann, sie zurückweist, verwirft, nicht beibehält oder ähnliches. Durch das Ablehnen wird eine Hypothese nicht endgültig widerlegt, sie wird nur auf Basis der vorliegenden Daten zurückgewiesen. Die Forscherin bzw. der Forscher trifft die Entscheidung unter den oftmals sehr spezifischen Bedingungen, die der Untersuchung zugrunde lagen. Unter bestimmten Umständen können Hypothesen auch falsifiziert (d. h. endgültig als falsch bewiesen) werden, worauf wir unten noch zu sprechen kommen.

Das *Annehmen einer Hypothese* bedeutet hingegen, dass die vorab formulierte Annahme durch die erhobenen Daten gestützt wird. Auch für die Annahme einer Hypothese gibt es zahlreiche Umschreibungen: Eine Hypothese hat sich bewährt, man hält sie aufrecht oder behält sie bei. Letztere zwei Formulierungen demonstrieren anschaulich die Logik des Hypothesentestens: Eine Annahme wird getroffen, überprüft, und wenn sie sich bestätigt, behält man sie (vorläufig) bei. Dieses Beibehalten ist aber nicht das Auffinden einer endgültigen und allumfänglichen Wahrheit, sondern „nur" die Bestätigung einer Vermutung unter bestimmten Bedingungen. Denn Hypothesentests sind in den Sozialwissenschaften praktisch immer mit einer Fehlerwahrscheinlichkeit behaftet. In unserem Beispiel würde man die Hypothese, dass die sexualisierte Gestaltung eines Werbebanners größere Aufmerksamkeit evoziert als vergleichbare Bannerwerbung ohne sexualisierte Gestaltung (vorläufig) beibehalten, wenn die Versuchspersonen der Experimentalgruppe ihren Blick im Durchschnitt signifikant länger auf diese Anzeige fokussieren als die der Kontrollgruppe. Dies bedeutet aber nicht, dass sexualisierte Inhalte immer mehr Aufmerksamkeit evozieren oder gar, dass nackte Menschen auf Werbebannern irgendwie besser wirken. Und die Hypothese sollte anhand weiterer Stimuli, anderer Versuchspersonen, unter anderen situativen Bedingungen und mittels anderer Operationalisierungen erneut getestet werden.

Wir haben bereits darauf hingewiesen, dass Hypothesen unter Umständen auch *verifiziert (als wahr bewiesen) oder falsifiziert (als falsch bewiesen)* werden können. Im Rahmen sozialwissenschaftlicher Experimente ist dies jedoch nicht möglich, weil eine Verifizierung bzw. Falsifizierung nur bei zwei Hypothesenarten möglich ist, die wir in der sozialwissenschaftlichen Experimentalforschung nicht einsetzen. So können Universalhypothesen in der Form „Alle Schwäne sind weiß" zwar niemals endgültig verifiziert, aber endgültig falsifiziert werden (durch die Beobachtung eines schwarzen Schwans). Umgekehrt können existenzielle Hypothesen, die einen Sachverhalt behaupten („Es gibt einen lila Schwan"), wiederum durch Aufspüren eines solchen Einzelexemplars als wahr bewiesen, jedoch praktisch nicht falsifiziert werden, weil man alle Schwäne der Welt dafür überprüfen müsste. Karl Popper (1989), von dem wir eingangs schon gesprochen haben, beschäftigte sich umfassend mit solchen Fragen, weshalb wir an dieser Stelle für weitere Ausführungen hierzu auf die Lektüre seiner Arbeiten verweisen wollen. Letztlich gilt für den Großteil der kommunikationswissenschaftlichen Experimente, dass man stets den vorläufigen Charakter seiner Beobachtung im Blick haben sollte. Vermeiden Sie daher beim Testen von Hypothesen die Begriffe „wahr" und „falsch" und nehmen Sie Hypothesen auf Basis Ihrer Daten an oder lehnen Sie diese ab. Seien Sie sich insbesondere bei der Hypothesenannahme bewusst, dass diese im Normalfall einen vorläufigen und keinen endgültigen Charakter hat.

> **Auf den Punkt: Annehmen und Ablehnen von Hypothesen**
> - Forscherinnen und Forscher testen die Gültigkeit einer Hypothese, indem sie die dort formulierte Annahme mit Beobachtungen aus der Realität abgleichen. Dies kann zum Annehmen oder Ablehnen der Hypothese führen.
> - Man lehnt eine Hypothese ab, wenn die dort formulierte Annahme durch die erhobenen Daten nicht gestützt wird.
> - Man nimmt eine Hypothese an, wenn die dort formulierte Annahme durch die erhobenen Daten gestützt wird.

3.6 Zwischenfazit und Literaturhinweise

Manfred Spitzer (2008) stellt in seinem Buch „Vorsicht Bildschirm!" die Thesen auf, Fernsehen erhöhe die Aggressivität, schädige die Gehirnentwicklung und fördere Konzentrationsschwächen von Kindern und Jugendlichen; zudem stelle es eine Gefahr für die Gesundheit dar, weil es Übergewicht und Alters-Diabetes begünstige. Diese plakativen Thesen, die wie Hypothesen daherkommen („Wenn Kinder fernsehen, werden sie dick", „Wenn Kinder fernsehen, werden sie gewalttätig"), entpuppen sich bei genauerer Betrachtung aber nur als undifferenzierte und dramatisierende Aussagen. Es fehlt einem solch provokanten Statement an Spezifikationen, um empirisch überprüft werden zu können: Prügeln sich Vielseher häufiger als Wenigseher? Macht jede Fernsehsendung etwas dicker? Lässt Fernsehen den IQ schrumpfen? Wohl kaum. Solche pauschalen Aussagen lassen sich nicht prüfen und taugen daher auch nicht für den wissenschaftlichen Diskurs. In der Wissenschaft im Allgemeinen und in der Experimentalforschung im Speziellen sind Forscherinnen und Forscher auf die präzise Formulierung von Hypothesen angewiesen, weil diese einen komplexen Sachverhalt empirisch handhabbar machen und so ein Gerüst für die Überprüfung schaffen.

Das Kapitel hat gezeigt, dass es verschiedene Hypothesentypen gibt, wobei nicht alle davon für die experimentelle Kommunikations- und Medienforschung relevant sind. Hier nutzt man überwiegend beschränkt universelle Hypothesen. Die Variabilität im menschlichen Denken und Verhalten ist nämlich derart groß, dass wir in den Sozialwissenschaften praktisch nie eine universelle Gültigkeit unserer Forschungsergebnisse beanspruchen können. Nur bestimmte gewalthaltige Medieninhalte verursachen bei bestimmten Personengruppen unter spezifischen Bedingungen negative Effekte. Diese Einschränkungen und Spezifikationen sowie die vielen Bedingungen, die an die geeignete Formulierung einer Hypothese gerichtet sind, verkomplizieren natürlich den Prozess der Hypothesenformulierung. Von diesen Stolpersteinen darf man sich aber nicht abbringen lassen, vor der Durchführung eines Experiments passende Hypothesen zu entwickeln. Nur das Formulieren der Annahmen im Vorfeld gewährleistet, die Logik eines Experiments sicherzustellen: vorab formulierte Hypothesen mit der Realität zu konfrontieren.

Neben der korrekten Generierung und Formulierung von Hypothesen ist auch der behutsame Umgang mit ihnen wichtig: Forscherinnen und Forscher müssen darauf achten, Hypothesen nicht als generell wahr oder falsch darzustellen, denn die Entscheidung über das Beibehalten oder Verwerfen einer Hypothese wird auf Basis von Wahrscheinlichkeiten gefällt (vgl. Abschn. 9.3). Das alles wirkt, als würden Forschende einen ganz schönen Zirkus um das Annehmen und Ablehnen von Hypothesen machen. Man mag sich fragen: Warum können sie nach einem durchgeführten Experiment nicht einfach schreiben, wie es ist? Die Antwort lautet: Das tun sie ja gerade, indem sie ihre Befunde vorsichtig formulieren, denn jedes Experiment untersucht nur einen sehr speziellen Ausschnitt der Realität. Denn viele Erkenntnisse, die einmal als unumstößliche Wahrheiten galten, werden Jahre, Jahrzehnte oder Jahrhunderte später doch als unzutreffend entlarvt. Ein schönes Kompendium wissenschaftlicher Irrungen bietet Dieter Czeschlik (1987) in dem von ihm herausgegebenen Buch „Irrtümer in der Wissenschaft". Einleitend schildert er dabei, dass die Erfahrung lehrt, dass es Irrtümer immer schon gegeben hat und daher alles dafür spricht, dass es auch in Zukunft welche geben wird.

Vreeman und Carroll (2007) berichten in einem Beitrag im „British Medical Journal", medizinische Mythen, die sich über Jahrzehnte oder gar Jahrhunderte hielten. Sie verweisen beispielsweise auf die Mythen, dass Menschen nur 10 % ihres Gehirns nutzen würden, oder dass das Lesen bei schlechtem Licht die Augen schädige. Die beiden Forscher nehmen an, dass diese längst widerlegten Einschätzungen immer noch viele Ärzte glauben. Entsprechend ist es das Wissen um die Fehlbarkeit der Wissenschaft bzw. der jeweiligen Methodik und der beteiligten Personen, die dazu führt, dass Forscher ihre Befunde entsprechend einschränken. Freilich kann man eine Hypothese, die mehrfach bestätigt und nie abgelehnt werden musste, als gut oder sehr gut bewährt ansehen.

In der Wissenschaft ist man entsprechend vorsichtig, was aber keineswegs für alle Journalistinnen und Journalisten gilt. Wohin das führen kann, zeigt sich bei einer Stu-

3.6 Zwischenfazit und Literaturhinweise

die der University of Alberta. Wissenschaftler dieser Universität identifizierten eine chemische Verbindung namens Resveratrol, die sich in verschiedenen Lebensmitteln (unter anderem auch im Rotwein) findet, und konnten in einer Studie zeigen, dass diese die sportlichen Leistungen von Mäusen steigert. Das verführte Journalisten von Focus Online zu der Überschrift: „Wissenschaftler sind sicher: Ein Glas Rotwein soll so effektiv sein wie eine Stunde Sport im Fitness-Studio". Dass dies nur bei Mäusen getestet wurde, in der Studie keinesfalls von einem Ersetzen des Sports die Rede war und Menschen für diese Menge zwischen 100 und 1000 Flaschen Rotwein täglich trinken müssten, ging im Rotweinrausch der Journalisten wohl unter (University of Alberta 2015).

Auch an dieser Stelle wollen wir Interessierten ein paar Tipps für weiterführende Literatur geben. Einige Lehrbücher beschäftigen sich mit Hypothesen und geben tiefere Einblicke in die zugrunde liegende Logik. Die von uns vorgestellte Differenzierung von Hypothesenarten anhand ihrer Gültigkeit ist von Groeben und Westmyer (1981) entlehnt, die diese sehr ausführlich darstellen. Zwar ist das Buch bald 40 Jahre alt, an der Gültigkeit dieser Ausführungen hat sich jedoch nichts geändert. Auch Hussy und Möller (1994) gehen in einem umfangreichen Kapitel ausführlich darauf ein, welche verschiedenen Arten von Hypothesen es gibt und differenzieren sie nochmals detailliert. Weil wir in diesem Kapitel gleich zweimal auf den Philosophen Karl Popper (1989) und dessen Überlegungen zur Wissenschaftstheorie zu sprechen kamen, legen wir Ihnen auch die Lektüre seiner Abhandlung zur „Logik der Forschung" nahe. Hier wird die Idee der Falsifikation nochmals grundlegend beschrieben, aber das ganze Werk lohnt sich zu lesen, weil es ein Klassiker der Wissenschaftstheorie ist.

Auf den Punkt: Literaturhinweise
- Groeben, N. & Westmeyer, H. (1981). *Kriterien psychologischer Forschung.* München: Juventa.
- Hussy, W. & Möller, H. (1994). *Hypothesen.* In T. Herrmann & W. H. Tack (Hrsg.), *Enzyklopädie der Psychologie. Themenbereich B: Methodologie und Methoden. Serie I: Forschungsmethoden der Psychologie. Band 1: Methodologische Grundlagen der Psychologie* (S. 475–507). Göttingen: Hogrefe.
- Popper, K. (1989). *Logik der Forschung.* Wien: Springer-Verlag.

Validität und Varianten von Experimenten

4

Die vorherigen Kapitel haben aufgezeigt, was ein Experiment ausmacht und wie man dadurch Kausalzusammenhänge identifizieren kann. Hat man sich entschieden, ein Experiment durchzuführen, muss man sich um die Umsetzung Gedanken machen. Denn Experiment ist nicht gleich Experiment: Es gibt verschiedene Varianten von Experimenten, die sich neben dem Ort, an dem sie durchgeführt werden, vor allem in der Kontrolle über die Experimentalsituation sowie der Realitätsnähe der Durchführung und damit der Generalisierbarkeit der Befunde unterscheiden. Klassischerweise unterscheidet man zwischen Labor- und Feldexperiment – mit diesen Varianten werden wir uns ausführlich in diesem Kapitel beschäftigen. Darüber hinaus gehen wir auf Online-Experimente als Spezialform ein und erklären danach, was man unter Quasi-Experimenten versteht. Letztendlich wirkt sich die Art des Experiments direkt auf die Validität, also die Gültigkeit der gewonnenen Ergebnisse, aus. Im Zusammenhang mit Experimenten unterscheiden wir dabei interne und externe Validität. Bevor wir uns den verschiedenen Varianten von Experimenten widmen, klären wir zunächst, was die Begriffe interne und externe Validität bedeuten.

4.1 Interne vs. externe Validität: Die Gretchenfrage

Stellen Sie sich vor, Sie wollen experimentell untersuchen, ob Menschen durch den Konsum gewalthaltiger Filme aggressiver werden und vergleichen dafür zwei Gruppen miteinander: Einer Experimentalgruppe zeigen Sie einen Film mit gewalthaltigen Szenen, eine Kontrollgruppe bekommt keine gewalthaltigen Szenen zu sehen. Sie entscheiden, dass die Probanden die Filme einzeln im Labor schauen sollen. Hier haben Sie die Rezeptionssituation unter Kontrolle, können also weitestgehend sicherstellen, dass jeder Proband den Film unter den gleichen Bedingungen sieht und durch nichts abgelenkt wird. Alle sehen den Film also in denselben Räumlichkeiten, auf demselben Fernseher, auf demselben Sofa, ohne Gesellschaft, etc. Sie zeigen sogar beiden Gruppen den gleichen Film und entfernen für die Kontrollgruppe lediglich die gewalthaltigen Szenen. Zeigen sich unter diesen Bedingungen nachher Unterschiede im aggressiven Verhalten, können Sie davon ausgehen, dass dies tatsächlich auf die Filmrezeption und nicht etwa auf andere Einflüsse zurückzuführen ist. Auf diese Weise sichern Sie die *interne Validität*. Damit ist gemeint, dass man im Rahmen des Experiments keine (bzw. möglichst wenige) Fehler erzeugt, also Störvariablen ausschaltet, die das Entdecken eines Ursache-Wirkungs-Zusammenhangs erschweren oder unmöglich machen könnten. Interne Validität gibt also Auskunft darüber, mit welcher Sicherheit wir einen Kausalschluss ziehen können. Anders gesagt: Bei hoher interner Validität hat einzig die von uns manipulierte, unabhängige Variable einen Einfluss auf die abhängige Variable. Klingt überzeugend – das Ziel eines Experiments ist es ja gerade, Kausalnachweise zu erbringen. Wo ist also der Haken?

Hier kommt die externe Validität ins Spiel. *Externe Validität* bezieht sich darauf, ob die gewonnen Befunde über die experimentelle Versuchsanlage hinaus verallgemeinerbar sind und damit auch, ob sie in der sozialen Realität überhaupt relevant sind (diese Übertragbarkeit der Befunde auf den Alltag bzw. auf die soziale Realität wird teilweise auch als ökologische Validität bezeichnet, z. B. Berkowitz und Donnerstein 1982; Brunswik 1956). Durch die im eben diskutierten Beispiel beschriebene Laborsituation wurde eine künstliche Umgebung geschaffen, die nichts mit der natürlichen Rezeptionssituation zu tun hat. Man weiß also zunächst nur, dass Personen aggressiv werden, wenn sie einen Film mit gewalthaltigen Szenen in einer fremden Umgebung allein unter Beobachtung schauen. Aber taucht der gemessene Unterschied im Aggressivitätsverhalten auch so in der Realität auf, wo die Rezeptionssituation ganz anders aussieht? Wirkt vielleicht die gewohnte heimische Atmosphäre beim Filmschauen der Aggression entgegen und die Probanden reagieren nur aggressiv, weil sie alleine in einer ungewohnten Umgebung gewalthaltigen Inhalten ausgesetzt sind? Externe Validität bezieht sich also auf die Frage, inwieweit wir die im Experiment ermittelten Befunde auf andere (Alltags-)Situationen übertragen können und somit über die im Experiment verwendeten Stimuli, Versuchspersonen etc. hinaus verallgemeinernde Aussagen treffen dürfen (Shadish et al. 2002). Das Konzept bezieht sich – wie interne Validität – auf alle Phasen des Experimentierens, von der Stichprobe bis hin zur Messung, weshalb es im Laufe des Buches immer wieder eine Rolle spielen wird.

Validität kann nicht errechnet und mit einer Zahl versehen werden, sondern ist Abwägungssache. Außerdem kann man, auch das sollte das Beispiel gezeigt haben, in den wenigsten Fällen interner sowie externer Validität vollständig gerecht werden. Auch wenn hohe interne und externe Validität als Ideal der Experimentalforschung gelten, *geht in der Praxis höhere interne Validität oft zulasten externer Validität und umgekehrt.* Lassen Sie die Versuchspersonen den Film zu Hause schauen, erhöhen Sie den Realitätsgrad der Untersuchungssituation und damit die externe Validität der Ergebnisse – gleichzeitig kaufen Sie sich damit aber aufgrund der mangelnden Kontrolle über die

4.1 Interne vs. externe Validität: Die Gretchenfrage

Versuchssituation eine höhere Gefahr von Fehlern ein, die im schlimmsten Fall einen Kausalschluss unmöglich machen. Insofern kann man sich vollständige interne und vollständige externe Validität als zwei Endpunkte eines Kontinuums vorstellen. Da man selten beiden Aspekten „gleich" gerecht werden kann, hat sich hierzu über Jahrzehnte eine intensive Diskussion in der Wissenschaft entwickelt, bei der es regelrechte Hardliner für beide Positionen gibt. Die Frage nach interner vs. externer Validität ist damit die Gretchenfrage der Experimentalforschung. Mook (1983) argumentiert in seinem Artikel „In defense of external invalidity", dass externe Validität in den meisten Experimenten gar nicht das Ziel ist bzw. das Ziel sein sollte, wohingegen z. B. Winer (1999) sich für einen stärkeren Fokus auf externe Validität in Experimentalstudien ausspricht. Immer wieder in Kritik gerät dabei vor allem die Verwendung von studentischen Stichproben, ein Punkt, dem wir uns in Abschn. 7.1.2 noch genauer widmen.

Aus unserer Sicht sind zwei Überlegungen wichtig: Erstens lässt sich die Frage, auf welchen der beiden Aspekte bei kommunikationswissenschaftlichen Experimenten mehr Wert gelegt werden sollte, nicht pauschal beantworten. Vielmehr muss für jede Fragestellung einzeln abgewogen werden, welchen Aspekt man aus welchen Gründen mehr fokussieren will bzw. kann. Gerade bei der Auswahl und der Gestaltung der eingesetzten Stimuli spielen solche Überlegungen eine entscheidende Rolle, wie die Abschn. 5.4 und 5.6 zeigen werden. Entscheidungen zwischen interner und externer Validität sind außerdem davon abhängig, wie viel und welche Art von Forschung zu einem entsprechenden Phänomen schon existiert – es gibt ja nicht zu jeder kommunikationswissenschaftlichen Fragestellung bzw. zu jedem Phänomen nur ein einziges Experiment, das dann allen Aspekten gerecht werden muss. In der Forschungspraxis werden neue Phänomene oftmals erst im Labor unter intern validen Bedingungen an homogenen Stichproben getestet, man überprüft also zunächst, ob ein Effekt überhaupt existiert. In Nachfolge-Experimenten erhöht man dann nach und nach die externe Validität und testet, ob der Effekt auch unter realistischeren Bedingungen, mit komplexeren Stimuli oder bei heterogenen Stichproben auftritt. Damit verbunden ist der zweite Punkt: Ein Experiment ist nicht als Ganzes intern oder extern valide, sondern Validität bezieht sich auf unterschiedliche Teilaspekte. Man kann also durchaus mit einer heterogenen Stichprobe und einem realistischen Stimulus arbeiten, das Experiment aber in einem kontrollierten Laborsetting durchführen.

Auf den Punkt: Interne vs. externe Validität
- Validität bezeichnet die Gültigkeit der im Experiment ermittelten Befunde.
- Interne Validität beschreibt den Umstand, dass einzig die von der Forscherin bzw. vom Forscher manipulierte, unabhängige Variable einen Einfluss auf die abhängige Variable hat. Störvariablen müssen also eliminiert oder kontrolliert werden.
- Externe Validität bezeichnet zum einen die Generalisierbarkeit der Befunde über die im Experiment verwendeten Stimuli, die Versuchssituation, Stichprobe,

etc. hinaus, zum anderen eine realitäts- bzw. alltagsnahe Umsetzung des Experiments.
- Interne und externe Validität stehen in einem hydraulischen Verhältnis, sprich strenge Kontrolle und Elimination von Störvariablen geht oft zulasten der Generalisierung bzw. Realitätsnähe und umgekehrt.

4.2 Labor- vs. Feldexperimente

Bei dem Begriff Experiment hat man möglicherweise schnell den Professor mit weißem Kittel im Labor vor Augen, der Versuchspersonen an irgendwelche Geräte anschließt. Die wenigsten Kommunikationswissenschaftlerinnen und Kommunikationswissenschaftler tragen aber weiße Kittel, nicht immer schließen wir Versuchspersonen an Geräte an (kommt aber vor, vgl. Abschn. 8.4), aber auch in der Kommunikationswissenschaft führen wir Experimente oft im *Labor* durch. Was bedeutet Labor in diesem Zusammenhang? Auch hier denkt man vermutlich zuerst an einen sterilen weißen Raum mit Reagenzgläschen – das ist aber beim sozialwissenschaftlichen Experiment nicht gemeint. Mit Labor ist gemeint, dass das Experiment in einer Umgebung stattfindet, die wir kontrollieren können. Es handelt sich also um eigens für experimentelle Forschung eingerichtete Räumlichkeiten, in denen wir (weitestgehend) sicherstellen können, dass ein Experiment nach unseren Vorstellungen abläuft, dass es zu keinen Störungen kommt und die Rahmenbedingungen für alle Versuchspersonen gleich sind. Laborexperimente sorgen also in der Regel für eine hohe interne Validität und lassen damit einen relativ eindeutigen Kausalschluss zu.

Das Gegenstück zum Laborexperiment ist das *Feldexperiment*. Der Begriff bedeutet zunächst einmal, dass die Untersuchung in der Umgebung stattfindet, in der ein zu untersuchender Sachverhalt in der sozialen Realität auch tatsächlich auftritt, also in der natürlichen Umgebung der Versuchspersonen. So zeichnen sich Feldexperimente durch einen hohen Realitätsgrad der Situation und damit eine hohe externe Validität aus. Dafür muss man Einschränkungen bezüglich der internen Validität in Kauf nehmen: In Feldexperiment reduziert sich also in der Regel die Sicherheit, mit der man einen Kausalschluss ziehen kann (weil sich Störvariablen nicht oder nur schwer kontrollieren lassen). Stellen wir uns vor, wir wollen unterschiedliche Werbespots für Eis auf ihre Effektivität hin prüfen. Im klassischen Laborexperiment würde man die Versuchspersonen ins Labor bitten, ihnen jeweils einen der Werbespots vorspielen und sie anschließend nach der Kaufbereitschaft bezüglich der dargestellten Eismarke fragen. Man könnte das Ganze aber auch als Feldexperiment anlegen, zum Beispiel im Kino: Man speist den jeweiligen Spot in den Werbeblock vor der Filmvorführung ein und beobachtet, wie viele Zuschauer sich im Anschluss bei der typischen „Noch jemand ein Eis?"-Runde für die entsprechende Eismarke entscheiden. Vorteile bei einer solchen Untersuchungsanlage sind zum einen, dass das Experiment in einem realistischen Kontext abläuft, zum anderen, dass

4.2 Labor- vs. Feldexperimente

die Versuchspersonen nicht zwangsläufig wissen, dass sie an einem Experiment teilnehmen und sich daher natürlich verhalten (inwieweit so etwas ethisch vertretbar ist, erörtert Abschn. 10.2.1). Man hat zwar auch im Laborexperiment die Möglichkeit, die Versuchspersonen über den eigentlichen Zweck des Experiments zu täuschen – dass sie an einer wissenschaftlichen Untersuchung teilnehmen, ist aber klar. Nachteile des Feldexperiments sind vor allem der Aufwand sowie die mangelnde Kontrolle über die Versuchssituation.

Eine Sonderform des Feldexperiments ist das *natürliche Experiment*. Natürliche Experimente untersuchen, wie der Name schon andeutet, natürliche auftretende Ursachen – man nimmt also keine aktive Manipulation der unabhängigen Variable vor, sondern Teilnehmende bilden aufgrund natürlich auftretender Ereignisse Experimental- und Kontrollgruppe. Ein Beispiel dafür ist die Studie von Hoefnagels und Baartman (1997), die die Effektivität einer Interventionskampagne gegen Kindesmissbrauch in den Niederlanden überprüften und untersuchten, ob solcher Fälle nach dem Start der Interventionskampagnen häufiger gemeldet wurden. Man spricht hier in der Regel von quasi-experimentellem Vorgehen (vgl. Abschn. 4.4), da der Forschende keine Kontrolle über die experimentelle Manipulation bzw. Situation hat.

Letztendlich gibt es keine Dichotomie zwischen Labor- und Feldexperiment, sondern man kann sich graduell von einem völlig standardisierten Laborexperiment zu einem natürlichen Feldexperiment bewegen (Gerber und Green 2012). Die Entscheidung für ein Labor- oder Feldexperiment kann dabei von unterschiedlichen Überlegungen geleitet sein. Bei einigen Fragestellungen liegt die Entscheidung auf der Hand: Arbeitet man zum Beispiel mit apparativen Messungen wie Blickregistrierung oder psychophysiologischen Verfahren, kommt man um ein Laborexperiment oft nicht herum. Möchte man dagegen etwa herausfinden, ob das Unterhaltungserleben allein oder in der Gruppe höher ist, so bietet sich ein Feldexperiment in der natürlichen Umgebung der Versuchspersonen an (vgl. Zillich 2013). Meistens fällt die Entscheidung für ein Labor- oder Feldexperiment also schon durch die Fragestellung. Kommt theoretisch beides infrage, ist die Entscheidung von einer Vielzahl von Faktoren abhängig, wie z. B.: Kann im Labor eine einigermaßen realistische Situation hergestellt werden? Ist eine natürliche Umgebung für die Durchführung des Experiments unerlässlich? Stehen die Kosten (monetär, zeitlich) für ein Feldexperiment in Relation zum Ertrag?

> **Auf den Punkt: Labor- vs. Feldexperimente**
> - Laborexperimente finden in eigens für experimentelle Forschung eingerichteten Räumlichkeiten statt und erlauben eine umfangreiche Kontrolle der Experimentalsituation, die aber oft zulasten der Realitätsnähe geht.
> - Feldexperimente finden in der natürlichen Umgebung der Versuchspersonen statt. Sie sind deutlich aufwendiger und schwieriger zu kontrollieren, ermöglichen aber Einblicke in den Untersuchungsgegenstand unter realistischen Bedingungen.

- Die Entscheidung für ein Labor- oder Feldexperimente ist von der jeweiligen Fragestellung abhängig, nicht immer eignen sich beide Arten gleich gut.
- Laborexperimente besitzen in der Regel eine hohe interne Validität, Feldexperimente eine hohe externe Validität.

4.3 Online-Experimente

Als Online-Experiment bezeichnet man jede Form von experimenteller Untersuchung, bei der Personen über das Internet an der Studie teilnehmen. Die meisten Online-Experimente nehmen Befragungsmessungen vor, in welche die jeweiligen Stimuli eingebettet werden. Für die Durchführung der Studie braucht es kein Forschungslabor, keine Versuchsleiterinnen und Versuchsleiter und das Forschungsteam muss sich auch nicht an einen anderen Ort begeben, sondern kann die Studie vom eigenen Schreibtisch aus durchführen und überwachen. Auch deswegen sind Online-Experimente in der Kommunikationswissenschaft inzwischen sehr beliebt und häufig anzutreffen. Dafür gibt es aber noch weitere Gründe: Erstens ist das Internet inzwischen einer der wichtigsten Forschungsgegenstände der Kommunikationswissenschaft, sodass es für viele Fragestellungen schon rein inhaltlich sinnvoll ist, eine Studie online durchzuführen. Zweitens lassen sich Experimente über das Internet mit einem vergleichsweise geringen Aufwand umsetzen, insbesondere hinsichtlich der Rekrutierung von Versuchspersonen. Sogenannte Online-Access-Panels verfügen über einen Pool von Kontaktdaten potenzieller Versuchspersonen, die zuvor ihre Einwilligung gegeben haben, für wissenschaftliche Studien kontaktiert zu werden. Wer diese, oft kostenpflichtige Variante, nicht nutzen will, kann den Link zu seiner Studie zudem relativ einfach über soziale Netzwerke wie Facebook streuen (ob und wann das sinnvoll ist, diskutieren wir in Abschn. 7.2.1).

4.3.1 Online ist nicht gleich online

Wenn in der Literatur von Online-Experimenten (englisch *web-based experiments*) die Rede ist, beziehen sich Autoren meistens auf das Internet als reinen Verbreitungsweg (meist in Form experimenteller Befragungen). Das Experiment findet also nicht zwangsläufig online statt, weil dies dem Untersuchungsgegenstand dienlich ist, sondern weil es forschungsökonomisch ist – also günstig und zeitsparend. Das mag sich zunächst nicht unbedingt nach einem guten Grund anhören, ist in der wissenschaftlichen Praxis aber ein wichtiger Faktor: Die Durchführung empirischer Studien ist zeit- und kostenintensiv und nicht für alle Projekte ist eine umfangreiche finanzielle Förderung vorhanden. Gerade wenn empirische Forschung im Rahmen studentischer Projekte stattfindet und Experimente innerhalb eines Semesters abgeschlossen werden müssen, ist manchmal weder die

Zeit noch das Geld für Labor- oder Feldexperimente vorhanden. Ein Online-Experiment muss dabei – trotz zahlreicher Nachteile, die im Folgenden näher erörtert werden – nicht unbedingt schlechter sein als eine klassische Feld- oder Laborstudie. Man muss sich aber im Klaren darüber sein, welche Probleme man sich einkauft, wenn man eine Online-Umsetzung wählt. Die Frage ist also oft nicht: „Was spricht dafür, das Experiment online durchzuführen?", sondern: „Welche Gründe sprechen gegen eine Online-Durchführung?". Darüber hinaus haben Online-Experimente einige Vorteile gegenüber Labor- und Feldexperimenten, die im nächsten Abschnitt erläutert werden.

Experimente finden aber nicht nur online statt, weil der Verbreitungsweg forschungsökonomischer ist, sondern auch, weil man sich mit Online-Forschung beschäftigt, man also die natürliche Umgebung Internet erforschen will (Welker und Matzat 2009) – dann ist ein Online-Experiment zugleich ein Feldexperiment (Parigi et al. 2017). Ein klassisches Beispiel dafür ist eine sehr umstrittene experimentelle Online-Beobachtung, die vom Unternehmen Facebook 2012 ohne Wissen seiner Nutzer durchgeführt wurde (Kramer et al. 2014). Ziel der Studie war es herauszufinden, ob sich vermehrte positive bzw. negative Posts auf der persönlichen Pinnwand auf die Emotionen der Nutzer auswirken. Für das Experiment manipulierte Facebook rund 700.000 Pinnwände so, dass sie – je nach Experimentalgruppe – für eine Woche hauptsächlich positive oder negative Posts von Freunden zu sehen bekamen und andere Posts ausgeblendet wurden. Als abhängige Variable wurde das eigene Posting-Verhalten der Versuchspersonen in diesem Zeitraum ausgewertet. Die Forscher konnten zeigen, dass Nutzer, die überwiegend negative Posts zugespielt bekamen, auch selbst signifikant mehr negative Inhalte posteten als Personen der anderen Experimentalgruppe. Der Veröffentlichung der Daten folgte ein öffentlicher Aufschrei, da die Nutzer weder vor noch nach dem Experiment über dieses Vorgehen informiert wurden – Facebook entschuldigte sich öffentlich. Damit zeigt die Studie zum einen die Möglichkeiten der experimentellen Online-Beobachtung auf, zum anderen auch die massiven ethischen Probleme, die damit einhergehen (vgl. ausführlich Abschn. 10.2.1).

4.3.2 Vor- und Nachteile von Online-Experimenten

Warum sind Online-Experimente so beliebt? Die größten Vorteile wurden eingangs bereits festgehalten: Online-Experimente sind in der Regel kostengünstig, vergleichsweise aufwandsarm und schnell durchzuführen – und zwar sowohl für den Forschenden, als auch für die Versuchspersonen, die am Experiment bequem von zu Hause aus teilnehmen können und nicht extra ins Labor kommen müssen. Der Forschende ist bei der Rekrutierung geografisch nicht an einen bestimmten Ort gebunden, sondern kann zum Beispiel von Deutschland aus relativ problemlos ein Experiment mit australischen Versuchspersonen durchführen. Die Daten werden vom Befragungs- bzw. Beobachtungsprogramm automatisch gespeichert, sodass der Datensatz nach Beendigung der Feldzeit direkt vorliegt. Darüber hinaus hat die Abwesenheit eines Versuchsleiters Vorteile: Versuchsleitereffekte (vgl. Abschn. 6.5.1), also mögliche Störquellen, die sich durch die

Anwesenheit eines Versuchsleiters ergeben können, lassen sich bei Online-Experimenten komplett ausschalten. Die Abwesenheit eines Versuchsleiters kann zudem vor allem bei sensiblen Themen von Vorteil sein. Allerdings ist durch die fehlende soziale Kontrolle die Hemmschwelle zum Abbruch einer Studie auch deutlich geringer.

Online-Experimente finden nicht im Labor, sondern in der natürlichen Umgebung der Versuchspersonen statt. Trotzdem unterscheiden sie sich wesentlich von einem Feldexperiment, wenn es nur um den Online-Verbreitungsweg geht. Während sich beim Feldexperiment die natürliche Umgebung auf den Untersuchungsgegenstand bezieht (zum Beispiel das oben skizzierte Werbe-Experiment im Kino) und damit wesentlicher Bestandteil des Versuchs ist, spielt dies beim online verbreiteten Experiment eine untergeordnete Rolle. Wir gehen zwar davon aus, dass die Versuchspersonen den Fragebogen in einer für sie „natürlichen" Umgebung ausfüllen, wir wissen aber nicht, ob es sich dabei um das heimische Wohnzimmer, die Busfahrt nach Hause oder das Wartezimmer des Zahnarztes handelt. Damit ist der oft genannte Vorteil der natürlichen Situation (und der damit erhofften höheren externen Validität) eigentlich ein Trugschluss – tatsächlich wissen wir wenig über die (Natürlichkeit der) Situation, in der etwa ein Online-Fragebogen ausgefüllt wird. Und damit sind wir auch bei einem der größten Probleme von Online-Experimenten: Wir haben keinerlei Kontrolle darüber, in welcher Situation sich die Versuchspersonen gerade befinden, wenn sie am Experiment teilnehmen. Dies ist sowohl dem Labor- als auch dem Feldexperiment gegenüber ein entscheidender Nachteil. Bei einem Laborexperiment befinden sich die Versuchspersonen zwar nicht in ihrer natürlichen Umgebung, dafür können die Experimentalbedingungen für alle weitestgehend konstant gehalten und Störvariablen ausschalten werden (eine entscheidende Voraussetzung für den Nachweis von Kausalität, vgl. Abschn. 2.4). Führen wir ein Experiment im Feld (also z. B. bei den Versuchspersonen zu Hause) durch, haben wir zwar weniger Kontrolle über mögliche störende Einflüsse, erhöhen aber die Natürlichkeit der Rezeptionssituation. Bei einer Online-Durchführung haben wir aber weder Kontrolle über die Versuchssituation, noch ist sichergestellt, dass das Experiment in der natürlichen Rezeptionssituation stattfindet. Zeigen wir den Versuchspersonen etwa im Rahmen eines Experiments zur Wirkung von Fernsehnachrichten einen Ausschnitt aus der Tagesschau, befindet sich die Versuchsperson womöglich nicht in ihrer natürlichen Rezeptionssituation, wenn sie den Fragebogen im Wartezimmer beim Arzt auf dem Smartphone ausfüllt.

Die Nicht-Kontrollierbarkeit der Situation wird dadurch verschärft, dass man nicht weiß, ob und wie die im Experiment eingebundenen Stimuli überhaupt rezipiert wurden. Wurde der vierminütige Nachrichtenausschnitt aufmerksam verfolgt oder hat sich die Versuchsperson währenddessen einen Kaffee geholt? Hat die Versuchsperson im Wartezimmer das Stimulus-Video ohne Ton geschaut, um die anderen Patienten nicht zu stören? Wurde der manipulierte Zeitungsartikel vollständig gelesen, nur überflogen, oder nebenbei nach dem Inhalt gegoogelt? Einen gewissen Kontrollmechanismus hat man dadurch, dass die meisten Online-Befragungsprogramme aufzeichnen, wie lange eine Versuchsperson auf den einzelnen Fragebogenseiten verbracht hat. Dauerte das Nachrichtenvideo also vier Minuten, die Versuchsperson hat die Seite aber nach zwanzig Sekunden verlassen, kann man zumindest mit Sicherheit sagen, dass das Video nicht komplett gesehen wurde. Allerdings heißt das im Umkehrschluss nicht, dass alle Versuchspersonen, die genau vier Minuten auf der Seite waren, das Video vollständig, aufmerksam und mit Ton rezipiert haben. Und was ist mit Personen, die acht Minuten auf der Seite verbracht haben? Haben diese den Beitrag zweimal angesehen? Oder die Wiedergabe zwischendurch unterbrochen, weil das Telefon klingelte? Die Nicht-Kontrollierbarkeit der Situation ist die Achilles-Ferse des Online-Experiments.

Dazu kommt, dass nicht sichergestellt werden kann, dass alle Versuchspersonen nach der Teilnahme ordnungsgemäß über den Zweck des Experiments aufgeklärt werden (Debriefing, vgl. Abschn. 10.2.3). Üblicherweise befinden sich die Informationen über den Untersuchungszweck des Experiments auf der letzten Seite – was ist aber mit den Versuchspersonen, die das Experiment vorzeitig abbrechen? Und selbst wenn ein Proband die letzte Seite erreicht, wie stellt man sicher, dass er die Informationen wirklich liest? Aufgrund dieser Probleme sollten Experimente, die mit der Täuschung von Versuchspersonen arbeiten und einer detaillierten Aufklärung im Nachhinein bedürfen, aus ethischen Gründen nicht online durchgeführt werden.

> **Auf den Punkt: Online-Experimente**
> - Als Online-Experimente werden Befragungen oder Beobachtungen mit experimenteller Untersuchungsanlage bezeichnet, die über das Internet durchgeführt werden oder das Internet als Untersuchungsgegenstand haben.
> - Bei Online-Experimenten nehmen die Probanden an einem Ort ihrer Wahl am Experiment teil (z. B. zu Hause, im Bus oder an ihrem Arbeitsplatz), man hat also keinerlei Kontrolle über die Versuchssituation, was der Hauptnachteil dieser Untersuchungsanlage ist.
> - Vorteile von Online-Experimenten sind der geringere Aufwand für Forschende und Versuchsperson, die schnelle und kostengünstige Umsetzung sowie die Vermeidung von Versuchsleitereffekten.

4.4 Quasi-Experimente

Abschn. 1.2 definierte Experimente als eine Untersuchungsanordnung zur Überprüfung von Kausalannahmen, bei der unter kontrollierten Bedingungen mindestens eine unabhängige Variable aktiv variiert und deren Einfluss auf eine oder mehrere abhängige Variablen gemessen wird. Quasi-Experimente erfüllen eine oder zwei Prämissen dieser Definition nicht: Bei ihnen wird entweder keine aktive Manipulation vorgenommen (bzw. kann nicht vorgenommen werden) und/oder die Rahmenbedingungen (also Störvariablen) können nicht ausreichend kontrolliert werden. Allerdings gibt es in der Literatur unterschiedliche Auffassung darüber, wann eine dieser Bedingungen nicht mehr erfüllt ist bzw. ab wann man von einem Quasi-Experiment sprechen kann und wann man den Begriff Experiment vermeiden sollte (für eine Diskussion siehe z. B. Shadish et al. 2002; Huber 2013; Klimmt und Weber 2013).

Die meisten Forscherinnen und Forscher sind sich einig, dass sich Quasi-Experimente durch eine *mangelnde Kontrolle von Störvariablen* auszeichnen. Streng genommen wäre damit jedes Feld- und Online-Experiment als Quasi-Experiment zu bezeichnen (was bei einigen Autoren auch durchaus so gehandhabt wird, vgl. Huber 2013). In der Kommunikationswissenschaft spricht man vor allem dann von einem Quasi-Experiment, wenn der zentrale Mechanismus zur Kontrolle von Störvariablen keine Anwendung findet, nämlich die *randomisierte Zuteilung zu den Experimental- bzw. Kontrollgruppen* (Shadish et al. 2002). Stellen Sie sich zum Beispiel vor, wir wollen untersuchen, ob das Unterhaltungserleben bei einem Kinofilm höher ist, wenn er in 3D rezipiert wird. Wir entscheiden uns für ein Feldexperiment und wählen ein Kino, in dem zeitgleich der neuste SciFi-Streifen in 3D und in 2D läuft. Um die natürliche Rezeptionssituation nicht zu stören, werden die Zuschauer erst nach der Filmrezeption gebeten, an einer kurzen Befragung zum Filmerleben teilzunehmen. Durch die Verletzung der Randomisierungsvoraussetzung (die Besucher haben ja selbst entschieden, ob sie den Film in 3D oder in 2D sehen wollten) können wir nicht ausschließen, dass das höhere Filmerleben in der 3D-Gruppe durch ganz andere Faktoren bedingt wird. Es wäre möglich, dass Zuschauer, die gerne 3D-Filme schauen, generell leichter zu unterhalten sind oder im 2D-Film nur diejenigen saßen, die für den 3D-Film keine Karten mehr bekommen haben (und entsprechend frustriert waren).

Ein Quasi-Experiment liegt auch dann vor, wenn man keine (komplette) Kontrolle über die Manipulation der unabhängigen Variable hat. Dies ist bei natürlichen Experimenten der Fall, wenn man zum Beispiel eine Vorher-Nachher-Messung bei natürlich auftretenden Ereignissen durchführt. Hier hat die Forscherin bzw. der Forscher in der Regel weder Kontrolle über die Manipulation der unabhängigen Variable noch über die zufällige Zuteilung der Versuchspersonen zu den unterschiedlichen Bedingungen, weshalb es Shadish und Kollegen (2002) in ihrer Übersicht mit „not really an experiment" betiteln (S. 12). Damit bildet das natürliche Quasi-Experiment das Gegenstück zum vollständig kontrollierten, randomisierten Experiment (vgl. Dunning 2012). Freilich gib es auch hier zwischen diesen beiden Formen Abstufungen. Sind natürliche Faktoren, wie z. B. Geschlecht, zusätzliche Bedingungen in einem randomisierten Experiment, so spricht man von einem Experiment mit *quasi-experimentellem Faktor*.

Einige Überblickswerke sprechen auch dann von Quasi-Experimenten, wenn nur die Voraussetzung der zeitlichen Abfolge von vermeintlicher Ursache und Wirkung vorhanden ist, aber keine Kontrollmessung vorliegt. Klimmt und Weber (2013) etwa beschreiben einen Versuchsaufbau als Quasi-Experiment, bei dem Versuchspersonen Ego-Shooter im Labor spielen und anschließend Aggressivität gemessen wird. Andere Autoren sprechen hier von einer *One-Shot Case Study* (Campbell und Stanley 1963). Nach allem, was wir bisher zu Experimenten ausgeführt haben, dürfte das Problem bei dieser Untersuchungsanlage klar sein – hier kommen nicht nur eine Vielzahl alternativer

Erklärungen für ein gewisses Aggressivitätsniveau in Betracht, sondern es lässt sich aufgrund der fehlenden Kontrollmessung nicht einmal sagen, ob es überhaupt zu einer Erhöhung von Aggressivität gekommen ist. Das Beispiel ist aber deshalb so wichtig, weil der öffentliche Diskurs nach einem Amoklauf oft auf solche naiven Kausalannahmen reduziert wird: Der Amokläufer spielte vor Tat häufig Ego-Shooter, deshalb müssen diese der Auslöser sein. Als wissenschaftliche Untersuchungsanlage zur Überprüfung von Kausalzusammenhängen eignet sich die Vorgehensweise allerdings nicht. Wie Klimmt und Weber (2013) richtig anmerken, wäre nach dieser Logik die Aussage „Amokläufer hat vor der Tat Milch getrunken" und die entsprechende Schlussfolgerung einer Kausalwirkung (Milch trinken führt zu Amokläufen) ebenso plausibel. Bei solchen Untersuchungen sollte man – um Missverständnissen vorzubeugen – entsprechend nicht von einer experimentellen Vorgehensweise sprechen.

Auf den Punkt: Quasi-Experimente
- Als Quasi-Experimente bezeichnet man Untersuchungsanlagen, bei denen keine aktive Manipulation vorgenommen wird und/oder Störvariablen nicht ausreichend kontrolliert werden können (oftmals fehlt die randomisierte Zuteilung zu Experimental- und Kontrollgruppe).
- Vor allem Feldexperimente, bei denen die Forscherin bzw. der Forscher die unabhängige Variable nicht aktiv manipulieren bzw. Störvariablen nicht ausreichend kontrollieren kann, haben quasi-experimentellen Status.
- Sind zentrale experimentelle Voraussetzungen verletzt (wie etwa das Vorhandensein einer Vergleichsbedingung), sollte man nicht mehr von quasi-experimenteller Vorgehensweise sprechen.

4.5 Replikationen

Abschn. 3.6 schilderte, dass viele wissenschaftliche Erkenntnisse, die einmal als unumstößlich galten, Jahre oder Jahrzehnte später als falsch entlarvt wurden. Das ist kein Grund zur Verwunderung oder Sorge, denn Fehler und Fehleinschätzungen sind menschlich und passieren deswegen auch in der Wissenschaft, die ja auch von Menschen betrieben wird. Jedes einzelne Experiment (wie auch jede andere wissenschaftliche Studie) birgt die Gefahr, ein falsches oder verzerrtes Bild der Realität wiederzugeben. Das ist ein Risiko, mit dem Wissenschaftlerinnen und Wissenschaftler leben müssen und das sie sich eingestehen sollten. Deswegen sollten sie extrem darauf bedacht sein, dieses Risiko zu minimieren. Ein klassischer Weg, wissenschaftliche Befunde abzusichern und auf eine solide empirische Basis zu stellen, ist die abermalige Durchführung von Experimenten. Wiederholt man ein Experiment mit dem Ziel, die Gültigkeit der Befunde erneut zu überprüfen (d. h. zu validieren), zu erweitern oder zu spezifizieren, nennt man dies eine *Replikation*. Die Replizierbarkeit von Ergebnissen ist ein ganz zentraler Bestandteil, eine fundamentale Anforderung an jegliche Forschung (Rosenthal 2009; Schmidt 2009). Denn Befunde, die bislang noch nicht wiederholt getestet wurden, sind zu einem gewissen Grad unsicher. Dies ist insbesondere dadurch bedingt, dass wir bei Experimenten mit Stichproben arbeiten und die darauf basierenden statistischen Auswertungen auf Wahrscheinlichkeiten und nicht auf Gewissheiten beruhen. Erst das wiederholte Testen eines Effekts in verschiedenen Kontexten führt dazu, dass dessen Auftreten als relativ gesichert gelten kann. Somit sind Replikationen eine fundamentale Säule der Experimentalforschung.

Man kann dabei zwei grundsätzliche Typen unterscheiden: die direkte und die konzeptuelle Replikation (Koch 2017). Die direkte Replikation wird auch exakte oder identische Replikation genannt, weil sie so genau wie möglich eine ursprüngliche Studie nachbildet: Sie nutzt das gleiche Design, die gleichen Instruktionen, Stimuli und Fragebögen, arbeitet aber natürlich mit anderen Versuchspersonen (diese kennen das Experiment ja bereits und sollten deswegen nicht mehr teilnehmen). Die konzeptuelle Replikation gleicht ebenfalls in den meisten Punkten der Originalstudie, nimmt aber bewusst (kleine) Veränderungen im Design oder der Methodik vor, um die Befunde der Originalstudie zu erweitern (man variiert z. B. eine weitere unabhängige Variable oder misst die abhängige Variable anders). Insofern testet man mit konzeptuellen Replikationen auch die Generalisierbarkeit von Befunden.

Obwohl die Replizierbarkeit wissenschaftlicher Befunde ein ganz fundamentales Prinzip ist, gibt es nur sehr wenige (direkte) Replikationen in der Kommunikationswissenschaft. Die Gründe dafür sind vielfältig: Allein die Schwierigkeit, ein vergangenes Experiment wirklich Punkt für Punkt zu replizieren, könnte davon abhalten. Hinzu kommt, dass viele Forschende es als profan und langweilig ansehen, etwas erneut durchzuführen, was jemand anderes ja bereits herausgefunden hat. Diese negative Einstellung gegenüber Replikationen ist bedauerlicherweise bisweilen auch bei Herausgebern und Gutachtern wissenschaftlicher Fachpublikationen anzutreffen, die solche Wiederholungen nicht unbedingt in ihrer Zeitschrift sehen wollen und lieber Originäres publizieren (Neuliep und Crandall 1990).

Dabei erfüllen Replikationen gleich mehrere wichtige Funktionen. Die erste ganz zentrale Funktion haben wir bereits angesprochen: Die wiederholte Durchführung von Experimenten stellt sicher, dass die Ergebnisse einer Originalstudie zuverlässig sind. In einem Experiment können sich diverse Fehler einschleichen und Befunde können durch einen Zufall, eine Störvariable oder die bewusste Fälschung des Forschenden verfälscht sein. Ein solcher Betrugsfall wurde vor wenigen Jahren in der Psychologie aufgedeckt: Hier gestand der niederländische Forscher Diederik Stapel, reihenweise Daten manipuliert und sogar ganze Datensätze frei erfunden zu haben (vgl. dazu auch Abschn. 10.2). Eine Replikation hilft darüber hinaus bei der Überprüfung, ob sich Befunde generalisieren lassen, ob diese also unabhängig von Ort, Zeit, Probanden und Forscherin bzw. Forscher auftreten (mehr dazu im nächsten Kapitel). Außerdem dienen Replikationen dazu, eine Effektgröße präziser zu bestimmen. Wir werden in Abschn. 7.1.3 und 9.4.3 noch auf

4.5 Replikationen

Effektstärken eingehen und diskutieren, inwiefern sich diese in Experimenten überhaupt generalisieren lassen, doch sei an dieser Stelle schon gesagt, dass eine größere Anzahl an Experimenten mit verschieden zusammengesetzten Stichproben dabei hilfreich sein kann. Denn die Ermittlung einer durchschnittlichen Effektstärke über mehrere Studien hinweg reduziert Zufallsfehler. Zuletzt helfen Replikationen auch dabei, bestehende Befunde zu erweitern, also z. B. Variablen zu entdecken, die einen Effekt beeinflussen (sog. Moderatoren, vgl. Abschn. 9.7) – ein Ziel, das insbesondere konzeptuelle Replikationen verfolgen.

Wie repliziert man nun erfolgreich ein bestehendes Experiment? Brandt et al. (2014) entwickeln dafür ein „Rezept", das fünf Zutaten beinhaltet. In einem ersten Schritt soll die Forscherin bzw. der Forscher die untersuchten Effekte und Methoden genau in Augenschein nehmen, sie definieren und systematisieren. In einem zweiten Schritt versucht man Punkt für Punkt, Design, Setting, Stimulus und Methode der Datenerhebung so genau wie möglich nachzubilden. Freilich ist eine völlig identische Durchführung nicht möglich, dies ist aber auch nicht die Grundidee der Replikation: Denn wäre man in der Lage, ein Experiment völlig identisch zu wiederholen, hätte man ja wieder identische Befunde. Es sind gerade die kleinen Unterschiede (andere Versuchsleitung, andere Versuchspersonen, etc.), unter denen die Gültigkeit der vorherigen Befunde sichergestellt werden soll. Drittens sollte man darauf achten, dass das Experiment ausreichend „Power" hat, also Versuchspersonen in ausreichendem Umfang rekrutiert wurden (vgl. dazu ausführlich Abschn. 7.1.3). Sind nicht genügend Testpersonen in der Stichprobe, kann es nämlich sein, dass man einen vorhandenen Effekt nicht nachweisen kann und die Replikation zu einer fehlerhaften Einschätzung kommt. Viertens ist es notwendig, alle einzelnen Schritte so genau und transparent wie möglich zu dokumentieren und damit die Replizierbarkeit zu gewährleisten. Alle Aspekte, die die Replikationsstudie vom Originalexperiment unterscheiden, sollte man akkurat berichten und diskutieren. Als fünfte „Zutat" in ihrem Replikations-Rezept fordern die Autoren eine kritische Bewertung und Diskussion der Ergebnisse, insbesondere den kritischen Abgleich sämtlicher Parameter mit denen der Originalstudie.

Auf den Punkt: Replikationen
- Die Replizierbarkeit (experimenteller) Befunde ist eine fundamentale Anforderung an jegliche Forschung.
- Replikationen dienen dazu, etwaige Fehler früherer Studien aufzuspüren, Befunde zu generalisieren, Effektgrößen präziser zu bestimmen und bestehende Befunde zu erweitern.
- Direkte (bzw. exakte oder identische) Replikationen bilden eine ursprüngliche Studie so genau wie möglich nach.
- Konzeptuelle Replikation gleichen ebenfalls in den meisten Punkten der Originalstudie, nehmen aber bewusst (kleine) Veränderungen im Design oder bei der Methodik vor, um die Befunde der Originalstudie zu erweitern.

4.6 Zwischenfazit und Literaturhinweise

Denken Sie nochmal an das Beispiel der Wirkung von gewalthaltigen Filmen, mit dem wir dieses Kapitel begannen: Sie wollen herausfinden, ob Menschen durch die Rezeption gewalthaltiger Filme aggressiver werden. Die Experimentalgruppe sieht einen Film mit gewalthaltigen Szenen, die Kontrollgruppe einen ohne gewalthaltige Szenen. Nun müssten Sie sich entscheiden, wo die Versuchspersonen die Filme sehen. Wir könnten die beiden Gruppen in einen extra von uns dafür eingerichteten Raum holen, damit wir die Experimentalsituation komplett unter Kontrolle haben. Aber haben wir damit ein realistisches Szenario für die Rezeption von Filmen geschaffen? Werden die Versuchspersonen nicht dadurch abgelenkt, weil sie einen Film zusammen mit anderen fremden Menschen in einer fremden Umgebung schauen müssen? Eine Alternative wäre es, die Studie in der gewohnten Umgebung der Versuchspersonen durchzuführen: Wir geben jeder Person den Film auf DVD mit nach Hause und bitten sie, nach dem Anschauen einen kurzen Fragebogen auszufüllen. Woher wissen wir dann aber, dass die Personen wirklich den ganzen Film angesehen haben? Wie können wir sicherstellen, dass alle den Film unter den gleichen Bedingungen (alleine, abends etc.) schauen? Und könnte nicht allein die Tatsache, dass die Versuchspersonen um ihre Teilnahme an einem Experiment wissen, die Ergebnisse verfälschen? Wie wäre es, wenn wir uns im Kino positionieren und Zuschauer von verschiedenen Filmen danach kurz zu ihrer Aggressivität befragen? Können wir dann noch sicher sagen, dass der Film Aggressivität auslöst, oder suchen sich vielleicht aggressivere Personen schon von vornherein den gewalthaltigen Film aus? Dies alles sind Fragen, die sich letztendlich darauf beziehen, welche Art von Experiment wir durchführen. Eine Übersicht über die hier vorgestellten Arten von Experimenten, deren Charakteristika und Vor- und Nachteile bietet Tab. 4.1.

Die Ausführungen des Beispiels bezogen sich auf Labor- und Feldexperimente; wer sich dazu weiter informieren möchte, dem sei das Buch „Field Experiments: Design, Analysis, and Interpretation" von Gerber und Green (2012) empfohlen. Obwohl der Titel es nicht vermuten lassen würde, findet sich hier neben den Ausführungen zu Feldexperimenten auch ein guter Überblick über randomisierte Laborexperimente. Falls Sie einen noch komprimierteren Überblick suchen, als ihn das vorliegende Buch bietet, sei Ihnen der Artikel über Experimente in der Kommunikationswissenschaft von Klimmt und Weber (2013) im „Handbuch standardisierte Erhebungsmethoden" ans Herz gelegt. Im selben Band findet sich auch ein Kapitel zur Online-Befragung von Taddicken (2013), das einen guten Überblick über die Vor- und Nachteile dieser Methode, auch im Kontext von experimentellen Untersuchungsanlagen, bietet.

Wer gerne in größeren Dimensionen denkt, den könnte das Buch „Population-Based Survey Experiments" von Mutz (2011) interessieren. Bei dieser Methode handelt es sich um eine Repräsentativ-Befragung mit experimenteller Untersuchungsanlage, was einen Gegenentwurf zu Laborexperimenten mit kleinen, oft studentischen Stichproben darstellt. Vor allem durch den leichteren Zugang zu (einem repräsentativen Pool an)

4.6 Zwischenfazit und Literaturhinweise

Tab. 4.1 Arten von Experimenten

Bezeichnung	Charakteristika	Vor-/Nachteile
Laborexperiment	Findet in speziell für die Untersuchung bereitgestellten Räumen statt (Labor)	*Vorteile:* gute Kontrollierbarkeit der Situation, Kontrolle von Störvariablen *Nachteile:* oftmals künstliche Situation, mangelnde externe Validität
Feldexperiment	Findet in der Umgebung statt, in der das zu untersuchende Phänomen natürlich auftritt (Feld)	*Vorteile:* realistische Versuchsbedingungen, Versuchspersonen wissen u. U. nicht, dass sie an einem Experiment teilnehmen *Nachteile:* kaum Kontrolle über Störvariablen, oft sehr aufwendig
Natürliches Experiment	Sonderform des Feldexperiments, bei der Personen aufgrund natürlicher Umstände Experimental- und Kontrollbedingungen zugeordnet werden (keine aktive Manipulation durch die Forscherin bzw. den Forscher)	*Vorteil:* Erforschung natürlich auftretender Phänomene, Realitätsnähe *Nachteile:* kein Einfluss auf die Manipulation, keine Kontrolle über Störvariablen
Online-Experiment	Durchführung online, Teilnahme über ein internetfähiges Endgerät	*Vorteile:* kostengünstig, aufwandsarm, Daten liegen nach kurzer Zeit vor *Nachteile:* keine Kontrolle über die Situation, höhere Abbruchquoten, Debriefing schwierig
Quasi-Experiment	keine aktive Manipulation vorgenommen und/oder Störvariablen nicht ausreichend kontrolliert (oftmals keine randomisierte Zuteilung)	*Vorteil:* Einbezug natürlich auftretender Faktoren, Realitätsnähe *Nachteile:* erschwerter Kausalnachweis, begrenzte Kontrolle von Störvariablen

Befragten durch das Internet prophezeit Mutz diesem experimentellen Vorgehen eine steile Karriere in den Sozialwissenschaften. Aufbauend auf Laborexperimenten lässt sich damit die Gültigkeit von Befunden für größere Bevölkerungsteile überprüfen.

In diesem Kapitel haben Sie auch viel über die Gültigkeit experimentell ermittelter Befunde gelernt und dabei erfahren, dass Validität zwei unterschiedliche Facetten umfasst, die in einem hydraulischen Verhältnis stehen: Eine Erhöhung der internen Validität durch strenge Kontrolle von Störvariablen geht zulasten der externen Validität (geringere Realitätsnähe) und umgekehrt. Über die Jahre hat sich eine Vielzahl unterschiedlicher Interpretationen von interner und externer Validität entwickelt. Eine Zusammenfassung und kritische Diskussion dieser Konzepte findet sich im Aufsatz „Social experiments: Some developments over the past fifteen years" von Cook und

Shadish (1994). Aus praktischer Sicht sind Entscheidungen zugunsten oder zulasten interner und externer Validität stark vom jeweiligen Untersuchungsgegenstand und Forschungsinteresse abhängig, weshalb sich auch keine festen Regeln aufstellen lassen – das Wissen aus diesem Kapitel kann Ihnen aber hoffentlich helfen, bei Ihrem Experiment eine informierte Entscheidung zu treffen.

Interne und externe Validität beziehen sich, das haben wir einleitend angesprochen, auf alle Phasen des Experimentierens und wir werden ihnen deshalb im Laufe dieses Buches noch mehrfach begegnen. Wir kommen etwa bei der Auswahl von Versuchspersonen, bei der Manipulation, der Versuchssituation selbst (inklusive Versuchsleiter) oder der Messung auf diese Diskussion zurück. Nicht alle Störquellen sind problematisch für den Kausalschluss, aber man sollte wissen, wie man mit ihnen umgeht. Damit werden wir uns auch im Rahmen der Auswertung (Abschn. 9.6) noch ausführlich beschäftigen.

Auf den Punkt: Literaturhinweise
- Cook, T. D. & Shadish, W. R. (1994). Social experiments: Some developments over the past fifteen years. *Annual Review of Psychology, 45,* 545–580.
- Gerber, A. S. & Green, D. P. (2012). *Field experiments: Design, analysis, and interpretation.* New York, NY: W.W. Norton & Company.
- Klimmt, C. & Weber, R. (2013). Das Experiment in der Kommunikationswissenschaft. In W. Möhring & D. Schlütz (Hrsg.), *Handbuch standardisierte Erhebungsverfahren in der Kommunikationswissenschaft* (S. 125–144). Wiesbaden: VS Verlag für Sozialwissenschaften.
- Taddicken, M. (2013). Online-Befragung. In W. Möhring & D. Schlütz (Hrsg.), *Handbuch standardisierte Erhebungsverfahren in der Kommunikationswissenschaft* (S. 201–217). Wiesbaden: VS Verlag für Sozialwissenschaften.
- Mutz, D. C. (2011). *Population-based survey experiments.* Princeton, NJ: Princeton University Press.

Experimentelle Designs und Manipulation

5

Im vorherigen Kapitel haben wir verschiedene Varianten von Experimenten kennengelernt und uns mit interner und externer Validität beschäftigt. In diesem Kapitel geht es um die konkrete Ausgestaltung unseres Experiments, also darum, wie wir unsere unabhängige Variable manipulieren und in welcher Form wir diese Manipulation den Versuchspersonen präsentieren. Es geht dabei um ganz essenzielle Fragen: Wie legen wir unser Experiment an? Wie viele unabhängige Variablen gibt es, und wie genau manipulieren wir diese? Wie viele Versuchsgruppen muss es geben? Was sehen die einzelnen Gruppen? Wir beschreiben zunächst verschiedene experimentelle Designs und deren Vor- und Nachteile und beschäftigen uns dann ausführlich mit der Manipulation. Insbesondere stellen wir vor, welche Arten der Manipulation es gibt und wie man diese umsetzt. Zuletzt gehen wir auf die Rolle von Stimuli im Experiment ein und dabei speziell auf die Herausforderungen, die sich mit (massen-)medialen Inhalten als Stimulusmaterial in Experimenten ergeben.

5.1 Eine oder mehrere Personengruppen – Within- und Between-Subject Designs

Um die verschiedenen Experimentaldesigns zu verdeutlichen, führen wir uns zunächst folgendes Beispiel vor Augen: Wir wollen untersuchen, ob die Rezeption humoristischer TV-Inhalte zu besserer Laune führt. Wie wir bereits gelernt haben, besteht die Logik des Experiments darin, einen oder mehrere Faktoren systematisch zu variieren (z. B. Rezeption eines humoristischen Inhalts) und dann zu untersuchen, ob dies eine Wirkung entfaltet (z. B. auf die Stimmung der Rezipienten). In diesem Kapitel und dem dazugehörigen Beispiel bleiben wir zunächst bei der Variation *eines Faktors*, also einer unabhängigen Variable, nämlich „humoristischer Inhalt". Es ist wichtig, zunächst zu verstehen, wie man die Variation einer unabhängigen Variable im Experiment anlegen kann. Die grundlegende Frage ist dabei die Wahl des Vergleichsmaßstabs. Wenn wir einer Gruppe von Personen eine Komödie zeigen und danach feststellen, dass diese Personen gut gelaunt sind, was sagt uns das? Hat der Film gewirkt? Oder war die Gruppe vorher schon gut gelaunt, etwa, weil das Wetter das erste Mal seit Wochen richtig gut ist?

Um festzustellen, ob die Komödie die gute Stimmung auslöst, brauchen wir *mindestens zwei Messungen der abhängigen Variable* (in diesem Fall der Stimmung), die wir miteinander vergleichen können: 1) die Stimmung nach Rezeption einer Komödie und als Kontrolle 2) die Stimmung ohne Rezeption einer Komödie. Wir müssen also mindestens zwei Experimentalbedingungen herstellen: Bedingung „humoristischer Inhalt" und zusätzlich als Vergleichsmaßstab die Bedingung „kein humoristischer Inhalt". Es gibt zwei Wege, diesen Vergleichsmaßstab herzustellen: Entweder man vergleicht die Stimmung einer Gruppe nach der Komödie mit einer zweiten Gruppe, die keine Komödie gesehen hat – oder man misst bei derselben Gruppe von Personen die Stimmung zusätzlich, *bevor* man ihnen die Komödie zeigt (auch eine Kombination aus beiden Varianten ist möglich, dazu später mehr).

5.1.1 Mehrere Gruppen, ein Messzeitpunkt

Die in der Kommunikationswissenschaft gängigste experimentelle Herangehensweise ist der Vergleich unterschiedlicher Gruppen, das sogenannte *Between-Subject Design* (auch *Design mit ungleichen Versuchsgruppen*, vgl. Klimmt und Weber 2013). Hier gibt es mindestens zwei Gruppen von Personen: Eine Experimentalgruppe und eine Kontrollgruppe. Auf das eben skizzierte Beispiel bezogen, würde man der Experimentalgruppe den humoristischen Inhalt zeigen, der Kontrollgruppe nicht – die Manipulation erfolgt also *zwischen den Gruppen*. Nach dem Treatment wird in beiden Gruppen die Stimmung gemessen, sodass die Ergebnisse beider Gruppen anschließend miteinander verglichen werden können. Der Vergleichsmaßstab ist also die Stimmung der Personen, die keinen humoristischen Inhalt gesehen haben (Kontrollgruppe). Die Ausprägung der abhängigen Variable in der Kontrollgruppe nennt man auch „baseline". Unterscheiden sich Experimental- und Kontrollgruppe in ihrer Stimmung, kann man davon ausgehen, dass der humoristische Inhalt diesen Unterschied erzeugt hat. Oder anders gesagt: Man nimmt an, dass der Unterschied zwischen der Baseline-Messung der Kontrollgruppe und der Messung der abhängigen Variable der Experimentalgruppe durch den Effekt der unabhängigen Variable verursacht wurde.

Um diesen Kausalschluss zu ziehen, muss man sicherstellen, dass sich Experimental- und Kontrollgruppe tatsächlich nur im Merkmal „humoristischer Inhalt" unterscheiden. Angenommen, man zeigt der Experimentalgruppe tatsächlich eine Komödie – was macht man mit der Kontrollgruppe? Das mag sich zunächst einfach anhören: „Natürlich keine Komödie zeigen" ist wahrscheinlich die erste Eingebung. Dann also gar keinen Film? Damit hat man dann aber nicht nur den Faktor „humoristischer Inhalt", sondern auch den Faktor „Film" manipuliert. Sprich: Beide Gruppen unterscheiden sich in (mindestens) zwei Merkmalen, nämlich „humoristischer Inhalt vs. kein humoristischer Inhalt" und „Film vs. kein Film" – man spricht von einer Konfundierung beider Merkmale (vgl. dazu ausführlich Abschn. 6.1.2). So könnte man später nicht ausschließen, dass allein das Ansehen eines Films gute Laune auslöst – eventuell haben Personen ja generell bessere Laune, wenn sie fernsehen, auch wenn sie Dokumentation, Thriller oder Actionfilme anschauen. Besser wäre es also, auch der Kontrollgruppe einen Film zu zeigen, der aber möglichst keinen Humor enthält. Die Entscheidung, was man in der Kontrollbedingung als Stimulus präsentiert, hängt von einer Vielzahl von Überlegungen ab und muss für jede Studie genau bedacht werden. Dies wird ausführlich in Abschn. 5.2 besprochen.

In der Forschungspraxis wird oft auch ohne Kontrollgruppe gearbeitet, also lediglich verschiedene Experimentalgruppen miteinander verglichen. Entsprechend gäbe es in dem oben genannten Beispiel keine Gruppe, die einen humorfreien Film rezipiert, sondern lediglich verschiedene Abstufungen von Humor (z. B. Steigerung der Anzahl von lustigen Szenen in einem Film). Damit kann später keine Aussage darüber getroffen werden, ob Humor im Film grundsätzlich zu guter Laune führt, sondern nur, ob mehr Humor im Film die Laune verbessert. Ein Nachteil des Between-Subject Designs wird uns auch im Rahmen des Kapitels zur Auswertung noch beschäftigen: Die Tatsache, dass man es in beiden Gruppen mit unterschiedlichen Personen zu tun hat. Angenommen, wir zeigen im Rahmen unseres Experiments zur Wirkung humoristischer Inhalte der Experimentalgruppe eine Komödie und der Kontrollgruppe ein Drama und messen anschließend jeweils die Stimmung. Dabei finden sich keine Unterschiede zwischen beiden Gruppen. Wir würden daraus schließen, dass Humor im Film keinen Einfluss auf die Stimmung hat. Was aber, wenn die beiden Gruppen vorher schon in unterschiedlicher Stimmung waren? Wenn in der Kontrollgruppe z. B. zufällig die gut gelaunten Personen gelandet sind? Um sicherzustellen, dass es vorab keine systematischen Unterschiede zwischen den Gruppen gibt, lautet die zentrale Prämisse des Experiments Randomisierung: Man sorgt dafür, dass die Versuchspersonen des Experiments zufällig auf Experimental- und Kontrollgruppe verteilt werden. Die zufällige Zuteilung sollte dafür sorgen, dass sich Personen mit unterschiedlichen Merkmalen ungefähr gleichmäßig auf beide Gruppen verteilen, dass also zum Beispiel gleich viele Frauen und Männer in beiden Gruppen sind, gleich viele Personen mit guter bzw. schlechter Laune, eine ähnliche Altersstruktur vorliegt usw. (mit Randomisierung werden wir uns noch ausführlich in Abschn. 6.2.1 beschäftigen).

5.1.2 Eine Gruppe, mehrere Messzeitpunkte

Neben dem Between-Subject Design gibt es eine zweite grundsätzliche Möglichkeit, ein Experiment anzulegen: Das sogenannte *Within-Subject Design* oder auch *Ein-Gruppen-Design*. Diese Bezeichnung verdeutlicht, dass die Manipulation *innerhalb derselben Gruppe von Versuchspersonen* erfolgt. Das Design zeichnet sich also dadurch aus, dass bei denselben Personen die abhängige Variable, also in unserem Beispiel die Stimmung, zu zwei unterschiedlichen Zeitpunkten gemessen wird – einmal vor dem Treatment, einmal nach dem Treatment – und man dann diese beiden Werte miteinander vergleichen kann. Deswegen spricht man hier auch von einem *Messwiederholungs-Design*. Dadurch können nicht nur Unterschiede zwischen Gruppen, sondern Veränderungen in der abhängigen Variable auf Individualebene, also bei einzelnen Versuchspersonen, gezeigt werden.

Die häufigste Umsetzung eines Within-Subject Designs ist eine *Vorher-Nachher-Messung* (englisch *one-group pretest-posttest design*, vgl. Campbell und Stanley 1963). Bei den Versuchspersonen wird zunächst vor der Rezeption der Komödie die Stimmung gemessen (Messzeitpunkt 1), dadurch hat man die Messung der abhängigen Variable „Stimmung" unter der Bedingung „kein humoristischer Inhalt". Anschließend lässt man die Probanden die Komödie anschauen und misst nach der Rezeption erneut die Stimmung (Messzeitpunkt 2). Die Logik ist einfach: Unterscheiden sich beide Messungen voneinander, kann man annehmen, dass die Komödie einen Einfluss auf die Stimmung der Versuchspersonen hatte – gesetzt den Fall, zwischen den beiden Messzeitpunkten ist nichts anderes passiert außer der Rezeption der Komödie. Es wäre also problematisch, wenn man den Versuchspersonen zusätzlich zum Film Snacks anbietet – denn kostenloses Essen könnte die Probanden auch in eine bessere Stimmung versetzen. Dann läge eine Konfundierung der Merkmale humoristischer Inhalt und Gratis-Snacks vor (vgl. dazu ausführlich Abschn. 6.1.2). Allerdings haben wir auch ohne Snacks ein Konfundierungsproblem, und zwar das gleiche wie beim vorher beschriebenen Between-Subject Design: Sind die Versuchspersonen nach dem Ansehen einer Komödie in besserer Stimmung als zuvor, wissen wir nicht, ob es an dem im Film enthaltenen Humor lag oder generell daran, dass ein Film rezipiert wurde. Um dies zu vermeiden, kann man – analog zum Between-Subject Design – derselben Gruppe verschiedene Stimuli zeigen. Die Versuchspersonen rezipieren also zunächst einen Kontrollstimulus (z. B. Film ohne Humor); im Anschluss daran misst man die Stimmung, zeigt ihnen anschließend den Experimentalstimulus (Komödie) und misst die Stimmung erneut (vgl. Abb. 5.1).

Reine Within-Subject Designs sind in der Kommunikationswissenschaft eher selten, weil wir unterschiedlichen Experimentalgruppen oft sehr ähnliche Stimuli präsentieren, die sich nur in einem Detail unterscheiden: Möchte man beispielsweise herausfinden, ob Personen einen Artikel glaubwürdiger finden, wenn er in einer Qualitätszeitung statt in einer Boulevardzeitung erschienen ist, kann man in einem Between-Subject Design den beiden Gruppen inhaltlich identische Artikel vorlegen, die sich nur im Zeitungslayout unterscheiden (so fällt eine mögliche Quelle für Konfundierungen weg, nämlich der Artikelinhalt). Bei einem Within-Subject Design müsste man den Versuchspersonen nacheinander beide Artikel vorlegen. Es würde den Teilnehmerinnen und Teilnehmern dabei sicher komisch vorkommen, dass beide Zeitungen einen identischen Artikel abgedruckt haben sollen; die Versuchspersonen würden die Manipulation durchschauen.

Within-Subject Designs bringen darüber hinaus verschiedene Nachteile sich: Einer davon ist das das mögliche Auftreten sogenannter Reihenfolgeeffekte. Dabei handelt

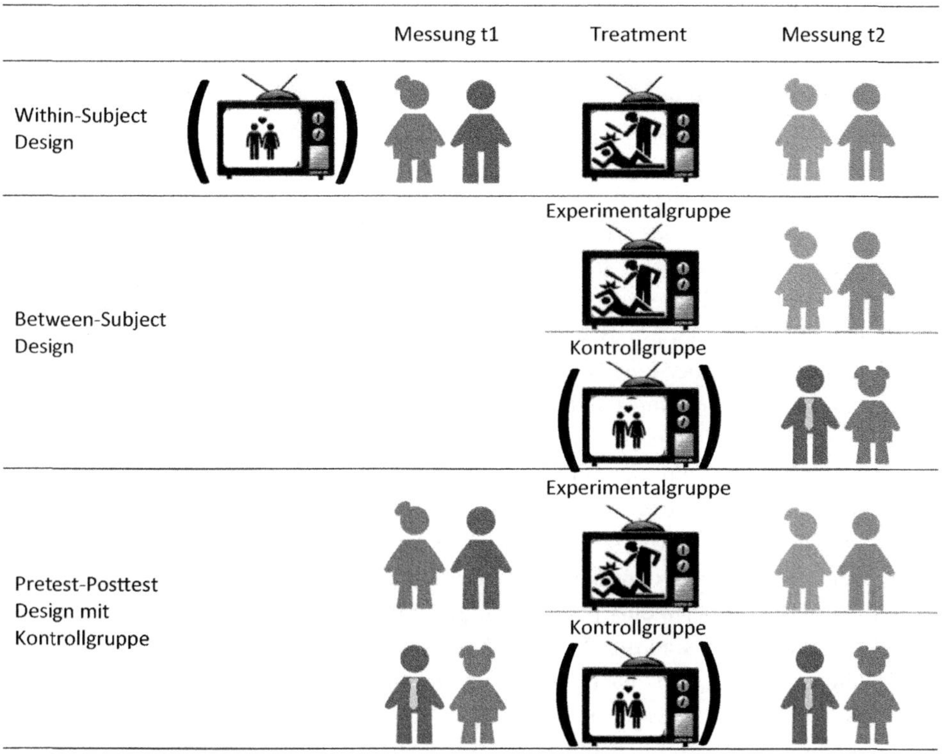

5.1 Eine oder mehrere Personengruppen – Within- und Between-Subject Designs

Abb. 5.1 Unterschied zwischen Within- und Between-Subject Designs

es sich um systematische Fehler, die dadurch entstehen, dass sich eine Experimentalbedingung auf die nachfolgende auswirkt. Am häufigsten thematisiert werden in diesem Zusammenhang Lern- und Ermüdungseffekte (vgl. Field und Hole 2003). Lerneffekte treten auf, wenn Versuchspersonen über die verschiedenen Stufen des Experiments im Umgang mit dem Untersuchungsgegenstand erfahrener werden und somit bei jeder weiteren Experimentalbedingung über einen höheren Kenntnisstand verfügen. Möchte man zum Beispiel zwei Lehrmethoden zur Vermittlung von Medienkompetenz auf ihre Effektivität testen, wäre das bei derselben Gruppe schwierig, da diese (falls die erste Methode nicht völlig wirkungslos ist) beim zweiten Versuch über mehr Medienkompetenz verfügen würde als beim ersten. Ermüdungseffekte treten auf, wenn die Versuchspersonen zeitnah mit den verschiedenen Treatments konfrontiert werden und entsprechend beim letzten Stimulus weniger aufmerksam bzw. motiviert sind. Wir beschäftigen uns in Abschn. 7.6 noch etwas ausführlicher mit Lern- und Ermüdungseffekten. Problematisch sind solche Designs auch bei Experimenten, in denen durch unterschiedliche Stimuli verschiedene Emotionen induziert werden sollen, da sich diese auf die Rezeption des nachfolgenden Artikels auswirken können. Hier müsste zwischen beiden Treatments genug zeitlicher Abstand eingeplant werden.

Die mehrfache Messung der abhängigen Variable bei denselben Personen bringt noch andere Schwierigkeiten mit sich. Denken Sie nochmals an unser Humor-Beispiel: Die Abfrage der Stimmung vor dem Film könnte die Versuchspersonen darauf aufmerksam machen, was der Zweck des Experiments ist. Dies kann dazu führen, dass diese den Film anders rezipieren und beispielsweise stärker auf lustige Szenen achten oder ihre Emotionen zurückhalten („Jetzt bloß nicht lachen!"). Man sensibilisiert die Versuchspersonen also für das Untersuchungsziel. Dies ist besonders problematisch, wenn beide Messzeitpunkte nahe beieinanderliegen, die Vorher-Messung also tatsächlich unmittelbar vor der Präsentation des Stimulus erfolgt. Alternativ kann man auch hier die beiden Messzeitpunkte so wählen, dass sie weiter auseinanderliegen (z. B. mehrere Tage) – das ist aber einerseits nicht bei allen Fragestellungen sinnvoll (gerade bei Effekten auf die Stimmung handelt es sich ja um situative, kurzfristige Änderungen), andererseits werden solche Designs schnell aufwendig. Man muss Personen erneut ins Labor holen bzw. anschreiben und läuft Gefahr, dass sie am zweiten Teil der Erhebung nicht mehr teilnehmen. Ein solches Prozedere geht also in der Regel mit einer gewissen Ausfallquote einher – kommt es dann noch zu systematischen Ausfällen (zum Beispiel, weil alle, die nach dem Kontrollfilm gelangweilt waren, keine Lust mehr auf den zweiten Teil des Experiments haben und entsprechend nur noch die gut Gelaunten die Komödie anschauen), sind die Daten im Extremfall unbrauchbar.

Within-Subject Designs haben aber auch Vorteile: So gibt es hier zum Beispiel nicht die Gefahr ungleicher Experimentalgruppen wie beim Between-Subject Design. Ein weiterer Vorteil ist, dass man für dieselbe statistische Power (Teststärke) eine deutlich kleinere Stichprobe im Vergleich zum Between-Subject Design braucht. Rekrutiert man für ein Experiment 40 Personen, so bekommt man bei einem Within-Subject Design 40 Einzelmessungen für den ersten und ebenfalls 40 für den zweiten Messzeitpunkt (insgesamt also 80 Messwerte). Entscheidet man sich dagegen für ein Design mit zwei unterschiedlichen Gruppen, muss man die 40 Personen aufteilen: Entsprechend erhält man für beide Bedingungen jeweils nur 20 Messungen (insgesamt 40 Messungen). Die Anzahl an Einzelmessungen, die man später miteinander vergleicht, hat direkten Einfluss auf die Teststärke, also die Wahrscheinlichkeit, bestehende Unterschiede zwischen den beiden Bedingungen auch tatsächlich identifizieren zu können (vgl. Abschn. 7.1.3 und 9.4.4). Entsprechend können sich Within-Subject Designs vor allem dann lohnen, wenn nur wenige Versuchspersonen zur Verfügung stehen.

5.1.3 Mehrere Gruppen, mehrere Messzeitpunkte: Gemischte Designs

Wie eingangs bereits angedeutet, ist auch eine Kombination aus beiden beschriebenen Designs möglich – man spricht dann von einem *gemischten Design* (englisch *mixed-design*).

5.1 Eine oder mehrere Personengruppen – Within- und Between-Subject Designs

Sie sind in der kommunikationswissenschaftlichen Praxis – neben reinen Between-Subject Designs – auch gängiger als reine Within-Subject Designs. Vor allem bei Designs mit vielen Experimentalfaktoren wird oft auf gemischte Designs gesetzt, um die Stichprobengröße zu reduzieren (vgl. ausführlich Abschn. 5.2).

Ein weiterer Vorteil bei Messwiederholungs-Designs liegt in der Möglichkeit, Veränderungen über die Zeit zu beobachten (so genannte Längsschnittstudien). Man kann dadurch zum Beispiel kumulative Effekte betrachten: Rössler und Brosius (2001) wollten etwa herausfinden, ob die wiederholte Konfrontation mit stereotypen Darstellungen bestimmter sozialer Gruppen zu Vorurteilen führt. Sie untersuchten solche Kultivierungseffekte, indem sie Jugendliche über einen Zeitraum von einer Woche wiederholt mit Talkshowausschnitten konfrontierten, in denen Vertreter einer sozialen Gruppe negativ dargestellt wurden, und anschließend die Vorurteile bezüglich solcher Gruppen erhoben. Optimal wäre in so einem Setting ein gemischtes Design mit einer Kontrollgruppe, die im gleichen Zeitraum keine Talkshows rezipiert, um andere Einflussquellen ausschließen zu können (z. B. insgesamt vermehrte Berichterstattung über diese Gruppen in dem Zeitraum). Dabei würde es sich dann um einen Spezialfall eines gemischten Designs handeln, nämlich ein *Pretest-Postest-Design mit Kontrollgruppe* (siehe Abb. 5.1).

Darüber hinaus wird eine Messwiederholung eingesetzt, um die „Haltbarkeit" bzw. Langlebigkeit von Effekten zu testen, was in der Praxis leider viel zu selten gemacht wird. Lecheler und de Vreese (2011) etwa haben untersucht, wie langlebig Framing-Effekte eigentlich sind. In ihrem Experiment mit drei unterschiedlichen Gruppen zeigten sie einer Gruppe einen positiven geframten Artikel zu EU-Investments, einer zweiten Gruppe einen negativ geframten Artikel zum selben Thema und einer Kontrollgruppe keinen Artikel. Die abhängige Variable (Einstellung zum Thema) wurde bei jeder Gruppe direkt nach dem Lesen des Artikels gemessen und zusätzlich bei jeder Person noch zu einem zweiten Zeitpunkt. Der Zufall entschied, wann genau die Einstellung zum Thema erneut gemessen wurde: entweder nach einem Tag, einer Woche oder zwei Wochen. Dass jede Person nur zu zwei Zeitpunkten befragt wurde, erhöht zwar die Validität des Vorgehens (da es nach viermaligem Befragen zu Ermüdungs- bzw. Lerneffekten kommen kann), führt aber auch dazu, dass man deutlich mehr Versuchspersonen braucht. Auch bei diesem Beispiel handelt es sich um eine spezielle Form des gemischten Designs, da die wiederholte Messung der abhängigen Variable ohne zusätzliches Treatment keinen klassischen Experimentalfaktor darstellt (entsprechend handelt es sich hier nur im Sinne der Auswertung um ein gemischtes Design).

Schließlich spricht man auch von gemischten Designs bei der Kombination mehrerer Experimentalfaktoren, wovon mindestens einer between-subject und ein anderer within-subject variiert wird – darüber sprechen wir im nachfolgenden Kapitel.

> **Auf den Punkt: Eine oder mehrere Personengruppen – Within- und Between-Subject Designs**
> - Experimente können grundsätzlich auf drei Arten umgesetzt werden: Als Within-Subject Design, Between-Subject Design oder als Kombination (gemischtes Design).
> - Bei Within-Subject Designs erfolgt die experimentelle Manipulation innerhalb derselben Gruppe von Personen, die abhängige Variable wird dann zu unterschiedlichen Zeitpunkten gemessen (Messwiederholung).
> - Bei Between-Subject Designs erfolgt die experimentelle Manipulation zwischen unterschiedlichen Personengruppen; die abhängige Variable wird in jeder Gruppe einmalig gemessen.
> - Gemischte Designs kombinieren unterschiedliche Personengruppen mit einer mehrfachen Messung der abhängigen Variable.
> - Hauptnachteile von Between-Subject Designs sind die geringere Teststärke bei gleicher Versuchspersonenzahl und potenzielle systematische Fehler aufgrund ungleicher Experimentalgruppen.
> - Hauptnachteile von Within-Subject Designs sind die Gefahr einer Sensibilisierung der Teilnehmenden für den Untersuchungsgegenstand sowie Reihenfolgeeffekte.

5.2 Ein- und mehrfaktorielle Designs

Das vorherige Kapitel sollte verdeutlichen, dass die Manipulation eines Experimentalfaktors grundsätzlich auf zwei verschiedene Arten erfolgen kann: bei verschiedenen Personengruppen (between-subject) oder bei derselben Personengruppe zu unterschiedlichen Zeitpunkten (within-subject). Wir haben also über den Unterschied zwischen Designs mit einer oder mehreren Gruppen gesprochen – nun widmen wir uns dem Unterschied zwischen Experimenten mit einem oder mehreren Faktoren bzw. unabhängigen Variablen. Bei den bisherigen Beispielen handelte es sich um einfaktorielle Designs, es wurde also immer nur eine unabhängige Variable bzw. ein Faktor systematisch variiert. Im Komödien-Beispiel haben wir über die Manipulation des Faktors „humoristischer Inhalt" auf zwei Stufen gesprochen, mit den Ausprägungen humoristischer Inhalt ja vs. nein. Im folgenden Abschnitt sprechen wir zunächst über einfaktorielle Designs, bei denen der Faktor auf mehr als zwei Stufen variiert wird und erklären, wie sich das auf das jeweilige Design auswirkt. Anschließend sprechen wir über Experimente, bei denen mehrere unabhängige Variablen gleichzeitig manipuliert werden (z. B. humoristischer Inhalt und Rezeptionsmodus) – so genannte mehrfaktorielle Designs.

5.2.1 Ein Faktor, mehrere Stufen

Die Manipulation eines Experimentalfaktors auf zwei Stufen kann, wie in unserem Beispiel, mittels Experimental- und Kontrollbedingung oder mittels zweier Experimentalbedingungen (zum Beispiel wenig Humor vs. viel Humor) erfolgen. Natürlich kann man den Faktor „humoristischer Inhalt" aber auch auf mehr als zwei Stufen variieren: Zum Beispiel könnte man sich für die Frage interessieren, ob eine bestimmte Art von Humor geeigneter ist, um die Stimmung zu verbessern. Entsprechend könnte man also die drei Stufen „anspruchsvoller Humor", „flacher Humor" und „schwarzer Humor" unterscheiden. Da wir nach wie vor nur den Faktor „humoristischer Inhalt" variieren wollen, handelt es sich auch hierbei um ein einfaktorielles Design, allerdings nun mit drei Ausprägungen und dementsprechend auch mit drei benötigten Versuchsbedingungen. Legt man das Experiment als Between-Subject Design an, bräuchte man also drei verschiedene Personengruppen; bei einem Within-Subject Design hätte man analog drei Treatment- bzw. Messzeitpunkte. Dabei werden die Grenzen von reinen Within-Subject Designs schnell klar. Am problematischsten sind neben Aufwand für die Teilnehmenden die in Abschn. 5.1.2 beschriebenen Reihenfolgeeffekte. Es gibt zwei unterschiedliche Wege, Reihenfolgeeffekten im Messwiederholungs-Design zu begegnen: zufällige und gezielte Rotation der Stimuli. Bei der *zufälligen Rotation* weist man durch Randomisierung jeder Versuchsperson eine Stimulus-Reihenfolge zu. Dabei stellt man lediglich sicher, dass jede mögliche Reihenfolge vorkommt. Man geht dann davon aus, dass sich Reihenfolgeeffekte „ausmitteln", kann diese aber nicht statistisch kontrollieren. Um dies zu tun, kann man durch *gezielte Rotation* der Abfolge (im Englischen *counterbalancing*) die Reihenfolge als zusätzlichen Experimentalfaktor in die Untersuchung mit einbeziehen – so hat man später die Möglichkeit, eventuelle Reihenfolgeeffekte in der Auswertung zu berücksichtigen (vgl. Abschn. 9.6). Dadurch verspielt man allerdings den Vorteil, weniger Versuchspersonen bei gleicher Teststärke zu brauchen, weshalb man solche Designs in der Praxis auch selten findet.

Gerade bei mehreren Ausprägungen und entsprechend zahlreichen Reihenfolge-Kombinationen ist eine dritte Möglichkeit bei Within-Subject Designs die Anwendung so genannter *Lateinischer Quadrate*. Der Ausdruck stammt ursprünglich aus der Kombinatorik und beschreibt im Rahmen eines Experiments die gezielte Rotation der Stimuli, bei der man nicht alle möglichen Kombinationen zulässt, sondern lediglich sicherstellt, dass jeder Stimulus an jeder möglichen Position (also als erster, mittlerer oder letzter Stimulus) präsentiert wird (vgl. Brosius et al. 2016). Bei drei Bedingungen ergeben sich dann drei verschiedene Rotationen, bei vier Bedingungen entsprechend vier. Auf unser Beispiel bezogen könnte die Kombination folgendermaßen aussehen: anspruchsvoll-flach-schwarz, flach-schwarz-anspruchsvoll, schwarz-anspruchsvoll-flach. Allerdings lassen sich damit Reihenfolgeeffekte nur eingeschränkt kontrollieren. So wird in dem Beispiel der Stimulus „anspruchsvoller Humor" zwei Mal vor dem Stimulus „flacher Humor" präsentiert, aber „flacher Humor" nur einmal vor „anspruchsvoller Humor" (vgl. Field und Hole 2003).

5.2.2 Mehrere Faktoren, mehrere Stufen: Zwei- und mehrfaktorielle Designs

Wir sprechen mit Kollegen über das geplante Experiment zu humoristischen Inhalten. Eine Kollegin meint, dass sie Komödien nur dann in gute Stimmung versetzen, wenn sie sie mit Freunden zusammen schaut. Diese Überlegung integrieren wir in unser Design: Wir wollen also nicht nur herausfinden, in welcher Ausprägung Humor in TV-Inhalten gute Laune macht, sondern, ob gemeinsames oder alleiniges Rezipieren einen Einfluss hat. Es kommt ein weiterer Experimentalfaktor dazu: Neben dem ersten Faktor „humoristischer Inhalt" variieren wir als zweiten Faktor den „Rezeptionsmodus". Dementsprechend handelt es sich um ein *zweifaktorielles Design*. Innerhalb jedes Faktors müssen wir wieder entscheiden, auf wie vielen Stufen wir ihn variieren wollen. Beim ersten Faktor „humoristischer Inhalt" bleiben wir bei den drei beschriebenen Stufen (anspruchsvoller Humor, flacher Humor, schwarzer Humor), beim zweiten Faktor „Rezeptionsmodus" variieren wir zwei Stufen: alleine vs. zusammen mit Freunden.

Manipuliert man im Rahmen eines Experiments mehrere unabhängige Variablen, kann man das Design in einer Ziffernfolge darstellen. Bei unserem geplanten Experiment spricht man von einem 3×2-Design: Die Anzahl an Ziffern steht für die Anzahl der variierten Faktoren (Faktor A „Humor", Faktor B „Rezeptionsmodus", entsprechend $A \times B$), die Höhe der Ziffern bezeichnet jeweils die Anzahl der Stufen, die innerhalb des Faktors variiert werden (Faktor A „Humor" auf drei Stufen, Faktor B „Rezeptionsmodus" auf zwei Stufen, entsprechend 3×2). Würden wir beim Faktor „humoristischer Inhalt" nur zwischen „Humor vs. kein Humor" unterscheiden, wäre es demnach ein 2×2-Design. Bei einem 3×2-Design braucht man sechs unterschiedliche Bedingungen, da den Versuchspersonen jede mögliche Kombination beider Faktoren vorgelegt werden muss; dies wird in Tab. 5.1 dargestellt. Möchte man zusätzlich noch Kontrollgruppen ins Experiment mit einbeziehen (kein humoristischer Inhalt), brächte man entsprechend noch zwei Gruppen mehr: „Kontrollfilm alleine" und „Kontrollfilm mit Freunden".

Kombiniert man nicht alle Merkmale miteinander, lassen sich die Einflüsse der unterschiedlichen Faktoren nachher nicht mehr auseinanderhalten. Würde man zum Beispiel die flache Komödie nur zu zweit und die anspruchsvolle Komödie nur alleine rezipieren lassen, könnte man bei Unterschieden in der Stimmung später nicht sagen, ob diese durch die Art des humoristischen Inhalts oder die gemeinsame Rezeption zustande gekommen ist – es kommt zur Konfundierung (vgl. Abschn. 6.1.2).

Theoretisch sind beliebig viele weitere Faktoren (mit beliebig vielen Ausprägungen) denkbar: Es könnte zum Beispiel einen Unterschied machen, ob man den Film zu Hause oder im Kino sieht. Wir würden also zusätzlich einen dritten Faktor „Ort" auf zwei Stufen variieren. Man würde dann von einem *dreifaktoriellen Design* sprechen: Faktor A „humoristischer Inhalt", Faktor B „Rezeptionsmodus" und Faktor C „Ort" (also $A \times B \times C$-Design), der erste auf drei Stufen variiert, die anderen beiden jeweils auf zwei Stufen (also $3 \times 2 \times 2$-Design). Um hier alle möglichen Kombinationen zu testen, bräuchte man zwölf Gruppen bzw. Messzeitpunkte.

5.2 Ein- und mehrfaktorielle Designs

Tab. 5.1 Benötigte Gruppen bei einem 3 × 2-Design

		Faktor 1: Humor		
		Anspruchsvoll	Flach	Schwarz
Faktor 2: Rezeptionsmodus	Alleine	Gruppe 1: Anspruchsvolle Komödie alleine	Gruppe 2: Flache Komödie alleine	Gruppe 3: Schwarze Komödie alleine
	Mit Freunden	Gruppe 4: Anspruchsvolle Komödie mit Freunden	Gruppe 5: Flache Komödie mit Freunden	Gruppe 6: Schwarze Komödie mit Freunden

Wie man sich vorstellen kann, werden solche Designs schnell aufwendig: Als Within-Subject Design ist dies kaum vorstellbar, als Between-Subject Design braucht man eine hohe Zahl an Versuchspersonen. In so einem Fall bietet sich ein *gemischtes Design* an, sodass man mit verschiedenen Gruppen arbeitet, aber beispielsweise den letzten Faktor „Ort" als Messwiederholung konzipiert. Man bräuchte also nur sechs verschiedene Gruppen, die jeweils einen Film im Kino und einen zu Hause anschauen. Ein weiteres Beispiel für ein gemischtes Design ist die Studie von Peter und Brosius (2010) zur Politikerbewertung, in der die konkurrierende Wirkung von Fallbeispielen und Umfrageergebnissen getestet wurde. Im Rahmen eines Zeitschriftenartikels über die Beliebtheit von Politikern variierten die Autoren als ersten Faktor die Valenz der Fallbeispielaussagen auf zwei Stufen (pro vs. contra Politikerin) und als zweiten Faktor das Umfrageergebnis ebenfalls auf zwei Stufen (Mehrheit pro vs. contra Politikerin). Als dritter Faktor wurden die Politikerinnen variiert, auf die sich die Bewertungen bezogen (zwei unterschiedliche Politikerinnen). Dieser letzte Faktor wurde als Messwiederholung konzipiert, sodass innerhalb desselben Stimulus-Artikels jeweils Umfrageergebnisse sowie Fallbeispiele zu beiden Politikerinnen zu lesen waren. Obwohl es sich also um ein $2 \times 2 \times 2$-Design handelte, gab es nur vier unterschiedliche Experimentalgruppen.

5.2.3 Unvollständige Designs

Wir haben die oben beschriebenen Experimente durchgeführt und wissen jetzt einiges über humoristische Spielfilme und ihre Wirkung. In einem zweiten Schritt wollen wir Humor in TV-Serien untersuchen. Ein Kollege erzählt, dass er bei Sitcoms extrem vom Lachen des Studio-Publikums genervt ist – egal wie lustig der Inhalt ist, das verdirbt ihm die Laune. Dazu planen wir ein Experiment. Wir wollen also immer noch herausfinden, ob Humor in TV-Serien gute Laune macht; zusätzlich wollen wir aber untersuchen, ob externe Hinweise wie Lacher des Studiopublikums einen Einfluss darauf haben. Entsprechend haben wir die zwei Experimentalfaktoren „Humoristischer Inhalt" und „Lachen des Studio-Publikums", die wir jeweils auf zwei Stufen variieren (ja/nein). Als humoristischen Stimulus entscheiden wir uns für eine Folge „Big Bang Theory", die

Kontrollgruppe schaut als nicht-humoristischen Inhalt eine Folge „CSI – den Tätern auf der Spur".

Nun ist es natürlich so, dass nur bei Serien mit humoristischen Inhalten, speziell bei Sitcoms, überhaupt Publikums-Lacher eingespielt werden – bei anderen Serien gibt es das nicht. Demnach können wir die beiden Faktoren nicht vollständig kombinieren: Zwar können wir (mit etwas technischem Know-how) die Lacher aus „Big Bang Theory" herausschneiden, doch wäre es wohl sehr seltsam, wenn wir Lacher in die Serie „CSI – den Tätern auf der Spur" hineinschneiden würden (vor allem, weil der Inhalt ja gerade nicht humoristisch ist). Da es also die Bedingung „humoristischer Inhalt nein" und „Publikums-Lacher ja" nicht gibt, haben wir in diesem Experimentaldesign nur drei Gruppen (vgl. Tab. 5.2). Folglich sind hier auch keine Interaktionseffekte von Interesse, sondern der nicht-humoristische Inhalt fungiert als Kontrollbedingung, um die Effekte in der Bedingung „humoristischer Inhalt ja" interpretieren zu können. Zum Beispiel wäre die Erkenntnis, dass Big Bang Theory mit Publikums-Lachern zu besser Stimmung führt als Big Bang Theory ohne Publikums-Lacher zweifelsohne interessant – man wüsste ohne Kontrollgruppe aber dann nicht, ob Big Bang Theory ohne Lacher die Stimmung auch verbessert hätte. Ob man die Kontrollmessung braucht, hängt letztendlich vom Erkenntnisinteresse ab. Ist man nur daran interessiert, ob sich Zuschauer an den Lachern stören (und die Serie ohne Lacher entsprechend bessere Laune erzeugt), wäre eine Kontrollmessung nicht notwendig.

5.2.4 Logik mehrfaktorieller Designs: Haupt- und Interaktionseffekte

Warum sollte man überhaupt zwei oder mehr Faktoren in einem Experiment kombinieren? Um beim oben angeführten Beispiel zu bleiben: Warum führt man nicht einfach ein Experiment durch, in dem man die Wirkung von Komödien untersucht und ein zweites Experiment, bei dem man untersucht, ob sich Menschen bei der Rezeption alleine oder bei der Rezeption in einer Gruppe besser unterhalten fühlen? Der Hauptgrund für die Integration eines zweiten Faktors ist die zusätzliche Erklärungskraft, die sich durch die Kombination mit dem ersten ergibt. Im oben angeführten Beispiel erklärte die Kollegin, dass sie Komödien nur in bessere Stimmung versetzen, wenn sie diese zusammen mit

Tab. 5.2 Unvollständiges Experimentaldesign

		Faktor 1: humoristischer Inhalt	
		Ja (Big Bang Theory)	Nein (CSI)
Faktor 2: Publikums-Lacher	Nein	EG 1	KG
	Ja	EG 2	X

5.2 Ein- und mehrfaktorielle Designs

Freunden anschaut; ausgehend von diesem Einzelfall nehmen wir an, dass humoristische Inhalte vor allem (oder vielleicht sogar nur dann) zu besserer Laune führen, wenn sie mit Freunden rezipiert werden.

In solchen zweifaktoriellen Designs können folglich zwei unterschiedliche Arten von Effekten auftreten. Zunächst gibt es sogenannte *Haupteffekte,* die die alleinige Wirkung des jeweiligen Faktors beschreiben. Es könnte sein, dass humoristische Inhalte grundsätzlich zu besserer Laune führen als nicht humoristische Inhalte und dies unabhängig davon ist, ob man sie alleine oder mit Freunden guckt (und unsere Kollegin entsprechend eine Ausnahme darstellt). Dann gäbe es einen Haupteffekt des Faktors „humoristischer Inhalt". Genauso könnte es einen Haupteffekt des Rezeptionsmodus geben – und zwar, dass gemeinsam Fernsehen gute Laune macht, unabhängig davon, was man eigentlich schaut.

Schließlich könnte es sein, dass beide Faktoren zusammenwirken – dass also, wie von unserer Kollegin behauptet, Komödien nur dann zu besserer Laune führen, wenn man sie mit anderen zusammen schaut. Die gemeinsame, gleichzeitige Wirkung beider Faktoren wird als *Wechselwirkung bzw. Interaktionseffekt* bezeichnet. Erst wenn zwei bestimmte Ausprägungen der beiden Faktoren zusammentreffen (Komödie UND gemeinsame Rezeption mit Freunden), kommt es zu einem Effekt, also zu einer Stimmungsverbesserung (vgl. Tab. 5.3. Hätten wir in unserem Experiment also nur den Faktor „humoristischer Inhalt" variiert und Personen in Einzelversuchen entweder eine Komödie oder einen Naturfilm gezeigt, hätten wir keine Unterschiede in der Stimmung gefunden. Die Manipulation zusätzlicher Faktoren kann also helfen, Bedingungen zu definieren, die Effekte verstärken oder unter denen Effekte überhaupt erst auftreten. Man nennt diese Faktoren dann auch *Moderatoren* (bzw. spricht von Moderationseffekten), weil sie den Zusammenhang zwischen unabhängiger und abhängiger Variable steuern. Ein großer Teil der experimentellen Forschung in der Kommunikationswissenschaft beschäftigt sich mit der Untersuchung von Moderationseffekten (Slater und Gleason 2012).

Werden zwei Faktoren kombiniert, spricht man von einer zweifachen Interaktion oder einer zweifachen Wechselwirkung (im Englischen *two-way interaction*), bei drei Faktoren analog von einer dreifachen Wechselwirkung. Es wäre zum Beispiel möglich, dass sich die Laune unserer Kollegin beim Anschauen einer Komödie mit Freunden nur dann verbessert, wenn der Filmabend zu Hause stattfindet (weil man dann zusammen über

Tab. 5.3 Interaktionseffekt in einem 2 × 2-Design

		Faktor 1: Humoristischer Inhalt	
		nein (Naturfilm)	ja (Komödie)
Faktor 2: Rezeptionsmodus	Alleine	☹	☹
	Mit Freunden	☹	😊

den Film reden und lachen kann), aber keine Stimmungsverbesserung eintritt, wenn man den Film mit Freunden im Kino anschaut. Dann würde der Effekt des humoristischen Inhalts auf die Stimmung von zwei Faktoren moderiert, nämlich dem Rezeptionsmodus und dem Ort der Rezeption. Eine Dreifach-Interaktion würde bedeuten, dass sich nur ein Effekt einstellt (oder sich der Effekt verstärkt), wenn drei Bedingungen aufeinandertreffen, z. B. humoristischer Inhalt UND Rezeptionsmodus mit Freunden UND die Rezeption zu Hause.

Je nach Anzahl an Faktoren gibt es auch entsprechende Mehrfach-Wechselwirkungen. Von einer vierfachen Wechselwirkung würde man etwa sprechen, wenn die beschriebene Dreifach-Wechselwirkung nur für Frauen, nicht aber für Männer zuträfe. In der Forschungspraxis sieht man allerdings mehr als drei kombinierte Faktoren selten, weil solche Designs sehr aufwendig sind.

> **Auf den Punkt: Ein- und mehrfaktorielle Designs**
> - In einfaktoriellen Designs wird eine Ursache untersucht, also eine unabhängige Variable/ein Faktor auf beliebig vielen Stufen variiert.
> - Mehrfaktorielle Designs kombinieren unterschiedliche Faktoren, meist um zusätzliche Bedingungen für Effekte zu identifizieren. Die Variable, die den Zusammenhang zwischen unabhängiger und abhängiger Variable beeinflusst, wird Moderatorvariable genannt.
> - Das Zusammenspiel mehrerer Faktoren wird als Wechselwirkung oder Interaktionseffekt bezeichnet.
> - Ein Experimentaldesign mit mehreren Faktoren kann als Ziffernfolge dargestellt werden: (Stufen des Faktors 1) × (Stufen des Faktors 2) × (Stufen des Faktors 3) usw. – Design.

5.3 Manipulation im Experiment: Überblick

Experimentalforschung unterscheidet sich von nicht-experimenteller Forschung durch die aktive *Manipulation,* die der Forschende vornimmt. Da aufgrund einer fehlerhaften oder misslungenen Manipulation das ganze Experiment scheitert, sollte man sich vor der Durchführung viele Gedanken über ihre Art und Umsetzung machen. Wir erklären, was eine Manipulation ist, wie sie bestenfalls erfolgen sollte und wie man kontrollieren kann, ob sie gelungen ist. Mit dem Ergebnis der Manipulation, dem sogenannten Treatment, werden die Probanden dann im Rahmen der Durchführung konfrontiert (mit der Durchführung bzw. Feldphase beschäftigen wir uns in Kap. 6).

Was bedeutet Manipulation im Kontext eines Experiments überhaupt? Experimentelle Manipulation bedeutet, dass der Forschende die Ursache, also die unabhängige Variable im Experiment, isoliert, je nach Forschungsinteresse mindestens zwei Ausprägungen dieser Variable kreiert und die Versuchspersonen im Anschluss damit konfrontiert.

5.3 Manipulation im Experiment: Überblick

Manipulation bezieht sich also vor allem auf die Tatsache, dass man in den Alltag der Versuchspersonen aktiv eingreift und damit vorgibt, was eine bestimmte Gruppe tut, sieht oder hört. Das Resultat der Manipulation sind die unterschiedlichen Experimentalbedingungen. Die Umsetzung der Manipulation wird als *Treatment* bezeichnet. Der *Stimulus* ist wiederum der „Träger" der Manipulation, also das, was die Versuchspersonen letztendlich lesen, sehen oder hören (was also als Treatment „verabreicht" wird). Eine experimentelle Manipulation kann aber auch ohne Stimulus auskommen, zum Beispiel, wenn man Personen lediglich Verhaltensinstruktionen gibt. Das Gelingen der Manipulation entscheidet maßgeblich darüber, ob ein Experiment als Ganzes erfolgreich ist oder nicht. Deshalb sollte in die Planung der konkreten Umsetzung der Manipulation viel Zeit und Recherche fließen.

Stellen wir uns vor, wir wollen untersuchen, ob negative Schlagzeilen auf der Titelseite einer Zeitung zu höheren Verkaufszahlen führen. Das Merkmal, das uns interessiert und das wir entsprechend im Rahmen unseres Experiments manipulieren wollen, ist also Negativität. Damit wissen wir, *was* manipuliert werden soll – stellt sich also die Frage, *wie* wir Negativität manipulieren wollen. Wir müssen also zunächst festlegen, was genau wir in der vorliegenden Studie unter Negativität verstehen. Auch an dieser Stelle spielt Theoriearbeit eine entscheidende Rolle, denn mit der Operationalisierung von Negativität hat sich bereits eine Vielzahl von Studien beschäftigt, auf denen man aufbauen kann (z. B. Lengauer et al. 2012). Wir operationalisieren in unserem Beispiel Negativität durch Schaden und entscheiden uns für die Schlagzeile: „Unfall auf der A9: Mehrere Personen schwer verletzt".

Nun müssen wir aber im Rahmen eines Experiments auch entscheiden, was wir eigentlich unter der Abwesenheit von Negativität verstehen – denn wir brauchen in unserem Experiment ja eine Kontrollgruppe, die keine Negativität auf der Titelseite sieht (vgl. Abschn. 1.2). Die Entscheidung darüber, was wir der Kontrollgruppe zeigen, ist wesentlicher Bestandteil der Manipulation. Eine Möglichkeit wäre: „Unfall auf der A9: Keine Verletzten." Aber haben wir damit wirklich die Bedingung „keine Negativität" geschaffen? Zwar gibt es hier keine verletzten Personen, aber ist ein Unfall an sich nicht schon ein negatives Ereignis? Gut, dann also „Kein Unfall auf der A9: keine Verletzten"? Das wäre wohl intern, aber nicht extern valide: Keine Tageszeitung würde ihre Ausgabe damit aufmachen, dass es zu keinem Unfall auf der A9 gekommen ist (nicht einmal während des berühmten Sommerlochs). Wie wäre es dann mit einer ganz anderen Schlagzeile für die Kontrollgruppe: „Entspannt ins Wochenende: Kein Stau auf der A9 zu erwarten"? Das wäre zwar eine realistischere Schlagzeile, nun hat man aber weit mehr als nur „Schaden vorhanden vs. nicht vorhanden" variiert, sondern auch noch „Verkehrsinfo vorhanden vs. nicht vorhanden", „Bezug zu vergangenem vs. zukünftigem Ereignis", „Aussicht auf Entspannung ja vs. nein" usw. Hier liegen also gleich mehrere Konfundierungen vor, sodass wir nach der Durchführung unserer Studie nicht mehr sagen können, ob eventuell gemessene Unterschiede in der Kaufabsicht zwischen den beiden Zeitungsvarianten wirklich auf die Negativität in der Schlagzeile der Zeitung zurückzuführen sind.

Die Frage, womit man unterschiedliche Experimentalgruppen konfrontiert, hat uns schon in Abschn. 5.1.1 beschäftigt. Insbesondere haben wir auf die Probleme hingewiesen, die daraus entstehen können, dass die Kontrollgruppe kein Treatment (also z. B. keinen Stimulus) erhält: Bei der Wirkung von humoristischen Inhalten wäre es also problematisch, wenn wir der Experimentalgruppe eine Komödie und der Kontrollgruppe gar keinen Film zeigen. Warum eigentlich? Einen Grund hatten wir in Abschn. 5.1.1 bereits angesprochen: In diesem Fall liegt eine Konfundierung zwischen den Faktoren „Humor im Film" und „Film" vor: Es ist nicht abwegig, dass das Anschauen eines Films generell zu besserer Laune führt, auch wenn er keinen Humor enthält. Ein anderes damit verbundenes Problem ist der sogenannte Hawthorne-Effekt: Er geht zurück auf Experimente von Roethlisberger und Dickson (1939), die gezeigt haben, dass sich die Leistung von Arbeitern allein durch die Tatsache steigerte, dass sie beobachtet wurden (mehr zu diesem Effekt in Abschn. 7.5). Er beschreibt den Umstand, dass sich Versuchspersonen anders verhalten, wenn sie wissen, dass sie beobachtet werden bzw. Teil eines Experiments sind. Die Gruppe, die die Komödie rezipiert, weiß also, dass durch den Film etwas passieren soll, dass möglicherweise sogar ihr Verhalten während der Rezeption beobachtet wird, und könnte ihr Verhalten entsprechend verändern. Wenn wir die Kontrollgruppe nun keiner Rezeptionssituation aussetzen, können wir nicht dafür sorgen, dass solche Anforderungseffekte (vgl. dazu Abschn. 7.5) aufgrund der Experimentalsituation in allen Gruppen auftreten. Das könnte zu einer Verzerrung der Befunde führen.

Auf den Punkt: Manipulation im Experiment
- Experimentalforschung unterscheidet sich von nicht-experimenteller Forschung durch die aktive Manipulation, die die Forscherin bzw. der Forscher vornimmt.
- Manipulation bedeutet, dass der Forschende die unabhängige Variable auf mehreren Stufen variiert.
- Mit dem Ergebnis der Manipulation, dem sogenannten Treatment, werden die Probanden im Rahmen der Durchführung konfrontiert.

5.4 Arten experimenteller Manipulation

Man kann vier Arten experimenteller Manipulation unterscheiden, die oft auch kombiniert werden: instruktionsbasierte, umweltbasierte und soziale Manipulation sowie die Manipulation mittels Stimuli (Crano et al. 2014; Mitchell und Jolley 2012).

Bei der *instruktionsbasierten Manipulation* steckt die Variation in den Anweisungen, die Versuchspersonen im Rahmen eines Experiments erhalten. Genauer gesagt geht es um Handlungsanweisungen, wie nachfolgende Aufgaben im Rahmen des Experiments zu erfüllen sind. Man könnte eine Gruppe von Versuchspersonen beispielsweise auffordern, einen Text besonders schnell zu lesen und eine andere Gruppe instruieren, den gleichen Text sehr aufmerksam zu rezipieren. Ein anderes Beispiel ist eine Selective Exposure-Studie von Kastenmüller et al. (2010), in der die Art und Weise manipuliert wurde, wie Personen vorgelegte Informationen auswählen sollten: Sie gaben einer Experimentalgruppe die Anweisung, aus einer Reihe von Artikeln diejenigen auszuwählen, die sie gerne lesen möchten und einer anderen die Anweisung, diejenigen Artikel auszuwählen, die sie gerade nicht lesen möchten. Ein relevanter Vorteil von instruktionsbasierten Manipulationen ist der hohe Standardisierungsgrad und damit die oft hohe interne Validität – vor allem, wenn sie den Probanden schriftlich vorgelegt werden. Dies geht meist zulasten der externen Validität: Die Art der Informationssuche durch einen kurzen Text zu manipulieren, ist sicherlich nicht mit dem Prozess vergleichbar, wie Menschen in der Realität Informationen auswählen. Ein weiteres Problem ist, dass man nicht sicherstellen kann, dass alle Versuchspersonen die Manipulation ähnlich interpretieren bzw. überhaupt wahrnehmen – vor allem bei Online-Experimenten kann man oft nicht nachvollziehen, ob die Instruktion überhaupt gelesen wird oder die Versuchspersonen sie einfach wegklicken. Hier bedient man sich häufig sogenannter Manipulationschecks (vgl. Abschn. 5.5). Instruktionen sind für Experimente von zentraler Bedeutung, weshalb wir uns ihnen in Abschn. 6.4 nochmals umfangreicher zuwenden.

Bei einer *umweltbasierten Manipulation* (im Englischen *environmental manipulation*) wird die Umgebung der Probanden verändert. Klassische Beispiele im Rahmen eines Laborexperiments sind die Manipulation der Raumtemperatur, der Ausstattung von Laborräumen, Lautstärke und ähnliches. Eine umweltbasierte Manipulation läge also zum Beispiel vor, wenn man einer Gruppe von Probanden einen Film im gemütlichen Labor mit Couch und Snacks zeigt, einer anderen den Film in einem kargen Raum präsentiert. Sukalla (2017) manipulierte beispielsweise das narrative Erleben eines Fernsehbeitrags unter anderem durch die Lichtverhältnisse im Labor.

Eine *soziale Manipulation* wird durch die Anwesenheit und/oder das Verhalten anderer Personen realisiert. Dies kann der Versuchsleiter sein, der sich einer Experimentalgruppe gegenüber freundlich und zuvorkommend, bei einer anderen wortkarg und herablassend verhält. Die Manipulation kann aber auch durch dritte Personen erfolgen. Ein klassisches Beispiel wäre das Trinkgeld-Experiment von Rind und Bordia (1996), die untersuchten, ob Besucher eines Restaurants bei einer weiblichen Bedienung mehr Trinkgeld geben als bei einer männlichen Bedienung. Teilweise erfolgt die Manipulation nicht nur mittels einer einzigen Person, sondern über eine Gruppe von Personen, die ins Experiment eingeweiht sind und sich entsprechend der Manipulation verhalten. Die wohl bekannteste Untersuchung in diesem Bereich ist das Konformitätsexperiment von Asch (1951). Dabei handelt es sich um ein Laborexperiment, bei dem einer Gruppe von Versuchspersonen jeweils drei verschieden lange Striche gezeigt wurden und sie beurteilen sollten, welcher davon genau so lang wie eine Referenzlinie war, die daneben präsentiert wurde. Eigentlich eine sehr einfache Aufgabe, die ohne weitere Manipulation in 99 % der Durchgänge richtig gelöst werden konnte. Die Versuchsgruppe bestand jedoch nur aus einer tatsächlichen Versuchsperson, während die anderen Personen eingeweiht und Teil der Manipulation waren. Bevor die „echte" Versuchsperson ihre

Einschätzung abgeben durfte, antworteten zunächst die anderen, eingeweihten Personen. Diese nannten in manchen Durchgängen einstimmig eine falsche Linie. Erst anschließend wurde die jeweilige Versuchsperson nach ihrer Einschätzung gefragt, die sich dann in vielen Fällen der Gruppenmeinung anschloss, auch wenn diese Einschätzung offensichtlich falsch war. Diese Formen der sozialen Manipulation sind aufwendig und nicht so leicht standardisierbar wie andere Formen der Manipulation. So kann zum Beispiel beim Trinkgeldexperiment nicht ausgeschlossen werden, dass sich Unterschiede im Trinkgeld für Kellner und Kellnerin womöglich nicht nur auf deren Geschlecht, sondern auch auf andere Verhaltensweisen, kleinere Gesten etc. zurückführen lassen – dass sich beide dem Gast gegenüber exakt gleich verhalten (und entsprechend nur das Geschlecht variiert), ist unwahrscheinlich. Dafür ist eine soziale Manipulation aber oft extern valider als zum Beispiel viele Instruktionen, da Entscheidungen auch in der Realität oft nicht im Vakuum, sondern im sozialen Kontext getroffen werden.

In der Kommunikationswissenschaft wird die Manipulation über eine anwesende oder mehrere anwesende Personen eher selten eingesetzt; was dagegen relativ häufig vorkommt, ist die Einbettung einer sozialen Manipulation im Rahmen eines Stimulus, der den Probanden gezeigt wird. Zerback und Fawzi (2016) etwa zeigten ihren Probanden einen auf Facebook geposteten Videomitschnitt und darunter die Kommentare von Nutzern, die das Video je nach Experimentalversion entweder zustimmend oder ablehnend kommentieren. Solche Manipulationen kann man entsprechend als Mischform zwischen stimulusbasierter und sozialer Manipulation ansehen.

Die *Manipulation mittels Stimulus* dürfte in der Kommunikationswissenschaft die häufigste Art der Manipulation darstellen. Dabei wird die experimentelle Variation durch die Vorlage verschiedener verbaler, audiovisueller oder schriftlicher Inhalte realisiert. Die Bezeichnung „Stimulus" wird oft mit den Begriffen Manipulation und Treatment synonym verwendet (unterschiedliche Instruktionen wären nach dieser Logik auch unterschiedliche Stimuli). Wir möchten die Begriffe hier aber explizit trennen, da Stimuli nicht zwangsläufig Träger der Manipulation sein müssen (vgl. Abschn. 5.3). Unter einem Stimulus verstehen wir zunächst jede Form von medialem Inhalt, der Versuchspersonen im Rahmen eines Experiments präsentiert wird. Dabei kann es sich um Bilder, Texte, Websites, audiovisuelle Inhalte oder Audioaufnahmen handeln. Im kommunikationswissenschaftlichen Kontext arbeiten wir meist mit massenmedialen Inhalten, also zum Beispiel journalistische Artikel, Ausschnitte aus Filmen oder Fernsehsendungen, Radiomitschnitte oder Werbebotschaften (damit beschäftigen wir uns noch ausführlich in Abschn. 5.6). Anders als bei der instruktionsbasierten Manipulation (bei der Probanden oft denselben Stimulus mit unterschiedlichen Instruktionen zur Lesart vorgelegt bekommen) erhält hier jede Experimentalgruppe eine andere Version des medialen Inhalts (dafür aber dieselbe Instruktion). Natürlich lassen sich, auch das haben wir schon angesprochen, beide Möglichkeiten kombinieren.

Es können aber auch mehrere Stimuli im Rahmen einer Experimentalbedingung vorgelegt werden, wovon zum Beispiel einer die Manipulation enthält und ein anderer nicht. Im Rahmen einer Studie zur Wirkung von idealisierten Körperdarstellungen zeigten

Arendt, Peter und Beck (2016) den Probanden zunächst Videos: Die Experimentalgruppe sah ein Awareness-Video, das zeigt, wie Werbefotos mittels Bildbearbeitung manipuliert werden, die Kontrollgruppe sah ein Ablenkungsvideo. Im Anschluss legte man beiden Gruppen die gleichen Aufnahmen von Werbemodels vor, deren Wirkung auf die Probanden dann untersucht wurde. Die Studie fand Hinweise darauf, dass die vorherige Rezeption eines Awareness-Videos negative Effekte von idealisierten Körperdarstellung auf den Selbstwert von jungen Frauen vermindern kann.

> **Auf den Punkt: Arten experimenteller Manipulation**
> - Eine Manipulation kann durch unterschiedliche Instruktionen, Situationen, Inhalte oder das Verhalten dritter Personen realisiert werden.
> - Bei einer instruktionsbasierten Manipulation steckt die Variation in der Anweisung, die Versuchspersonen im Rahmen des Experiments enthalten.
> - Bei der umweltbasierten Manipulation ändert man die äußeren Umstände für die jeweiligen Gruppen (z. B. Raum, Licht, Lautstärke).
> - Die soziale Manipulation wird über dritte Personen realisiert, also z. B. über den Versuchsleiter oder andere, eingeweihte Personen am Experiment.
> - Bei der Manipulation mittels Stimulus wird die experimentelle Variation durch die Vorlage verschiedener verbaler, audiovisueller oder schriftlicher Inhalte realisiert.

5.5 Manipulationscheck und Pretest

Wie kann man nun feststellen, ob eine Manipulation überhaupt gelungen ist, also ob man wirklich das beeinflusst hat, worauf die Manipulation abzielte? Mitchell und Jolley (2012) führen analog zur Konstruktvalidität bei der Messung (vgl. Abschn. 8.6.1) zwei Strategien zur Überprüfung der Manipulation an. Die erste betrifft die theoretische Begründung für die Art der Manipulation unter Rückgriff auf bestehende Forschung, also theoretische Definitionen des verwendeten Konstrukts sowie vorherige Operationalisierungen in anderen Studien. Haben andere Forscherinnen und Forscher ähnliche Manipulationen verwendet und sind sie zu vergleichbaren Ergebnissen gekommen? Hat sich eine bestimmte Art der Manipulation in der Forschung bisher bewährt? Die zweite Strategie ist eine empirische: Der sogenannte *Manipulationscheck* (auch Treatmentcheck). Dabei handelt es sich meist um spezielle Fragen oder Aufgaben, die testen, ob die Manipulation von den Versuchspersonen in beabsichtigter Weise interpretiert wurde bzw. ob die Versuchspersonen die Manipulation überhaupt wahrgenommen haben (Aufmerksamkeitscheck). Dazu ein Beispiel: Wir wollen testen, ob Argumente in einem Artikel von den Rezipienten als glaubwürdiger wahrgenommen werden, wenn sie von einem Experten oder einem Politiker vorgebracht werden. Wir zeigen unseren Probanden einen Zeitungsartikel zum Thema Steuererhöhung, zu dem in einer Experimentalgruppe ein Politiker interviewt wird, in einer zweiten Bedingung werden die gleichen Aussagen einem Experten zugeschrieben. Die Manipulation erfolgt im ersten Absatz des Artikels, in dem der Interviewte entweder als „Experte für Steuerrecht" oder als „Bundestagsabgeordneter" bezeichnet wird. Finden wir keinen Unterschied zwischen beiden Gruppen hinsichtlich der Glaubwürdigkeitsbewertung, kann das daran liegen, dass Politiker und Experten in diesem Kontext gleich glaubwürdig wahrgenommen werden – oder, dass unsere Manipulation zu unauffällig war und die Probanden den Zusatz schlichtweg überlesen haben. Um dies herauszufinden, könnte man die Probanden im Anschluss fragen, ob sie sich an die Profession des Interviewten erinnern können.

Neben solchen konkreten Aufmerksamkeits- und Erinnerungsfragen können Manipulationschecks aber auch subjektive Einschätzungen der Probanden sein. Denken wir zurück an das Experiment zur Negativität in Überschriften: Hier könnten wir die Versuchspersonen in den jeweiligen Gruppen fragen, wie negativ sie die Schlagzeile wahrnehmen und so später vergleichen, ob „Unfall auf der A9: Mehrere Personen schwer verletzt" tatsächlich negativer eingeschätzt wurde als die Überschrift „Unfall auf der A9: Keine Verletzten". Gleichzeitig könnte man kontrollieren, ob ein anderer Aspekt mitvariiert wurde und mit der experimentellen Manipulation konfundiert ist. Beispielsweise könnte man die Versuchspersonen noch nach der Einschätzung des Informationsgehalts, der Professionalität oder der Unterhaltsamkeit des Artikels fragen. Diese Aspekte sollten sich dann in den beiden Gruppen im Idealfall nicht unterscheiden. Durch diesen Test auf potenzielle Konfundierungen kann man zusätzlich die interne Validität überprüfen. O'Keefe (2003) beschäftigt sich in seinem Aufsatz mit verschiedenen Arten von Manipulationen und damit verbunden der Bedeutung von Manipulationschecks. Wenn die Manipulation etwa das Auslösen bestimmter Zustände bei den Versuchspersonen zum Ziel hat (*effect-based manipulation*), wie das etwa bei Furchtappellen der Fall ist (z. B. Schockbilder auf Zigarettenschachteln), dann ist die Messung von induzierter Furcht kein reiner Manipulationscheck, sondern eigentlich schon eine erste Wirkung der Manipulation. Geringe Unterschiede in der Furcht zwischen verschiedenen Furchtappell-Stimuli bedeuten also nicht, dass die Manipulation gescheitert ist (den Probanden wurden ja unterschiedliche Bilder vorgelegt), sondern dass solche Appelle eben nicht bei jedem gleichermaßen Furcht auslösen. Hier sollte die gemessene Furcht der Probanden entsprechend als Mediator in die Auswertung mit einbezogen werden.

Gerade bei der erstmaligen Verwendung einer Manipulation ist es sinnvoll, ihre Eignung bereits vor dem eigentlichen Experiment in einer separaten Untersuchung zu testen (ähnlich einer Skalenvalidierung, vgl. Abschn. 8.6). Diese Untersuchung nennt man **Pretest**, da sie im Vorfeld der eigentlichen Hauptstudie durchgeführt wird. Möchten wir zum Beispiel herausfinden, ob die Argumente eines attraktiven Kommunikators überzeugender wirken als die eines unattraktiven Kommunikators, dann dürfen wir uns hier nicht auf unsere subjektive Einschätzung von Attraktivität verlassen. In diesem Fall würden wir mehrere Bilder auswählen und diese vorab einigen Personen zur Bewertung vorlegen. Anschließend kann man jeweils das Bild mit der höchsten und mit der niedrigsten Attraktivitätsbewertung für die Erstellung des Stimulusmaterials verwenden. Personen, die an diesem Pretest teilgenommen haben, sollten natürlich später nicht beim eigentlichen Experiment mitmachen, da sie die Stimuli bereits kennen.

5.5 Manipulationscheck und Pretest

Durch einen Pretest vermeidet man böse Überraschungen: Denn falls die Manipulation im Experiment nicht wie angestrebt funktioniert, hat man viel Aufwand umsonst betrieben. Man sollte also vor allem dann mit Pretests arbeiten, wenn Unsicherheit darüber besteht, welche Umsetzung der experimentell zu variierenden Faktoren wohl am besten geeignet ist. Ein weiterer Vorteil des Pretests kann aber auch sein, den Manipulationscheck dann nicht in der Hauptstudie durchführen zu müssen. Ein Nachteil des Manipulationschecks ist nämlich, dass er die Versuchspersonen für das Untersuchungsziel sensibilisieren kann. Dazu kommt das Problem, dass man durch Manipulationschecks, die vor der eigentlichen abhängigen Variablen abgefragt werden, die erwarteten Effekte möglicherweise erst erzeugt (Kidd 1976; vgl. auch Abschn. 8.1.4). Entsprechend sollten Manipulationschecks in der Regel erst nach der Abfrage der zu interessierenden Variablen (abhängige Variable und Drittvariablen) erfolgen, um die Probanden durch die Abfrage nicht auf das eigentliche Untersuchungsziel aufmerksam zu machen. Zuletzt wollen wir noch auf eine begriffliche Verwechslungsgefahr aufmerksam machen: Im Englischen (und gelegentlich auch im Deutschen) wird die Vorher-Messung der abhängigen Variable im Rahmen der Hauptstudie ebenfalls als Pretest bezeichnet (siehe zum Beispiel den Begriff Pretest-Posttest-Design).

Manipulationschecks und Pretests dienen nicht nur der internen Validität (haben wir das manipuliert, was wir manipulieren wollten?), sondern auch der Vergleichbarkeit von Befunden. Mit ihnen kann man über mehrere Studien zeigen, dass eine Manipulation in unterschiedlichen Settings funktioniert oder eben nicht. Erfolgreich getestete Manipulationen können in Folgestudien, ähnlich wie erprobte Skalen, übernommen werden. Aber auch eine gescheiterte Manipulation kann wertvolle Informationen für die weitere Forschung in diesem Bereich liefern, sodass das Experiment nicht umsonst war. Crano, Brewer und Lac (2014) raten darüber hinaus aber auch zur Vorsicht beim Umgang mit den aus dem Manipulationscheck gewonnenen Daten: Zum einen muss ein misslungener Manipulationscheck nicht immer bedeuten, dass die Manipulation wirklich gescheitert ist, sondern kann auch bedeuten, dass die Versuchspersonen die ausgelösten Gefühle, Assoziation etc. nicht offen zeigen bzw. benennen können. Zum anderen könnten Manipulationschecks, wie oben bereits beschrieben, die Probanden erst auf das Ziel des Experiments aufmerksam machen und somit die erwarteten Effekte erst auslösen.

Auf den Punkt: Manipulationscheck und Pretest
- Durch Manipulationschecks kann überprüft werden, ob die vorgenommene Manipulation in der beabsichtigten Weise geglückt ist.
- Dabei testen meist zusätzliche Fragen, ob die Probanden die Manipulation überhaupt wahrgenommen haben (attention check) und/oder ob sie von den Probanden wie beabsichtigt interpretiert wurde.
- Findet ein Manipulationscheck vor dem eigentlichen Experiment in einer separaten Untersuchung statt, spricht man von einem Pretest.

5.6 Medieninhalte als Stimuli

In der kommunikationswissenschaftlichen Experimentalforschung arbeiten wir häufig mit Medieninhalten als Stimuli im Experiment. Wir interessieren uns zum Beispiel dafür, wie verschiedene Arten von Werbeformen und -inhalten die Kaufabsicht beeinflussen, wie unterschiedliche Rahmungen eines Themas in den Nachrichten die Wahrnehmung und Bewertung dieses Themas formen oder welches Medium ausgewählt wird, um sich über ein bestimmtes Thema zu informieren. Experimentelle Forschung in diesem Bereich hat also zum Ziel, Aussagen über die Erstellung, Auswahl, Rezeption und Wirkung (massen-)medialer Inhalte zu treffen. Die Verwendung medialer Inhalte als Stimuli im Experiment stellt uns vor ganz besondere Herausforderungen, vor allem in Bezug auf das *Spannungsverhältnis zwischen interner und externer Validität*. Arbeiten wir mit „echten" Medieninhalten, so besitzen diese zwar eine hohe externe Validität, gleichzeitig ist es bei realen Medieninhalten aufgrund ihrer Komplexität oft schwierig, intern valide Manipulationen vorzunehmen bzw. diese überhaupt zu manipulieren. Möchte man z. B. herausfinden, ob ein Nachrichtenbeitrag von ZDF heute anders bewertet wird, wenn er eher die Chancen als die Risiken von Atomkraft thematisiert, so kann man hier nur mit hohem Aufwand audiovisuelle Stimuli wie zum Beispiel einen realen Fernsehbeitrag verwenden, denn eine echte Nachrichtensendung lässt sich nur schwer intern valide manipulieren (es sei denn man arbeitet mit der entsprechenden Redaktion zusammen, vgl. Zerback 2016). Die Verwendung zweier gänzlich unterschiedlicher Sendungen zum gleichen Thema bringt wiederum eine Vielzahl von Konfundierungen mit sich. Die Erstellung eigener Beiträge als dritte Option ist enorm aufwendig und die Gefahr, dass Versuchspersonen diese als „unechte" Nachrichtenbeiträge identifizieren, ist relativ hoch, wenn man nicht einen erheblichen Aufwand betreiben kann oder will.

Die Probleme potenzieren sich, je komplexer die Medieninhalte sind, auf die sich die Fragestellung bezieht. „Machen gewalthaltige Filme aggressiv?" ist ein beliebtes Standardbeispiel in Forschungsüberblicken und Lehrbüchern (auch in unserem), gleichzeitig verdeutlicht es mehrere Probleme bei der Verwendung medialer Stimuli. Obwohl man hier meist Aussagen über die kumulierte Wirkung gewalthaltiger Filme machen möchte, verwendet man im Experiment in der Regel nur einen einzigen Film, wahrscheinlich sogar nur einen Ausschnitt eines Films. Dieser thematisiert dann womöglich nur eine bestimmte Art von Gewalt (z. B. physische Gewalt), sodass über Wirkung von anderen Arten (z. B. psychische, soziale oder verbale Gewalt) keine Aussage getroffen werden kann. Gerade bei Online-Experimenten kann man meist nur mit sehr kurzen Stimuli arbeiten – beim Anblick eines mehrseitigen Artikels oder der Ankündigung eines einstündigen Films brechen die meisten Teilnehmerinnen und Teilnehmer direkt ab. Hinzu kommt, dass bei „realen" Filmen ein Teil der Versuchspersonen diesen womöglich bereits kennt und entsprechend anders auf die Gewaltszenen reagiert (oder systematisch diejenigen abbrechen, denen der Film zu gewalthaltig ist).

Aufgrund der leichteren Manipulierbarkeit arbeiten viele Experimentalstudien daher mit *textbasierten Medienstimuli*, also z. B. mit echten oder fiktiven Zeitungsartikeln.

5.6 Medieninhalte als Stimuli

Erstellt man eigens für das Experiment Stimulusmaterial – arbeitet also mit fiktiven Medienbeiträgen – spielen auch ethische Aspekte eine wichtige Rolle: Inwieweit darf man Versuchspersonen überhaupt vormachen, dass es sich bei eigens für die Untersuchung erstellten Stimuli um echte Medienbeiträge handelt (vgl. dazu weiterführend Abschn. 10.1)? Eine Möglichkeit, solche Probleme zu umgehen, ist die Verwendung neutral gestalteter Texte und einer dazugehörigen Instruktion. In dieser bittet man die Versuchspersonen, sich vorzustellen, der Text sei z. B. in einer überregionalen Tageszeitung erschienen. Allerdings kauft man sich dadurch mehrere potenzielle Fehler ein, nämlich, dass die Versuchspersonen um die Künstlichkeit des Stimulus wissen (und entsprechend anders darauf reagieren) oder an unterschiedliche Zeitungen denken (problematisch für die interne Validität).

Letztendlich sollten Entscheidungen über die konkrete Ausgestaltung des Stimulusmaterials nicht nur forschungsökonomischen Überlegungen folgen, sondern sich vor allem auch an der sozialen Realität orientieren: Was hilft es, die Wirkung von emotionalen Einzelfalldarstellungen in den Nachrichten am Beispiel von Printtexten zu untersuchen, wenn solche Darstellungen hauptsächlich in Fernsehbeiträgen zu finden sind? Slater, Peter und Valkenburg (2015) empfehlen entsprechend die Orientierung an empirischen Befunden aus Inhaltsanalysen für die Auswahl bzw. die Erstellung von Stimulusmaterial. Dazu kommt, dass der Einsatz einzelner Stimuli in Experimenten die Verallgemeinerbarkeit von Befunden extrem einschränkt – oft wird in Experimentalstudien der Anspruch erhoben, eine Aussage über eine ganze Palette von Medieninhalten zu treffen (z. B. eben Nachrichtenbeiträge, Krimis, Printwerbung), dies wird aber meist nur mit einem einzigen Beispielstimulus untersucht. Dieser Punkt ist in der Literatur immer wieder stark kritisiert worden (z. B. Jackson 1992; Reeves et al. 2016; Slater et al. 2015) und hat dazu geführt, dass manche Fachzeitschriften Experimente mit einzelnen Stimuli in der Regel nicht mehr publizieren.

Eine besondere Herausforderung für sozialwissenschaftliche Forschung stellen *Online-Umgebungen* wie zum Beispiel soziale Netzwerke dar. Dies liegt zum einen an der Interaktivität, zum anderen an der hohen Personalisierung solcher Angebote. Jeder Facebook-Newsfeed sieht anders aus, und es stellt sich die Frage, inwiefern man hier einheitliche Stimuli realitätsnah simulieren kann. Wollen wir etwa untersuchen, ob Personen Nachrichtenartikel auf Facebook eher lesen, wenn diese von einem engen Freund (statt einem entfernten Bekannten) geteilt wurden, können wir keinen einheitlichen Stimulus für alle Versuchspersonen einer Experimentalbedingung erstellen. Das zu untersuchende Phänomen ist also an einen sozialen Kontext gebunden, ohne den es sich nicht untersuchen lässt. Dasselbe gilt für die Interaktivität: Zeigen wir den Versuchspersonen lediglich den Screenshot eines Newsfeeds, haben diese keine Möglichkeit, mit dem Stimulus zu interagieren, also auf den entsprechenden Nachrichtenartikel zu klicken, diesen zu teilen oder ähnliches. Entsprechend widmet sich die Forschung solchen Fragestellungen zunehmend mit Feldexperimenten (Parigi et al. 2017).

An dieser Stelle könnte man geneigt sein, die kommunikationswissenschaftliche Experimentalforschung frustriert aufzugeben (zumindest die, die sich auf Medieninhalte bezieht) – es scheint ja unmöglich, alles richtig zu machen. Davon sollte man sich jedoch nicht entmutigen lassen: Man darf nicht der falschen Vorstellung aufsitzen, man müsste alle Validitätsprobleme in einem Einzelexperiment lösen. Wie bereits erwähnt, ist jedes Experiment ein einzelner Baustein, der zur Beantwortung einer größeren Forschungsfrage beiträgt. Oft untersucht man bei einem neuen Phänomen zunächst einzelne Aspekte unter intern validen Bedingungen und überprüft anschließend in weiteren Experimenten (oder auch nicht-experimentellen Settings), welche Reichweite diese Befunde haben, unter welchen Umständen sie auftreten und welchen einschränkenden Bedingungen sie unterliegen. Man testet also in mehreren Experimenten unterschiedliche Arten von Gewalt, schaut sich in Laborexperimenten die Wirkung einzelner Filme bzw. -ausschnitte und in Feldexperimenten die einer ganzen Reihe von Filmen an usw. Kein Experiment fängt bei null an und kein Experiment bildet den Schlussstein eines Forschungsfeldes. Oder haben Sie schon einmal den Satz in einer Studie gelesen: „Damit sind alle Fragen zum Thema beantwortet"?

> **Auf den Punkt: Medieninhalte als Stimuli**
> - In der kommunikationswissenschaftlichen Experimentalforschung wird die Manipulation oft über (massen)mediale Stimuli realisiert.
> - Gerade bei audiovisuellen oder interaktiven Stimuli sind Konfundierungen aufgrund der Variation mehrere Merkmale oft nicht auszuschließen.
> - Bei der Verwendung bzw. Erstellung von Stimulusmaterial sind neben ethischen Fragen auch die nach der Realitätsnähe bzw. der Generalisierbarkeit des verwendeten Materials zu beachten.

5.7 Zwischenfazit und Literaturhinweise

Stellen Sie sich vor, Sie wollen untersuchen, ob sich Personen bei der Nachrichtenrezeption von einem politischen Standpunkt eher überzeugen lassen, wenn die Argumente von einfachen Bürgern im Vergleich zu Politikern vorgetragen werden (Lefevere et al. 2012). Wie kann ein Experiment zu dieser Fragestellung aussehen? Welches Design legen Sie an? Die Tatsache, dass Sie die Wirkung von identischen Argumenten bei unterschiedlichen Sprechern (Bürger vs. Politiker) untersuchen wollen, spricht stark für ein Between-Subject Design, also eine Untersuchungsanlage mit unterschiedlichen Versuchspersonengruppen. Denselben Versuchspersonen erst einen Medienbeitrag mit Bürgern als Sprecher zu zeigen und anschließend den gleichen mit Politikern, dürfte nicht sehr zielführend sein. Bei einem Design mit zwei Gruppen haben Sie die Möglichkeit, den Versuchspersonen tatsächlich identische Medieninhalte zu zeigen (z. B. einen Nachrichtenbeitrag) und nur die Sprecher auszutauschen. Ergeben sich aus der Literatur noch

5.7 Zwischenfazit und Literaturhinweise

andere Faktoren, die in diesem Zusammenhang interessant sein könnten? Wie sieht es mit dem Geschlecht der Sprecher aus – lässt man sich vielleicht eher von Personen überzeugen, die einem ähnlich sind, also das gleiche Geschlecht haben? Wird es also ein- oder mehrfaktorielles Experiment?

Wir entscheiden uns auf Basis dieser Überlegungen für ein 2×2-Between-Subject Design. Die Manipulation unserer unabhängigen Variable soll mittel Stimulus erfolgen – was zeigen wir den Versuchspersonen nun, wie soll also der Stimulus für unser Experiment aussehen? Die einfachste Möglichkeit wäre die Erstellung von Printbeiträgen, da man hier alle Rahmenbedingungen konstant halten und nur die Sprecher austauschen kann. Aber ist diese Art der Manipulation auffällig genug? Überlesen die Versuchspersonen hier vielleicht einfach, ob es sich um einen Politiker oder einen Bürger handelt? Finden sich Bürgermeinungen in Form von Fallbeispielen in der Praxis nicht eher in Fernsehnachrichtenbeiträgen? Wir entscheiden uns also für Fernsehbeiträge – wie sehen diese konkret aus? Suchen wir zwei „echte" Fernsehbeiträge, in denen jeweils ein Politiker und ein Bürger zum selben Thema ihre Meinung äußern? Sind diese überhaupt vergleichbar? Möglicherweise finden wir ja einen Beitrag, in dem sowohl ein Politiker als auch ein Bürger zu Wort kommen, und können jeweils einen Sprecher herausschneiden. Aber dann unterscheiden sich beide Personen ja durch mehr als nur ihren Status – evtl. ist eine Person jünger, wortgewandter, sympathischer als die andere? Wäre es dann nicht angemessen, dass wir selbst einen Beitrag drehen, in dem dieselbe Person einmal den Politiker und einmal den Bürger spielt?

Dieses Beispiel zeigt, mit welchen Fragen man sich bei der Anlage eines Experiments und der Manipulation auseinandersetzen muss – vor allem aber auch, dass es dabei kein „Richtig" oder „Falsch" gibt, sondern man stets zwischen Aufwand und Ertrag abwägen muss. Es sollte auch zeigen, dass Entscheidungen zum Design, zur Manipulation und zur Art des Stimulusmaterials ineinandergreifen und auch ein Stück weit voneinander abhängig sind: Kann man zum Beispiel nur wenige Personen rekrutieren und möchte das Experiment als Within-Subject Design anlegen, hat dies Konsequenzen für die Manipulation und das Stimulusmaterial; möchte man den Versuchspersonen identische Beiträge zeigen und nur einen Aspekt manipulieren, kommt man wahrscheinlich nicht um verschiedene Versuchsgruppen herum. Entsprechend ist die Entscheidung für die spezifische experimentelle Umsetzung ein Prozess, der eine sorgfältige Diskussion und Reflexion erfordert und letztendlich Kompromisse zwischen Kontrollierbarkeit und Realitätsnähe notwendig macht. Lefevere, De Swert und Walgrave (2012), die ein Experiment zu diesem Thema durchführten, legten dies übrigens als Between-Subject Design an und verwendeten echte Nachrichtenbeiträge, in die sie selbstgedrehte O-Töne von Bürgern bzw. Politikern einbauten.

Wer sich tiefergehend für verschiedene Möglichkeiten der Manipulation interessiert, dem können wir die Ausführungen von Crano, Brewer und Lac (2014) empfehlen, die im Kapitel „Types of experimental manipulations" ihres Handbuchs viele anschauliche Beispiele für die Manipulationsarten bringen und sich in einem weiteren Kapitel ausführlich mit Manipulationschecks beschäftigen. Wer tiefer in die Vor- und

Nachteile unterschiedlicher Experimentaldesigns einsteigen möchte, dem sei das Werk „Experimental and quasi-experimental designs for generalized causal inference" der Autoren Shadish, Cook und Campbell (2002) empfohlen. Ebenfalls sehr lesenswert sind die Ausführungen von Mitchell und Jolley (2012), die sich in ihrem Buch „Research design explained" ausführlich mit ein- und mehrfaktoriellen, Within- und Between-Subject Designs sowie verschiedenen Arten der Manipulation beschäftigen. Erforscht man die Wirkung von Medieninhalten, so lohnt sich ein Blick in das Werk „Message effects research: Principles of design and analysis" von Jackson (1992), das sich mittlerweile als Standardwerk im Umgang mit Medienstimuli etabliert hat.

Auf den Punkt: Literaturhinweise
- Crano, W. D., Brewer, M. B. & Lac, A. (2014). *Principles and Methods of Social Research* (3. Aufl.). London, UK: Routledge.
- Jackson, S. A. (1992). *Message effects research: Principles of design and analysis.* New York: Guilford Press.
- Mitchell, M. L. & Jolley, J. M. (2012). *Research design explained.* Wadsworth: Cengage Learning.
- Shadish, W. R., Cook, T. D. & Campbell, D. T. (2002). *Experimental and quasi-experimental designs for generalized causal inference.* Boston/New York: Houghton Mifflin Company.

Vorbereitung und Durchführung von Experimenten

Hat man die Planung eines Experiments abgeschlossen, beginnt die sogenannte *Feldphase* und damit die konkrete Durchführung des Experiments. Damit ist die gesamte Zeitspanne der Datenerhebung gemeint, also die Dauer vom ersten bis zum letzten Versuch. Der Begriff Versuch beschreibt dabei den Zeitraum von der Begrüßung bis zur Verabschiedung eines Probanden. Die Feldphase muss im Vorfeld akribisch geplant werden, damit es während der Erhebung zu keinen Überraschungen kommt. Dies umfasst zum einen die zeitliche Planung der Versuche: Wann wird ein Versuch durchgeführt? Um wie viel Uhr kommen die Probanden ins Labor? Wie lange dauert ein Versuch? Wann erfolgt das Debriefing? Zum anderen geht es um den konkreten Ablauf während eines einzelnen Versuchs, beispielsweise um folgende Fragen: Wie werden die Versuchspersonen begrüßt? An welcher Stelle wird das Treatment bzw. der Stimulus präsentiert? Wie verteilt man die Versuchspersonen auf die Gruppen? All diese Entscheidungen müssen sorgfältig dokumentiert werden; dazu gehört neben dem konkreten Ablauf auch die Dokumentation von Problemen, die während der Durchführung aufgetreten sind (vgl. Abschn. 10.4). Dies ist für den Forschungsprozess von großer Bedeutung, damit sich andere Forscherinnen und Forscher ein Bild davon machen können, wie die Daten erhoben wurden. Insofern trägt eine gute Dokumentation zur Replizierbarkeit der Befunde und somit zur externen Validität bei.

Bevor wir uns dem konkreten Prozess der Durchführung widmen, gehen wir zunächst allgemein auf Fehlerquellen ein, die bei der Umsetzung eines Experiments auftreten können und erklären, wie man diese – zumindest teilweise – in den Griff bekommt. Anschließend beleuchten wir die Versuchssituation näher und erläutern, was hier zu beachten ist und welche Probleme auftreten können. Zentrale Bestandteile der Durchführung sind die Versuchsleiterin bzw. der Versuchsleiter sowie die Instruktionen, die Versuchspersonen während eines Versuchs erhalten. Beide sind maßgeblich für das

Gelingen eines Experiments verantwortlich, können aber auch Ursache von Fehlern sein. Mit ihrer Rolle werden wir uns am Ende des Kapitels ausführlich beschäftigen.

6.1 Störvariablen und Fehler

An mehreren Stellen des Buches kamen wir bereits auf Fehler zu sprechen, die im Rahmen eines Experiments auftreten können. Fehler können sich an unterschiedlichen Stellen einschleichen. Sie können etwa auftreten, wenn sich Versuchspersonen in verschiedenen Versuchsgruppen stark voneinander unterscheiden und dies Einfluss auf die abhängige Variable hat: Haben wir beispielsweise in dem Experiment, das Effekte von Komödien auf die Stimmung untersucht, in einer Gruppe viele frisch verliebte und damit wahnsinnig fröhliche Personen, könnte dies die Befunde verzerren. Eine weitere Fehlerquelle stellt der Stimulus selbst dar: Gerade in der Kommunikationswissenschaft arbeiten wir mit komplexen Medieninhalten als Stimuli, die sich oft in mehr als einem Merkmal unterscheiden (vgl. Abschn. 5.6).

Was bedeutet aber nun „Fehler" im Rahmen eines Experiments? Um das zu verdeutlichen, stellen wir uns folgendes Beispiel vor: Wir wollen die Effekte der Mimik eines Politikers auf Wahlplakaten auf dessen wahrgenommene Sympathie testen. Wir zeigen einer Gruppe von Versuchspersonen ein Plakat, auf dem der Politiker lächelt. Eine andere Gruppe sieht das gleiche Plakat, nur, dass der Politiker darauf ernst schaut. Danach fragen wir beiden Gruppen: „Wie sympathisch ist Ihnen der abgebildete Politiker auf einer Skala von 1 bis 5?" Wenn das Plakat auf alle gleich wirken würde, dann müssten alle Versuchspersonen in der „Lächeln"-Gruppe den gleichen Wert angeben (z. B. alle eine 4) und alle Versuchspersonen der „Ernst"-Gruppe ebenfalls den gleichen Wert (z. B. alle eine 2). Wer schon einmal ein Experiment durchgeführt hat, weiß, dass das nicht der Realität entspricht. In der „Lächeln"-Gruppe geben viele Personen eine „4" an, aber auch einige eine „5" oder „3", vielleicht ein paar sogar eine „1" oder „2". Diese Variation kann nun aber nicht an den Plakaten liegen, denn jeder hat ja das gleiche Plakat gesehen. Es liegt zum Beispiel daran, dass Personen Politiker per se unterschiedlich sympathisch finden oder daran, dass einigen Versuchspersonen die Farbe des Plakats nicht gefallen hat. Vielleicht hat sich auch die Unhöflichkeit des Versuchsleiters auf die Bewertung des Politikers übertragen oder die Probanden haben unterschiedliche Vorstellungen darüber, was unter einem Sympathiewert von „4" zu verstehen ist. Die Liste könnte ewig so weitergehen. Unter *Fehler* wird also jeder Unterschied zwischen Messwerten der abhängigen Variable bezeichnet, der nicht auf die unabhängige Variable, also die Manipulation, zurückzuführen ist. Der Begriff Fehler führt dabei etwas in die Irre, weil er unterstellt, dass es ein „falsch" und ein „richtig" gibt, manche Versuchspersonen also richtige und manche falsche Antworten geben. Das ist damit natürlich nicht gemeint. Wir beschäftigen uns mit den dahinterliegenden messtheoretischen Überlegungen ausführlich in Abschn. 9.3.2.

Die Ursache solcher Fehler sind sogenannte *Störvariablen*. Gemeint sind damit verschiedene Faktoren, die nicht aktiv im Rahmen des Experiments manipuliert wurden (also keine unabhängigen Variablen sind), aber ebenfalls Einfluss auf die abhängige Variable ausüben. Eine Störvariable in unserem Wahlplakat-Experiment wäre die Voreinstellung zum Politiker, wenn Versuchspersonen den Kandidaten bereits kennen. Eine Steigerung der Sympathie durch ein Lächeln ist vor allem dann zu erwarten, wenn Versuchspersonen keine Voreinstellungen zum Kandidaten und damit keine andere Grundlage für das Urteil haben. Kennt eine Versuchsperson den abgebildeten Politiker aber schon, hat sie wahrscheinlich auch schon ein Sympathieurteil zu ihm parat: Fällt dieses positiv aus, lässt es sich durch ein Lächeln auf einem einzelnen Plakat womöglich gar nicht mehr so stark steigern (sog. Deckeneffekt); fällt es negativ aus, ändert daran vermutlich auch ein herzliches Lächeln nichts. Die Voreinstellung zum Politiker hat also neben unserer Manipulation – dem Gesichtsausdruck auf dem Wahlplakat – auch Einfluss auf die wahrgenommene Sympathie des Politikers und „stört" damit das Experiment. Keine Störvariable wäre in diesem Beispiel vermutlich, wie viel Wasser die Versuchspersonen durchschnittlich pro Tag trinken. Auch darin unterscheiden sich die Teilnehmerinnen und Teilnehmer zwar, dies ist aber für die wahrgenommene Sympathie des Politikers mit ziemlicher Sicherheit irrelevant.

Welche Auswirkung eine Störvariable auf die interne Validität der Befunde hat, hängt mit der Art dieses Fehlers zusammen. Fehler ist im Experiment nämlich nicht gleich Fehler – einige beeinflussen die Gültigkeit der Ergebnisse kaum, wieder andere machen die ermittelten Befunde praktisch unbrauchbar, wie wir in den nachfolgenden Abschnitten sehen werden. Störvariablen können, wie eingangs beschrieben, Merkmale der Versuchspersonen sein, aber auch durch den Stimulus, die Versuchssituation, die Messung usw. bedingt sein. Der Begriff Störvariable klingt zwar dramatisch, muss es aber nicht sein: Je nachdem, um welche Art von Fehler es sich handelt und wie man damit im Rahmen des Experiments umgeht, können diese sogar bereichernd für die Studie und die Validität der gewonnenen Ergebnisse sein, etwa, wenn man diese durch Messung in die Untersuchung mit einbezieht. Essenziell dafür ist die Frage, ob durch eine Störvariable verursachte Fehler zufällig oder systematisch auftreten.

6.1.1 Zufällige Fehler

Zufällige Fehler treten bei jeder empirischen Messung auf, sind oft nicht vorhersehbar und können eine Vielzahl von Ursachen haben. Ihr Auftreten folgt dabei keinem System. Bleiben wir kurz bei unserem Experiment zu den Wahlplakaten: Stellen Sie sich vor, der Politiker erinnert eine Versuchsperson an ihren Lieblingsonkel, sodass sie unbewusst einen höheren Wert angibt. Bei einem anderen Probanden fehlt eine Seite im Fragebogen (und zwar die Seite mit der Abbildung des Plakats), sodass diese bei der Politikerbewertung nachher einfach die Mitte ankreuzt. Manche Versuchspersonen tendieren grundsätzlich eher dazu, auf einer Skala hohe Werte anzukreuzen, andere eher niedrige. Solche Einflüsse führen insgesamt dazu, dass Messwerte voneinander abweichen, und zwar auch innerhalb derselben Experimentalbedingung. Da wir bei der späteren Auswertung jeweils die Mittelwerte der verschiedenen Experimentalgruppen miteinander vergleichen (vgl. Abschn. 9.4), sind solche Unterschiede für den Kausalschluss nicht so problematisch, wenn sie keinem bestimmten Muster folgen – eben zufällig auftreten. Sie sollten sich bei der späteren Aggregation der Einzelwerte „ausmitteln", weshalb der Effekt der Manipulation, der ja Unterschiede *zwischen* den Gruppen erzeugt, immer noch sichtbar werden sollte. Führen Störvariablen allerdings zu einer starken Streuung der einzelnen Werte und/oder arbeiten Sie mit einer kleinen Stichprobe, wird es schwierig, den zu untersuchenden Effekt inferenzstatistisch nachzuweisen; damit beeinflussen zufällige Fehler vor allem die *Teststärke* (vgl. Abschn. 9.4.4).

6.1.2 Systematische Fehler und Konfundierung

Wenn Abweichungen vom Mittelwert nicht zufällig auftreten, sondern einem bestimmten Muster folgen, spricht man von *systematischen Fehlern*. Stellen wir uns vor, unser Wahlplakat-Experiment führt ein Versuchsleiter durch, der dem Politiker auf dem Plakat sehr ähnlich sieht und sich den Versuchspersonen gegenüber äußerst freundlich verhält. Diese übertragen die ihm gegenüber empfundene Sympathie unbewusst auf die Bewertung des Politikers. Die Werte dieser Versuchspersonen weichen also systematisch in eine Richtung vom Mittelwert ab, und zwar nach oben. Das ist zunächst dann ein Problem, wenn wir uns für die absoluten Sympathiewerte des Politikers interessieren – wir überschätzen also, für wie sympathisch der Politiker von den Versuchspersonen gehalten wird. Es kann darüber hinaus die Effekte abschwächen, wenn die Sympathie des Versuchsleiters die Antworten stärker determiniert als das Lächeln auf den Wahlplakaten. Damit haben systematische Fehler zunächst Einfluss auf die *Effektstärke* (vgl. Abschn. 9.4.3).

Richtig problematisch werden systematische Fehler dann, wenn sie nur bzw. verstärkt in einer Experimentalbedingung auftreten, in einer anderen jedoch nicht. Nehmen wir an, der sympathische Versuchsleiter wird nur bei der „lächelnder Gesichtsausdruck"-Gruppe eingesetzt, nicht aber bei der „ernster Gesichtsausdruck"-Gruppe. Die systematisch höheren Sympathie-Werte treten also nur in einer Experimentalgruppe auf, und zwar in der, in der wir auch durch unsere Manipulation höhere Sympathiewerte erwarten würden. Wir haben also zwei Ursachen für eine höhere Sympathiebewertung vermischt – man spricht hier von einer *Konfundierung* zweier Variablen. Diese Art von systematischen Fehlern ist deshalb so problematisch, weil sie keinen eindeutigen Kausalschluss mehr zulässt. Finden die Versuchspersonen der Experimentalgruppe den Politiker sympathischer, weil sie ein Wahlplakat mit lächelndem Gesichtsausdruck gesehen haben, oder weil sie den sympathischeren Versuchsleiter hatten? Das lässt sich nicht mehr herausfinden, denn beide Experimentalgruppen unterscheiden sich nun in zwei Merkmalen, welche die abhängige Variable beeinflussen: der Gesichtsausdruck auf dem Plakat und der Versuchsleiter.

Jetzt haben wir ja aber in Abschn. 5.2.2 gelernt, dass man auch zwei erklärende Variablen in einem Experiment haben kann – warum ist das denn dann ein Problem? Weil die beiden Ursachen jeweils zusammen in nur einer Kombination vorliegen: Es gibt ja nur zwei Gruppen, in einer davon die Bedingungen „lächelnder Gesichtsausdruck"+„sympathischer Versuchsleiter", in der anderen Gruppe „ernster Gesichtsausdruck"+„durchschnittlicher Versuchsleiter". Möchte man die Effekte auseinanderhalten, bräuchte man aber vier Gruppen (eben noch „lächelnder Gesichtsausdruck"+„durchschnittlicher Versuchsleiter" sowie „ernster Gesichtsausdruck"+„sympathischer Versuchsleiter"). Konfundierung gilt es entsprechend unbedingt zu vermeiden, was allerdings in der Praxis häufig nicht ganz einfach ist.

Beim geschilderten Fall handelt es sich um eine Konfundierung, die auf einem Versuchsleitereffekt beruht. Konfundierungen können aber zum Beispiel auch durch Merkmale der Versuchspersonen entstehen, wenn diese nicht zufällig auf die Experimentalgruppen aufgeteilt werden (vgl. Abschn. 6.2). Eine Hauptquelle von Konfundierungen im kommunikationswissenschaftlichen Kontext liegt zudem oft im Stimulusmaterial (vgl. Abschn. 5.3).

6.1.3 Vermeidung von Fehlern – Umgang mit Störvariablen

Eine Vielzahl von Fehlern kann man durch gewissenhafte Planung und Durchführung eines Experiments vermeiden; aber allein die Tatsache, dass wir in sozialwissenschaftlichen Experimenten mit Menschen als Versuchsobjekten arbeiten, bringt eine Reihe von Störeinflüsse mit sich, die wir nicht verhindern bzw. oft auch gar nicht absehen können. Deshalb ist es bei der Planung eines Experiments wichtig zu wissen, wie man mit Störvariablen umgeht. Grundsätzlich gibt es drei Möglichkeiten, potenzielle Störvariablen in den Griff zu bekommen: Elimination, Neutralisierung oder Einbezug ins Experiment.

Elimination von Störvariablen: Eine sehr naheliegende Möglichkeit ist, den Einfluss von Störvariablen weitgehend auszuschalten, also für eine hohe interne Validität zu sorgen. Im Rahmen der Versuchssituation bedeutet das, sicherzustellen, dass alle Versuche möglichst gleich ablaufen, der Versuchsleiter alle Versuchspersonen gleichbehandelt und so weiter, sodass sich die Versuchsgruppen nur in der Manipulation unterscheiden. Beim Stimulus sollte man darauf achten, dass man tatsächlich nur ein Merkmal variiert – im Falle unseres Wahlplakats also nur den Gesichtsausdruck und nicht auch noch die Pose, die Kopfhaltung, die Kleidung, den Hintergrund etc. Unter Gesichtspunkten der internen Validität wäre es also zum Beispiel von Vorteil, man zaubert dem Politiker per Fotoshop ein Lächeln ins Gesicht, anstatt zwei unterschiedliche Bilder zu verwenden. In Bezug auf die Voreinstellung der Versuchspersonen als Störvariable wäre die Lösung, einen fiktiven Politiker einer fiktiven Partei zu verwenden, sodass die Versuchspersonen keine

Voreinstellungen haben. Dies setzt aber zum einen voraus, dass man um den Einfluss dieser Störvariable vor dem Experiment weiß, was nicht zwangsläufig der Fall ist. Zum anderen kommen hier wieder Überlegungen zur externen Validität in Spiel: Man kann dann nur noch etwas über die Wirkung von Wahlplakaten auf Personen aussagen, die einen Politiker nicht kennen bzw. keine Voreinstellung zur Partei mitbringen.

Neutralisierung von Störvariablen: Mit Neutralisierung ist gemeint, dass man dafür sorgt, dass eine Störvariable nicht zu einer Konfundierung führt. Stellen wir uns vor, wir führen unser Experiment zur Wirkung von Komödien auf die Stimmung von Personen an zwei unterschiedlichen Tagen im Labor durch und es gibt an einem Tag strahlenden Sonnenschein, am zweiten Tag aber Regenschauer. Wir sollten dann nicht am ersten Tag ausschließlich die Experimentalgruppe und am zweiten, verregneten Tag ausschließlich die Kontrollgruppe testen, sonst wäre unsere unabhängige Variable mit dem Faktor „gutes/schlechtes Wetter" konfundiert, was sich ebenfalls auf die Laune auswirken kann. Wenn Versuchspersonen aus beiden Gruppen am Regentag oder am sonnigen Tag am Experiment teilnehmen, dann sollte das Wetter die Antworten in beiden Gruppen gleichermaßen beeinflussen, es würde sich also um zufällige Fehler handeln. Eine Strategie, um systematische Fehler zu vermeiden, sind entsprechend Einzelversuche; wenn Sie die jeweiligen Gruppen gleichzeitig testen (also allen Versuchspersonen der Experimentalgruppe zusammen die Komödie zeigen), erhöhen Sie die Gefahr von Konfundierungen.

Bei Störmerkmalen der Versuchspersonen verringert eine zufällige Zuteilung zu den unterschiedlichen Experimentalgruppen die Wahrscheinlichkeit von Konfundierungen (vgl. Abschn. 6.2.1). Würde man die Versuchspersonen selbst entscheiden lassen, ob sie die Komödie oder den Kontrollfilm sehen möchten, würden womöglich alle mit schlechter Laune die Komödiengruppe wählen, um sich aufzuheitern. Eine zufällige Zuteilung führt nicht dazu, dass eine Störvariable verschwindet, sondern in der Regel dazu, dass es sich später nicht um einen systematischen Fehler handelt (sondern nur noch um einen zufälligen).

Einbezug von Störvariablen ins Experiment: Weiß man um den potenziellen Einfluss von Störvariablen, so können diese auch ins Experiment integriert werden. Man spricht dann von Drittvariablen (vgl. Abschn. 8.1.2). Der Einbezug solcher Drittvariablen richtet sich danach, ob sie mit dem Treatment interagieren (Moderatoren) oder unabhängig davon die abhängige Variable beeinflussen (Kovariaten). Moderatoren können als zusätzlicher, (quasi-)experimenteller Faktor mit ins Experiment aufgenommen werden, Kovariaten kann man durch ihre Messung später statistisch kontrollieren (vgl. Abschn. 9.6).

Letztlich gibt es kein Patentrezept, wie man mit Störvariablen umgehen sollte, da dies stark von der spezifischen Fragestellung abhängt. Man muss dabei Abwägen zwischen der maximalen Kontrolle von Störvariablen, die zu einer hohen internen Validität führt, und der Generalisierbarkeit der Befunde bzw. der realitätsnahen Umsetzung des Experiments (externe Validität). Der aktive Einbezug von Störvariablen erhöht die externe Validität, ist aber auch mit mehr Aufwand verbunden, während die Elimination von Störvariablen die interne Validität stärkt.

> **Auf den Punkt: Störvariablen und Fehler**
> - Als Fehler werden Unterschiede in der abhängigen Variable bezeichnet, die nicht auf die experimentelle Manipulation zurückzuführen sind.
> - Fehler werden von Störvariablen verursacht; dabei handelt es sich um Variablen, die zusätzlich zur Manipulation die abhängige Variable beeinflussen.
> - Zufällige Fehler treten meist unkontrolliert auf, folgen keinem spezifischen Muster und beeinflussen die Genauigkeit der Ergebnisse.
> - Systematische Fehler verursachen Abweichungen in der abhängigen Variable, die einem bestimmten Prinzip folgen, also die Werte in eine bestimmte Richtung verzerren.
> - Eine Konfundierung beschreibt einen Spezialfall systematischer Fehler, der vorliegt, wenn eine Störvariable nur in einzelnen Experimentalbedingungen auftritt und die Wirkung der abhängigen Variable nicht mehr eindeutig auf die Manipulation zurückgeführt werden kann. Für auftretende Effekte können dann sowohl die unabhängige Variable als auch die Störvariable verantwortlich sein.

6.2 Aufteilung und Testung der Versuchspersonen

Wie wir eben beschrieben haben, sind Störvariablen für das Experiment besonders dann problematisch, wenn sie zu systematischen Fehlern führen. Im Folgenden zeigen wir einen wichtigen Mechanismus, wie sich solche systematischen Fehler vermeiden lassen. Stellen Sie sich vor, eine Gruppe von Forscherinnen untersucht in einem Experiment die Effekte einer Plakatkampagne gegen übermäßigen Alkoholkonsum auf die Einstellungen zum Trinkverhalten. Die Forscherinnen laden 200 Personen ein, an einem Samstag zwischen sieben Uhr und 18 Uhr in das Labor zu kommen. Dort sehen sie entweder einen Kontrollstimulus oder Plakate aus jener Kampagne gegen Alkoholmissbrauch und sollen danach einen Fragebogen ausfüllen, der ihre Einstellungen zum Trinkverhalten erfasst. Bis zehn Uhr vormittags kommen 100 Personen und diese werden alle der Experimentalgruppe zugeteilt, sie bekommen also die Plakate gegen übermäßigen Alkoholkonsum zu sehen. Die nächsten 100 Personen, die sich am Experiment beteiligen möchten, kommen zwischen zehn Uhr und 18 Uhr und ihnen wird der Kontrollstimulus vorgelegt. Nun zeigen die Befunde, dass jene Personen, die die Plakate gesehen haben, tatsächlich im Mittel eine negativere Einstellung gegenüber Alkoholkonsum haben. Kann man nun schlussfolgern, dass die Plakate einen entsprechenden Effekt ausgeübt haben?

Dies ist nicht möglich, denn die Forscherinnen haben bei dem eben beschriebenen Vorgehen einen entscheidenden Fehler gemacht: Die Versuchspersonen wurden *nicht zufällig auf die Experimentalgruppen verteilt*. Anders gesagt: Nicht jede Person hatte die gleiche Chance, in die Experimental- oder die Kontrollgruppe zu kommen. Die Zuteilung hing nämlich davon ab, zu welcher Uhrzeit die Teilnehmerin bzw. der Teilnehmer im

Labor auftauchte: Die „Frühaufsteher" wurden der Experimentalgruppe zugeteilt und sahen den Stimulus, alle „Spätaufsteher" wurden der Kontrollgruppe zugeteilt. Frühaufsteher könnten sich aber in vielen Merkmalen von Spätaufstehern unterscheiden: Sie könnten zum Beispiel im Schnitt älter oder organisierter sein, während Spätaufsteher abends gerne weggehen, feiern und mehr Alkohol trinken und daher per se eine positivere Einstellung gegenüber Alkohol haben. Bei diesem Vorgehen wäre später nicht klar, ob die Plakate tatsächlich einen entsprechenden Effekt ausgeübt haben oder ob sich die Gruppen von Beginn an unterschieden haben – es kommt zur Konfundierung.

Um solche systematische Fehler zu vermeiden, ist es notwendig, die verschiedenen Gruppen eines Experiments hinsichtlich aller wesentlichen Merkmale so gleich wie möglich zusammenzusetzen. Dafür gibt es prinzipiell zwei verschiedene Vorgehensweisen: Einerseits die Randomisierung, also die zufällige Aufteilung der Probanden auf die Gruppen, andererseits das Parallelisieren (auch Matching genannt), bei dem Versuchspersonen bewusst hinsichtlich bestimmter Merkmale auf Gruppen verteilt werden. Wir werden beide Vorgehensweisen nachfolgend erklären.

6.2.1 Randomisieren

Randomisieren bedeutet, eine vom Zufall bestimmte Auswahl zu treffen, also beispielsweise das Los über eine Verteilung entscheiden zu lassen. Bei experimentellen Studien beschreibt die Randomisierung *ein Verfahren, bei dem Versuchspersonen mittels Zufallsmechanismus auf die verschiedenen Gruppen verteilt werden* (im Englischen wird dieses Vorgehen *random assignment* genannt). Wichtig ist dabei, tatsächlich einen unabhängigen Zufallsmechanismus entscheiden zu lassen, also Lose zu ziehen, eine Münze zu werfen oder Zufallszahlen am Rechner zu generieren. Durch dieses Vorgehen sollen Störvariablen der Versuchspersonen gleichmäßig auf die verschiedenen Gruppen verteilt werden. Ziel ist es, strukturgleiche (bzw. äquivalente) Gruppen zu schaffen, um systematischen Verzerrungen zu verhindern und Alternativerklärungen auszuschließen.

Randomisieren bietet den Vorteil, dass sich gleichermaßen bekannte und unbekannte Störvariablen mit hoher Wahrscheinlichkeit ähnlich über die Experimentalbedingungen verteilen. Natürlich kann es aber auch trotz zufälliger Zuteilung passieren, dass ungleiche Gruppen entstehen, und diese Gefahr ist umso größer, je kleiner die Versuchsgruppen sind. Weil wir um diese Gefahr wissen, versuchen wir bei Experimenten zu prüfen, ob die Randomisierung zu einer Gleichverteilung bekannter (also gemessener) Variablen geführt hat, zum Beispiel soziodemografischer Merkmale wie Alter oder Geschlecht, aber auch anderer relevanter Drittvariablen (zum Beispiel Voreinstellungen zum Thema). Solche Tests finden sich häufig unter dem Begriff *Randomisierungschecks* in Experimentalstudien. Dies wird allerdings in der Literatur sehr kritisch gesehen (vgl. z. B. Mutz und Pemantle 2011) – zum einen, weil sich eben auch bei zufälliger Zuteilung der Versuchspersonen zu den Experimentalbedingungen Personenmerkmale nicht gleichmäßig verteilt sein können (ohne dass dies ein Indiz für eine fehlerhafte Randomisierung wäre), zum anderen, weil hier in der Regel das falsche Verfahren bei der Prüfung auf Äquivalenz angewendet wird (nämlich Nullhypothesentests).

Wir haben in Abschn. 4.4 bereits Quasi-Experimente angesprochen und gesehen, dass es bei diesen oft keine zufällige Verteilung der Versuchspersonen auf die verschiedenen Gruppen gibt. In solchen Studien vergleichen Forscher natürliche Gruppen: Wenn es z. B. in einer Gemeinde einen Zeitungsstreik gibt und in der Nachbargemeinde nicht, könnte man dieses Setting für ein Quasi-Experiment nutzen und die Informiertheit der Bürgerinnen und Bürger beider Gemeinden vergleichen. Hier erfolgt keine Randomisierung, man siedelt die Bewohner ja vor dem Experiment nicht nach dem Zufallsprinzip um. Daher könnte es sein, dass sich bestimmte Personen- und Kontextvariablen zwischen den Gemeinden grundlegend unterscheiden. Insofern ist bei Quasi-Experimenten immer unklar, ob Störvariablen tatsächlich gleichmäßig verteilt sind und kausale Schlussfolgerungen sind mit erhöhter Vorsicht zu interpretieren.

6.2.2 Parallelisieren (Matching)

Die rein zufallsgesteuerte Verteilung der Versuchspersonen auf die Experimental- und Kontrollgruppen ist jedoch nicht das einzige mögliche Vorgehen, um systematischen Verzerrungen entgegenzuwirken. Unter Umständen kann sogar eine bewusste Verteilung der Teilnehmerinnen und Teilnehmer auf die Experimentalbedingungen angeraten sein. Diesen Ansatz verfolgt das Parallelisieren: Hier soll eine *bewusste Aufteilung der Versuchspersonen nach für das Experiment relevanten Merkmalen* zu einer Gleichverteilung entsprechender Merkmale führen. Dazu müssen diese Merkmale bekannt sein und identifiziert werden. Hätte man beispielsweise die Vermutung, dass das Geschlecht als (einziges) entscheidendes Personenmerkmal Einfluss auf das Unterhaltungserleben bei einer Liebeskomödie im Vergleich zu einem Actionfilm nimmt, könnten die Forscher bei der Aufteilung der Stichprobe gezielt darauf achten, dass Männer und Frauen in beiden Gruppen (Komödie vs. Actionfilm) gleich häufig vertreten sind.

Bei kategorialen Variablen ist das relativ einfach zu bewerkstelligen. Will man aber beispielsweise das Aggressionspotenzial aller Versuchspersonen parallelisieren, so ist das schon komplizierter. Dies müsste zunächst vorab gemessen werden; im Anschluss ordnet man dann die Versuchspersonen entlang der Ausprägung dieser Variable. Nun hängt es davon ab, wie viele Versuchsgruppen man hat: Gibt es beispielsweise nur zwei Gruppen, dann bildet man Paare zwischen den jeweils benachbarten Werten (z. B. bildet jene Versuchsperson mit dem höchsten Aggressionspotenzial ein Paar mit der Versuchsperson mit dem zweithöchsten usw.) und lost jeweils einen in Gruppe A und den anderen in Gruppe B. Hat man drei, vier oder mehr Gruppen, erfolgt die Aufteilung nicht entlang von Paaren, sondern eben von Dreier- oder Vierer-Konstellationen usw. Die Beispiele verdeutlichen, warum dieses Vorgehen „Parallelisieren" heißt: Man schafft zwei (oder mehr) parallele, also sich möglichst gleichende Gruppen. Der englische Terminus des *matching* bzw. *matched samplings* bringt diesen Gedanken ebenso zum Ausdruck: ein Anpassen der Gruppen aneinander.

Das Parallelisieren birgt zwei Nachteile: Es ist erstens sehr aufwendig und zweitens störanfällig. Der große Aufwand entsteht, weil sich Forscher im Vorfeld intensiv Gedanken über die relevanten Störvariablen machen, diese vorab valide messen und einen passenden Plan zur Aufteilung erstellen müssen. Gerade wenn es mehrere zu berücksichtigende Störvariablen gibt, kann das Matching sehr aufwendig werden. Das Verfahren ist zudem recht störanfällig, denn es müssen *alle* entsprechenden Störvariablen vorab identifiziert und gemessen werden; dabei bleibt immer das Risiko, dass man eine entscheidende Variable übersehen hat.

Parallelisieren ist also kompliziert und störanfällig, weshalb es nicht überrascht, dass es relativ selten angewandt wird. Warum gibt es dieses Vorgehen überhaupt, wenn doch ein simples Randomisieren in der Regel alle diese Probleme löst? Die Antwort hängt mit den Gruppengrößen in Experimenten zusammen: Je kleiner eine Stichprobe ist, desto größer ist die Wahrscheinlichkeit, dass die zufällige Verteilung auf die Gruppen fehlerbehaftet ist, also relevante Merkmale nicht gleich verteilt sind. Und manchmal stehen einfach nur wenige Versuchspersonen zur Verfügung. Dies kann dadurch bedingt sein, dass ein Experiment z. B. innerhalb einer Organisation mit nur zehn Mitarbeitern durchgeführt wird, oder eine sehr aufwendige Versuchsanlage erlaubt nur eine geringe Anzahl an Probanden. Weber, Ritterfeld und Mathiak (2006) untersuchten beispielsweise die Aktivität bestimmter Hirnareale bei gewalthaltigen Computerspielen mittels Magnetresonanztomografie, was nicht nur enorm aufwendig, sondern auch sehr teuer ist. Entsprechend konnte nur eine kleine Stichprobe von 13 Versuchspersonen rekrutiert werden. Als Daumenregel gilt, dass die Gefahr einer ungleichen Verteilung durch Randomisierung ab Gruppengrößen von 20 Personen gering ist. Hat man aber Gruppengrößen deutlich unter 20 Personen und weiß um die entscheidende Wirkung einer Störvariable, dann ist ein Parallelisieren nicht nur angeraten, sondern notwendig.

6.2.3 Einzel- vs. Gruppenversuche

Hat man sich für ein Zuteilungsverfahren der Versuchspersonen zu den einzelnen Experimentalbedingungen entschieden, stellt sich in einem zweiten Schritt die Frage, ob die Teilnehmerinnen und Teilnehmer den Versuch einzeln oder in einer Gruppe von mehreren Personen durchlaufen. Wie der Name schon sagt, bedeuten *Gruppenversuche,* dass mehrere Personen zusammen getestet werden, also gemeinsam und gleichzeitig den Versuch durchlaufen. Das können zwei Personen sein (dann spricht man auch von einem Paarversuch), aber auch alle Versuchspersonen, die einer Experimentalbedingung zugeordnet wurden. Bei *Einzelversuchen* durchläuft hingegen jede Versuchsperson alleine das Prozedere. Gruppenversuche sind – zumindest bei Laborexperimenten – deutlich forschungsökonomischer: Wenn wir einer Experimentalgruppe einen zweistündigen

Film zeigen, dann dauert ein Gruppenversuch mit 20 Personen etwas mehr als zwei Stunden (der eigentliche Film plus Begrüßung, Instruktion, Messung der abhängigen Variable, Debriefing, Verabschiedung, usw.). Bei Einzelversuchen müsste man das zwanzigfache an Zeit aufwenden. Gruppenversuche haben außerdem den Vorteil, dass hier – eher als im Einzelversuch – das Experiment für mehrere Versuchspersonen gleich abläuft: Ist der Versuchsleiter schlecht gelaunt, ist das bei allen Versuchspersonen der zusammen getesteten Gruppe der Fall; gibt es eine Bildstörung, tritt diese bei allen auf usw. Leider ist genau das gleichzeitig der entscheidende Nachteil von Gruppenversuchen, vor allem, wenn eine komplette Versuchsgruppe zusammen getestet wird: Denn dann laufen die Bedingungen zwar für *eine* Versuchsgruppe gleich ab, wir haben im Experiment aber mehrere Versuchsgruppen, die wir später vergleichen wollen. Kommt es also in einer Experimentalgruppe zu einer Bildstörung und in der anderen nicht, liegt eine Konfundierung vor. Gruppenversuche erhöhen damit die Gefahr für systematische Fehler. Hier hat das Online-Experiment seine Stärken: Da die Versuchspersonen zu Hause bzw. an einem Ort ihrer Wahl am Experiment teilnehmen, handelt es sich in der Regel um Einzelversuche, sodass etwaige Verzerrungen (z. B. durch Störungen während der Rezeptionssituation) zufällige Fehler darstellen. Da die Versuchssituation nicht überwacht werden muss (bzw. kann) und theoretisch alle Versuche zeitgleich stattfinden können, ist der (zeitliche) Aufwand gering und man erhält die Daten ähnlich schnell wie bei einem Gruppenversuch.

Einzelversuche sind aber auch dann notwendig, wenn man befürchten muss, dass die Anwesenheit anderer Versuchspersonen das Verhalten der Teilnehmerinnen und Teilnehmer verzerren könnte, oder wenn es technisch erforderlich ist, weil zum Beispiel physiologische Messungen nur bei je einer Person vorgenommen werden können.

> **Auf den Punkt: Aufteilung und Testung der Versuchspersonen**
> - Um systematische Verzerrungen durch Merkmale der Versuchspersonen zu verhindern, müssen diese mittels Randomisierung oder Parallelisierung auf die Gruppen verteilt werden. Ziel ist es, strukturgleiche (bzw. äquivalente) Gruppen zu schaffen, die sich nicht hinsichtlich relevanter Merkmale unterscheiden.
> - Randomisierung beschreibt ein Verfahren, bei dem Versuchspersonen mittels eines Zufallsmechanismus den jeweiligen Gruppen zugeteilt werden.
> - Beim Parallelisieren ordnet man die Versuchspersonen bewusst bestimmten Gruppen zu, sodass (für das jeweilige Experiment) relevante Variablen über die Gruppen hinweg gleich verteilt sind. Das Verfahren ist aufwendig und störanfällig, jedoch bei sehr kleinen Stichproben oftmals notwendig.
> - Experimente können in Gruppen- oder Einzelversuchen durchgeführt werden. Einzelversuche sind aufwendiger, bergen aber ein geringeres Risiko für systematische Fehler.

6.3 Versuchssituation

Eine zentrale Rolle beim Experiment spielt die Versuchssituation. Damit ist zunächst die räumliche Situation gemeint, also die Umgebung bzw. der Raum, in dem das Experiment stattfindet; dazu zählen aber auch Dinge wie die soziale Situation (sind andere Personen anwesend?), die Tageszeit, die Dauer des Versuchs und ähnliches. Die Versuchssituation bezeichnet also vereinfacht gesagt die Lage, in die wir eine Versuchsperson während eines Versuchs bringen.

Mit der Rolle der Umgebung haben wir uns bereits im Abschn. 4.2 zu Labor- und Feldexperimenten beschäftigt. Aus Sicht der internen Validität spricht viel für Laborexperimente und damit für eine kontrollierte Untersuchungssituation. Damit kann man zunächst sicherstellen, dass alle Versuche in der gleichen Umgebung stattfinden, jede Versuchsperson also zum Beispiel einen Film in demselben Raum, auf derselben Couch, bei demselben Licht anschaut. Im Labor kann man außerdem weitestgehend kontrollieren, dass das Experiment für jede Versuchsperson gleich abläuft, sie den Stimulus-Film vollständig ansieht, nicht abgelenkt wird usw. Natürlich kann auch hier nicht garantiert werden, dass alle Teilnehmerinnen und Teilnehmer eine Manipulation auf die gleiche Weise verarbeiten, z. B. einen Medienstimulus mit der gleichen Aufmerksamkeit rezipieren – man kann aber zumindest sicherstellen, dass er überhaupt rezipiert wird. Das ist der entscheidende Vorteil gegenüber Online-Experimenten, bei denen man die Versuchssituation überhaupt nicht unter Kontrolle hat und auch wenig über sie weiß (diesen Nachteil haben wir bereits in Abschn. 4.3 ausführlich dargelegt).

Das Feldexperiment findet in der natürlichen Umgebung der Versuchspersonen statt, wodurch es meist eine hohe externe Validität aufweist. Auch hier kommt es aber natürlich auf die Umsetzung an: Ein Feldexperiment ist nicht automatisch hoch extern valide (und intern invalide), genauso wenig wie sich ein Laborexperiment automatisch durch perfekte interne Validität und mangelnde externe Validität auszeichnet. Verdeutlichen lässt sich das an einem Beispiel: Stellen Sie sich vor, wir wollen untersuchen, ob Personen in Wartezimmer eher zu Qualitätsmedien (und weniger zu Boulevardmedien) greifen, wenn andere Personen anwesend sind. Dieses Experiment könnte man als Feldexperiment in einer Arztpraxis ohne Kenntnis der Versuchspersonen durchführen, damit man ihr natürliches Verhalten beobachten kann – so weit, so extern valide. Man könnte aber auch diese Experimentalsituation im Rahmen der Möglichkeiten intern valide gestalten, indem man immer die gleiche Musik spielt, immer dieselben anderen Patienten nimmt (indem man mit Statisten arbeitet), die Wartezeit immer gleich lange hält usw. Gleichzeitig könnte man auch im Labor die Probanden unter einem Vorwand bitten, zusammen mit anderen in einem Wartezimmer (z. B. auf den zweiten Teil des Experiments) zu warten und sie dort beobachten.

Wie beide Szenarien verdeutlichen, ist es der externen Validität meist zuträglich, wenn die Probanden nicht wissen, dass sie sich gerade in einer Versuchssituation befinden. Sobald eine Person weiß, dass sie an einem Experiment teilnimmt, kann sich ihr Verhalten – bewusst oder unbewusst – verändern. Oft geschieht das, weil sich

6.3 Versuchssituation

Versuchspersonen Gedanken über den Zweck des Experiments machen und versuchen, sich entsprechend „richtig" (oder auch absichtlich falsch) zu verhalten (sog. „Hypothesenraten", vgl. Abschn. 7.5). Eine Versuchssituation ist also immer *reaktiv*. Damit verknüpft ist das Problem von *forced exposure*. Damit ist natürlich nicht gemeint, dass wir Personen zwingen, an unserem Experiment teilzunehmen; es bedeutet, dass sie im Rahmen des Experiments nicht die Wahl haben, was sie zu sehen bzw. zu tun bekommen. Forced exposure bezeichnet demnach die Tatsache, dass wir Versuchspersonen in eine (Rezeptions-)Situation bringen, der sie sich unter Umständen freiwillig nicht aussetzen würden, also z. B. durch das Ansehen eines Horrorfilms, das Lesen einer bestimmten Zeitung oder das Betrachten von Schockbildern auf Zigarettenschachteln. Ein eindrückliches Beispiel dafür ist die Forschung zu personalisierter Online-Werbung: Hier wird den Probanden zum Beispiel auf sie zugeschnittene Bannerwerbung auf einer Website gezeigt und die davon ausgehenden Effekte gemessen. Gleichzeitig weiß man, dass der Großteil der Internetnutzer in Deutschland Ad-Blocker benutzt und somit im Alltag gar nicht mit solchen Werbeformaten in Berührung kommt. Oder nehmen wir zum Beispiel die Wirkung von Horrorfilmen auf die Ängstlichkeit: Was bringt es uns zu wissen, dass Personen nach der Rezeption eines Horrorfilms ängstlich sind und sich nicht mehr nachts auf die Straße trauen, wenn sich solche Personen in der Realität niemals einen Horrorfilm ansehen würden?

Forced exposure stellt also eine zentrale Einschränkung externer Validität dar, gleichzeitig lässt sich dies in der Experimentalforschung kaum umgehen. Wenn wir den Versuchspersonen gestatten, sich ihre natürliche Situation (Horrorfilm vs. Romantikkomödie vs. gar kein Film) auszusuchen, verletzen wir die Randomisierungsvoraussetzung und können keinen Kausalnachweis mehr erbringen (vgl. Abschn. 6.2.1). Könnte man dann nicht einfach nur Rezipienten von Horrorfilmen als Versuchspersonen verpflichten? Auch das würde die Validität der Befunde einschränken: Wenn sich dann kein Effekt zeigt, könnte das bedeuten, dass Horrorfilme nicht ängstlich machen – es könnte aber auch bedeuten, dass unsere Versuchspersonen durch die vorherige Rezeption solcher Filme schon ein so hohes Level an Ängstlichkeit erreicht haben, dass kein Effekt auftritt.

Auf den Punkt: Versuchssituation
- Als Versuchssituation wird die Lage bezeichnet, in die wir eine Versuchsperson während des Experiments bringen. Die Versuchssituation beschreibt dabei sowohl die räumliche, zeitliche als auch soziale Situation des Versuchs.
- Eine hohe Kontrollierbarkeit der Versuchssituation, wie sie meist im Labor gegeben ist, wirkt sich positiv auf die interne Validität aus, während eine für den Probanden natürliche Versuchssituation (z. B. zu Hause) meist der externen Validität zuträglich ist.
- Je nach Fragestellung hat man die Möglichkeit, Probanden darüber in Unkenntnis zu lassen, dass sie sich in einer Versuchssituation befinden, was die externe Validität der Befunde zusätzlich erhöhen kann.

> - Im Rahmen der Versuchssituation setzen wir die Probanden einem Treatment aus, das sie in der Regel nicht selbst wählen können – dies bezeichnet man als forced exposure.

6.4 Instruktionen

Den Versuchspersonen muss sowohl im Vorfeld als auch während eines Experiments mitgeteilt werden, um was es geht, welche Aufgaben zu absolvieren sind und was sie genau bei diesen Aufgaben zu tun haben. Diese Mitteilungen bezeichnet man als *Instruktionen*. Sie können ganz simpel sein („Bitte sehen Sie sich das folgende Video an, wir werden Ihnen im Anschluss dazu einige Fragen stellen") oder auch ausführlichere Anleitungen für komplexere Prozeduren beinhalten (beispielsweise beim Einsatz eines impliziten Assoziationstests, bei dem Probanden möglichst schnell mittels Tastendruck Kategorisierungsaufgaben absolvieren müssen, vgl. Abschn. 8.3.3). Weil sich in den Instruktionen oftmals auch die Manipulation der unabhängigen Variable verbirgt (vgl. Abschn. 5.4), hängt von deren Gestaltung teilweise das Gelingen des ganzen Experiments ab. Huber (2013) vergleicht die Instruktionen daher mit einer „Gebrauchsanweisung", wie sie technischen Geräten beigelegt ist – wenn jemand diese Anleitung nicht liest oder nicht versteht, gibt er entweder verzweifelt auf oder nutzt das Gerät nicht der Bestimmung entsprechend. Bezogen auf Experimente bedeutet das, dass jemand, der die Instruktionen nicht versteht oder gar nicht rezipiert, die Studie möglicherweise abbricht oder sich nicht so beteiligt, wie es der Ablauf vorsieht. Beides stellt ein großes Problem dar, weshalb man darauf bedacht sein sollte, dass alle teilnehmenden Personen die Instruktionen vollständig lesen und begreifen.

Instruktionen können den Versuchspersonen vom Versuchsleiter persönlich, schriftlich, per Video- oder Audiobotschaft mitgeteilt werden. Welche dieser Varianten am besten geeignet ist, hängt stark von der jeweiligen Studie ab. Bei Online-Experimenten etwa werden Instruktionen in der Regel schriftlich gegeben, aber auch Anweisungen per Video sind hier denkbar. Auch bei Laborexperimenten können schriftliche bzw. Video-Anweisungen aus Gründen der Standardisierung sinnvoll sein: Bei diesen Formaten erhält jede Versuchsperson exakt dieselbe Instruktion, das heißt Fehler durch unterschiedliches Vortragen der Instruktion durch einen Versuchsleiter können in diesem Teilschritt ausgeschaltet werden. Wenn Instruktionen kompliziert sind und mit Rückfragen zu rechnen ist, sollte der Versuchsleiter aber zumindest persönlich anwesend sein.

Inhaltlich sollten die Instruktionen möglichst präzise und knapp sein: Es ist zwar wichtig, dass den Versuchspersonen alle notwendigen Informationen gegeben werden (wobei auch die wiederholte Darbietung relevanter Hinweise erforderlich sein kann), zugleich sollte aber alles, was irrelevant und überflüssig ist, tunlichst vermieden werden. Die Instruktionen sollen zudem klar und verständlich formuliert sein. Bestenfalls nutzt

6.4 Instruktionen

man eine einfache Sprache und orientiert sich beim Vokabular an den jeweiligen Teilnehmerinnen und Teilnehmern. Das ist ein entscheidender Punkt, denn wenn sich nur Studierende aus einem kommunikationswissenschaftlichen Masterstudiengang an einem Experiment beteiligen, sollte man andere Begriffe nutzen, als wenn man eine Studie mit Schülerinnen und Schülern durchführt. Wissenschaftlerinnen und Wissenschaftler tendieren generell dazu, Fachausdrücke zu verwenden, was zwar in wissenschaftlichen Publikationen sinnvoll ist, allerdings nicht bei der Kommunikation mit Laien. Dies betrifft nicht nur die Wortwahl, sondern auch die Grammatik: Man sollte (anders als in diesem Buch) endlos geschachtelte Sätze vermeiden und keine oder nur wenige Nebensätze einbauen. Neben den inhaltlichen Punkten sind auch formale Kriterien der Instruktion relevant. Bei schriftlichen Instruktionen sollte man darauf achten, dass diese gut lesbar sind: Achten Sie auf Schriftgröße und -farbe, den farblichen Hintergrund, ausreichend viele Absätze, das Hervorheben relevanter Passagen usw. Bei persönlichen sowie Video- und Audiobotschaften sind ein passendes Sprechtempo, ein klarer Ausdruck und ausreichend lange Sprechpausen wichtig.

Um sicherzugehen, dass Instruktionen verstanden werden, kann man zwei Sicherheitsmechanismen implementieren. Man sollte erstens die Anweisungen im Vorfeld mit einer kleineren, aber ähnlich wie in der Hauptstudie zusammen gesetzten Stichprobe testen. Ein solcher Pretest kann z. B. mit fünf bis zehn Personen durchgeführt werden, die danach oder währenddessen Rückmeldungen geben, in welchen Passagen Unklarheiten bestehen, welche Begriffe nicht verstanden werden oder wo formal Verbesserungen vorgenommen werden können. Ein solcher Testdurchlauf vor der eigentlichen Erhebung überprüft also, ob die „Gebrauchsanleitung" geeignet ist. Zweitens sollte man während der eigentlichen Studie sicherstellen, dass die Instruktionen verstanden wurden. Dies kann in einem Laborexperiment über eine simple Nachfrage geschehen, online kann man das z. B. durch das Setzen eines Häkchens („Haben Sie alle Anweisungen verstanden?") kontrollieren.

> **Auf den Punkt: Instruktionen**
> - Als Instruktionen bezeichnet man die Anweisungen, die Versuchspersonen im Rahmen des Experiments erhalten.
> - Instruktionen können mündlich, schriftlich, per Video- oder Audiobotschaft erfolgen.
> - Gerade wenn sich in der Instruktion auch die Manipulation der unabhängigen Variable verbirgt, hängt von deren Gestaltung teilweise das Gelingen des ganzen Experiments ab.
> - Instruktionen sollten möglichst knapp, präzise und verständlich gehalten werden; man sollte einfache Sätze verwenden und Fachausdrücke vermeiden. Die Sprache der Instruktion sollte sich an der Zielgruppe, also den Versuchspersonen, orientieren.

6.5 Versuchsleiter und Versuchsleitereffekte

Versuchsleiter werden die Personen genannt, die ein Experiment durchführen. Sie steuern den Ablauf, instruieren die Versuchspersonen und sind zugleich deren Ansprechpartner. Der Versuchsleiter kann die Person sein, die das Experiment konzipiert hat. Bei Laborexperimenten und damit bei persönlicher Interaktion mit den Versuchspersonen kann es jedoch ratsam sein, dass zwischen Forscher und Versuchsleiter getrennt wird – warum, damit beschäftigen wir uns im nachfolgenden Abschnitt.

Die Interaktion zwischen Versuchsleiter und Versuchspersonen stellt eine soziale Situation dar. Die Versuchsperson nimmt z. B. eine freundliche Begrüßung durch den Versuchsleiter wahr, orientiert sich daran und grüßt ebenfalls freundlich. Sie nimmt dann die offene Atmosphäre gleich zum Anlass, eine Frage zu stellen, was den Versuchsleiter wiederum zum Antworten veranlasst usw. Versuchsleiter stellen deshalb auch eine Störquelle dar: Von ihnen können verschiedene Fehler ausgehen, die die Validität der Befunde einschränken – man spricht hier von *Versuchsleitereffekten*. Denn Versuchsleiter sind auch nur Menschen, das heißt sie bringen ihre persönlichen Eigenschaften, Gedanken, Einschätzungen und Emotionen mit in die experimentelle Situation und verhalten sich ihnen entsprechend. Damit meinen wir natürlich kein absichtliches (wissenschaftliches) Fehlverhalten, sondern vorrangig unbewusste Signale bzw. Verhaltensweisen, auf die Versuchspersonen aber sensibel reagieren können.

Im Folgenden gehen wir zunächst darauf ein, welche Fehler sich aufgrund des Verhaltens von Versuchsleitern ergeben können und wie man diesen entgegenwirken kann. Wie wir sehen werden, handelt es sich dabei sowohl um Probleme der internen als auch der externen Validität. Ganz grundsätzlich schränkt schon die bloße Anwesenheit eines Versuchsleiters die externe Validität ein – im Alltag sagt uns in der Regel ja keiner, was wir zum Beispiel vor, nach oder während der Rezeption von Medieninhalten zu tun haben.

6.5.1 Versuchsleitereffekte

Brosius et al. (2016) teilen Versuchsleitereffekte in drei Kategorien: 1) Effekte physischer oder sozialer Merkmale, 2) Lern- und Gewöhnungseffekte und 3) Erwartungseffekte. Zunächst können also *physische und soziale Merkmale des Versuchsleiters* das Verhalten der Versuchspersonen beeinflussen. Dies betrifft z. B. das Aussehen des Versuchsleiters, seine Kleidung, sein Auftreten, seinen Tonfall, seine Mimik und Gestik. Ist er offen, freundlich, nervös? Sieht er attraktiv aus? Spricht er schnell, mit Dialekt und wie betont er? All diese, auf den ersten Blick scheinbar irrelevanten Nebensächlichkeiten, können das Ergebnis eines Experiments beeinflussen. Es ist daher sehr wichtig, neben den inhaltlichen Aspekten auch sämtliche nonverbalen Merkmale konstant zu halten. Tritt der Versuchsleiter z. B. extrem unsicher auf, ist fahrig, stottert und hat Angstschweiß auf der Stirn, kann sich diese Unsicherheit auf die Versuchspersonen übertragen. Diese sehen

6.5 Versuchsleiter und Versuchsleitereffekte

den später gezeigten Stimulus dann mit anderen Augen, schneiden bei einem Test schlechter ab oder geben an, ängstlicher zu sein, als sie es tatsächlich sind.

Na gut, denken Sie nun vielleicht, solange das bei allen Probanden der Fall ist, bleibt dieser Faktor ja konstant und stört nicht wesentlich. Das stimmt allerdings nicht ganz, denn zum einen kann es die Effektstärke beeinflussen, zum anderen die absoluten Werte – wir schätzen die Personen also ängstlicher ein, als sie in Wirklichkeit sind (vgl. Abschn. 6.1.2). Zudem könnte es sein, dass eine Eigenschaft des Versuchsleiters mit einer Eigenschaft der Versuchspersonen interagiert und zu einer Verzerrung führt. Stellen Sie sich vor, Probandinnen und Probanden müssen unter der Aufsicht einer Versuchsleiterin Fragen zu ihrem Pornografiekonsum beantworten. Nun könnte es ja sein, dass die meisten Teilnehmerinnen kein Problem damit haben, einer Versuchsleiterin den wahren Umfang ihrer Pornografienutzung mitzuteilen – bei Männern könnte sich das allerdings anders verhalten. Vielleicht führt die Anwesenheit einer Frau dazu, dass bei den männlichen Probanden soziale Erwünschtheit aktiviert wird: Sie glauben, dass eine Versuchsleiterin einen umfangreichen Pornografiekonsum missbilligen könnte und untertreiben.

Hinzu kommt, dass Eigenschaften des Versuchsleiters mit Ausprägungen des Stimulus interagieren können: Stellen Sie sich vor, jemand führt ein Laborexperiment zum Einfluss stereotyper Darstellungen auf die Beurteilung der dargestellten Gruppe durch. Die Experimentalgruppe sieht eine stereotype Darstellung einer übergewichtigen Person, die Kontrollgruppe eine nicht-stereotype Darstellung. Sollte die Versuchsleiterin nun selbst übergewichtig sein und von ihrem Auftreten und Verhalten her dem dargestellten Stereotyp widersprechen, könnte dies mögliche Effekte der Experimentalbedingung aushebeln. Sie wüssten also später nicht, ob sich stereotype Darstellungen tatsächlich nicht auf die der Bewertung der Gruppe niederschlagen oder die Versuchsleiterin diese Effekte verhindert hat.

Neben diesen sichtbaren Merkmalen des Versuchsleiters können zweitens *Lern- und Gewöhnungseffekte* die Befunde beeinflussen. Wir hatten bereits oben angesprochen, dass ein Versuchsleiter nervös oder angespannt sein könnte, was gerade zu Beginn eines Experiments absolut verständlich ist. Nun kann es sein, dass der Versuchsleiter diese Nervosität nach und nach ablegt und im Laufe des Experiments zunehmend souverän und selbstbewusst auftritt. Solche Veränderungen über die Zeit sind bei Messwiederholungen, aber auch bei Gruppenversuchen problematisch, weil es zu Konfundierungen führt. Denken Sie an das Experiment zur Wirkung von Horrorfilmen auf die Ängstlichkeit: Ist der Versuchsleiter bei der Experimentalgruppe, die als erstes getestet wird und den Horrorfilm sieht, noch unsicher und nervös, bei der Kontrollgruppe dann aber schon routiniert und strahlt Ruhe aus, hat sich eine Konfundierung ins Experiment eingeschlichen. Solche systematischen Verzerrungen lassen sich dadurch vermeiden, dass man Einzelversuche durchführt oder zumindest kleinere Gruppen zusammen testet und die Experimentalbedingungen abwechselt.

Zuletzt können *Erwartungseffekte* die Ergebnisse von Experimenten verzerren. In Bezug auf den Versuchsleiter handelt es sich hierbei um Verzerrungen, die entstehen, weil der Versuchsleiter – bewusst oder unbewusst – den Versuchspersonen bestimmte

Erwartungen vermittelt, die dann zu konformem oder abweichendem Verhalten führen können. Huber (2013, S. 182) spricht deswegen von einem „Versuchsleiter-Erwartungseffekt". Gängiger ist allerdings der Begriff „Rosenthal-Effekt", benannt nach dem Psychologen Robert Rosenthal, der diese Erwartungseffekte als einer der ersten systematisch untersuchte. In einem wegweisenden Experiment zeigten Rosenthal und Fode (1963), wie Versuchsleiter unbewusst die Ergebnisse einer Studie beeinflussen können. Die Grundidee der Untersuchung war so einfach: Die Forscher gaben zwölf Studierenden jeweils fünf Albino-Ratten zur Betreuung und jeder sollte seinen fünf Ratten beibringen, einem farblich markierten Weg durch ein Labyrinth zu folgen. Die studentischen Versuchsleiter glaubten, sie sollen schlicht den Umgang mit den Tieren erlernen. Jeder hatte fünf Tage Zeit und durfte genau zehn Mal pro Tag mit den Ratten üben. Diese entstammten alle der gleichen Zucht und wurden den zwölf Studierenden zufällig zugeteilt. Die Versuchsleiter wurden aber ohne ihr Wissen unterschiedlich instruiert: Sechs von ihnen wurde mitgeteilt, dass sie für diese Aufgabe besonders clevere Ratten hätten, die sehr schnell den Weg durch das Labyrinth erlernen würden. Den anderen sechs Studierenden sagten die Forscher, dass sie besonders dumme Ratten hätten, die nur in sehr geringem Umfang dazu lernen könnten. Als abhängige Variable erfassten die Forscher den Lernerfolg der Tiere über die fünf Tage hinweg, also wie oft die Ratten auf Anhieb den richtigen Weg nahmen und wie viele Sekunden sie dafür brauchten. Die Ergebnisse waren eindeutig: Die Ratten jener Studierenden, die glaubten, besonders clevere Ratten zu trainieren, erzielten viel schnellere und deutlichere Erfolge als die der vermeintlich „dummen" Ratten. Da sich der Trainingsumfang, die äußeren Bedingungen und die Ratten selbst nicht unterschieden, konnten die Effekte nur auf die Erwartung der Versuchsleiter zurückzuführen sein, die sich auf die Art des Trainings und den Umgang mit den Tieren auswirkte. Und tatsächlich zeigte sich in einer im Anschluss an das Experiment durchgeführten Befragung, dass jene Studierenden mit den vermeintlich intelligenten Tieren diese weitaus positiver einschätzten und ihren Umgang mit den Ratten als liebevoller beschrieben. Sie waren geduldiger, aufmerksamer und gaben sich mehr Mühe mit jedem einzelnen Tier. Die Erwartung der studentischen Versuchsleiter hatte also die Leistung der Ratten beeinflusst.

Dass sich solche Erwartungseffekte auch auf menschliche Versuchspersonen auswirken können, zeigten Rosenthal und Jacobson (1966) in einem weiteren Experiment. In 18 verschiedenen Schulklassen und über sechs Jahrgänge hinweg führten die Forscher Intelligenztests durch. Sie erklärten den Lehrern aber, dass dies spezielle Tests seien, die voraussagen, welche der Schüler bald mit ihren schulischen Leistungen aufblühen und einen Intelligenzschub erleben würden. Anschließend wählten die Forscher in jeder Klasse zufällig 20 % der Schüler aus und erklärten den jeweiligen Lehrern, dass dies diejenigen wären, bei denen die größten Intelligenzzuwächse im laufenden Jahr zu erwarten wären. Acht Monate nach dieser Manipulation erfassten die Forscher erneut den IQ der Schüler, wobei sich zeigte, dass jene 20 % der Schüler, die sie vorher als intellektuell aufblühend deklariert hatten, größere Zuwächse im IQ verzeichneten.[1] Auch hier beeinflusste die Einteilung der Schüler die Erwartungen der Lehrer, was sich wiederum im Umgang mit den Schülern niederschlug. Dieser Effekt, dass hohe Erwartungen auch zu einem Anstieg der Leistung führen, wird auch Pygmalion-Effekt genannt: In der griechischen Mythologie schuf der Bildhauer Pygmalion eine lebensechte Frauenfigur aus Elfenbein, in die er sich verliebte und die auf sein Flehen hin lebendig wurde.

Die beiden vorgestellten Experimente demonstrieren, wie Erwartungen die Kognitionen und das Verhalten von Menschen und Tieren unbewusst beeinflussen können. Und so bekommt man eine Vorstellung davon, wie Erwartungen von Versuchsleitern die Probanden in einer experimentellen Situation steuern können. Dabei handelt es sich, wie bereits angesprochen, um unbewusste Effekte – es ist also nicht so, dass der Versuchsleiter die Ergebnisse des Experiments bewusst fälschen will. Falls Sie also den Versuchspersonen im Experiment sagen, was sie ankreuzen sollen, ist das streng genommen kein Versuchsleitereffekt, sondern Betrug.

6.5.2 Elimination von Versuchsleitereffekten

Die oben angeführten Beispielsstudien zeigen, wie ernst man Versuchsleitereffekte nehmen muss. Wenn Versuchsleiter in Experimentalsituationen unbewusst zur Bestätigung ihrer Hypothesen beitragen, sind die Befunde verzerrt und wertlos. Daher müssen Forscherinnen und Forscher Maßnahmen treffen, um Versuchsleitereffekte so gering wie möglich zu halten oder gänzlich zu eliminieren. Wir stellen nachfolgend verschiedene Möglichkeiten vor, um dies zu gewährleisten. Teilweise können diese Verfahren auch kombiniert werden.

Eine erste Möglichkeit, solchen Effekten entgegenzuwirken, ist das *Entfernen des Versuchsleiters*. Wenn kein Versuchsleiter auftritt, können weder dessen Aussehen noch sein Verhalten gegenüber den Versuchspersonen das Experiment beeinflussen. Bei online durchgeführten Experimenten ist das meist ohnehin der Fall: Wenn keine Bilder, Videos oder Audiodateien des Versuchsleiters präsentiert werden und nur mit schriftlichen Instruktionen gearbeitet wird (wie es bei fast allen Online-Experimenten der Fall ist), sind keine Versuchsleitereffekte zu erwarten. Aber auch Laborexperimente setzen immer häufiger darauf, Versuchsleitereffekte zu reduzieren, indem sie einen Großteil der Instruktionen schriftlich vorlegen.

Zweitens kann man versuchen, das Aussehen, Auftreten und Verhalten des Versuchsleiters selbst maximal zu *standardisieren*. Denn wenn der Ablauf immer exakt der gleiche ist, verringern sich Lern-, Gewöhnungs- und Erwartungseffekte. Dies kann über

---

[1] Der Effekt zeigt sich zwar auch im Aggregat, bei einer Aufschlüsselung der Daten entlang der Klassen findet man jedoch nur bei den Schülern der ersten und zweiten Klasse diese Effekte. Die Studie wurde mehrfach repliziert, wobei nicht alle Wiederholungsstudien diesen Effekt zeigen konnten.

zwei Wege geschehen: Man kann entweder die Instruktionen auf Video aufnehmen und jedem Probanden dieses Video vorführen. Eine zweite Möglichkeit ist eine intensive Schulung der Versuchsleiter. Diese müssen lernen, die Instruktionen immer im gleichen Wortlaut, mit gleichbleibender Mimik, Gestik, Tonlage, Sprechgeschwindigkeit etc. vorzutragen. Wenn es bei der Durchführung eines Experiments eine komplexe Aufgabe zu bewältigen gibt oder ungewöhnliche Instrumente eingesetzt werden (z. B. physiologische oder Real-Time-Response-Messungen), kann es ratsam sein, dass der Versuchsleiter die Probanden in der Aufwärmphase damit vertraut macht; auch hier sollte darauf geachtet werden, dass diese vor-experimentelle Phase standardisiert abläuft.

Drittens können sogenannte *Doppel-Blind-Versuche* Erwartungseffekten entgegenwirken. Während bei einer Einfach-Blind-Studie nur die Versuchspersonen nicht wissen, in welcher Versuchsgruppe sie sich befinden (bzw. das Ziel der Studie nicht kennen) wird bei Doppel-Blind-Versuchen auch der Versuchsleiter nicht mit diesen Informationen betraut. Die Logik ist dabei bestechend einfach: Wenn der Versuchsleiter nicht weiß, zu welchem Zweck die Untersuchung durchgeführt wird bzw. wer Experimental- und Kontrollgruppe ist, können seine Erwartungen die Befunde auch nicht beeinflussen. Natürlich kann es dann passieren, dass der Versuchsleiter im Laufe des Experiments seine eigene Hypothese entwickelt und diese (korrekten oder falschen) Erwartungen unbewusst als Störfaktor mit einbringt. Um dies zu vermeiden, manipulieren manche Forscherinnen und Forscher gezielt die Erwartungen verschiedener Versuchsleiter gemäß der Logik: Wenn man solch unbewusste Effekte schon nicht ausschalten kann, kann man sie gezielt manipulieren und aus den Ergebnissen wieder herausrechnen.

An dieser Stelle sei auch kurz erwähnt, dass im medizinischen Bereich teilweise sog. Dreifach-Blind-Studien durchgeführt werden, bei denen auch diejenigen, die die Auswertung durchführen, nicht über das Ziel der Studie informiert werden. Denn auch bei der Datenauswertung können sich Erwartungseffekte auf die Ergebnisse auswirken.

Auf den Punkt: Versuchsleiter und Versuchsleitereffekte
- Versuchsleiter sind die Personen, die ein Experiment durchführen und währenddessen mit den Versuchspersonen interagieren.
- Versuchsleiter können durch ihr Verhalten, Aussehen und ihre Kommunikation mit den Versuchspersonen die Ergebnisse einer Untersuchung verzerren; diese Verzerrungen bezeichnet man als Versuchsleitereffekte.
- Versuchsleiter können aufgrund von Lern- und Gewöhnungseffekten ihr Verhalten gegenüber Versuchspersonen im Laufe eines Experiments verändern, was eine Konfundierung evozieren kann.
- Versuchsleiter können zudem (unbewusst) bei Versuchspersonen bestimmte Erwartungen wecken, die dann zu konformem oder abweichendem Verhalten führen (sog. Erwartungseffekte oder Rosenthal-Effekt).
- Versuchsleitereffekte können durch Standardisierung, intensive Schulung und Doppel-Blind-Versuche reduziert werden.

6.6 Zwischenfazit und Literaturhinweise

Wir wollen experimentell testen, ob sexualisierte Mediendarstellungen das Blickverhalten bezüglich Frauen beeinflusst und ob es hier Geschlechterunterschiede gibt. Der Experimentalgruppe zeigen wir Musikvideos, in der die jeweilige Sängerin sexualisiert dargestellt wird (leichte Bekleidung, lasziver Tanzstil etc.), einer Kontrollgruppe zeigen wir Videos ohne diese Merkmale (vgl. dazu Karsay et al. 2018). Im Anschluss legen wir den Probanden Bilder von verschiedenen Frauen vor und überprüfen mittels Eye-Tracking, wo die Probanden wie lange hinschauen. Für die Durchführung dieses Experiments müssen wir einige Entscheidungen treffen. Da die Messung mittels Eye-Tracking aufwendig ist und einer ausführlichen Anweisung bedarf, bieten sich Einzelversuche an (möglicherweise geht dies auch nicht anders, da viele Institute nur über ein Eyetracking-Gerät verfügen). Dies verringert die Gefahr von systematischen Fehlern, führt aber gleichzeitig zu einer langen und aufwendigen Feldphase. Ein solches Experiment macht es auch nötig, dass ein Versuchsleiter anwesend ist, der den Probanden den Umgang mit dem Gerät erklärt, die Kalibrierung vornimmt usw. Nun ist es allerdings nicht unwahrscheinlich, dass gerade bei der Thematik unseres Experiments das Geschlecht des Versuchsleiters Einfluss auf die Ergebnisse hat – was also tun? Das Geschlecht des Versuchsleiters konstant zu halten, also zum Beispiel nur Versuchsleiterinnen zu engagieren, wäre eine Möglichkeit; dadurch lässt sich aber nicht ausschließen, dass hier einzelne Merkmale von Versuchspersonen, Treatment und Versuchsleiter miteinander interagieren, sich also zum Beispiel männliche Versuchspersonen in der Experimentalgruppe mit den sexualisierten Videos durch die Anwesenheit einer Versuchsleiterin anders verhalten und absichtlich nur auf die Gesichter der Frauen auf den Bildern schauen. Besser wäre es, das Geschlecht des Versuchsleiters zu variieren bzw. sogar als experimentellen Faktor in die Untersuchung mit einzubeziehen. Entsprechend müsste man dafür sorgen, dass jeweils die Hälfte der Probanden in beiden Versuchsbedingungen von weiblichen und männlichen Versuchsleiter betreut wird. Nehmen wir nun weiter an, für unser Experiment haben sich insgesamt 60 Versuchspersonen (30 Männer, 30 Frauen) gemeldet – wie teilen wir diese nun auf unsere vier Bedingungen auf? Lassen wir den Zufall entscheiden oder sorgen wir mittels Matching-Verfahren dafür, dass in allen Bedingungen gleich viele männliche und weibliche Probanden sind, da dies ja das zentrale Merkmal für unsere Untersuchung ist?

Das Beispiel sollte Ihnen nochmals verschiedene Entscheidungen vor Augen führen, die bei der Durchführung eines Experiments zu berücksichtigen sind. Wie immer gilt auch hier, dass es bei vielen dieser Entscheidungen kein „richtig" oder „falsch" gibt, sondern man Kompromisse zwischen Durchführbarkeit, interner und externer Validität schließen muss. Falls Sie interessiert sind, wie ein Experiment zu diesem Thema tatsächlich aussehen kann, dann empfehlen wir Ihnen die Studie von Karsay et al. (2018), die sich dieser Fragestellung widmet. Wie oben beschrieben setzten sie in der Untersuchung sowohl Versuchsleiterinnen als auch Versuchsleiter ein, um potenzielle Versuchsleitereffekte in der Auswertung statistisch kontrollieren zu können.

Ein aus unserer Sicht oft unterschätztes Problem in Experimenten unserer Disziplin stellt forced exposure dar, also die Tatsache, dass sich Versuchspersonen den Stimuli im Experiment nicht entziehen können (ohne das Experiment abzubrechen) und wir zum Beispiel Medienwirkungen bei Personen untersuchen, die die entsprechenden Medien im Alltag möglicherweise gar nicht nutzen. Auch wenn das Problem bei vielen Fragestellungen schwer aufzulösen ist (Selbstselektion des Inhalts bzw. Beobachtungen natürlicher Rezeption im Feld haben ja höchstens quasi-experimentellen Status), so darf es nicht aus dem Blick geraten – hier sind vor allem aufeinander aufbauende Studien und Methodenkombinationen wichtig, die die externe Validität von Laborbefunden untermauern können. Weiterführende Gedanken zu dem Thema haben sich Germelmann und Gröppl-Klein (2009) gemacht, die in ihrem Aufsatz „Forciert forced-exposure Fehler bei der Datenerhebung?" das Problem speziell im Kontext der Werbewirkungsforschung diskutieren. Bellman und Varan (2012) widmen sich der Problematik in Bezug auf interaktive Medieninhalte und diskutieren die Kombination unterschiedlicher experimenteller Herangehensweisen zur Sicherung von interner und externer Validität.

Auf den Punkt: Literaturhinweise
- Bellman, S., & Varan, D. (2012). Modeling self-selection bias in interactive-communications research. *Communication Methods and Measures, 6,* 163–189.
- Germelmann, C. C., & Gröppel-Klein, A. (2009). Forciert Forced-exposure Fehler bei der Datenerhebung? *Die Betriebswirtschaft, 69,* 229–251.
- Karsay, K., Matthes, J., Platzer, P., & Plinke, M. (2018). Adopting the objectifying gaze: exposure to sexually objectifying music videos and subsequent gazing behavior. *Media Psychology, 21,* 27–49.

Versuchspersonen 7

Für die Durchführung eines sozialwissenschaftlichen Experiments benötigt man Personen, die daran teilnehmen; man bezeichnet sie als Versuchspersonen, Probandinnen bzw. Probanden oder Teilnehmerinnen bzw. Teilnehmer (englisch *participants* oder *subjects*). Hussy und Jain (2002, S. 129) erklären diese zu *Gästen des Versuchsleiters* und das legt nahe, wie man sie empfangen, behandeln und verabschieden sollte: Möglichst freundlich, aufrichtig und hilfsbereit. Versuchspersonen müssen rekrutiert, eingeladen und motiviert werden. Das vorliegende Kapitel gibt einen Überblick über diese verschiedenen Schritte. Zudem geben wir einen Einblick in das Ziehen von Stichproben und hinterfragen, wie groß eigentlich die Gruppen in Experimenten sein sollten. Zuletzt erklären wir, wie Befunde experimenteller Studien durch Versuchspersoneneffekte verzerrt werden können.

7.1 Stichproben, Repräsentativität und Gruppengrößen

Bevor man ein sozialwissenschaftliches Experiment durchführt, wird man zwangsläufig mit der Frage konfrontiert, wer denn an der Studie teilnehmen soll. Einerseits könnte der Forschende z. B. an der gesamten Bevölkerung in Deutschland interessiert sein. Dann dürfte jede deutsche Person, unabhängig von Alter, Geschlecht oder Beruf, an dem Experiment teilnehmen. Andererseits könnte der Forschende auch an einer bestimmten Teilgruppe der Bevölkerung interessiert sein (z. B. Jugendliche, Internetnutzer oder Arbeitslose). Will man beispielsweise erfahren, wie sich das kommende TV-Duell auf die Wahlabsichten auswirkt, sollte man dies anhand der wahlberechtigten deutschen Bevölkerung testen. Man definiert also vor der Rekrutierung von Versuchspersonen eine Menge an Personen, über die man nach dem Experiment eine Aussage treffen möchte. Diese Menge nennt man *Grundgesamtheit* oder Population. Weil es unverhältnismäßig aufwendig, teuer und zeitlich nicht zu realisieren wäre, alle 65 Mio. Wahlberechtigten an dem TV-Duell-Experiment teilnehmen zu lassen (also eine sog. Vollerhebung durchzuführen), hilft sich die Forschung mit einem Kunstgriff: Man wählt nach bestimmten Kriterien aus der Gesamtmenge aller potenziellen Teilnehmerinnen und Teilnehmer (der Grundgesamtheit) eine kleinere Teilmenge von Probanden, die sog. *Stichprobe*, aus. Um von einer Stichprobe Rückschlüsse auf die Grundgesamtheit ziehen zu können, muss sie ein repräsentatives Abbild der Grundgesamtheit darstellen. Die untersuchte Teilmenge (die Stichprobe) sollte in ihren Strukturmerkmalen (z. B. Alter, Geschlecht, Bildung) und ihren Merkmalskombinationen mit der definierten Gesamtmenge übereinstimmen. Ziel ist es dann, mittels einer repräsentativen Stichprobe Schlüsse auf eine Grundgesamtheit zu ziehen. Dies nennt man einen *Inferenzschluss* (vgl. dazu Abschn. 9.3).

7.1.1 Typen von Stichproben

Je nachdem, wie man Versuchspersonen auswählt, unterscheidet man unterschiedliche Typen von Stichproben. Dabei gibt es verschiedene Auswahlverfahren, die teilweise auch komplex miteinander kombiniert werden. Einige dieser Vorgehensweisen sind für Experimente kaum relevant, weshalb wir in diesem Buch nur eine ganz grundlegende Unterscheidung zwischen zufallsgesteuerten und nicht-zufallsgesteuerten Verfahren treffen. Einen umfassenderen Überblick über die verschiedenen Auswahlverfahren bieten zum Beispiel Döring und Bortz (2016). Zudem lohnt sich ein Blick in das Buch „Alle, nicht jeder. Einführung in die Methoden der Demoskopie", das von Elisabeth Noelle-Neumann und Thomas Petersen (2005) verfasst wurde und sehr ausführlich und anschaulich diskutiert, wie man Stichproben zieht.

Eine besonders bei Befragungen weit verbreitete Methode ist es, eine *Zufallsauswahl* vorzunehmen. Hier hat jedes Element der Grundgesamtheit die gleiche Chance, Teil der Stichprobe zu werden. Dabei lassen sich die einfache und die systematische Zufallsauswahl unterscheiden: Ein Beispiel für eine einfache Zufallsauswahl ist ein Lotterieverfahren. Eine systematische Zufallsauswahl wäre es, wenn man bei einer nicht geordneten Liste zum Beispiel jede zehnte Person in die Stichprobe aufnimmt. Was sich zunächst einfach anhört, ist im Rahmen eines (Labor-)Experiments nur sehr schwer zu realisieren. Wären die Bundesbürger die angestrebte Grundgesamtheit, müsste man zunächst einmal sicherstellen, dass jeder Bürger die exakt gleiche Chance hat, in die Stichprobe aufgenommen zu werden, wozu man ein vollständiges Verzeichnis aller Bundesbürger bräuchte. Selbst wenn man ein solches hätte, bräuchte man anschließend auch die Bereitschaft der zufällig ausgewählten Personen, an dem Experiment teilzunehmen. Und für ein Laborexperiment müssten diese aus allen Teilen Deutschlands zu den entsprechenden Laborräumen reisen.

Bei telefonischen Befragungen (in die freilich auch eine experimentelle Manipulation eingebaut werden kann, vgl. Abschn. 8.3.1), wird eine solche Zufallsauswahl durch ein sog. „random digit dialing" in Kombination mit der „Last-Birthday-Methode"

7.1 Stichproben, Repräsentativität und Gruppengrößen

angestrebt. Dabei werden Teile von Telefonnummern (oftmals die letzten beiden Ziffern) zufällig generiert und die Person im erreichten Haushalt befragt, die als letzte Geburtstag hatte. Dies soll dem Effekt entgegenwirken, dass manche Personen in Haushalten das Telefon häufiger abnehmen und damit eine höhere Chance hätten, in die Stichprobe aufgenommen zu werden. Doch auch dieser Mechanismus bildet die Bevölkerung nicht vollständig ab, da z. B. Telefonverweigerer oder Obdachlose nicht Teil der Stichprobe werden können. Letztlich nähern sich also auch diese Verfahren einer echten Zufallsauswahl nur an.

Weil das Ziehen solcher Stichproben sehr komplex ist, kommen häufig mehrstufige zufallsgesteuerte Verfahren zum Einsatz. Man unterscheidet dabei insbesondere eine geschichtete Auswahl und eine Klumpenauswahl. Dabei wird die Grundgesamtheit jeweils in kleinere Teilmengen (Schichten bzw. Klumpen) zerlegt; das können z. B. einzelne Regionen oder bei einer Befragung von Studierenden bestimmte Universitäten sein. Aus diesen Teilmengen wählt man wiederum Einheiten zufällig aus: Bei der geschichteten Auswahl zieht man innerhalb aller Teilmengen nochmals Zufallsstichproben und gewichtet diese später entsprechend ihrer Größe; bei der Klumpenauswahl befragt man die zufällig ausgewählten Einheiten komplett (z. B. jeweils alle Studierenden der ausgewählten Universitäten). In der experimentellen Forschung kommen diese verschiedenen Arten von Zufallsstichproben nur sehr selten zum Einsatz. Das liegt auch daran, dass die telefonische Variante, die sich als einzige mit überschaubarem Aufwand realisieren ließe, extrem eingeschränkt ist, was die Präsentation experimenteller Stimuli angeht: Man kann den Versuchspersonen ja nicht einfach einen Filmausschnitt präsentieren oder einen Zeitungsartikel vorlegen.

Aufgrund der Schwierigkeiten, die mit dem Ziehen von Zufallsstichproben verbunden sind, greifen die meisten Experimentalforscher auf Stichproben *ohne Zufallsauswahl* zurück. Auch hier lassen sich zwei unterschiedliche Verfahren differenzieren: eine bewusste und eine willkürliche Auswahl. Bei der bewussten Auswahl rekrutiert die Forscherin bzw. der Forscher Versuchspersonen entlang eines Auswahlplans. Er kann typische Fälle auswählen, auf Extremfälle zurückgreifen, sich auf den in der Grundgesamtheit dominierenden Typus konzentrieren oder eine Quotierung vornehmen (Möhring und Schlütz 2010). Während die ersten drei Typen bei Experimenten kaum eingesetzt werden, findet eine Quotenauswahl häufiger statt. Dabei werden Versuchspersonen entlang bestimmter Merkmalsverteilungen rekrutiert. Möchte man z. B. die Merkmale Geschlecht, Alter und Bildung in der Stichprobe so verteilt haben, wie es in der Grundgesamtheit der Fall ist, kreiert man durch die gezielte Suche nach Personen, die diese Merkmale aufweisen, ein – zumindest annähernd – gleiches Abbild der jeweiligen Population. Diese Auswahl setzt freilich Vorwissen über die Quotenmerkmale in der Grundgesamtheit voraus. Wenn es darum geht, eine Quoten-Stichprobe der deutschen Bevölkerung zu ziehen, findet man entsprechende Angaben in den Bevölkerungsstatistiken des Statistischen Bundesamts.

Bei der willkürlichen Auswahl nimmt die Forscherin bzw. der Forscher nach Belieben Personen in die Stichprobe auf. Man teilt z. B. den Link zu seinem Experiment über

Social-Media-Plattformen und hofft, dass möglichst viele Leute mitmachen. Oder eine Forscherin geht durch die Mensa und bittet Studierende, an der Studie teilzunehmen. Oftmals bittet auch eine Dozentin oder ein Dozent die Anwesenden in einer Vorlesung, bei einem Experiment mitzumachen. Man greift einfach auf jene Personen zurück, die gerade zur Verfügung stehen, weshalb dieser Stichprobentyp auch *als anfallende bzw. ad-hoc Stichprobe* bezeichnet wird. Im Englischen nutzt man aufgrund der Bequemlichkeit dieses Vorgehens oft den Begriff „convenience samples": Sie sind einfach, schnell und kostengünstig zu rekrutieren (Lang 1996; Leiner 2016). Während eine solche Auswahl auf den ersten Blick unwissenschaftlich erscheint, schlägt die allergrößte Zahl an Experimenten genau diesen Weg ein und arbeitet mit einer solch willkürlichen Auswahl. Inwiefern dieses Vorgehen (un)problematisch ist, diskutieren wir im nächsten Kapitel.

7.1.2 Zum Problem fehlender Repräsentativität in Experimenten

Bevor man eine Stichprobe zieht, muss man also eine Grundgesamtheit definieren. Von der Stichprobe darf man wiederum nicht einfach auf eine andere Grundgesamtheit schließen: Wenn man z. B. Studierende der Kommunikationswissenschaft als Grundgesamtheit definiert und daraus eine gültige Stichprobe zieht, dürfen die Befunde nicht auf die deutsche Bevölkerung übertragen werden. Es passiert aber auch, dass Forscherinnen und Forscher eine bestimmte Grundgesamtheit definieren, daraus *eine Stichprobe ziehen, die aber nicht repräsentativ ist*. Will man beispielsweise analysieren, wie Bilder muskulöser männlicher Models das Selbstwertgefühl von männlichen Jugendlichen in Deutschland beeinflussen, dann wäre die Grundgesamtheit recht klar definiert; doch haben wir in den vorherigen Absätzen gesehen, dass das Ziehen einer solchen repräsentativen Stichprobe (und deren Einladung ins Labor) extrem aufwendig wäre. Ist die Stichprobe aber nicht repräsentativ, darf man auf Basis dieser Daten keine gültigen Rückschlüsse auf die Grundgesamtheit ziehen. Man sagt auch, die Befunde lassen sich nicht generalisieren.

Und dieser Punkt birgt ein Problem: Nur ein Bruchteil der Experimente in der Kommunikationswissenschaft nutzt repräsentative Stichproben. Gerade im Rahmen von Seminar- und Abschlussarbeiten ist es oft nicht möglich, ein Experiment mal eben mit einer bevölkerungsrepräsentativen Stichprobe durchzuführen. Beim Anfertigen der Abschlussarbeit ist man ja froh, wenn sich überhaupt jemand zur Teilnahme bereit erklärt; da darf man nicht allzu wählerisch sein. Daher greift man in diesem Rahmen oft auf eine willkürliche Stichprobe zurück: Das können beispielsweise Freunde, Verwandte, Kommilitoninnen, Passanten oder Freiwillige, die im Internet rekrutiert wurden, sein. Ist das ein Problem? Die Antwort darauf ist, wie so oft in der Wissenschaft, ein „Ja und Nein".

Einerseits ist es recht unproblematisch, auf solche ad-hoc Stichproben im Rahmen experimenteller Forschung zurückzugreifen. Man testet bei Experimenten ja eine sehr spezifische Hypothese und möchte prüfen, ob und wie sich ein prognostizierter Effekt bei einer Experimentalgruppe zeigt. So steht der Vergleich zwischen Experimental- und Kontrollgruppen im Vordergrund und nicht so sehr die Generalisierbarkeit der Befunde auf eine Grundgesamtheit (Mook 1983). Entsprechend argumentieren Befürworter dieser Stichproben, dass es ja nur um den relativen Nachweis eines Effektes gehe, also die Überprüfung, ob dieser überhaupt auftritt. Man könnte z. B. mit einer ad-hoc Stichprobe zeigen, dass Personen einen Politiker eher wählen würden, wenn sie ein buntes Wahlplakat gesehen haben statt eines einfarbigen. Die absolute Höhe des beobachteten Effekts (z. B. ein buntes Wahlplakat verschafft einem Politiker 10 % mehr potenzielle Wähler) darf bei fehlender Repräsentativität allerdings nicht auf die Grundgesamtheit übertragen werden. Zentrales Argument der Befürworter ist also, dass Experimente nur Kausalität nachweisen wollen, was man prinzipiell mit jeder Stichprobe erreichen kann.

Andererseits gibt es auch Stimmen, die den Einsatz solcher ad-hoc Stichproben sehr kritisch beurteilen. Entscheidendes Argument ist, dass sich die Befunde dieser Studien nicht generalisieren lassen und daher in ihrer Aussagekraft deutlich eingeschränkt sind. So sind viele Versuchspersonen kommunikationswissenschaftlicher Experimente Studierende der Kommunikationswissenschaft. Diese Subgruppe unterscheidet sich eben vom Rest der Bevölkerung (deutlich jünger, höher gebildet, Überzahl an Frauen usw.), weshalb bestimmte Effekte hier verzerrt sein könnten (Meltzer et al. 2012). Und selbst wenn Studien nicht mit studentischen Stichproben arbeiten, dann meist mit so genannten „WEIRD people", also Personen mit den Merkmalen „Western, Educated, Industrialized, Rich, and Democratic" (Henrich et al. 2010). Arnett (2008) zeigt, dass 68 % der Probanden in psychologischen Experimenten, die in führenden Fachzeitschriften von 2003 bis 2007 publiziert wurden, aus den USA stammen und sogar 96 % aus westlichen Industrieländern. Diese These und die damit verbundenen Implikationen sind wichtig, weshalb wir den Aufsatz „The weirdest people in the world?" (Henrich et al. 2010) sehr zum Lesen empfehlen. So ist es wichtig zu hinterfragen, was es eigentlich bedeutet, wenn fast alle experimentellen Erkenntnisse der Kommunikationswissenschaft bislang nur anhand einer kleinen, sehr speziellen Subgruppe der Bevölkerung getestet wurden. Sicherlich haben sich so über die Jahrzehnte Verzerrungen eingeschlichen und wir über- oder unterschätzen manche Effekte drastisch.

Doch welche dieser beiden Positionen hat nun Recht? Wie so oft lässt sich das nicht pauschal beantworten, sondern auch hier müssen Forschende für jede Fragestellung *sorgfältig zwischen potenziellen Fehlschlüssen und Forschungspragmatik abwägen.* Wollen wir die Effektivität von unterschiedlichen Wahlplakaten im Bundestagswahlkampf testen, müssen wir uns fragen, ob wir für dieses Experiment nur Studierende verwenden können und welche Folgen das für die Generalisierbarkeit der Befunde hat. Wollen wir hingegen untersuchen, ob lächelnde Models auf Wahlplakaten sympathischer wahrgenommen werden als solche mit ernstem Gesichtsausdruck, stellt sich wiederum die Frage, ob sich hier Studierende vom Rest der Bevölkerung unterscheiden. Dann müsste man als Forschender jedoch plausibel darlegen, warum man eine Hypothese in Bezug auf die gesamtdeutsche Bevölkerung formuliert, diese aber nur an einer sehr speziellen Teilstichprobe testet (vgl. dazu Abschn. 3.3.1).

Letztendlich muss Forschung – das wurde schon mehrfach angesprochen – auch pragmatisch sein. Und ein Teil dieser Pragmatik liegt oft darin, sich Versuchspersonen zu holen, die kostengünstig, leicht zugänglich und schnell verfügbar sind. Die daraus resultierenden Verzerrungen mögen in der experimentellen Forschung nicht ganz so gravierend erscheinen; man sollte sie aber keinesfalls unterschätzen oder als nichtig abtun. Es ist wichtig, das Bewusstsein dafür zu schärfen, dass sich einige experimentelle Befunde nicht zwangsläufig generalisieren lassen. Anders gesagt: Ergebnisse von Experimenten, die auf einem „convenience sample" basieren, sind zwar nicht zwangsläufig unzuverlässig, jedoch sollten die Befunde entsprechend eingeordnet werden.

7.1.3 Stichprobengrößen und Poweranalysen

Die Größe der Stichprobe richtet sich bei Experimenten zunächst nach der *Anzahl der Experimentalgruppen:* Je mehr Gruppen es sind, desto mehr Versuchspersonen benötigt man. Innerhalb der Gruppen richtet sich die Stichprobengröße dann insbesondere nach *der antizipierten Effektstärke* (wir schreiben an dieser Stelle „insbesondere", weil noch zwei weitere Parameter eine Rolle spielen, die jedoch gewöhnlich fest vorgegeben sind – wir erklären das gleich weiter unten). Die Effektstärke ist eine standardisierte Einheit, die Auskunft über die Größe eines Effekts gibt (vgl. Abschn. 9.4.3). Der Korrelationskoeffizient r, den wir in Abschn. 2.1 vorgestellt haben, ist beispielsweise eine solche Maßeinheit: Er gibt darüber Auskunft, wie stark zwei Variablen miteinander zusammenhängen, ist aber auch geeignet, um das Ausmaß eines experimentell ermittelten Effekts zu beschreiben. Wie hängt diese Effektstärke nun mit der Anzahl von Versuchspersonen zusammen?

Ganz einfach gesagt: Man benötigt mehr Versuchspersonen, um einen schwachen Effekt nachzuweisen, und weniger Versuchspersonen, wenn man einen starken Effekt erwartet. Der Grund dafür liegt in der Auswertungslogik: Verfahren der Inferenzstatistik überprüfen, ob ein in einer Stichprobe beobachteter Zusammenhang auf die Grundgesamtheit übertragbar ist. Dazu nutzen sie Durchschnittswerte und Streuungen (sog. Varianz) von Daten sowie die Anzahl an Versuchspersonen, um die Wahrscheinlichkeit dafür zu berechnen, dass in der Grundgesamtheit kein entsprechender Zusammenhang besteht, also die Nullhypothese gilt. Diese Auswertungslogik gibt einen Hinweis darauf, wie wahrscheinlich es ist, dass ein bestimmter Unterschied oder Zusammenhang, der sich in der Stichprobe findet, nur zufällig im Datensatz auftritt und nicht systematisch in der Grundgesamtheit vorhanden ist. Bei einer kleineren Stichprobe ist der Test zwangsläufig mit einer größeren Unsicherheit verbunden, vor allem wenn auch der untersuchte Zusammenhang bzw. Effekt als eher schwach eingestuft werden muss. Es gilt also: Je größer die Stichprobe und je stärker der in der Stichprobe beobachtete Effekt, desto größer die Wahrscheinlichkeit, dass der Effekt nicht auf einem Zufall beruht. Diese Idee lässt sich auch anders formulieren: Wenn wir einen sehr starken Effekt erwarten, benötigen wir nicht so viele Personen in der Stichprobe, weil der Nachweis einer bestimmten Wahrscheinlichkeit für dessen systematisches Auftreten einfacher gelingt.

Wir wollen diese abstrakte Idee an einem ganz einfachen Beispiel erklären: Sie vermuten, dass Nachrichten unaufmerksamer rezipiert werden, wenn nebenbei Musik läuft. Um das zu überprüfen, zeigen Sie einer Experimentalgruppe Nachrichten und lassen nebenher eine Musik-CD laufen, während eine Kontrollgruppe die Nachrichten ohne Musikbegleitung rezipiert. Danach sollen die Versuchspersonen alle Nachrichten aufschreiben, an die sie sich erinnern können. Nun können sich Personen der Gruppe ohne Musik durchschnittlich an 20 Nachrichten erinnern und diejenigen, die währenddessen Musik hörten, nur an 18 Nachrichten. Bestätigen diese Daten nun Ihre Hypothese oder kann dieser kleine Unterschied eine zufallsbedingte Ungenauigkeit sein? Wenn Sie sich für eine dieser zwei Möglichkeiten entscheiden müssen, können zwei Fehler auftreten (vgl. dazu auch Abschn. 9.3.1): Erstens können Sie behaupten, dass es einen Effekt der Musik gibt, der aber in Wirklichkeit nicht existiert (sog. Typ-I-, α-Fehler oder Fehler erster Art). In den Sozialwissenschaften gibt es die Konvention, dass diese Irrtumswahrscheinlichkeit unter 5 % liegen muss (Fisher 1925). Zweitens könnten Sie auf Basis der Befunde behaupten, dass es keinen Effekt der Musik gibt, dieser ist aber in Wirklichkeit vorhanden (sog. Typ-II-, β-Fehler oder Fehler zweiter Art). Dabei sagt man, dass es eine weniger als 20-prozentige Wahrscheinlichkeit geben sollte, einen Effekt nicht zu finden (Cohen 1992). Oder anders ausgedrückt, dass man mindestens eine 80-prozentige Wahrscheinlichkeit hat, einen (tatsächlich existierenden) Effekt nachzuweisen. Dies nennt man auch die statistische „*Power*" eines Tests oder *Teststärke*.

Wie viele Probanden man pro Experimentalgruppe braucht, *hängt nun (1.) von der antizipierten Effektstärke, (2.) der Wahrscheinlichkeit, mit der wir uns zugestehen, einen α-Fehler zu machen, und (3.) der gewünschten statistischen Power ab*. Da zwei dieser Parameter bekannt sind (beim α-Fehler nimmt man in den Sozialwissenschaften gewöhnlich fünf Prozent und bei der gewünschten statistischen Power 80 % an), braucht man nur noch die erwartete Effektstärke abzuschätzen. Doch woher weiß ich, wie stark der Effekt ausfallen wird, wenn ich das Experiment noch nicht durchgeführt habe? Hier muss man vorangegangene Studien, die diesen oder einen ähnlichen Effekt untersucht haben, zurate ziehen. Bestenfalls findet man eine Metaanalyse, in der verschiedene Studien zu dem untersuchten Effekt zusammengefasst sind. Wenn sich überhaupt keine Studien zu dem vermuteten Effekt finden lassen, könnte man auch einfach die Stärken ähnlicher Effekte betrachten oder vorsichtshalber den Effekt eher klein schätzen.

Bleibt die Frage, welche Formeln man zur *Berechnung der Stichprobengröße* nutzt. Dies hängt davon ab, ob man ein- oder zweiseitige Hypothesen aufgestellt hat (vgl. dazu Abschn. 3.3.2) und welche statistischen Verfahren man bei der Auswertung des Experiments einsetzen möchte. Komplexe Rechnungen (wie Strukturgleichungsmodellierungen) mit vielen Konstrukten und kleinen antizipierten Effekten erfordern oftmals große Stichproben, während man z. B. für einseitige *t*-Tests und große antizipierte Effekte weniger Probanden braucht. Die dafür benötigten Formeln muss man aber glücklicherweise nicht auswendig wissen, weil verschiedene, frei im Netz verfügbare Programme das für Sie berechnen, z. B. das Programm G*Power von Faul und Kollegen (2007).

Im Vorfeld vieler Experimente laufen diese Überlegungen nur am Rande mit und viel zu selten wird die Menge der benötigten Personen im Vorhinein kalkuliert. Für eine erste Annäherung an die Bestimmung der benötigten Stichprobengröße hilft eine *Daumenregel*, die auf Berechnungen von Cohen (1992) basiert. Er schlägt vor, bei einem Effekt schwacher bis mittlerer Stärke ($r = ,3$) 85 Personen pro Gruppe zu nehmen, bei einem stärkeren Effekt ($r = ,5$) reichen 28 Personen pro Gruppe. Und dies spannt ungefähr den Bereich auf, in dem sich die meisten kommunikationswissenschaftlichen Experimente bewegen. Deutlich weniger als 25 Personen pro Gruppe sollten es auch bei stärkeren Effekten nicht sein; bei der Erwartung mittlerer Effekte sollte man Gruppengrößen von ca. 50 Personen anstreben. Wie bereits oben beschrieben, ist dieser Wert allerdings auch von den statistischen Verfahren abhängig, die man später anwenden will.

Hat man in einem Experiment zu wenig Versuchspersonen, um einen Effekt bestimmter Stärke nachweisen zu können, spricht man davon, dass das Experiment nicht genug „Power" hat (das Experiment ist *„underpowered"*). Die Folge ist, dass man den erwarteten Effekt nicht findet, obwohl es diesen tatsächlich gibt (s. o. Typ-II- oder β-Fehler). Interessanterweise kann auch das Gegenteil eintreten: Hat man zu viele Versuchspersonen pro Gruppe, spricht man von *„overpowering"*. Das heißt, dass auch sehr schwache, unbedeutende Effekte statistisch signifikant werden. Das ist erst einmal nicht so problematisch, weil man dadurch im Zweifel „nur" die Bedeutung der Effekte überschätzt. Bei der Auswertung sollte dann bedacht werden, dass sehr große Stichproben auch kleinste signifikante Abweichungen anzeigen und man die Effektstärken als relevanten Parameter im Auge behalten sollte. Eine Möglichkeit, dem zu begegnen, wäre außerdem, das Toleranzniveau des α-Fehlers enger auszulegen. Also nicht mehr bei einer fünfprozentigen Irrtumswahrscheinlichkeit von einem bedeutsamen Effekt auszugehen, sondern nur noch bei einer Irrtumswahrscheinlichkeit von weniger als 1 oder 0,1 %. Grundsätzlich sollte auch „overpowering" vermieden werden: Ein Experiment mit zu vielen Probanden verschwendet Ressourcen für die Forschung, da die Versuchspersonen dann nicht für ein anderes Experiment zur Verfügung stehen (und es verschwendet unnötig zeitliche Ressourcen der Probanden selbst).

7.1.4 Berichten der Stichprobe

Wie die Stichprobe eines Experiments rekrutiert wurde und wie diese zusammengesetzt ist, muss im Methodenteil eines Forschungsberichtes dargestellt werden. In Fachzeitschriften steht die Stichprobenbeschreibung oft am Anfang des Methodenteils. Welche Informationen die Stichprobenbeschreibung enthalten sollte, hängt auch von der Fragestellung der Studie ab. Es gibt aber einige Punkte, die immer bei der Beschreibung der Stichprobe berichtet werden müssen:

7.1 Stichproben, Repräsentativität und Gruppengrößen

- Anzahl der Versuchspersonen (vor und nach der Bereinigung, vgl. ausführlich Abschn. 9.1.1)
- Alter der Versuchspersonen
- Geschlechterverteilung
- Formale Bildung (falls für die Studie relevant; bei studentischen Stichproben Fachrichtung und Fachsemester)
- Auswahlverfahren und Art der Rekrutierung (z. B. telefonische Zufallsstichprobe oder willkürliche Auswahl über ein Panel, soziale Medien, Seminare, etc.)
- Zeitraum der Erhebung (falls für die Studie relevant)

Falls vorhanden, sollte zudem Folgendes angeführt werden:

- Ausschluss von Versuchspersonen (Anzahl ausgeschlossener Versuchspersonen, Gründe für den Ausschluss)
- Gewichtungsverfahren (Wenn die Struktur der Grundgesamtheit bekannt ist und die Stichprobe in bestimmten Parametern davon abweicht, kann man die relative Wichtigkeit einzelner Elemente der Stichprobe verändern, indem man sie mit einem entsprechenden Faktor multipliziert: Sind z. B. weniger Frauen in der Stichprobe als in der Grundgesamtheit vorkommen, kann man deren Antworten durch eine Gewichtung stärker zählen lassen.)
- Incentivierung (Wenn es Belohnungen für die Teilnahme an der Studie gab, wie z. B. Geld oder Gutscheine; vgl. Abschn. 7.3.)
- Ergebnisse des Tests, ob die Randomisierung zu einer Gleichverteilung bestimmter Variablen bei den Kontroll- und Experimentalgruppen geführt hat (z. B. Alter oder Geschlecht; vgl. Abschn. 6.2.1)

Im Text dokumentiert man die Beschreibung der Stichprobe beispielsweise folgendermaßen:

> Für die Durchführung des Experiments rekrutierten wir im Dezember 2016 Studierende einer Grundlagenvorlesung im ersten Semester des Bachelors Kommunikationswissenschaft einer norddeutschen Universität. Von den anwesenden 170 Studierenden erklärten sich 140 Personen bereit, an der Studie teilzunehmen. Jeder Versuchsperson wurde eine Aufwandsentschädigung von fünf Euro gezahlt. Wegen technischer Störungen bei der Durchführung mussten zwei Teilnehmerinnen ausgeschlossen werden. Die finale Stichprobe besteht somit aus 138 Versuchspersonen; davon sind 62 % Frauen, das Durchschnittsalter beträgt 20,14 Jahre ($SD = 4{,}52$).

Welche Implikationen die dem Experiment zugrunde liegende Stichprobe für die Ergebnisse haben könnte, diskutiert man im Methodenteil und/oder Fazit einer Forschungsarbeit. Prinzipiell weist jede Stichprobe ihre eigenen Schwierigkeiten auf, die eine Generalisierung problematisch machen (vgl. dazu auch Abschn. 7.1.1 und 7.1.2). Diskutieren Sie diese (vermeintliche) Schwachstelle offensiv und transparent.

> **Auf den Punkt: Stichproben, Repräsentativität und Gruppengrößen**
> - Bei der Durchführung eines Experiments nimmt man aus der Gesamtmenge aller potenziellen Teilnehmerinnen und Teilnehmer (die definierte Grundgesamtheit) eine kleinere Teilmenge von Versuchspersonen (die Stichprobe) heraus.
> - Die Ziehung der Stichprobe kann auf einer zufälligen oder einer willkürlichen/ bewussten Auswahl basieren.
> - Um Rückschlüsse von der Stichprobe auf die Grundgesamtheit ziehen zu können (sog. Generalisierung), sollte die Stichprobe ein strukturgleiches (d. h. repräsentatives) Abbild der Grundgesamtheit darstellen.
> - Experimente nutzen oftmals nicht-repräsentative, willkürlich gezogene Stichproben („convenience samples"), mit denen zwar der Nachweis von Kausalität gelingt, Aussagen über Effektstärken jedoch nicht generalisiert werden können.
> - Die Anzahl der Experimentalgruppen und die antizipierte Effektstärke sollten die Größe einer Stichprobe bestimmen, die vor der Durchführung des Experiments berechnet werden sollte.

7.2 Rekrutierungsstrategien

Das Anwerben von Versuchspersonen ist ein Schritt, dem aus verschiedenen Gründen große Relevanz zukommt: Man muss eine zur jeweiligen Untersuchungsanlage passende und ausreichend große Stichprobe finden, die man für eine ernsthafte Mitarbeit im Rahmen des Experiments motiviert. Bei der Rekrutierung von Versuchspersonen ist auf einen freundlichen und höflichen Umgang zu achten, Zwang oder Druck dürfen nicht ausgeübt werden (vgl. Abschn. 10.2.1). Diese Freiwilligkeit ist nicht nur im Interesse der Forschungsethik, sie dient auch dem Erreichen des Untersuchungsziels. Denn Personen, die durch Druck zur Teilnahme bewegt werden, sind sicherlich weniger motiviert, einen Stimulus aufmerksam zu rezipieren oder einen Fragebogen konzentriert auszufüllen. So schleichen sich Fehler in einen Datensatz ein, die es zu vermeiden gilt. Der Druck zur Teilnahme an einer Untersuchung erfolgt oftmals sehr implizit: An manchen Universitäten gibt es eine verpflichtende Teilnahme an einer bestimmten Anzahl an Experimenten (sog. Versuchspersonenstunden als Pflichtleistung). Solche Einschränkungen persönlicher Freiheiten können unter Umständen Reaktanz der Versuchspersonen nach sich ziehen und sogar bewirken, dass diese das Experiment absichtlich zu stören versuchen. Freiwilligkeit bedeutet auch, dass die Versuchspersonen einsichtsfähig sind: Wenn sie nicht verstehen, dass sie Teil einer experimentellen Studie sind (bzw. darüber im Rahmen eines Feldexperiments gar nicht informiert werden) oder über mögliche Folgen nicht umfassend aufgeklärt wurden, dann ist das forschungsethisch problematisch. Zudem muss die Vertraulichkeit der Daten gewährleistet sein. Täuschungen sollen (soweit es geht) vermieden und über mögliche negative Folgen muss im Vorfeld des Experiments aufgeklärt werden.

7.2.1 Möglichkeiten der Rekrutierung

Wie wir in Abschn. 7.1.3 beschrieben haben, hängt die Größe der benötigten Stichprobe für ein Experiment maßgeblich davon ab, wie viele Experimentalgruppen vorgesehen sind und als wie stark die zu untersuchenden Effekte eingeschätzt werden. Erwartet man schwache Effekte und variiert zudem mehrere unabhängige Variablen, muss man ausreichend viele Personen rekrutieren. Führt man beispielsweise ein Mehr-Gruppen-Experiment in einem 3×3-Design durch und benötigt laut Poweranalyse 60 Personen pro Gruppe, ist man schon auf die Teilnahmebereitschaft von 540 Menschen angewiesen. Die Rekrutierung einer solch hohen Zahl an Versuchspersonen ist ein nicht ganz leichtes Unterfangen, das nochmals komplizierter wird, wenn man an einer spezifischen Stichprobe (z. B. Kinder/Jugendliche) interessiert ist oder, wenn alle Probanden in ein Labor kommen müssen. Die Forscherin bzw. der Forscher ist stets auf die Hilfsbereitschaft vieler Menschen angewiesen, die freiwillig an dem Experiment teilnehmen wollen.

Versuchspersonen können auf sehr unterschiedliche Art und Weise rekrutiert werden. Prinzipiell differenzieren wir zwischen passiver und aktiver Rekrutierung. Eine *passive Rekrutierung* erfolgt, wenn die Einladung zur Studienteilnahme nicht gezielt an spezifische Personen ausgesprochen wird, sondern der Hinweis auf die Studie über die (meist mediale) Veröffentlichung einer Einladung erfolgt. Dem Forschenden stehen dabei sehr unterschiedliche Wege zur Verfügung, wobei man Offline- und Online-Verfahren unterscheiden kann. Außerhalb der Online-Umgebung können potenzielle Probanden z. B. über Anzeigen, Plakate, Flyer, Aushänge, Hinweistafeln, Aufrufe im Radio, Zeitungsberichte usw. erreicht und auf die Durchführung der Studie aufmerksam gemacht werden. Auch die Möglichkeiten der passiven Online-Rekrutierung sind vielfältig; am häufigsten geschieht dies über die Verbreitung von Links in sozialen Medien oder über Annoncen, die auf Websites geschaltet werden (z. B. Pop-ups oder Bannerwerbung). Es liegt auf der Hand, dass eine solche passive Rekrutierung zwangsläufig zu einer Verzerrung der Stichprobe führt, weil es ein sehr bestimmter Typus von Personen ist, der sich selbstständig darum bemüht, bei einer Studie mitzumachen (sog. Selbstselektion oder Selbstselektivität). Warum ist das problematisch? Wenn Sie zu einer Studie zur Wirkung von Fernsehwerbung einladen, nehmen unter Umständen nur Personen teil, die Werbung generell eher positiv gegenüberstehen; wenn sich Ihre Studie mit der Wirkung von idealisierten Körperdarstellungen auf essgestörtes Verhalten beschäftigt, verweigern möglicherweise genau solche Personen die Teilnahme, die dafür anfällig sind. Selbstselektion schränkt also vor allem die externe Validität ein, weil Sie über eine bestimmte Gruppe von Personen keine Aussage treffen können.

Bei *aktiven Rekrutierungsverfahren* spricht der Forschende Menschen gezielt an und fordert diese zur Teilnahme auf. Online kann man Einladungen per E-Mail an potenzielle Personen versenden oder (kommerzielle) Online-Panel nutzen. Außerhalb der Online-Umgebung kann eine solche Ansprache persönlich erfolgen, wenn man Freunde und Bekannte um Hilfe bittet oder z. B. auf dem Unigelände gezielt Personen anspricht. Die Anfrage kann aber auch telefonisch oder postalisch erfolgen. Ein dabei häufig genutztes System ist das Schneeballverfahren, bei dem Angesprochene weitere Probanden rekrutieren. In geringerem Umfang als bei der passiven Rekrutierung tritt auch bei der aktiven Rekrutierung eine Verzerrung durch Selbstselektion auf, weil bestimmte Personen (z. B. besonders Interessierte) eher dazu bereit sind, bei dem Experiment mitzumachen.

Oftmals sind die *Grenzen zwischen aktiver und passiver Rekrutierung fließend:* Spricht eine Dozentin beispielsweise gezielt Seminarteilnehmer an, wäre dies eine aktive Rekrutierung, zeigt sie ihnen hingegen einen entsprechenden Hinweis in einer Präsentation, wäre es ein passives Verfahren. Viele experimentelle Studien vermischen aktive und passive Verfahren, um eine möglichst große Anzahl an Personen zu rekrutieren. Repräsentative Stichproben erhält man so freilich nicht.

Da es seit Jahren eine Tendenz gibt, Experimente im Internet durchzuführen, ist die passive und aktive *Online-Rekrutierung* von Probanden eine einfache Möglichkeit und zugleich eine komplexe Herausforderung. Versuchspersonen online zu rekrutieren, birgt verschiedene Vor- und Nachteile. So kann mit recht geringem (Kosten-)Aufwand eine größere Stichprobe rekrutiert und die Studie entsprechend schnell durchgeführt werden (man muss z. B. nicht warten, bis das Semester wieder startet, um auf Studierende in einer bestimmten Vorlesung zurückgreifen zu können). Besonders groß sind die Vorteile, wenn nicht nur online rekrutiert, sondern das Experiment auch online durchgeführt wird. Dann kommen einerseits die bereits angesprochenen praktischen Vorteile hinzu, die Online-Studien generell mit sich bringen, wie das Verringern von Versuchsleitereinflüssen und der sozialen Erwünschtheit, erweiterte Möglichkeiten bei der Darstellung, Filterführung und Protokollierung von Antworten (vgl. dazu Abschn. 4.3). Eine online kontaktierte Versuchsteilnehmerin kann durch Anklicken des Links zum online durchgeführten Experiment sofort und bequem mit der Studie starten, wo auch immer sie sich gerade befindet. Sie muss nicht erst einen Termin vereinbaren und sich zu diesem in ein Forschungslabor begeben. Das legt die Hürde zur Teilnahmebereitschaft niedrig. Ein entscheidender Nachteil von Online-Rekrutierungen ist die mangelnde Kontrolle über die Auswahl der Teilnehmerinnen und Teilnehmer: Wenn der Link zum Fragebogen nicht mit einer persönlichen ID verknüpft wird, können dieselben Personen mehrfach an der Befragung teilnehmen oder nicht-intendierte Personen können ihre Identität verschleiern (wenn beispielsweise Personen ab 18 Jahren befragt werden sollen und Kinder und Jugendliche sich als solche ausgeben). Eine Übersicht über diese und weitere „Stichprobenprobleme bei Online-Umfragen" bieten z. B. Baur und Florian (2009).

7.2.2 Rekrutierung von Kindern und Jugendlichen

Einige Besonderheiten sind bei der experimentellen Forschung mit Kindern und Jugendlichen zu beachten. Diese sind gerade im Rahmen der Medienwirkungsforschung eine *wichtige Zielgruppe,* weil sie als besonders anfällig für problematische Medienwirkungen durch die Rezeption von Gewalt oder Pornografie gelten. Zudem sind sie im Rahmen von medienpädagogischen Studien eine unentbehrliche Teilnehmergruppe. Entsprechend gibt es viele kommunikationswissenschaftliche Fragestellungen, für deren Beantwortung man auf die Teilnahme von Kindern und Jugendlichen bei Experimenten angewiesen ist. Als Kinder im Sinne des deutschen Jugendschutzgesetzes gelten Personen, die noch keine 14 Jahre alt sind, als Jugendliche Personen, die über 14, aber noch nicht 18 Jahre alt sind.

Bei der Rekrutierung sind *rechtliche Aspekte und die Frage des Zugangs* relevant, wobei beides eng zusammenhängt. Verschiedene Arbeitskreise und Verbände aus dem Bereich der Markt- und Sozialforschung haben eine Richtlinie für die Befragung von Minderjährigen entwickelt, die einen groben Überblick über bestimmte Regeln gibt. Weil es sich bei einer Befragung nicht um ein Rechtsgeschäft handelt, ist nicht die Geschäftsfähigkeit der Teilnehmerinnen und Teilnehmer ausschlaggebend, sondern deren Einsichtsfähigkeit. Kinder und Jugendliche müssen die Konsequenzen der Verwendung ihrer Daten verstehen können. Bei sozialwissenschaftlichen Studien geht man davon aus, dass Personen über 14 Jahre dazu imstande sind, Personen unter elf Jahren hingegen nicht; bei der Gruppe der elf bis 13 jährigen sollte es vom Einzelfall abhängig gemacht werden. Im Zweifel sollte man besser eine Einverständniserklärung der Erziehungsberechtigten einholen. Führt man ein Experiment an einer Schule durch, muss man die landesspezifischen Schulgesetze beachten und sich mit der Schulleitung, der Schulaufsichtsbehörde und den Erziehungsberechtigten absprechen.

Dabei ist auch die *experimentelle Manipulation kritisch zu prüfen.* Kinder und Jugendliche (und deren Erziehungsberechtigte) müssen über mögliche Konsequenzen aus einer Stimulus-Exposition aufgeklärt werden. Wenn Kinder dadurch erschreckt, verängstigt oder psychisch belastet werden könnten, ist eine Durchführung aus ethischen Gründen untersagt. Doch selbst wenn man nicht von derartigen Effekten ausgehen muss, sollte im Zweifel immer eine *Einwilligung der Erziehungsberechtigten* eingeholt werden. Falls diese den Wunsch äußern, bei der Durchführung des Experiments anwesend zu sein, muss man das gestatten. Dabei gilt es zu bedenken, dass die Anwesenheit der Erziehungsberechtigten das Antwortverhalten unter Umständen verzerren kann. Online wird diese Einwilligung teilweise durch den Klick der Versuchsperson eingeholt, die bestätigt, dass ein Einverständnis der Erziehungsberechtigten vorliegt. Inwiefern dieses Vorgehen jedoch ethischen Richtlinien entspricht, ist fraglich.

Kinder sind in experimentellen Situationen oft sehr unsicher, weil sie das Prozedere nicht kennen. Sie benötigen auch länger, um sich an eine neue Umgebung und etwaige Apparate zu gewöhnen (sog. Adaptions- oder Aufwärmphase). Ihnen sollte man unbedingt umfangreiche Instruktionen sowie ausreichend Zeit geben, die Umgebung kennenzulernen und Fragen vorab zu stellen, weil sonst in der experimentellen Situation eine große Ablenkung auftreten könnte. Zudem ist bei der Formulierung von Fragen darauf zu achten, dass diese auch verstanden werden. Generell sollte man kritisch hinterfragen, ob eine Schule der richtige Ort zur Durchführung von Experimenten ist, weil Schüler deren Räumlichkeiten aufgrund der Prüfungen, die dort regelmäßig absolviert werden, eng mit einer Testsituation assoziieren.

> **Auf den Punkt: Rekrutierungsstrategien**
> - Die Forscherin bzw. der Forscher muss eine zum jeweiligen Experiment passende und ausreichend große Stichprobe rekrutieren und für eine ernsthafte Mitarbeit motivieren.
> - Die Teilnahme muss freiwillig erfolgen, Zwang oder Druck dürfen nicht ausgeübt werden.
> - Bei einer passiven Rekrutierung veröffentlicht man Hinweise auf eine Studie und Personen können der Einladung folgen, bei aktiven Rekrutierungsverfahren spricht man mögliche Versuchspersonen gezielt an.
> - Bei der Rekrutierung von Kindern und Jugendlichen sollte eine Einverständniserklärung der Erziehungsberechtigten vorliegen.

7.3 Zur Teilnahme motivieren

Es gibt sehr unterschiedliche Gründe, warum Menschen an einem Experiment teilnehmen: z. B. Interesse an der Forschung oder am Thema, Hilfsbereitschaft, Loyalität gegenüber der Forscherin bzw. dem Forscher, soziales Engagement, um einen eigenen Beitrag zur Forschung zu leisten oder auch, um Incentives (Belohnungen für die Teilnahme) zu erhalten. Im Moment der Kontaktaufnahme entscheidet also ein Zusammenspiel aus überdauernden Persönlichkeitseigenschaften der kontaktierten Person, Situationsmerkmalen sowie der intrinsischen und extrinsischen Motivation der potenziellen Probanden über die Bereitschaft zur Teilnahme. Während man die Persönlichkeitseigenschaften einer potenziellen Versuchsperson nicht beeinflussen kann, hat man aber über die Steuerung der Situation und die Art und Weise der Anfrage die Möglichkeit, die Kooperationsbereitschaft zu erhöhen. Man spricht davon, die „Ausschöpfungsquote" bzw. „Rücklaufquote" zu optimieren, sodass ein möglichst großer Anteil von den für das Experiment angefragten Personen auch tatsächlich teilnimmt. Keusch (2015) systematisiert Faktoren, welche die Beteiligung an Online-Studien erhöhen bzw. senken können. Im Folgenden orientieren wir uns grob an dieser Aufteilung.

Beginnen wir mit den spezifischen *Eigenschaften der untersuchten Population*. So gibt es Populationen, die stark „überforscht" sind und sich bei entsprechenden Anfragen

7.3 Zur Teilnahme motivieren

als „müde" erweisen. So gelten beispielsweise Journalistinnen und Journalisten in Deutschland als eine Personengruppe, um die es große Konkurrenz gibt. Will man ein Experiment mit dieser Personengruppe durchführen, muss man sich bewusst sein, dass Journalistinnen und Journalisten häufig Einladungen zu Studien bekommen und ihre Bereitschaft zur Teilnahme daher eher gering ist. Auch diverse Persönlichkeitseigenschaften und individuelle Merkmale, wie Neugier oder Offenheit, individuelles Themeninteresse, Einstellungen gegenüber der Forschung im Allgemeinen sowie die frühere Teilnahme an Studien, spielen eine wichtige Rolle. Es gibt einige Studien, die diese Variablen analysieren und über ihren Einfluss auf die Teilnahmebereitschaft Auskunft geben (z. B. Porter und Whitcomb 2005; Petrova et al. 2007; Haunberger 2011; Brüggen et al. 2011; Patrick et al. 2013). Diese personenbezogene Teilnahmebereitschaft kann der Forschende kaum beeinflussen, und er muss sich damit abfinden, dass manche Personen nicht an Studien teilnehmen wollen. Dies kann in einem prinzipiellen Misstrauen gegenüber der Forschung begründet sein, in der Furcht um die eigene Privatsphäre oder schlicht darin, dass man seine wertvolle Zeit nicht für eine Studienteilnahme opfern möchte. Bei Personen mit solch grundlegend ablehnender Haltung helfen gewöhnlich alle Tricks und Persuasionsversuche nicht. Jeder Mensch hat selbstverständlich das Recht, die Teilnahme an einem Experiment zu verweigern.

Neben diesen Merkmalen der Population bestimmt der *Kontext*, in dem man eine Person erreicht, ob sie sich beteiligt oder nicht. Ist jemand überlastet und unter Zeitdruck, sinkt die Teilnahmebereitschaft. Langweilt sich die Person gerade und ist entspannt, ist die Bereitschaft höher. Wer im Moment der Anfrage keine Zeit hat, kann sich (zunächst) auch nicht beteiligen. Wer sich gerade langweilt, dem kommt ein Fragebogenlink hingegen möglicherweise sehr gelegen. Darauf hat der Forschende kaum Einfluss. Man kann jedoch versuchen, Einladungen an Tagen oder zu Zeiten zu versenden, an denen potenzielle Versuchspersonen weniger gestresst sind. Welcher Wochentag und welche Uhrzeit am besten geeignet sind, hängt sehr von der jeweiligen Population ab: Antwortraten von Berufstätigen sind an Montagen höher und gehen gegen Ende der Woche zurück. Wenn man Berufstätige privat kontaktiert, sind die Erfolgsaussichten am Abend, also nach Feierabend logischerweise höher. An Samstagen und Sonntagen zeigen sich tendenziell geringere Beteiligungen. Letztlich ist es aber schwierig, generelle Muster zu identifizieren, weil es zu stark von der jeweiligen Population abhängt. Am besten versucht man, sich in die Lebenslage der Personen hineinzuversetzen: Wer arbeitet, kann sich wohl kaum untertags an einem extrem langen Experiment beteiligen, Studierende haben vielleicht zwischen zwei Lehrveranstaltungen freie Zeit usw.

Drittens wirkt sich die *intrinsische Motivation* auf die Teilnahmebereitschaft aus. Damit ist gemeint, dass Personen manche Tätigkeiten (in diesem Fall also die Teilnahme an einem Experiment) um ihrer selbst willen ausführen, weil die spezielle Fragestellung oder Aufgabe sie interessiert, ihnen Spaß verspricht oder eine Herausforderung darstellt. Viele Menschen halten Wissenschaft auch einfach für sinnvoll und wollen die Forschung entsprechend unterstützen. Mit ein paar Kniffen lässt sich die intrinsische Motivation bei der Kontaktaufnahme deutlich erhöhen: Erstens kann man im Anschreiben den Spaß bei der Studiendurchführung in den Vordergrund stellen (wenn z. B. abwechslungsreiche Aufgaben absolviert werden können) und so die Ausschöpfungsquote erhöhen. Zweitens weckt die Aussicht auf eine thematisch spannende Studie die Neugierde von Probanden und kann zur Teilnahme motivieren. Drittens kann das Verdeutlichen der Relevanz eines Experiments und die Betonung der Notwendigkeit, Versuchspersonen genau für diese Studie zu benötigen, die intrinsische Motivation steigern. Dies kann über den expliziten Hinweis geschehen, wie sehr der wissenschaftliche Fortschritt (bzw. das Gelingen eines konkreten Forschungsvorhabens) an dieser Stelle von der Teilnahmebereitschaft abhängt. Wir werden diese Punkte im Abschn. 7.4 nochmals aufgreifen und dort diskutieren, was ein gutes Anschreiben bzw. einen guten Aufruf zur Teilnahme an einer Studie ausmacht.

Auch die *extrinsische Motivation*, die durch äußere Anreize geschaffen wird, beeinflusst die Teilnahmebereitschaft. Forscherinnen und Forscher versuchen, diese durch das Versprechen von Incentives, also Belohnungen für die Teilnahme an einer Studie, zu erhöhen. Denn Versuchspersonen fehlt oft der intrinsische Anreiz, bei Experimenten mitzumachen, vor allem, wenn diese eintönig sind und lange dauern. Solche Belohnungen können Geld, geldwerte Gegenstände oder die Teilnahme an einer Verlosung sein. Studien zeigen, dass derartige Incentives die Teilnahmebereitschaft deutlich erhöhen und die Abbruchquote reduzieren (z. B. Jobber et al. 2004). Was ein geeignetes Incentive ist, hängt dabei von der anvisierten Population ab und auch hier sollte man versuchen, sich in diese hineinzuversetzen: Gut situierte Personen sind vielleicht mit einem Fünf-Euro-Gutschein von Amazon nicht zu locken, könnten aber mit einer Fünf-Euro-Spende für eine gemeinnützige Organisation gewonnen werden. Intrinsische und extrinsische Motivation schließen sich natürlich nicht gegenseitig aus, und man kann versuchen, Versuchspersonen auf beide Arten zu motivieren.

Personen zur Teilnahme zu motivieren, ist eine Sache, die *Motivation während des Experiments aufrechtzuerhalten,* eine andere. Auch hier hängt es von den Probanden, deren Motivation und dem Kontext ab, ob sie am Ball bleiben oder die Studie abbrechen. Generell hat man bei Online-Experimenten eine weitaus größere Anzahl von Abbrechern als bei Laborexperimenten, weil die Hemmschwelle, die Studie zu beenden, viel geringer ist. Über den Aufbau und die Gestaltung des Experiments kann man die Anzahl der Abbrecher minimieren: Eine anspruchsvoll designte Darstellung und eine abwechslungsreiche Gestaltung helfen hier ungemein; zudem ist es sinnvoll, stets Rückmeldungen über den Fortschritt im Experiment zu geben, indem man z. B. betont, dass die Hälfte schon geschafft ist oder indem man Fortschrittsbalken kontinuierlich einblendet. Um die Motivation aufrecht zu erhalten, ist es auch wichtig, die Probanden im Vorfeld realistisch darüber zu informieren, was auf sie zukommt, also wie lange die Studienteilnahme in etwa dauert, ob ihnen Videos oder Zeitungsartikel während der Befragung präsentiert werden und ähnliches. Es mag für die anfängliche Teilnahmebereitschaft zwar vorteilhaft erscheinen, bei der Einschätzung der Studiendauer etwas zu untertreiben – dies führt jedoch im Verlauf der Studienteilnahme zu Frustration, wenn die Teilnehmenden merken, dass die Studie länger dauert als ursprünglich angegeben. Daher sollte man hier auf realistische Angaben setzen.

> **Auf den Punkt: Zur Teilnahme motivieren**
> - Die Bereitschaft zur Teilnahme an einem Experiment hängt von überdauernden Persönlichkeitseigenschaften der kontaktierten Person, Kontextfaktoren sowie der intrinsischen und extrinsischen Motivation der potenziellen Versuchspersonen ab.
> - Die intrinsische Motivation potenzieller Versuchspersonen lässt sich durch die Aussicht auf eine abwechslungsreiche, thematisch spannende und relevante Studie steigern.
> - Die extrinsische Motivation potenzieller Versuchspersonen kann durch die Vergabe von Incentives, also Belohnungen für die Teilnahme an einer Studie, erhöht werden.

7.4 Einladungen formulieren

Einladungen zur Teilnahme an einem Experiment sollten *präzise, fehlerfrei und freundlich* formuliert sein, weil Probanden (meist mangels Alternativen) davon auf den Rest der Studie schließen. Ein sehr ausführliches Schreiben – egal, ob es sich dabei um ein persönliches Anschreiben, einen Social-Media-Post oder einen Aushang handelt – schürt die Angst vor einem ebenso ausführlichen Fragebogen und wird potenzielle Versuchspersonen abschrecken. Eine Einladung, die diverse Rechtschreib- und Grammatikfehler enthält, lässt auf eine unsachgemäße, fehlerhafte und unprofessionelle Studie schließen und wird ebenfalls die Ausschöpfungsquote senken. Zudem sollte eine Einladung in einem sympathischen und höflichen Tonfall formuliert sein, indem eine passende Anrede und Verabschiedung benutzt und freundlich um Hilfe gebeten wird. Die Sprache sollte sich, wie die übrigen Textbausteine auch, an die jeweils untersuchte Population anpassen: Mit Kindern und Jugendlichen muss man z. B. ganz anders kommunizieren als mit Journalistinnen und Journalisten. Einladungen dürfen kreativ gestaltet und formuliert werden, sie müssen keinesfalls immer dem gleichen Standardschema folgen. Inhaltlich sollten sie aber stets die fünf folgenden Aspekte abdecken.

Erstens sollte eine Einladung den *Inhalt des Experiments* erklären und dadurch thematisches Interesse an der Studie wecken. Forscherinnen und Forscher bewegen sich dabei oftmals auf heiklem Terrain: Einerseits soll man die Versuchspersonen im Vorfeld darüber aufklären, was genau sie in der Studie erwartet, andererseits darf man das eigentliche Ziel oftmals nicht verraten. Denn das Wissen der Versuchspersonen um das Ziel des Experiments kann die Ergebnisse beeinflussen. Teilt man ihnen z. B. vorab mit, dass in einem Experiment die Effekte von Product-Placements untersucht werden, sehen sie einen anschließenden Filmausschnitt mit ganz anderen Augen an und suchen beispielsweise gezielt nach den platzierten Produkten. In solchen Fällen ist es ratsam, das echte Ziel der Studie zu Beginn zu verschleiern (eine sog. „cover story" zu erfinden) oder zu verschweigen, indem z. B. Thema und Inhalt der Studie erklärt, die genaue Zielsetzung jedoch nicht genannt wird. In unserem Beispiel könnte man darauf hinweisen, dass es in der Studie um die Bewertung eines Filmausschnitts geht, ohne dabei konkret auf die Product-Placements hinzuweisen. Man ist aber dazu verpflichtet, die Versuchspersonen nach dem Ende der Studie über die wahren Ziele aufzuklären (Debriefing, vgl. Abschn. 10.2.3). Zudem sollte man das Experiment in der Einladung als inhaltlich interessant und relevant darstellen, um die intrinsische Motivation potenzieller Versuchspersonen zu erhöhen. So hilft beispielsweise der Hinweis, wie sehr das Projekt oder die Wissenschaft insgesamt von der freiwilligen Teilnahme von Versuchspersonen abhängt. Zuletzt ist es wichtig, in der Einladung über mögliche negative Folgen, die der Stimulus verursachen kann, aufzuklären (wenn z. B. Wirkungen von Gewaltdarstellungen oder Pornografie untersucht werden), damit die Angefragten sich gegebenenfalls dazu entschließen können, dem Experiment fernzubleiben.

Zweitens sollte der *Kontext, in dem die jeweilige Studie entsteht,* vorgestellt werden. Wer führt die Studie zu welchem Zweck durch? Von wem wird sie gefördert? Ist sie Teil eines größeren Forschungsprojektes? Diese Angaben sollten im Fließtext leicht verständlich formuliert werden und eher einer persönlichen Vorstellung gleichen als einer Aufzählung darüber, welcher Lehrstuhl, welches Institut, welche Fakultät nun genau das Experiment konzipiert hat. Anstatt zu schreiben „Ich bin Dr. Max Mustermann, akademischer Rat auf Zeit am Lehr- und Forschungsbereich für Medienstruktur und Medienwirkung des Instituts für Publizistik am Fachbereich 02 für Sozialwissenschaften, Medien und Sport der Johannes Gutenberg-Universität Mainz und führe gerade eine Studie zum Thema Kultivierung durch" wäre es wohl sinnvoller zu schreiben, dass derzeit eine Studie an der Universität Mainz entsteht und alle übrigen Informationen in die Kontaktdaten zu verschieben. Viele Versuchspersonen haben ohnehin nur unklare Vorstellungen davon, was genau ein „akademischer Rat" oder ein „Fachbereich" ist und benötigen diese Informationen nicht unbedingt im Fließtext der Einladung.

Drittens müssen alle relevanten *organisatorischen Aspekte* präsentiert werden. Dies betrifft z. B. die Dauer der Befragung, mögliche Incentives, eventuelle Nachfolgestudien bzw. Wiederholungsmessungen zu späteren Zeitpunkten sowie natürlich die Beschreibung der genauen Örtlichkeiten und Abläufe. Gerade bei Einladungen zu Laborexperimenten sollte man den angesprochenen Personen verdeutlichen, wo diese stattfinden, wann die Teilnahme möglich ist und einen groben Ablauf des Versuchs skizzieren. Auch bei Online-Experimenten ist es enorm wichtig, die Teilnehmerinnen und Teilnehmer vorab präzise über die zeitliche Dauer des Experiments zu informieren. Die Aussicht auf einen geringen zeitlichen Aufwand kann die Teilnahmebereitschaft deutlich erhöhen – allerdings sollte dieses Versprechen nicht auf einer Lüge basieren. Dauert die Versuchsdurchführung deutlich länger als angegeben, führt dies, wie bereits angesprochen, zu Unverständnis und Frustration, zu Nervosität sowie Zweifeln an der Aufrichtigkeit und Kompetenz des Versuchsleiters. Zuletzt sollte klar geschildert werden, welche Incentives zur Verfügung stehen und nach welchen Kriterien diese verteilt werden (z. B. Verlosung oder Entschädigung für jede Person). Dabei liegt es in der Verantwortung der Forscherin bzw. des Forschers, versprochene Incentives unverzüglich einzulösen.

7.4 Einladungen formulieren

Viertens sollte in der Einladung auf *Vertraulichkeit, Anonymität und den Umgang mit den Daten* hingewiesen werden. Die Frage, was eigentlich mit Daten passiert, die man preisgibt, ist für viele Personen von großer Relevanz: Man darf nicht vergessen, dass Fragen im Rahmen experimenteller Sozialforschung oftmals sehr persönliche Aspekte ansprechen. Fragen zu Angst, Aggressionsniveau, politischen Einstellungen, Einkommen, Stereotypen, Gesundheitsverhalten usw. betreffen allesamt hochsensible Bereiche, die nicht jeder mit einer fremden Person oder einer Forschungseinrichtung teilen möchte. Daher sollte der Schutz der Privatsphäre von Beginn an verdeutlicht werden, um Versuchspersonen diese Angst zu nehmen. Das kann durch die Zusicherung von Anonymität und Vertraulichkeit geschehen sowie durch das Versprechen, die Daten nicht an Dritte weiterzugeben und nur für wissenschaftliche Forschungszwecke zu nutzen. Die Forscherin bzw. der Forscher trägt den Versuchspersonen gegenüber eine große Verantwortung und muss die Zusicherung auch einhalten.

Fünftens müssen die *vollständigen Kontaktdaten* eines Ansprechpartners am Ende der Einladung stehen. Es muss klar erkenntlich sein, wer für die Studie verantwortlich ist und wie man diese Person kontaktieren kann. Bestenfalls stehen für diesen Kontakt verschiedene Möglichkeiten zur Verfügung (E-Mail-Adresse, Telefonnummer, Postanschrift). Diese Transparenz lässt eine Studie vertrauensvoller erscheinen, was wiederum die Ausschöpfungsquote steigern kann.

Ein Anschreiben für ein Online-Experiment, das alle diese Punkte beachtet, könnte z. B. folgendermaßen aussehen:

Sehr geehrte Empfängerin, sehr geehrter Empfänger,

wir möchten Sie herzlich zu einer Studie einladen, in der wir die Wirkung von Musik in Werbespots untersuchen. In dem Projekt, das an der Universität Mainz entsteht, erforschen wir, wie sich verschiedene Musikstile in der Fernsehwerbung auf die Stimmung der Zuschauer auswirken können.
Wir würden uns sehr freuen, wenn Sie sich 12 Minuten Zeit nehmen und folgenden Fragebogen ausfüllen: [Link zum Fragebogen]
Die Datenerhebung erfolgt anonym und dient allein wissenschaftlichen Zwecken. Die Daten werden vertraulich behandelt und nicht an Dritte weitergegeben. Ihre Teilnahme ist für den Erfolg des Forschungsprojekts sehr wichtig. Um Ihnen für die Unterstützung zu danken, verlosen wir am Ende der Befragung zehn Gutscheine im Wert von je 30 Euro.

Mit freundlichen Grüßen
Erika Musterfrau
Prof. Dr. Erika Musterfrau
Institut für Publizistik
Johannes Gutenberg-Universität Mainz
musterfrau@uni-mainz.de
www.musterforschung.uni-mainz.de
+49 123 456 789

Versuchspersonen, die der Einladung folgen und an dem Experiment teilnehmen, erhalten danach eine *Begrüßung*. Eine Einladung könnte beispielsweise als Aushang oder Brief potenzielle Versuchspersonen erreichen – die Begrüßung erfolgt dann, wenn die Probanden die Laborräume betreten oder z. B. den Fragebogen (inklusive Stimulus) postalisch erhalten. Online kann eine Einladung z. B. als E-Mail oder als Post in einem Forum oder sozialen Netzwerk erfolgen; die Begrüßung findet sich dann auf der ersten Seite des Online-Fragebogens. Für die Begrüßung gelten die gleichen Tipps und Regeln, die wir für die Einladung vorgestellt haben: Sie sollte freundlich und präzise erfolgen, relevante organisatorischen Aspekte nochmals ansprechen, aber nicht zu ausführlich sein. Auf Dinge, die besonders wichtig sind, sollte man bei der Begrüßung unbedingt nochmals hinweisen, weil sich vielleicht einige Personen nicht mehr an die Einladung erinnern können oder diese nicht ganz gelesen haben. Die Begrüßung kann bereits relevante Instruktionen für das nachfolgende Experiment enthalten (vgl. Abschn. 6.4).

Immer häufiger findet sich im Anschluss an die Begrüßung auch eine Einwilligungserklärung, der die Teilnehmenden zustimmen müssen, um an der Studie teilnehmen zu können (englisch *informed consent*). Solche Erklärungen können unterschiedlich viele Details enthalten. Dabei verpflichtet sich die Forscherin bzw. der Forscher z. B. dazu, die Daten vertraulich zu behandeln oder in Aussicht gestellte Incentives auch einzulösen, während sich die Versuchsperson zur gewissenhaften Mitarbeit und zu ernsthaften Antworten verpflichtet. Auch willigt die Versuchsperson ein, dass die Daten für wissenschaftliche Zwecke genutzt werden dürfen, und dass sie über bestimmte Folgen aufgeklärt wurde. Der Versuchsperson wird versichert, dass die Angaben freiwillig sind und die Studie jederzeit ohne Angabe von Gründen abgebrochen werden kann. In der Psychologie z. B. wird Teilnehmenden darüber hinaus oft das Recht eingeräumt, in einem bestimmten Zeitfenster (meinst zwei Wochen) ihre Einwilligung und damit die Zustimmung zur Verwendung ihrer Daten im Nachhinein zu widerrufen.

Die Einwilligung wird mit einer Unterschrift oder online über das Klicken eines Buttons gegeben. Inwiefern eine Einwilligungserklärung notwendig und hilfreich ist, kommt sehr auf den Einzelfall an. Er kann Versuchspersonen zwar zu einem ernsteren Ausfüllen bewegen, aber auch deren Unsicherheit erhöhen und zu höheren Abbruchquoten führen.

> **Auf den Punkt: Einladungen formulieren**
> - Einladungen sollten präzise, fehlerfrei und freundlich formuliert sein, wobei auch eine kreative inhaltliche Gestaltung genutzt werden darf.
> - Zu Beginn sollte die Einladung den Inhalt des Experiments erklären und dadurch thematisches Interesse an der Studie wecken sowie die Relevanz der Studie betonen. Das genaue Ziel des Experiments kann vorab verschwiegen oder verschleiert werden.
> - Der Kontext, in dem das Experiment entsteht (Wer führt es durch? Wer fördert es?), muss in der Einleitung beschrieben werden.

- Die Einladung sollte alle relevanten organisatorischen Aspekte erklären (z. B. Dauer der Befragung, Incentives, eventuelle Nachfolgestudien oder Abläufe).
- Den Probanden sollte man in der Einleitung Vertraulichkeit, Anonymität und einen rein wissenschaftlichen Umgang mit den Daten zusichern.
- Einladungen müssen die Kontaktdaten eines Ansprechpartners enthalten.

7.5 Anforderungsmerkmale und Anforderungseffekte

Wenn Personen an einem Experiment teilnehmen, stellen sie Vermutungen darüber an, was die Forscherin bzw. der Forscher wohl von ihnen erwartet, was der Zweck des Experiments ist und wie der jeweilige Stimulus wirken soll. Diese subjektiv getroffenen Vermutungen werden Anforderungsmerkmale oder -variablen genannt (englisch *demand characteristics*). Umgangssprachlich bezeichnet man diesen Vorgang als „Hypothesenraten". Wenn Versuchspersonen solche Überlegungen anstellen, kann das die Ergebnisse des Experiments beeinträchtigen, indem es sog. Anforderungseffekte bzw. Erwartungseffekte hervorruft. Verzerrungen sind dabei in zwei Richtungen möglich: Einerseits können sie die Befunde in Richtung der Bestätigung der zugrunde liegenden Hypothese verzerren, andererseits können sie auch bewirken, dass sich Versuchspersonen entgegen der vermuteten Wirkungsrichtung verhalten.

Betrachten wir zunächst den Fall, *dass sich Versuchspersonen hypothesenkonform verhalten*. Der Ausdruck „hypothesenkonform" bezieht sich dabei auf die persönliche Einschätzung der Probanden, was mit dem Experiment bezweckt bzw. welche Hypothese untersucht wird. Das muss nicht zwangsläufig mit den von der Forscherin bzw. vom Forscher aufgestellten Hypothesen übereinstimmen. Eine Verhaltensänderung auf Basis solcher Anforderungsmerkmale kann einerseits durch die explizite Erwartung bzw. den festen Glauben an eine bestimmte experimentelle Wirkung ausgelöst werden. Huber (2013) beschreibt in diesem Zusammenhang eine Art „self-fulfilling prophecy": Beispielsweise könnten Versuchspersonen allein aufgrund des vorherigen Hinweises, dass ein Stimulus evtl. Angst auslösen wird, tatsächlich ängstlich darauf reagieren. Dies ist vergleichbar mit dem Placebo-Effekt, also der messbaren Wirksamkeit von Scheinmedikamenten durch die bloße Erwartung oder Hoffnung eines Patienten, dass die Behandlung eine bestimmte Wirkung erzielt. Andererseits können Konformitätseffekte diese Verzerrung verursachen: So gibt es Personen, die erahnen, was der Forscher herausfinden will, und ihm beim Gelingen des Experiments helfen möchten. Das ist oft der Fall, wenn Versuchspersonen den Forschenden (und seine Arbeit) kennen, etwa, weil man zum Erfolg der Masterarbeit einer Kommilitonin beitragen will. Daher sollte es gut überlegt sein, bei Experimenten Freunde, Bekannte und Kommilitonen als Versuchspersonen einzusetzen.

Vermutungen über das Ziel eines Experiments können aber auch genau die gegenteilige Reaktion erzeugen, nämlich, *dass sich Versuchspersonen entgegen den Hypo-*

thesen verhalten; genauer gesagt, entgegen dem, was sie als Erwartungen der Forscherin bzw. des Forschers vermuten. Gründe dafür können Reaktanz und paradoxerweise auch die Angst davor sein, sich aus Versehen hypothesenkonform zu verhalten und damit falsche Ergebnisse zu erzeugen (Orne 1962). Ein ähnlicher Mechanismus zeigte sich in einem Experiment von Meltzer et al. (2012): Hier blieben experimentell induzierte Kultivierungseffekte bei Publizistikstudierenden höherer Semester aus. Die Kenntnis der Forschungshypothese (unter Studierenden höherer Semester ist der Kultivierungsansatz bekannt) führte zu einer Reduktion der vermuteten Effekte. Womöglich verhielten sich die Versuchspersonen aus Trotz oder Argwohn gegenüber der Täuschung („Darauf falle ich nicht rein.") nicht hypothesenkonform. Entsprechend sind Studierende höherer Semester, die das Fach des Studienthemas studieren, als Versuchspersonen oftmals ungeeignet, weil sie das Ziel der Untersuchung leicht durchschauen können. Zudem gibt es auch Versuchspersonen, die ein Experiment bewusst sabotieren und sich absichtlich entgegen der vermuteten Hypothese verhalten. Ein solches Verhalten tritt manchmal auf, wenn man Personen zur Teilnahme an einer Studie gegen ihren Willen verpflichtet (vgl. Abschn. 7.2 und 10.2.1).

Wegen dieser Anforderungseffekte lässt man Versuchspersonen manchmal über den eigentlichen Zweck eines Experiments im Unklaren. Allerdings regt gerade eine solche Unklarheit zum Hypothesenraten an: Es ist eine Grundeigenschaft des Menschen, aus den eigenen Handlungen sowie den Handlungen anderer Sinn zu konstruieren, und gerade eine eher mühselige bzw. lästige Aufgabe, wie die Teilnahme an einem Experiment, nimmt man nur auf sich, wenn man darin einen Sinn sieht. Je unklarer das Ziel des Experiments ist, desto größer die Gefahr, dass die Versuchspersonen unterschiedliche Hypothesen über den Zweck des Experiments generieren. Daher wählen Forscherinnen und Forscher oft einen anderen Weg und täuschen die Probanden bezüglich der wahren Fragestellung: Ihnen wird also ein anderes Ziel genannt als jenes, das die Studie eigentlich verfolgt (sog. „cover story").

Um das Ausmaß dieser Störeinflüsse zumindest abschätzen zu können, schlägt Orne (1962) im Anschluss an das Experiment eine Befragung der Versuchspersonen zu ihren Erwartungen an das Experiment vor (z. B. in Form von „Zuletzt interessiert uns noch Ihre Einschätzung, was wir mit dieser Studie herausfinden wollten. Was denken Sie, war das Ziel dieser Untersuchung?").

Auch wenn eine Täuschung über die Ziele des Experiments gelingt, sollte man bedenken, dass jede experimentelle Situation (mit Ausnahme von verdeckt durchgeführten Experimenten) methodische Artefakte dadurch erzeugen kann, weil sich *Personen in Versuchssituationen anders verhalten als im realen Leben*. Allein das Wissen, an einem Experiment teilzunehmen, kann das Verhalten verändern. Ein einfaches Beispiel ist die Aufforderung an Probanden, einen Zeitungsartikel zu lesen: Wenn die Versuchspersonen wissen, dass sie dabei beobachtet oder später zu den Inhalten befragt werden, lesen sie den Artikel möglicherweise viel konzentrierter als sie das in ihrem Alltag tun würden. Die Befunde des Experiments wären also nicht extern valide, weil sie die Aufmerksamkeit der Versuchspersonen überschätzen würden. Dieser Effekt wird manchmal als „Hawthorne-Effekt" (seltener auch „guinea pig effect") bezeichnet (vgl. Abschn. 5.3). Der Begriff geht auf eine Reihe von Studien ab Mitte der 1920er Jahre zurück, die in den Hawthorne-Werken der Western Electric Company in einem Vorort von Chicago durchgeführt wurden: In mehreren Experimenten untersuchten sie unter anderem, wie verschiedene Beleuchtungsgrade die Arbeitsleistung der Angestellten beeinflussen (Roethlisberger und Dickson 1939). Dabei zeigte sich, dass auch bei einer extrem geringen Beleuchtung die Produktivität der Arbeiterinnen hoch blieb. Dies wurde unter anderem dadurch erklärt, dass die Anwesenheit der Forscher und damit verbunden die Tatsache, dass die Angestellten sich der Versuchssituation bewusst waren, ihre Leistung steigerten.

Auf den Punkt: Anforderungsmerkmale und Anforderungseffekte
- Versuchspersonen stellen Vermutungen darüber an, was man von ihnen erwartet und was das Ziel des Experiments ist; diese sog. Anforderungsmerkmale können die Befunde verzerren.
- Dabei kann sich einerseits eine hypothesenkonforme Verzerrung zeigen, weil allein die Erwartung einer bestimmten Wirkung diese auslöst (vergleichbar mit einer Art „self-fulfilling prophecy" oder Placebo-Effekten), oder Versuchspersonen bewusst zum Gelingen der Studie beitragen wollen (Konformitätseffekte).
- Andererseits können Verzerrungen entgegen der Hypothesen auftreten, wenn sich Versuchspersonen aus Reaktanz, Ängstlichkeit oder bewusster Sabotage entgegen ihrer Vermutung verhalten.
- Um Anforderungseffekte gering zu halten, verschweigen oder verschleiern Forscherinnen und Forscher oftmals das wahre Ziel einer Studie.

7.6 Testungseffekte

Die wiederholte Untersuchung von Versuchspersonen kann Verhaltensänderungen bewirken, die Befunde eines Experiments stören können (sog. Testungseffekte). Wir kamen im Rahmen der Nachteile wiederholter Messungen in Abschn. 5.1.2 bereits auf einige davon zu sprechen. Zentral sind dabei *Lerneffekte*, die durch vorherige Messungen bzw. Manipulationen entstehen. Sie können schon durch eine einfache Vorher-Messung der abhängigen Variable in Gang gesetzt werden, etwa, weil Versuchspersonen dadurch die Fragestellung durchschauen oder ihren Fokus auf einen bestimmten Aspekt der Manipulation richten. Fragt man die Versuchspersonen vor dem Ansehen eines Stimulus nach ihren Voreinstellungen zum Thema Bannerwerbung, werden sie ihr Augenmerk bei der nachfolgenden Exposition einer Homepage insbesondere auf die danebenliegenden Banner richten (man bezeichnet das als Sensitivierung). Lerneffekte können aber auch dadurch auftreten, dass Probanden zwischen zwei Messzeitpunkten Dinge über den Untersuchungsgegenstand (aktiv oder passiv) lernen. Liegen Messzeitpunkte beispielsweise einige Tage auseinander, könnten Versuchspersonen anfangen, Wissen zur jeweiligen Thematik zu recherchieren. Befürchtet man, dass solche Effekte auftreten, kann man mit abstrakten oder fiktiven Themen arbeiten, zu denen sich keine Informationen finden lassen: Im Bereich der Werbewirkung kann man beispielsweise fiktive Produkte bewerben und den Versuchspersonen erklären, dass diese noch in der Testphase und nicht auf dem Markt verfügbar seien.

Eng damit hängen die sog. *Übungseffekte* zusammen, wonach das mehrmalige Absolvieren einer Aufgabe dazu führt, dass Versuchspersonen diese bei weiteren Messungen schneller und besser lösen. Nehmen wir an, Sie zeigen ihren Versuchspersonen mehrfach hintereinander Bildungssendungen und lassen sie jeweils im Anschluss daran Intelligenztests absolvieren. Dadurch, dass sie mit der Zeit die Art der Aufgabenstellung besser verstehen und somit besser mit den Tests umgehen können, wird ihre Leistung im Zeitverlauf automatisch besser, ohne dass dies auf die Manipulation zurückzuführen wäre. Neben Lerneffekten, die durch die Experimentalsituation ausgelöst werden, können auch natürliche Veränderungen zu Verzerrungen führen – hier spricht man von Reifungsprozessen. Untersuchen wir etwa über einen Zeitraum von mehreren Monaten den Wissenszuwachs von Fünfjährigen, die regelmäßig „Sendung mit der Maus" anschauen, wäre ein erhöhter Wissensstand eventuell auch auf andere Faktoren, wie etwa der Wissensvermittlung im Kindergarten, zurückzuführen.

Eine weitere Gruppe von Testungseffekten sind sog. *Ermüdungs- und Sättigungseffekte*. So können sehr lange Studien durch Monotonie (z. B. die Exposition sehr vieler, sehr ähnlicher Wahlplakate oder eines langweiligen, mehrstündigen Films) oder umgekehrt große kognitive Anstrengungen einen Leistungsabfall, Konzentrations- und Motivationseinbußen, Aufmerksamkeitsdefizite und einen Rückgang des Interesses bei den Versuchspersonen bewirken. Daher sollten sowohl monotone Stimuli als auch sehr lange kognitive Beanspruchungen vermieden werden. Dies ist insbesondere problematisch, wenn es bei der kognitiven Belastung systematische Unterschiede zwischen den Gruppen gibt. Stellen Sie sich vor, man legt der Experimentalgruppe eine mehrstündige, monotone Dokumentation über die Ableitung mathematischer Formeln vor, während die Kontrollgruppe einen Actionfilm sieht. Später lässt man die Probanden Matheaufgaben lösen und stellt fest, dass Personen der Kontrollgruppe besser abschneiden als jene, die eine Doku über mathematische Formeln gesehen haben. Machen Actionfilme etwa klüger oder Mathematik-Dokus dümmer? In diesem Fall könnte es daran liegen, dass die Konzentrationsfähigkeit der Versuchspersonen durch die monotone Dokumentation abnahm und die Ergebnisse entsprechend verzerrte. Solche systematischen Verzerrungen können sich auch durch das Ausscheiden von bestimmten Versuchspersonen während des Experiments ergeben, z. B. durch den Abbruch des Experiments (sog. „biased dropout") oder durch die Teilnahmeverweigerung an weiteren Messzeitpunkten – man spricht hier von der „Mortalität" der Stichprobe. Stellen Sie sich vor, bei dem Experiment mit den beiden Filmen gäbe es nach einigen Tagen einen zweiten Durchgang: Hier könnte es passieren, dass daran mehr Versuchspersonen teilnehmen, die den Actionfilm sahen (die anderen haben Angst, nochmals eine derart langweilige Dokumentation sehen zu müssen) und in der Doku-Gruppe nur sehr gewissenhafte oder mathematikbegeisterte Personen zurückbleiben, was zu einer Verzerrung der Befunde führen kann.

Zuletzt gilt es auch *Gewöhnungseffekte* zu beachten: Damit ist die Gewöhnung der Versuchspersonen an die experimentelle Untersuchungssituation gemeint. Wenn Sie die Wirkung von Krimisendungen auf die Ängstlichkeit von Zuschauern testen wollen und dazu den Versuchspersonen mehrere Ausschnitte aus Krimis im Labor zeigen, kann zu Beginn der Studie auch die ungewohnte Umgebung Ängstlichkeit auslösen. Weil die Versuchspersonen sich aber nach und nach an die Situation gewöhnen, nimmt dieser Effekt nach einiger Zeit ab. Um diese Verzerrungen zu vermeiden, ist es ratsam, bei Experimenten stets eine kurze Aufwärmphase (auch Anwärm- oder Adaptionsphase genannt) vorzuschalten, in der sich die Versuchspersonen an die Räumlichkeiten, die experimentelle Situation und den Versuchsleiter gewöhnen. Das kann z. B. über das Zeigen der Räumlichkeiten, ein Gespräch mit dem Versuchsleiter oder eine vorgeschaltete Testaufgabe erfolgen. So bauen Teilnehmerinnen und Teilnehmer Unsicherheiten und Ängste ab und die Gefahr späterer auftretender Gewöhnungseffekte verringert sich.

Auf den Punkt: Testungseffekte

- Eine wiederholte Untersuchung von Versuchspersonen kann Verhaltensänderungen evozieren, welche die Befunde eines Experiments stören (sog. Testungseffekte).
- Aufgrund von Lernprozessen durch vorherige Messungen oder Manipulationen können Versuchspersonen die Fragestellung durchschauen, ihre Aufmerksamkeit auf bestimmte Aspekte richten oder sich Wissen zum jeweiligen Thema aktiv aneignen.
- Durch Übungseffekte kann das mehrmalige Absolvieren einer experimentellen Aufgabe oder eines Tests im Zeitverlauf einfacher gelingen.
- Bei sehr langen Experimenten, monotonen Aufgaben bzw. Stimuli und großer kognitiver Anstrengung können Ermüdungs- und Sättigungseffekte einen Leistungsabfall, Konzentrations- und Motivationseinbußen, Aufmerksamkeitsdefizite und einen Rückgang des Interesses bei den Versuchspersonen auslösen.
- Im Laufe eines Experiments kann es zu Gewöhnungseffekten kommen, sodass eine anfängliche Unsicherheit oder Ängstlichkeit, die aufgrund der ungewohnten Situation entsteht, abgelegt wird.

7.7 Zwischenfazit und Literaturhinweise

Das Gelingen eines sozialwissenschaftlichen Experiments hängt davon ab, ob sich Versuchspersonen daran beteiligen; man ist auf deren Hilfe angewiesen. Entsprechend ehrlich, respektvoll und freundlich sollte man mit ihnen umgehen. Für das Einhalten solch grundlegender Umgangsregeln sprechen nicht nur die allgemeinen „Gesetze" der Höflichkeit und die Verantwortung des Forschenden, sondern auch praktische Gründe: Die Versuchspersonen sollen sich nicht hintergangen fühlen, damit sie auch in Zukunft motiviert sind, an wissenschaftlichen Studien teilzunehmen. Das vorliegende Kapitel erklärte, welche Arten von Stichproben es gibt, wie man Versuchspersonen rekrutiert und zur Teilnahme motiviert. Ganz zentrale Punkte waren dabei die Fragen nach Gruppengröße und Repräsentativität. Im vorliegenden Fazit wollen wir diese beiden Punkte nochmals aufgreifen und einen sehr häufigen Fehlschluss diskutieren: So gibt es den weitverbreiteten Irrglauben, dass fehlende Repräsentativität schlicht durch die schiere Größe einer Stichprobe „geheilt" werden könnte, oder dass große Stichproben generell repräsentativer wären als kleine. Das ist jedoch nicht der Fall, denn Repräsentativität ist keine Funktion der Stichprobengröße: Systematische Auswahlfehler können in großen und kleinen Stichproben gleichermaßen auftreten.

Ein häufig zitiertes Beispiel dafür ist das sog. Literary-Digest-Disaster. Um die Präsidentschaftswahl 1936 in den USA vorherzusagen, führte die Wochenzeitschrift Literary Digest eine Meinungsumfrage durch und schrieb insgesamt zehn Millionen Personen an, von denen sich 2,3 Mio. an der Umfrage beteiligten. Auf dieser Basis schätzte das Blatt, dass der Republikaner Alf Landon 60 % der Stimmen holen und die Wahl klar gewinnen werde. Am Wahltag siegte jedoch der Demokrat Franklin D. Roosevelt mit über 60 % der Stimmen. Insbesondere zwei Dinge hatte der Literary Digest nicht bedacht: Erstens war das ursprüngliche Sample nicht repräsentativ zusammengestellt, weil in den genutzten Listen von Autobesitzern, Vereinen, eigenen Lesern und der Telefonverzeichnisse gut situierte Personen (die vermehrt republikanisch wählten) überrepräsentiert waren. Zweitens zeigte sich, dass gut situierte Personen eher dazu tendieren, sich an einer Umfrage zu beteiligen. Eine genauere Analyse und Diskussion der Ursachen bietet Squire (1988). Das Beispiel zeigt, dass selbst über zwei Millionen Befragte keineswegs ein Garant für Repräsentativität sind.

Wer an einer repräsentativen Stichprobe für ein Experiment interessiert ist, kann (wenn ausreichend finanzielle Mittel zur Verfügung stehen) auf die Pools kommerzieller Anbieter zurückgreifen. Mittlerweile verfügen einige Forschungsdienstleister über annähernd repräsentative Online-Panels, die auch für die Durchführung von Online-Experimenten zur Verfügung stehen. Dabei stellen die Anbieter jenen Personen, die nicht über einen Computer mit Internetanschluss verfügen, entsprechende Geräte zur Verfügung, um auch diese Personengruppe abbilden zu können. Das Nutzen solcher repräsentativer Online-Panels ist zwar etwas kostspieliger, bietet aber eine einfache Möglichkeit, schnell und mit geringem Aufwand eine annähernd repräsentative Stichprobe nutzen zu können.

Wer sich umfassender über das Ziehen von Stichproben informieren möchte, dem empfehlen wir, einen Blick in das Buch von Nicola Döring und Jürgen Bortz (2016) zu werfen. Sie gehen sehr ausführlich auf verschiedene Typen von Stichproben ein und skizzieren auch sehr anschaulich den Bayes'schen Ansatz, ein alternatives Herangehen an die statistische Datenanalyse. Weil Experimente zunehmend online durchgeführt wer-

7.7 Zwischenfazit und Literaturhinweise

den, empfehlen wir die Lektüre einiger Aufsätze im Buch „Sozialforschung im Internet. Methodologie und Praxis der Online-Befragung", das von Nikolaus Jackob, Harald Schoen und Thomas Zerback (2009) herausgegeben wurde. Zuletzt wollen wir jedem Leser die spannende Untersuchung von Christine Meltzer, Thorsten Naab und Gregor Daschmann (2012) ans Herz legen, auf die wir in Abschn. 7.5 eingegangen sind. In dem Experiment untersuchen sie Effekte, die convenience samples für die kommunikationswissenschaftliche Forschung haben. Sie zeigen, dass Kultivierungseffekte bei studentischen Stichproben in Abhängigkeit vom Studiensemester variieren können und demonstrieren somit sehr anschaulich das Problem der Generalisierbarkeit experimenteller Befunde mit studentischen Stichproben.

> **Auf den Punkt: Literaturhinweise**
> - Döring, N. & Bortz, J. (2016). *Forschungsmethoden und Evaluation in den Sozial- und Humanwissenschaften* (5. Aufl.). Heidelberg: Springer.
> - Jackob, N., Schoen, H. & Zerback, T. (2009) (Hrsg.). *Sozialforschung im Internet. Methodologie und Praxis der Online-Befragung*. Wiesbaden: VS Verlag für Sozialwissenschaften.
> - Meltzer, C. E., Naab, T. & Daschmann, G. (2012). All student samples differ: Participant selection in communication science. *Communication Methods and Measures, 6*, 251–262.

Messung der Variablen 8

Experimente überprüfen kausale Zusammenhänge zwischen Sachverhalten der sozialen Realität (vgl. Kap. 1 und 2). Genauer gesagt erkunden sie den Einfluss einer oder mehrerer unabhängiger Variable(n) auf eine oder mehrere abhängige Variable(n). Eine Frage im Rahmen eines kommunikationswissenschaftlichen Experiments könnte z. B. lauten: Welche Wirkung haben verschiedene Arten der medialen Darstellung von Menschen mit körperlicher Behinderung auf Vorurteile gegenüber dieser Gruppe? Je nachdem ob die Mediendarstellung gängige Stereotype betont oder mit ihnen bricht, könnte sie die Vorurteile der Rezipienten entweder verstärken oder abschwächen. Um dies zu untersuchen, könnte man die Versuchspersonen in verschiedene Gruppen aufteilen und ihnen unterschiedliche mediale Darstellungen von Menschen mit körperlicher Behinderung zeigen. Dadurch allein kann man aber noch nicht beantworten, welchen Einfluss diese Darstellungen auf Vorurteile gegenüber Menschen mit physischer Behinderung ausüben. Dafür muss man auch in Erfahrung bringen, welche Vorurteile bei den Versuchspersonen der verschiedenen Experimentalgruppen nach der Präsentation der Stimuli bestehen. Dieser Prozess wird als *Messung* bezeichnet.

Gemessen werden im Experiment nicht nur die abhängige(n) Variable(n), sondern auch verschiedene Arten von Drittvariablen. In diesem Kapitel lernen wir die verschiedenen Arten von Variablen kennen, die im Rahmen eines Experiments relevant sind bzw. sein können, und stellen Überlegungen dazu an, in welcher Reihenfolge sie gemessen werden sollten. Zudem beschäftigen wir uns intensiv mit den verschiedenen Möglichkeiten, wie diese Variablen überhaupt gemessen werden können, denn hierfür hat man im Rahmen experimenteller Forschung meist verschiedene Alternativen. Dabei stellen wir jene Messverfahren vor, die in kommunikationswissenschaftlichen Experimenten am häufigsten zum Einsatz kommen. Anschließend diskutieren wir, wie man entscheidet, welche Form der Messung in verschiedenen Fällen jeweils am besten geeignet ist und setzen uns mit Gütekriterien dieser Messverfahren auseinander. Zuletzt befassen wir uns damit, wie man eine vorgenommene Messung im Forschungsbericht dokumentieren sollte.

8.1 Arten von Variablen und die Reihenfolge ihrer Messung

Im Rahmen eines Experiments müssen wir also Messungen vornehmen, um die für uns interessanten Konstrukte zu ermitteln. Bevor wir uns damit befassen, welche verschiedenen Messverfahren es gibt, soll es erst einmal darum gehen, was da eigentlich genau gemessen wird. In Kap. 3 wurden verschiedene Arten von Hypothesen vorgestellt, die mithilfe von Experimenten untersucht werden können. Diese Hypothesen unterstellen Zusammenhänge zwischen verschiedenen Variablen. Im Rahmen experimenteller Studien untersucht man primär kausale Zusammenhänge: Es gibt also Ursache und Wirkung, die in der Experimentallogik durch eine (oder mehrere) unabhängige und eine (oder mehrere) abhängige Variablen repräsentiert werden. Diese beiden Variablentypen sind entsprechend ganz zentral für die Experimentallogik. Darüber hinaus haben wir aber auch schon verschiedene Typen von Drittvariablen kennengelernt, die in diesem Kapitel nochmals ausführlich beschrieben werden sollen. Welche Funktion eine Variable in einer experimentellen Untersuchungsanordnung einnimmt, hat entscheidenden Einfluss darauf, zu welchem Zeitpunkt sie gemessen werden sollte. Am Ende dieses Kapitels befassen wir uns daher mit der Reihenfolge der Messung unterschiedlicher Variablentypen im Experiment.

8.1.1 Unabhängige und abhängige Variablen

Die zwei wichtigsten Arten von Variablen, die bei einer experimentellen Untersuchung immer involviert sind, haben wir in Abschn. 1.2 bereits kennen gelernt: unabhängige und abhängige Variablen. Als *unabhängige (oder auch exogene oder erklärende) Variablen* werden diejenigen Faktoren bezeichnet, von denen die Forscherin bzw. der Forscher eine Wirkung auf andere Variablen erwartet. In unserem Beispiel wäre dies die Art der medialen Darstellung von Menschen mit physischer Behinderung, z. B. inwieweit bei der Berichterstattung über die Paralympics die körperliche Beeinträchtigung der Athleten deutlich hervorgehoben wird oder nicht (Goggin und Newell 2000). Im Experiment werden die unabhängigen Variablen aktiv manipuliert. Im Umkehrschluss bedeutet dies, dass sie nicht gemessen werden müssen. Es muss lediglich für jede Versuchsperson festgehalten werden, welcher experimentellen Bedingung sie ausgesetzt war. Es sei allerdings angemerkt, dass unabhängige Variablen im Rahmen nicht- oder quasi-experimenteller Studien ebenfalls gemessen werden. Für diese Arten von Studien lassen sich die Ausführungen, die in diesem Kapitel zur Messung von Variablen gemacht werden, also auch auf unabhängige Variablen übertragen.

8.1 Arten von Variablen und die Reihenfolge ihrer Messung

Nicht verwechselt werden sollte die Messung der unabhängigen Variablen mit dem *Manipulationscheck* (oder auch: Treatmentcheck). Wie bereits in Abschn. 5.5 angesprochen, überprüfen viele Experimente mithilfe einer Messung, ob Versuchspersonen die experimentell variierte Manipulation der unabhängigen Variablen auch in der intendierten Weise wahrgenommen und verarbeitet haben. In unserem Beispiel könnte die Manipulationscheck-Messung darin bestehen, dass die Versuchspersonen im Rahmen einer Befragung einschätzen müssen, inwiefern der gezeigte Beitrag die Behinderung der Sportler thematisiert hat. Zeigen sich hier keine oder nur geringe Unterschiede zwischen den verschiedenen Experimentalgruppen, war die Manipulation nicht deutlich genug. Jedes Experiment sollte daher Variablen erheben, mit denen sich der Erfolg der vorgenommenen Manipulation überprüfen lässt. Wenn befürchtet werden muss, dass das Messen der erfolgreichen Manipulation einen Einfluss auf die übrigen Messungen im Experiment hat und damit selbst eine Störung des Versuchsablaufs darstellt, kann die Manipulationscheck-Messung auch in eine Vorstudie, den sogenannten Pretest, ausgelagert werden (vgl. dazu ausführlich Abschn. 5.5). Man testet also mit einer anderen Stichprobe vorab, ob die Manipulation wie geplant wahrgenommen wird. Wichtig ist in jedem Fall, dass es hier noch nicht darum geht, welche Wirkung die Manipulation auf die abhängige Variable hat.

Messungen, die zum Manipulationscheck verwendet werden, dürfen also nicht gleichzeitig auch die Funktion *von abhängigen (oder auch endogenen oder erklärten) Variablen* erfüllen. Ohne die Messung dieses Variablentyps kommt kein Experiment aus. Abhängige Variablen stellen im Ursache-Wirkungs-Zusammenhang die Stelle dar, an der die Wirkung vermutet wird. Es handelt sich also um Variablen, von denen unterstellt wird, dass sie von den unabhängigen Variablen beeinflusst werden. Im eingangs genannten Beispiel sind dies die Vorurteile gegenüber Menschen mit physischer Behinderung. Diese lassen sich auf viele verschiedene Arten messen, wie wir in den Abschn. 8.3 bis 8.5 sehen werden. Da die abhängige(n) Variable(n) für ein Experiment und die darin vorgenommene Hypothesenprüfung eine ganz zentrale Funktion erfüllen, muss deren Messung gut durchdacht und begründet werden. Die abhängigen Variablen sollten auf eine Weise erfasst werden, die möglichst alle ihre Facetten abdeckt. Für unser Beispiel würde dies bedeuten, dass man nicht nur *ein* gängiges Vorurteil gegenüber Menschen mit körperlicher Behinderung erfassen sollte, sondern verschiedene Vorurteile von verschiedenen Seiten beleuchten sollte. Denn diese bilden erst in ihrer Gesamtheit das stereotype Abbild der Gruppe. Nützlich wäre es zudem, die Stärke der Vorurteile bei den Versuchspersonen zu ermitteln und nicht bloß, ob Vorurteile grundsätzlich vorhanden sind. Das ermöglicht feinere Analysen und bringt dadurch womöglich Wirkungen der Manipulation zum Vorschein, die ansonsten verborgen geblieben wären. Beides, die Messung über mehrere Indikatoren und die Messtiefe, wird uns in Abschn. 8.2 noch weiter beschäftigen. Fürs Erste wollen wir an dieser Stelle festhalten, dass die abhängige(n) Variable(n) eher mit mehr als mit weniger Aufwand gemessen werden sollten.

8.1.2 Drittvariablen

Wer schon einmal an einer experimentellen Studie als Versuchsperson teilgenommen hat, weiß, dass dies oft eine Weile dauert. Das liegt unter anderem auch daran, dass in den meisten Fällen nicht nur eine oder mehrere abhängige Variablen erhoben werden, sondern noch eine ganze Reihe anderer Variablen, die sog. *Drittvariablen*. Hier lassen sich verschiedene Typen unterscheiden:

1) Als *Moderatoren* bezeichnet man Variablen, die Stärke oder Richtung des Zusammenhangs zweier anderer Variablen beeinflussen. Im Experiment interessieren Moderatorvariablen insbesondere, weil sie den Zusammenhang zwischen der experimentell manipulierten unabhängigen Variable und der gemessenen abhängigen Variable verändern können. Wenn man eine Moderationshypothese statistisch überprüft, spricht man auch von einem *Interaktionseffekt* zwischen unabhängiger Variable und Moderator (vgl. Abschn. 5.2.4): Die beiden Variablen wirken sich in einer bestimmten Kombination ihrer Ausprägungen auf die abhängige Variable aus. So wäre es z. B. denkbar, dass die mediale Betonung der physischen Beeinträchtigung von Sportlern mit Behinderung bei Rezipienten mit starker Empathie, also einer großen Fähigkeit und Bereitschaft andere zu verstehen und sich in sie hineinzuversetzen, eher zum Abbau von Vorurteilen führt, wohingegen diese bei Personen mit geringer Empathie eher verstärkt werden. Empathie wäre in diesem Fall der Moderator des Zusammenhangs zwischen Medienstimulus und Vorurteilen. Wenn man eine derartige Moderationsannahme bereits bei der Planung eines Experiments hat, empfiehlt es sich also, die vermutete Moderatorvariable auch zu messen.

2) Nicht verwechseln sollte man Moderatorvariablen mit den *Mediatoren* eines Zusammenhangs (ausführlich dazu: Baron und Kenny 1986). Ein Mediator ist eine Variable, die die Wirkung der unabhängigen auf die abhängige Variable vermittelt. Sie nimmt eine Zwischenstelle in der Kausalkette ein. Die unabhängige Variable beeinflusst zunächst den Mediator, dessen Veränderung sich dann wiederum auf die abhängige Variable auswirkt. Die durch einen Mediator vermittelten Wirkungen werden in der statistischen Modellierung auch als *indirekte Effekte* bezeichnet. In unserem Beispiel könnte man sich fragen, warum die explizite Darstellung körperlicher Beeinträchtigungen von Sportlern mit Behinderung Vorurteile verstärkt. Es wäre ja möglich, dass die explizite Darstellung der körperlichen Beeinträchtigung zunächst eine emotionale Reaktion hervorruft, die sich dann im nächsten Schritt auf Vorurteile auswirkt. So könnte sie z. B. Mitleid auslösen, welches dann dazu führt, dass Menschen mit Behinderung stärker vor dem Hintergrund ihrer physischen Beeinträchtigungen beurteilt werden und somit etwa die Vorstellung stärkt, dass ein Leben mit körperlicher Beeinträchtigung weniger Lebensfreude biete. In diesem Fall wäre Mitleid ein Mediator zwischen dem präsentierten Medienstimulus und der eigentlichen abhängigen Variablen, nämlich Vorurteilen gegenüber der sozialen Gruppe. Der Mediator wäre also für den Zusammenhang zwischen unabhängiger und abhängiger

Variable verantwortlich – bei Probanden, bei denen kein Mitleid durch den Stimulus ausgelöst wird, käme es entsprechend auch nicht zur Verstärkung von Vorurteilen. Wie bei der Moderation gilt auch hier: Wenn man beim Planen eines Experiments bereits absehen kann, dass Drittvariablen als Mediatoren zwischen den geplanten unabhängigen und abhängigen Variablen fungieren könnten, sollte man sie messen. Es bleibt aber festzuhalten, dass in einem Querschnittdesign die Kausalrichtung zwischen Mediator und abhängiger Variable nicht zweifelsfrei geklärt werden kann (vgl. Abschn. 2.2).

3) Zudem sollte man bei der Durchführung eines Experiments auch mögliche *Kovariaten* erheben. Unter diesem Begriff versammeln sich alle Variablen, von denen angenommen werden kann, dass sie unabhängig von der Manipulation einen Einfluss auf die abhängige Variable ausüben, also nicht mit der Manipulation interagieren bzw. von ihr beeinflusst werden. Der Einfluss gemessener Kovariaten kann bei der Datenauswertung statistisch kontrolliert werden (vgl. Abschn. 9.6). Dadurch reduziert sich die sog. „Fehlervarianz" in der abhängigen Variable und ein möglicher Einfluss der experimentellen Manipulation in der Datenanalyse tritt deutlicher zum Vorschein. Bezogen auf unser Beispiel ist zu vermuten, dass Menschen, die im Alltag regelmäßig Kontakt mit Menschen mit Behinderung haben, deutlich geringere Vorurteile gegenüber dieser Gruppe aufweisen. Wenn man diesen Primärkontakt misst, kann man dadurch später einen Teil der Varianz an der abhängigen Variablen, die nicht durch die Manipulation verursacht wird, isolieren und so die Erklärkraft der statistischen Hypothesenprüfung erhöhen (vgl. Abschn. 9.6).

8.1.3 Weitere Messungen

Darüber hinaus nutzt man in Experimenten oft Items, die einen bestimmten Zweck im Untersuchungsablauf verfolgen und gar nicht Gegenstand der späteren Auswertungen sind, die sogenannten *Funktionsfragen*. Häufig findet man beispielsweise sog. Eisbrecherfragen am Beginn eines Experiments, die dazu dienen, die Atmosphäre aufzulockern und den Versuchspersonen den Einstieg zu erleichtern. Die Antworten werden dabei oftmals gar nicht ausgewertet, sondern dienen nur dazu, den Teilnehmenden den Einstieg in den Fragebogen zu erleichtern. Auch Filterfragen gehören zu dieser Kategorie: Sie dienen der individuellen Anpassung einer Messung, um Personen, die eine bestimmte Voraussetzung nicht erfüllen, von irrelevanten Abfragen auszuschließen. Will man beispielsweise alle am Vortag genutzten Fernsehsendungen erfassen, braucht man diese Frage Personen nicht zu stellen, die am Vortag gar nicht ferngesehen haben. In Experimenten trifft man zudem auch auf Messungen, die nur dazu dienen, eine vorab berichtete „cover story" aufrecht zu erhalten (vgl. Abschn. 7.4). Interessiert man sich für Effekte, die von der Darstellung von Sportlern mit Behinderung ausgehen, könnte die Forscherin bzw. der Forscher die Versuchspersonen vorab täuschen wollen. Sie erklärt ihnen zum Beispiel, dass das Experiment die Wirkung von Bandenwerbung während

Sportübertragungen untersuchen möchte. Um diese Täuschung aufrecht zu erhalten, werden anschließend auch Bewertungen der beworbenen Marken erhoben, obwohl diese für das eigentliche Untersuchungsinteresse nicht relevant sind.

8.1.4 Zeitpunkt der Messung

Dass es nicht unwichtig ist, zu welchem Zeitpunkt eine Variable gemessen wird, ist an verschiedenen Stellen dieses Kapitels bereits angeklungen. Die *Reihenfolge der Messung* kann die Ergebnisse erheblich beeinflussen. Es sollte z. B. schon rein logisch klar sein, dass die abhängige Variable mindestens einmal *nach der Konfrontation mit der experimentellen Manipulation* gemessen werden muss. Misst man die abhängige Variable ausschließlich davor, kann man keine Effekte der Manipulation erfassen. Es kann sinnvoll sein, die abhängige Variable mehrfach zu messen (vgl. Abschn. 5.1.2). Im Rahmen eines Messwiederholungs-Designs erhebt man die abhängige Variable *zusätzlich vor der experimentellen Manipulation*, um auf intraindividueller Ebene eine Veränderung durch die Manipulation untersuchen zu können. Bei der *mehrfachen Messung der abhängigen Variablen nach der Konfrontation mit der experimentellen Manipulation* geht es um die zeitliche Dauer des untersuchten Effekts. Man kann überprüfen, wie lange die Wirkung einer Manipulation anhält. Eine Messwiederholung im Abstand mehrerer Stunden oder Tage bietet sich z. B. an, wenn Sie untersuchen wollen, ob die Wirkung einer rezipierten Medienbotschaft auch noch andauert, wenn bereits einige Zeit verstrichen ist.

Auch bei der Messung von Manipulationschecks sollte man sich gut überlegen, wann man diese vornimmt. Hier tritt ein weiteres Problem zutage: Denn die Messung des Manipulationschecks verrät oftmals die Grundidee des Experiments (Kidd 1976). Denken Sie nur an unser Beispiel: Wenn man direkt nach dem Ansehen eines Filmbeitrags über die Paralympics fragt, ob der Beitrag die körperliche Behinderung der Sportler betont hat, dann erahnen viele Versuchspersonen vermutlich, dass es in der Studie um die Behinderung der Sportler geht. Dies kann die Antworten zu darauffolgenden Fragen, z. B. nach Vorurteilen gegenüber dieser Gruppe, beeinflussen. Man spricht hier von *Ausstrahlungs-* bzw. *Kontexteffekten*. Dies betrifft natürlich nicht nur Fragen zum Manipulationscheck. Es ist ganz grundsätzlich ratsam, Messungen eher am Ende der Datenerhebung vorzunehmen, wenn man befürchten muss, dass sie die Ergebnisse bei anderen Messungen verzerren. Besonders problematisch ist dies bei sogenannten *reaktiven Messungen*. Damit sind alle Messungen gemeint, die sich unmittelbar auf die Kognitionen, Emotionen oder das Verhalten von Versuchspersonen auswirken können. Dies ist immer dann der Fall, wenn Probanden merken, dass eine Messung stattfindet, z. B. bei Abfragen im Rahmen einer Befragung (vgl. Abschn. 8.3) oder bei physiologischen Messungen (vgl. Abschn. 8.4). Bei nicht-reaktiven Messungen, z. B. der verdeckten Beobachtung (vgl. Abschn. 8.4), ist das Risiko von Ausstrahlungseffekten hingegen gering.

Es stellt sich ferner die Frage, an welcher Stelle im Versuchsablauf die verschiedenen Drittvariablen abgefragt werden. Bei Moderatoren und Kovariaten geht man davon aus, dass sie von der experimentellen Manipulation nicht beeinflusst werden (ansonsten wären es Mediatoren oder abhängige Variablen). Das spricht dafür, sie vor der Konfrontation mit der Manipulation zu erfassen. Dies ist allerdings nicht immer möglich. Soziodemografische Merkmale, die oft als Moderatoren oder Kovariaten fungieren, fragen viele Forscherinnen und Forscher z. B. lieber am Schluss einer Untersuchung ab, weil sie befürchten, dass die Fragen die Versuchspersonen langweilen und zum vorzeitigen Studienabbruch führen könnten. Allerdings ist es hier auch sehr unwahrscheinlich, dass sich die experimentelle Variation auf diese Messungen auswirkt.

Einen Sonderfall stellen Mediatorvariablen dar. Rein kausallogisch müsste man nach der experimentellen Manipulation zuerst die Mediatorvariable abfragen und dann die abhängige Variable; denn man geht ja davon aus, dass der manipulierte Faktor sich zunächst auf den Mediator auswirkt und erst dadurch die abhängige Variable beeinflusst wird. Dies kann aber auch dazu führen, dass man die untersuchten Zusammenhänge erzwingt, indem man einen Ausstrahlungseffekt der Mediatorvariable auf die abhängige Variable provoziert. Bleiben wir in unserem Beispiel: Wenn man Personen einen Filmbeitrag über Sportler mit Behinderung zeigt, sie anschließend nach ihren Emotionen gegenüber den Sportlern und erst dann nach Vorurteilen gegenüber der Gruppe fragt, ist es wahrscheinlich, dass die ausgelösten Emotionen eng mit den geäußerten Vorurteilen zusammenhängen. Aber ist dies dann wirklich ein Beleg für einen entsprechenden Mediationseffekt? Oder bewirkt vielleicht erst die zuvor gestellte Frage nach den Emotionen (und nicht der gezeigte Medienbeitrag), dass sich diese auf die danach abgefragten Vorurteile auswirken? Wenn man befürchten muss, solche *Messartefakte* zu produzieren, könnte es klüger sein, die Mediatorvariable nach der abhängigen Variable abzufragen – auch wenn dadurch gegen die Kausallogik verstoßen wird. In jedem Fall lohnt es sich, über die Reihenfolge der Messungen und ihre Positionierung im Versuchsablauf genau nachzudenken, bevor man eine Studie durchführt.

Auf den Punkt: Arten von Variablen und die Reihenfolge ihrer Messung
- Die unabhängige(n) Variable(n) wird/werden im Rahmen eines Experiments manipuliert. Ob diese Manipulation erfolgreich war, misst man mittels eines Manipulationschecks.
- Abhängigen Variablen müssen mindestens einmal nach der experimentellen Manipulation gemessen werden.
- Daneben werden auch sogenannte Drittvariablen erfasst. Hier lassen sich drei Typen unterscheiden:
  1. Moderatorvariablen wirken sich auf die Stärke oder die Richtung des Zusammenhangs von zwei anderen Variablen aus (im Experiment meist der Zusammenhang von unabhängiger und abhängiger Variable).
  2. Mediatorvariablen vermitteln den Effekt zwischen zwei Variablen: Die unabhängige Variable beeinflusst zunächst den Mediator, dieser wirkt sich dann auf die abhängige Variable aus. In einem Querschnittsdesign lässt sich

allerdings die Kausalität zwischen Mediator und abhängiger Variable in der Regel nicht zweifelsfrei klären.
3. Kovariaten üben unabhängig von der experimentellen Manipulation einen Einfluss auf die abhängige Variable aus. Durch ihren Einbezug ins Experiment kann die Teststärke erhöht werden.

- Von großer Bedeutung ist die Reihenfolge der Messung. Denn einzelne Messungen können sich auf die Ergebnisse bei anderen, später erhobenen Variablen auswirken. Dieses Problem besteht vor allem bei reaktiven Messverfahren, bei denen Versuchspersonen bemerken, dass etwas gemessen wird.

8.2 Operationalisierung: Vom Konstrukt zum Indikator

Wenn man sich darüber im Klaren ist, welche Variablen in einem Experiment erfasst werden sollen, stellt sich die Frage, wie man diese misst. Dieser Schritt, bei dem für ein zuvor ausgewähltes theoretisches Konstrukt konkrete Indikatoren gefunden werden müssen, wird *Operationalisierung* (oder Messbarmachung) genannt. In der Kommunikationswissenschaft haben wir es dabei oft mit Sachverhalten zu tun, die nicht direkt beobachtbar sind, sondern aus anderen Indikatoren geschlossen werden müssen: Denken Sie beispielsweise an Einstellungen, Vertrauen oder Vorurteile (dazu gleich mehr in Abschn. 8.2.1). Man muss eine Entscheidung treffen, wie man solche Konstrukte messen will. Fast immer gibt es dabei mehrere Optionen: Dies betrifft wissenschaftliche Messungen genauso wie Messungen im Alltag. Wenn Sie die aktuelle Außentemperatur wissen wollen, können Sie aus dem Fenster schauen und anhand der Kleidung der Passanten, die Sie auf der Straße sehen, Ihre Schlüsse ziehen: Sehen Sie viele Personen in T-Shirt und kurzer Hose, könnte das ein Indikator dafür sein, dass es relativ warm ist. Sie können aber auch selbst vor die Tür treten und sich überlegen, ob Ihnen warm oder kalt ist. Oder Sie lesen von einem Thermometer am Fenster oder aus der Wetter-App auf Ihrem Handy eine Temperatur-Angabe in Grad Celsius ab. Für diese verschiedenen Möglichkeiten müssen jeweils ganz unterschiedliche Voraussetzungen erfüllt sein. Wer eine Wohnung ohne Fenster zur Straße hat, kann keine Passanten beobachten. Wer weder Thermometer noch Smartphone besitzt, für den entfällt das Ablesen der Temperatur als Möglichkeit usw. Zudem führen die verschiedenen Messverfahren zu ganz unterschiedlichen und für verschiedene Zwecke hilfreichen Angaben. Wenn Sie die genaue Temperatur in Grad Celsius wissen, haben Sie eine sehr präzise Angabe und können z. B. die Veränderung der Temperatur über mehrere Tage relativ exakt bestimmen. Sie wissen aber womöglich trotzdem nicht, ob Ihnen in einem bestimmten Outfit draußen nun warm genug ist. Das stellen Sie erst dadurch fest, dass Sie vor die Tür treten. Für unterschiedliche Fragestellungen eignen sich also unterschiedliche Messverfahren.

In der medien- und kommunikationswissenschaftlichen Forschung gibt es eine ganze Reihe unterschiedlicher Messverfahren, die in Experimenten eingesetzt werden können.

Diese werden in den folgenden Kapiteln jeweils detailliert beschrieben. Erleichtert wird die Auswahl des Messverfahrens dadurch, dass viele Konstrukte bereits von anderen Wissenschaftlerinnen und Wissenschaftlern operationalisiert wurden. Diese haben sich dann bereits Gedanken darüber gemacht, wie das jeweilige Konstrukt gemessen werden kann. Natürlich sollte man diesen Vorarbeiten nicht blind und unhinterfragt folgen. Dennoch empfiehlt es sich immer, zunächst Studien zu suchen, die das Konstrukt bereits untersucht haben und sich an ihnen zu orientieren. Im Normalfall stoßen Sie so im Rahmen der Literaturrecherche zu Ihrem Forschungsthema schon auf entsprechende Messinstrumente. Es hat eine Reihe von Vorteilen, *etablierte Messinstrumente* zu wählen, die bereits in früheren Studien angewandt wurden (vgl. Abschn. 8.6). Einerseits kann man davon ausgehen, dass sich diese zur Messung des Konstrukts bewährt haben, andererseits können die Ergebnisse der eigenen Studie so besser auf den Forschungsstand bezogen werden. Selbst wenn Sie jedoch zu dem Schluss kommen, dass für Ihre eigene Studie eine andere Form der Messung zweckmäßiger ist, finden Sie in anderen Untersuchungen Anregungen und Orientierung.

Wie geht man nun im Detail vor, um von seinem theoretischen Konstrukt zum Messinstrument zu kommen? Bevor ein Konstrukt operationalisiert werden kann, muss man sich zunächst der *Konstruktspezifikation* widmen. Dies ist eigentlich kein Teil des Operationalisierungsprozesses, sondern zählt zu den Vorarbeiten, die Sie im Normalfall bereits geleistet haben, wenn Sie sich der Messung zuwenden. Da eine klare Vorstellung darüber, was gemessen werden soll, allerdings zwingende Voraussetzung für eine gelungene Operationalisierung ist, soll die Konstruktspezifikation an dieser Stelle nicht unerwähnt bleiben. Das zu messende Konstrukt muss zunächst klar umschrieben bzw. eingegrenzt werden. Auch hierfür empfiehlt sich zunächst eine Recherche in anderen Studien. Bei neuen Phänomenen, die in der bisherigen Forschung noch nicht auftauchen, kann es nötig sein, eine eigene Definition zu entwickeln. Für viele gängige Konstrukte gibt es in der Forschungsliteratur hingegen bereits Definitionen, oft sogar mehrere konkurrierende. Es muss nicht zwangsläufig sinnvoll sein, sich den in der bestehenden Literatur dominanten Definitionen anzuschließen. Wenn das eigene Experiment allerdings klare Anknüpfungspunkte an eine bestehende Forschungstradition aufweist oder sich als Weiterentwicklung einer konkreten anderen Studie auffassen lässt, sollten die wesentlichen Konstrukte auch so definiert werden, wie dies die entsprechenden Vorgängerstudien getan haben. Ansonsten läuft man Gefahr, dass sich die eigenen Befunde nicht in sinnvoller Weise auf den Forschungsstand beziehen lassen, weil letztlich ein anderes Konstrukt untersucht wurde. Vor der Operationalisierung stehen also die Literatursuche und die Theoriearbeit.

8.2.1 Verschiedene Arten von Konstrukten und ihre Indikatoren

Ist man sich über die Definition eines Konstruktes im Klaren, kann man sich der eigentlichen Operationalisierung widmen: Wie können die Konstrukte konkret gemessen werden? Solche Messungen können unterschiedlich kompliziert sein. Manche

Konstrukte lassen sich sehr direkt beobachten bzw. bei einer Fragebogenmessung direkt abfragen. Man spricht hier von *manifesten Konstrukten*. Man kann sie in Form einer einzelnen Angabe festhalten, z. B. mit der Antwort auf eine einzelne Frage oder einer einzelnen Beobachtung des Versuchsleiters. Möchte man z. B. das Alter einer Person wissen, kann man sie fragen, wie alt sie ist. Möchte man wissen, ob sie zum Zeitpunkt der Untersuchung eine Brille trägt, kann man dies im Rahmen einer Laborstudie sogar durch den Versuchsleiter festhalten lassen, ohne danach zu fragen. Allerdings stellt sich hier bereits die Frage, wofür die Information benötigt wird. Will man herausfinden, ob sich der Brillenrand im Sichtfeld der Versuchsperson befindet? Oder soll erfasst werden, ob ein Sehfehler vorliegt? Dann müsste man doch konkreter fragen, um auch Kontaktlinsenträger identifizieren zu können. Manifeste Konstrukte stellen uns bei der Operationalisierung insgesamt zwar vor geringere Probleme, weil es relativ einfach möglich ist, sie zu erfassen. Trotzdem sollte man sich auch bei der Operationalisierung manifester Konstrukte genau überlegen, welche Information man auf welche Weise festhalten will.

Bei den meisten Phänomenen, für die wir uns im Rahmen kommunikationswissenschaftlicher Studien interessieren, ist es aber komplizierter. Denn wir erforschen oft abstrakte Phänomene, die weniger eindeutig zu fassen sind, z. B. Einstellungen und Meinungen zu verschiedenen Themen, Persönlichkeitsmerkmale wie Neurotizismus und Verträglichkeit oder soziale Beziehungsgeflechte wie Macht oder Meinungsführerschaft. Man spricht hier von *latenten Konstrukten*. Sie zeichnen sich dadurch aus, dass wir sie nicht direkt erfassen können. Man muss also erst manifeste Aspekte definieren, die stellvertretend für das latente Konstrukt abgefragt werden. Diese nennt man *Indikatoren*. Die Einstellung gegenüber einer sozialen Gruppe wird in der Forschung z. B. oft über mehrere Indikatoren gemessen. Eine Möglichkeit besteht darin, die Versuchspersonen zu fragen, wie sympathisch, freundlich, hilfsbereit, kompetent usw. sie die Mitglieder der Gruppe wahrnehmen. Wir fragen also nicht: „Wie ist Ihre Einstellung zu Menschen mit Behinderung?", sondern „Wie sympathisch sind Ihnen Menschen mit Behinderung?", „Für wie hilfsbereit halten Sie Menschen mit Behinderung?" usw. Diese verschiedenen Antworten werden bei der späteren Datenauswertung zusammengefasst und bilden gemeinsam das Konstrukt „Einstellung gegenüber Menschen mit Behinderung" (vgl. Abschn. 9.1.2).

Unter Umständen kann auch ein Indikator für die Messung eines latenten Konstrukts ausreichen. Medienverdrossenheit könnte man z. B. ermitteln, indem man Probanden fragt, wie frustriert sie über den Journalismus der etablierten Medien sind. Allerdings ist fraglich, ob man so alle Facetten von Medienverdrossenheit abdeckt: Sind die Befragten der Meinung, dass bestimmte Themen oder Meinungen zu selten in den Medien vorkommen, dass Journalisten immer schlechter recherchieren, dass Mitglieder des eigenen sozialen Milieus zu selten zur Sprache kommen usw.? Stellt man nur eine einzelne Frage zur Medienverdrossenheit kann es daher sein, dass das Ergebnis anders ausfällt, weil die Befragten an bestimmte Aspekte, über die sie frustriert sind, nicht sofort denken. Außerdem lässt sich nicht analysieren, welche Aspekte zur generellen Medienverdrossenheit eigentlich beitragen. Wenn ein latentes Konstrukt für die Untersuchung von zentraler

8.2 Operationalisierung: Vom Konstrukt zum Indikator

Bedeutung ist, also z. B. die abhängige Variable oder einen wichtigen Mediator darstellt, empfiehlt es sich daher, dieses Konstrukt eher aufwendig zu erheben (vgl. Abschn. 8.1). Dies bedeutet auch, es mit einer größeren Zahl von Indikatoren zu erfassen.

Arbeitet man mit mehreren Indikatoren, ist es wichtig zu wissen, welche Beziehung man zwischen den Indikatoren und dem latenten Konstrukt unterstellt (vgl. Christophersen und Grape 2009). Geht man davon aus, dass die verschiedenen Indikatoren in vergleichbarer Weise anzeigen, wie stark oder schwach ein Konstrukt bei den Versuchspersonen insgesamt ausgeprägt ist, spricht man von einem *reflektiven Konstrukt*. Ein klassisches Beispiel hierfür sind psychologische Persönlichkeitsmerkmale. Neurotizismus wird oft über die Zustimmung zu Aussagen wie „Ich werde leicht nervös und unsicher" oder „Ich lasse mich durch Stress leicht aus der Ruhe bringen" erhoben. Dabei wird unterstellt, dass diese verschiedenen Aussagen das Konstrukt, das für sich genommen schwer greifbar ist, messbar machen. Bei Personen mit einem hohen Grad an Neurotizismus erwartet man eine hohe Zustimmung zu all diesen Aussagen. Bestimmend für die unterschiedlichen Antworten ist also, ob eine Person neurotisch ist oder nicht – das Konstrukt bedingt die Indikatoren. Bei reflektiven Konstrukten wird durch eine Messung mit einer geringeren Anzahl von Indikatoren vor allem die Präzision der Messung verringert. Ein einzelner Indikator ist immer anfällig für Messfehler, z. B., wenn Versuchspersonen inhaltlich etwas anderes unter einer Frage im Fragebogen verstehen als die Forscherin bzw. der Forscher. Mit einer höheren Anzahl von Indikatoren fallen solche Messfehler bei einzelnen Indikatoren weniger stark ins Gewicht. Man muss jedoch bei reflektiven Konstrukten nicht befürchten, dass einzelne Aspekte, die das Konstrukt ausmachen, überhaupt nicht erfasst werden.

Dies ist bei *formativen Konstrukten* anders. Hier nimmt man an, dass das Konstrukt überhaupt erst aus seinen verschiedenen Indikatoren entsteht. Denken wir noch einmal an das Beispiel Medienverdrossenheit: Wir würden nicht unterstellen, dass eine Person zuerst eine grundsätzliche Verdrossenheit gegenüber Medien empfindet und deswegen der Meinung ist, die Medien böten zu wenig thematische Vielfalt, Journalisten recherchierten schlecht oder würden das eigene Milieu zu wenig beachten. Sondern wir würden davon ausgehen, dass Medienverdrossenheit erst dadurch entsteht, dass Menschen entsprechende Beobachtungen machen, die sie mit den Medien insgesamt unzufrieden werden lassen. Hier bedingen also die Indikatoren das Konstrukt. Es müssen nicht alle Indikatoren erfüllt sein, damit Medienverdrossenheit vorliegt. Wer z. B. nur mit den Rechercheleistungen und der Themenauswahl unzufrieden ist, nicht jedoch mit der Repräsentation sozialer Gruppen, kann trotzdem als medienverdrossen gelten. Lassen wir einzelne Indikatoren des Konstrukts bei der Messung weg, geht uns, wie bereits ausgeführt, ein Teil der Information verloren. Der Unterschied zwischen reflektiven und formativen Konstrukten sollte also beachtet werden, wenn man sich darüber Gedanken macht, welche und wie viele Indikatoren man für ein Konstrukt verwenden sollte. Bei formativen Konstrukten sollte man sich darum bemühen, möglichst alle Unteraspekte abzubilden. Auch bei der späteren Datenauswertung wird der Unterschied wieder relevant (vgl. Abschn. 9.1.2).

Allerdings ist die Entscheidung im Einzelfall gar nicht so einfach. Die Grenzen zwischen reflektiven und formativen Konstrukten sind weniger eindeutig, als unsere bisherigen Ausführungen vermuten lassen. Bei Personen, bei denen Medienverdrossenheit bereits sehr stark und anhaltend ausgeprägt ist, kann es durchaus sein, dass sich diese generell negative Einstellung gegenüber den Medien irgendwann auf alle Einzelbewertungen der Medienberichterstattung auswirkt. Diese Menschen würden die Medien also in jeder abgefragten Dimension negativ bewerten, weil ihre generelle Medienverdrossenheit so groß ist. Dies würde dann eher einem reflektiven Konstrukt entsprechen. Hier muss man sich also die Frage stellen, wie Medienverdrossenheit bei seiner Stichprobe wohl vorliegt. Handelt es sich um Menschen, die bereits eine starke allgemeine Medienverdrossenheit aufweisen, die alle Urteile über Medien prägt, oder um Menschen, bei denen möglicherweise eher einzelne Kritikpunkte an den Medien in eine grundsätzlichere Verdrossenheit münden? Von der Antwort auf diese Frage hängt es ab, ob er von einem formativen oder einem reflektiven Konstrukt ausgeht und damit wie viele und welche Indikatoren er wählt und wie er mit diesen Indikatoren bei der Datenauswertung umgeht.

8.2.2 Messniveaus der Indikatoren

Will ich den Umfang der Fernsehnutzung meiner Versuchspersonen erfassen, habe ich verschiedene Möglichkeiten. Ich könnte einfach fragen, ob jemand (zumindest hin und wieder) fernsieht oder nicht und die Personen in zwei Kategorien einteilen: Fernsehnutzer vs. Nicht-Fernsehnutzer. Alternativ wäre es möglich, die Personen etwas differenzierter in vier Gruppen einzuteilen: Nichtseher, Wenigseher (z. B. unter zwei Stunden pro Tag), Durchschnittsseher (z. B. zwischen zwei und vier Stunden pro Tag) und Vielseher (z. B. über vier Stunden pro Tag). Eine weitere Möglichkeit wäre es, die Teilnehmerinnen und Teilnehmer zu bitten, sich auf einer fünfstufigen Skala einzuordnen: Von 1 = „ich sehe nie fern" bis 5 = „ich sehe sehr viel fern". Eine vierte Alternative wäre es, die genaue Fernsehnutzungsdauer in Minuten pro Tag zu erheben. Wir können das gleiche Phänomen also unterschiedlich differenziert messen. Die vier genannten Beispiele illustrieren dabei vier unterschiedliche Mess- bzw. Skalenniveaus. Es geht also um die Frage, in welcher Form die Ergebnisse der Messung am Ende vorliegen sollen. Im Folgenden werden wir diese Messniveaus noch mal einzeln vorstellen:

- Von *nominalen Variablen* spricht man, wenn die verschiedenen Merkmalsausprägungen zwar distinkt voneinander sind, zwischen ihnen also eindeutig unterschieden werden kann, sie aber untereinander keine natürliche Ordnung aufweisen. Dies ist z. B. beim Geschlecht der Fall, beim Geburtsort oder bei der Frage, ob jemand fernsieht oder nicht. Die Ausprägungen dieser Merkmale kann man nicht der Größe nach sortieren oder in eine sinnvolle Reihenfolge bringen. Ihnen werden in der Forschungspraxis oft nominale Variablen begegnen, bei denen nur zwei

8.2 Operationalisierung: Vom Konstrukt zum Indikator

Ausprägungen existieren. Meist handelt es sich um ja-/nein-Fragen, z. B.: Ist eine Person verheiratet? Man spricht hier auch von dichotomen Variablen.
- Bei *ordinalen Variablen* weisen die Merkmalsausprägungen eine bestimmte Rangfolge auf. Es gibt jedoch keinen festen, stets gleich großen Abstand zwischen den verschiedenen Ausprägungen. Dies ist z. B. bei der oben skizzierten Einteilung in Nicht-, Wenig-, Durchschnitts- und Vielseher der Fall. Ein klassisches Beispiel ist auch der höchste erreichte Schulabschluss. Hier lässt sich eine eindeutige Reihung festlegen: Das Abitur ist ein höherer Abschluss als die Mittlere Reife, diese hingegen kommt vor dem Hauptschulabschluss usw. Die Abstände zwischen den genannten Kategorien sind jedoch nicht einheitlich – so kann man z. B. nicht sagen, dass die Mittlere Reife ein doppelt so hoher Abschluss ist wie der Hauptschulabschluss, selbst wenn man den beiden bei der Datenerhebung die Zahlenwerte 2 und 1 zuordnet. Damit erlauben ordinale Variablen bei der statistischen Datenanalyse nur ganz bestimmte Auswertungen, z. B. die Bestimmung eines Medians oder die Ausweisung von Häufigkeitswerten (vgl. Abschn. 9.2).
- Bei *metrischen Variablen* besteht eine eindeutige Rangfolge der verschiedenen Merkmalsausprägungen und die Abstände zwischen den verschiedenen Ausprägungen lassen sich bestimmen und sind gleich groß. Dadurch sind Rechenoperationen zulässig, die mit den anderen Variablenarten nicht möglich sind, z. B. das Bilden eines Mittelwerts. Eine typische metrische Variable ist die Fernsehnutzung in Minuten. Hier kann gesagt werden, dass eine Person, die 200 min. täglich vor dem Bildschirm verbringt, doppelt so viel fernsieht, wie eine Person, die das Medium 100 min. täglich nutzt. Die Gruppe der metrischen Variablen lässt sich noch weiter unterteilen. Bei der Fernsehnutzung handelt es sich um eine *Verhältnisskala*, die einen absoluten Nullpunkt aufweist. Dieser bleibt auch bei einer Transformation gleich, wenn man die TV-Nutzung z. B. in Stunden statt in Minuten angibt. Davon zu unterscheiden sind *Intervallskalen*, bei denen zwar der Abstand zwischen zwei Antwortmöglichkeiten genau bestimmt werden kann, die jedoch einen verrückbaren Nullpunkt aufweisen und bestimmte Rechenoperationen nicht erlauben. Klassisches Beispiel hierfür ist die Messung der Temperatur in Grad Celsius. Sie können zwar sagen: „10 Grad Celsius sind 5 Grad mehr als 5 Grad Celsius." Jedoch nicht: „10 Grad Celsius sind doppelt so warm wie 5 Grad Celsius." Dies liegt daran, dass es auf dieser in Europa gebräuchlichen Temperatur-Skala keinen natürlichen Nullpunkt gibt. Allerdings gibt es sehr wohl eine Temperaturskala mit natürlichem Nullpunkt, nämlich die Kelvin-Skala. Dies zeigt uns erneut, dass das gleiche Merkmal nicht nur mit unterschiedlichen Messverfahren, sondern auch auf unterschiedlichen Skalenniveaus gemessen werden kann.
- Zwischen ordinaler und metrischer Skala gibt es zudem noch eine Graustufe, der man in den Sozialwissenschaften relativ häufig begegnet: die *quasi-metrischen Variablen*. Streng genommen handelt es sich dabei um ordinale Variablen, die jedoch bei den späteren statistischen Auswertungen wie metrische Variablen behandelt werden. Dies betrifft alle Fragen, bei denen die Befragten gebeten werden, ihre Antworten auf einer Antwortskala abzustufen, also zum Beispiel eine Zahl zwischen 1 und

5 zu nennen. Diesen sog. Skalenendpunkten werden dabei inhaltliche Bedeutungen zugeordnet. Eine oft verwendete Variante ist die Likert-Skala (Likert 1932). Die Befragten werden hier mit einer Reihe von Aussagesätzen konfrontiert, denen man mehr oder weniger stark zustimmen kann. Sie werden gebeten, ihre eigene Zustimmung zu den einzelnen Aussagen innerhalb eines vorher festgelegten Wertebereichs anzugeben, z. B. von 1 (= stimme überhaupt nicht zu) bis 5 (= stimme voll und ganz zu). Es gibt jedoch noch weitere Beispiele für quasi-metrische Skalen. So kann z. B. auch die Mediennutzung auf diese Weise abgefragt werden, wenn die Befragten gebeten werden, auf einer Skala von 1 (= nie) bis 5 (= sehr oft) anzugeben, wie häufig sie fernsehen.

Die Frage nach der Wahl des Skalenniveaus ist vor allem für die anschließenden statistischen Analysen bedeutsam. Metrisch erhobene Variablen eröffnen mehr Möglichkeiten bei der Datenanalyse als beispielsweise Daten auf Ordinal- oder Nominalskalenniveau (hierzu mehr in Kap. 9). Dennoch kann nicht immer ein metrisches Skalenniveau angestrebt werden. Manche Konstrukte (wie das Geschlecht oder der Schulabschluss) erlauben eine Messung nur auf nominalem oder ordinalem Niveau. Zudem gibt manchmal auch das gewählte Messverfahren das Datenniveau vor. Wenn ich die Herzfrequenz meiner Probanden mittels Pulsmesser erfasse (vgl. Abschn. 8.4), erhalte ich eine Angabe in Pulsschlägen pro Minute und damit intervallskalierte Daten. Reicht mir eine dichotome Angabe, z. B. ob die Herzfrequenz über oder unter dem Ruhepuls liegt, kann ich diese Daten allerdings anschließend transformieren, in diesem Fall dichotomisieren. Metrische Daten kann man also später in ordinale oder nominale Merkmale überführen, nicht aber umgekehrt. Eine Grundregel lautet daher, dass man versuchen sollte, die Indikatoren auf einem möglichst hohen Messniveau zu erfassen. Dies betrifft insbesondere zentrale Konstrukte eines Experiments, z. B. die abhängige Variable.

Auf den Punkt: Operationalisierung
- Operationalisierung bedeutet „Messbarmachung": Die Forscherin bzw. der Forscher entscheidet, wie (also mittels welcher Indikatoren) ein Konstrukt gemessen wird.
- Manifeste Konstrukte sind direkt beobachtbar und können über einen einzelnen Indikator erhoben werden, während latente Konstrukte weniger gut greifbar sind und deshalb mehrere Indikatoren erfordern.
- Latente Konstrukte lassen sich weiter unterteilen: Bei reflektiven Konstrukten spiegeln die verschiedenen Indikatoren alle auf ähnliche Weise das übergeordnete Konstrukt wider. Bei formativen Konstrukten entsteht das Konstrukt hingegen erst aus den verschiedenen Indikatoren. Es sollten daher möglichst alle Indikatoren gemessen werden.
- Messungen können unterschiedlich differenziert sein, was sich in unterschiedlichen Skalen- bzw. Messniveaus widerspiegelt.

8.3 Befragungsmessung

Die meisten kommunikationswissenschaftlichen Experimente setzen bei der Erhebung der zu messenden Variablen auf Befragungen. Selbst wenn vorrangig andere Messverfahren verwendet werden, kommt kaum ein Experiment ganz ohne *Selbstauskünfte der Versuchspersonen,* und damit Befragungsdaten, aus. Denn viele Aspekte lassen sich per Befragung sehr direkt und effizient erfassen, z. B. das Alter der Probanden. Zudem ist die Durchführung einer Befragungsmessung relativ unkompliziert. Sie erfordert kaum technischen Aufwand, viele der gewonnenen Daten müssen nachträglich nicht aufwendig bearbeitet werden und der Personalaufwand ist gering, vor allem wenn die Versuchspersonen den Fragebogen eigenständig ausfüllen und nicht von einer Interviewerin bzw. einem Interviewer im persönlich-mündlichen Gespräch befragt werden.

Dass die Daten per Selbstauskunft gewonnen werden, stellt gleichzeitig den größten Nachteil der Befragung dar. Dadurch können per Befragung nur Informationen erfasst werden, die den Befragten bewusst sind. Spontane affektiv-emotionale Reaktionen wie Wut oder Erschrecken sind uns selbst z. B. nicht immer vollständig nachvollziehbar. Das gleiche gilt für implizite, also unterbewusst vorherrschende, Einstellungen, die zwar bisweilen unsere Denkweise steuern, die wir aber nur schwer in Worte fassen können. Hier stößt die Selbstauskunft an ihre Grenzen. In solchen Fällen können Beobachtungsverfahren (vgl. Abschn. 8.4) bisweilen die aussagekräftigeren Ergebnisse liefern. Selbstauskünfte können außerdem aufgrund von sozialer Erwünschtheit verzerrt sein (Edwards 1957). Wenn Befragte annehmen, dass bestimmte Meinungen oder Gefühle als verwerflich, unmoralisch oder nicht politisch korrekt betrachtet werden, scheuen sie davor zurück, diese in einer Befragung zu äußern. Dies erschwert z. B. auch die Messung von Vorurteilen gegenüber sozialen Gruppen wie den bereits angesprochenen Menschen mit physischer Behinderung. Hierfür gibt es spezielle Messverfahren, z. B. den impliziten Assoziationstest, der dafür entwickelt wurde, auch unbewusste oder sozial unerwünschte Sachverhalte zu erfassen. Solche Verfahren an der Grenze zwischen Befragung und Beobachtung werden am Ende dieses Kapitels vorgestellt.

8.3.1 Befragungsmodi

Bevor wir uns diesen spezielleren Verfahren widmen, betrachten wir zunächst die klassischen Befragungsverfahren genauer. Wahrscheinlich fallen Ihnen verschiedene Arten der Befragung ein, z. B. per Telefon oder mit einem Papierfragebogen. Man spricht hier von verschiedenen *Befragungsmodi:*

- Ganz klassisch werden Befragungen mithilfe eines Papierfragebogens durchgeführt *(schriftliche Befragung).* Dieses Messverfahren kann sowohl bei Labor- als auch bei Feldexperimenten eingesetzt werden. Der Papier-Fragebogen muss den Befragten ausgehändigt und wieder eingesammelt werden. Meistens geschieht dies

durch Versuchsleiter, die sich vor Ort befinden. Prinzipiell ist auch eine postalische Zusendung des Fragebogens denkbar, dies findet im Rahmen von Experimenten jedoch eher selten Anwendung.
- Eine Abwandlung der schriftlichen Befragung ist die Verwendung eines elektronischen Fragebogens, den die Befragten am Computer ausfüllen *(Computer Assisted Self Interviewing, CASI)*. Für diesen Befragungsmodus lassen sich zwei grundsätzliche Varianten der Durchführung unterscheiden: 1) Der Fragebogen kann den Befragten über einen Computer zugänglich gemacht werden, der von der Forscherin bzw. vom Forscher zur Verfügung gestellt wird. Dies geht entweder mit stationären Computern im Labor oder mit mobilen Geräten wie Laptops oder Tablets, die auch für Feldexperimente genutzt werden können. 2) Der Zugang zum Fragebogen kann jedoch auch über den eigenen Computer der Probanden erfolgen. Dann spricht man von einer *Online-Befragung*. Wie in Abschn. 4.3 bereits diskutiert wurde, ist die Durchführung von Experimenten über das Internet seit einigen Jahren sehr beliebt. Hier ist die experimentelle Manipulation meist direkt in einen Fragebogen eingebunden. Ein Medienstimulus wird z. B. auf einer Seite eines Online-Fragebogens präsentiert. Die interessierenden Konstrukte werden dann im Rahmen des Fragebogens abgefragt, den die Versuchspersonen eigenständig ausfüllen.
- Nicht zwangsläufig müssen Fragebögen jedoch von den Probanden selbst ausgefüllt werden. So tragen bei *Face-to-Face-Befragungen* geschulte Interviewerinnen und Interviewer die Fragen mündlich und persönlich vor. Die Antworten werden ebenfalls mündlich gegeben und müssen vom Interviewenden auf Papier oder am Computer dokumentiert werden. Eine Spezialform ist das *Computer-Assisted Personal Interview (CAPI)*. Hier handelt es sich um eine Face-to-Face-Befragung mit Computerunterstützung. Man kann dem Befragten an einem Computer z. B. Stimulusmaterial zeigen und anschließend um dessen Einschätzung bitten. Face-to-Face-Befragungen können nur in Labor- oder Feldexperimenten eingesetzt werden, wenn eine ausreichende Zahl von Interviewerinnen und Interviewern zur Verfügung steht. Sie werden daher seltener eingesetzt als schriftliche Befragungen mittels Papier-Fragebogen oder Computer.
- Die in der Umfrageforschung sehr beliebten Telefon-Befragungen (*Computer Assisted Telephone Interviewing, CATI*) finden in experimentellen Studien sehr selten statt, da sie sich nur sehr eingeschränkt mit einer experimentellen Manipulation verbinden lassen. Ein Einsatzgebiet ist die Methodenforschung: In sog. Split-Ballot-Experimenten untersucht man, ob unterschiedliche Arten der Frageformulierung oder die Fragenreihenfolge einen Einfluss auf die Antworten der Befragten haben (vgl. Petersen 2002).

Jeder der hier angesprochenen Befragungsmodi hat seine ganz spezifischen Vor- und Nachteile. Diese können nicht im Einzelnen im Rahmen dieses Buchs diskutiert werden. Stattdessen sei an dieser Stelle auf die zahlreichen Einführungswerke zur Befragung verwiesen (z. B. Mayer 2013; Möhring und Schlütz 2010; Scholl 2014), die Sie zusätzlich zu diesem Buch konsultieren sollten, wenn Sie ein Experiment mit Befragungsmessung durchführen möchten. Dort finden Sie umfangreiche Hinweise und Hilfestellungen zur Durchführung von Befragungsmessungen.

8.3.2 Fragetypen und ihre Vor- und Nachteile

Einige übergreifende Aspekte sind jedoch für alle Varianten der Befragungsmessung relevant und sollen daher an dieser Stelle nicht unerwähnt bleiben. So lassen sich zwei grundsätzlich verschiedene Fragetypen unterscheiden, die beide im Rahmen experimenteller Befragungsmessungen zum Einsatz kommen können: offene und geschlossene Fragen. Bei *offenen Fragen* gibt es im Fragebogen keine Antwortvorgaben, sodass die Befragten die Möglichkeit haben, vollkommen frei zu antworten. In unserem Beispiel könnte man Versuchspersonen bitten, einmal alles aufzuzählen, was ihnen zu Menschen mit Behinderung einfällt. Der Vorteil dieser Art der Abfrage besteht darin, dass sie nur geringe Anforderungseffekte (vgl. Abschn. 7.5) erzeugt. Denn Antwortvorgaben können Versuchspersonen suggerieren, dass von ihnen eine bestimmte Antwort erwartet wird und dadurch zu einer Verzerrung der Befragungsergebnisse beitragen. Auch andere Varianten der Antwortverzerrung, die, wie wir gleich noch diskutieren werden, bei geschlossenen Fragen auftreten können, entfallen bei offenen Fragen. Generell ist die Wahrscheinlichkeit größer, auch wirklich das zu erfassen, was die Probanden tatsächlich zu einer gestellten Frage denken. Der Nachteil von offenen Fragen besteht darin, dass die Antworten verschiedener Personen oftmals sehr unterschiedlich ausfallen. Während die eine vielleicht über die Probleme schreibt, die eine körperliche Behinderung im Alltagsleben mit sich bringt, äußert sich eine andere möglicherweise zu einer konkreten Person in ihrem Umfeld. Die Antworten müssen also in jedem Fall nach Abschluss der Datenerhebung von der Forscherin bzw. vom Forscher noch einmal in Kategorien sortiert werden. Selbst dann stellt sich allerdings die Frage, wie gut die Antworten der einzelnen Befragten miteinander vergleichbar sind. Denn offene Fragen können bei Befragten sehr unterschiedliche Assoziationen auslösen, sodass verschiedene Antworten womöglich wenig miteinander zu tun haben. Es gibt allerdings Bereiche, in denen offene Fragen gerade im Kontext von Experimenten unverzichtbar sind, z. B. bei der Untersuchung von Erinnerungseffekten.

Dennoch kommen bei Befragungsmessungen in Experimenten in den meisten Fällen *geschlossene Fragen* zum Einsatz, die sich natürlich auch innerhalb eines Fragebogens mit einzelnen offenen Fragen kombinieren lassen. Geschlossene Fragen geben zwei oder mehr Antwortmöglichkeiten vor, von denen die Befragten dann eine oder mehrere auswählen sollen. Häufig eingesetzt werden dabei die in Abschn. 8.2.2 angesprochenen Likert-Skalen. Antworten auf solche geschlossenen (oder auch: gestützten oder standardisierten) Abfragen ermöglichen eine Reihe statistischer Auswertungen, die mit offenen Antworten nur bedingt möglich sind. Ein weiterer Vorteil der geschlossenen Abfrage ist, dass man über die Antwortvorgaben steuern kann, in welche Richtung die Versuchspersonen eine gestellte Frage interpretieren sollen. Wenn wir danach fragen, was die Befragten mit Menschen mit körperlicher Behinderung verbinden und geben Antwortvorgaben wie „Mitleid", „Bewunderung" oder „Respekt," wäre z. B. ausgeschlossen, dass sich Befragte zum Themenfeld Körperästhetik äußern. Mit Antwortvorgaben lässt sich also besser als mit offenen Fragen sicherstellen, dass die Messung auch wirklich zur angestrebten Konstruktspezifikation passt (vgl. Abschn. 8.2.1) und somit geeignet ist, die aufgestellten Hypothesen zu testen.

Jedoch sind mit geschlossenen Fragen auch Nachteile verbunden. Wie bereits erwähnt, ist bei ihnen die Gefahr von *Antwortverzerrungen* („response bias") gegeben. Eine mögliche Quelle für solche Verzerrungen haben wir bereits angesprochen: Antwortvorgaben können Befragten suggerieren, dass im Rahmen der Experimentalsituation von ihnen erwartet wird, eine entsprechende Meinung zu haben. Fragen wir nach Empfindungen gegenüber Menschen mit körperlicher Behinderung und geben „Mitleid" als mögliche Antwort vor, so kann dies dazu führen, dass Befragte denken, Mitleid sei im Kontext der Studie eine wichtige Kategorie und müsse nun entsprechend hoch ausgeprägt sein. Selbst wenn ihr Mitleid nicht besonders stark wäre, könnte es dann passieren, dass sie beim Mitleid einen relativ hohen Wert angeben, um den Erwartungen der Forscherin bzw. des Forschers zu entsprechen. Zu unterscheiden sind diese Anforderungseffekte von den bereits angesprochenen Effekten sozialer Erwünschtheit (Edwards 1957). Hier entsteht die Verzerrung nicht aus dem Wunsch, den Erwartungen der Forscherin bzw. des Forschers gerecht zu werden, sondern auf der Basis von Vorstellungen über sozialer Normen. Wenn Befragte denken, es sei gesellschaftlich erwünscht, Mitleid gegenüber Menschen mit Behinderung zu empfinden, kann es sein, dass sie Fragen entsprechend beantworten, selbst wenn sie insgeheim wenig Mitleid empfinden. Der Grund für die Verzerrung ist hier also der Drang nach einer normenkonformen Selbstdarstellung.

Neben solchen Verzerrungen aufgrund inhaltlicher Überlegungen entstehen Messfehler bei der geschlossenen Befragung zudem durch systematische *Antworttendenzen* („response sets"). Hier geht es um Antwortmuster, die bei einzelnen Befragten weitestgehend unabhängig von den gestellten Fragen auftreten können. Unter Akquieszenz zum Beispiel versteht man die Tendenz, allen gestellten Fragen und Aussagen eher zuzustimmen. Auch gibt es Personen, die eine Tendenz zur Mitte haben, also eine Präferenz für mittlere Antwortkategorien. Etwas genereller kann es auch eine Tendenz zu Extremkategorien geben: Hier geben Versuchspersonen mit Vorliebe sehr niedrige oder sehr hohe Werte an. Ein weiterer Problemfall ist das sog. Straight-Lining, bei dem Befragte auf alle Items einer Fragebatterie die exakt gleiche Antwort geben. Straight-Lining, Tendenzen zur Mitte oder zu Extremkategorien pauschal als verzerrte Antworten zu bewerten, ist jedoch nicht möglich. Denn eventuell haben die Befragten gegenüber vielen der gestellten Fragen tatsächlich stets die exakt gleiche, oder ausschließlich extreme oder eben moderate Einstellungen. Problematisch sind Antworttendenzen allerdings, wenn sie ein grundsätzliches Desinteresse an der Untersuchung widerspiegeln – wenn sie also nicht auf inhaltlichen Gründen beruhen, sondern auf einer geringen Motivation, sich mit den Fragen auseinanderzusetzen. Es ist allerdings gar nicht so einfach, diese beiden Ursachen für Antworttendenzen auseinanderzuhalten. Relevant wird dies bei der Datenbereinigung im Anschluss an ein durchgeführtes Experiment: Ob und wann man Befragte, die Antworttendenzen an den Tag legen, bei der Datenauswertung nicht berücksichtigt, ist im Einzelfall nicht leicht zu entscheiden. Wir würden dazu raten, hier eher zurückhaltend vorzugehen und vor allem solche Fälle aus dem Datensatz zu entfernen, bei denen offensichtliche Antwortmuster vorliegen, z. B. Personen, die stets die gleiche Antwort gegeben haben oder bei denen sich verschiedene Antworten inhaltlich widersprechen (vgl. Abschn. 9.1.1).

8.3.3 Sonderformen der Befragungsmessung

Neben den eben vorgestellten klassischen Formen der Befragungsmessung gibt es noch weitere Varianten für spezielle Anwendungsgebiete. Zwei davon sollen hier kurz Erwähnung finden, weil sie im Rahmen kommunikationswissenschaftlicher Untersuchungen regelmäßig eingesetzt werden. Beide stehen an der Schnittstelle zwischen Befragung und Beobachtung. Ihr Ziel ist es, kurzfristige und spontane Reaktionen der Versuchspersonen zu erfassen. Dadurch sollen Antwortverzerrungen (wie z. B. soziale Erwünschtheit) minimiert werden. Denn solche Verzerrungen können erst dadurch entstehen, dass Versuchspersonen im Rahmen der klassischen Befragungsmessung die Möglichkeit haben, ihre Antworten zu reflektieren, bevor sie sie geben. Dadurch haben sie die Möglichkeit zur Korrektur der eigenen Ansichten – die damit einhergehenden Probleme sollen die beiden hier vorgestellten Verfahren reduzieren.

Die *Real-Time Response Messung (RTR)* ist ein rezeptionsbegleitendes Messverfahren, bei dem Versuchspersonen während der Betrachtung eines Stimulus spontan eine Einschätzung abgeben können (Maier et al. 2009). In kommunikationswissenschaftlichen Experimenten wird dieses Verfahren meist im Zusammenhang mit audiovisuellen Stimuli verwendet. Die Befragten erhalten einen Drehregler, mit dem sie während der Rezeption einen Film- oder Fernsehbeitrag in Echtzeit bewerten können. So kann aber lediglich eine einzelne Bewertungskategorie (mit zwei Extrempunkten) abgefragt werden. Denn mehr als einen Drehregler gleichzeitig zu bedienen würde die Probanden vermutlich überfordern. Ein typisches Einsatzgebiet sind Studien zu TV-Duellen in Wahlkämpfen (z. B. Maurer et al. 2007). Hier stehen die beiden Endpunkte des Reglers für die Performance der beiden Kandidaten: Die Probanden bewerten mithilfe des Drehreglers während der Rezeption kontinuierlich, welche Kandidatin bzw. welchen Kandidaten sie gerade im Vorteil sehen bzw. welche(n) sie gerade besser bewerten. So entsteht für jede Versuchsperson ein kontinuierlicher Datenstrom über den gesamten Verlauf des Duells, der anschließend mit denjenigen der anderen Teilnehmerinnen und Teilnehmer (oder mit einer Teilgruppe) fusioniert werden kann. Dann geht man auf die Suche nach auffälligen Mustern, z. B. Stellen im Duell, an denen ein Kandidat bzw. eine Kandidatin sehr positiv bewertet wurde. Im Kontext unseres Anwendungsfalls könnten Versuchspersonen per RTR-Messung z. B. angeben, ob sie beim Betrachten von unterschiedlichen Varianten eines Filmbeitrags über die Paralympics eher negative oder positive Gefühle verspüren. Aufgrund der notwendigen technischen Ausstattung finden RTR-Studien üblicherweise im Labor statt. Es gibt inzwischen allerdings auch Smartphone-Apps für eine RTR-Messung außerhalb des Labors. Hier können

Versuchspersonen z. B. vor dem heimischen Fernseher die Ausstrahlung einer Sendung verfolgen und diese kontinuierlich bewerten. Die Daten werden dann online übermittelt. Zwar erlaubt die RTR-Messung keine sonderlich differenzierten Abfragen, da sie nur eine Bewertungsdimension abbilden kann, jedoch ermöglicht sie die rezeptionsbegleitende Messung dieser Bewertung. Sie ist damit der klassischen Fragebogenmessung insofern überlegen, weil diese nur im Anschluss an eine Rezeptionsepisode durchgeführt werden kann, sodass sie lediglich nachträgliche Urteile abbildet. Genau wie die klassische Fragebogenmessung beruht die RTR-Messung allerdings auf bewussten Kognitionen und Emotionen. Zwar werden diese spontan zum Ausdruck gebracht und damit relativ ungefiltert geäußert, es kann aber immer noch nicht ganz ausgeschlossen werden, dass sie z. B. aufgrund sozialer Erwünschtheit verzerrt sind.

Um derartige Verzerrungen zu minimieren, wurden Befragungsvarianten entwickelt, die sog. implizite Kognitionen messen (Greenwald und Banaji 1995). Darunter versteht man Bewertungen, die jenseits des Bewusstseins liegen, sich aber dennoch auf unser Verhalten auswirken können. Gerade in der Forschung zu Vorurteilen gegenüber sozialen Gruppen spielen implizite Einstellungen eine wichtige Rolle. Wie bereits angesprochen, sind klassische Befragungsmessungen hier anfällig für Verzerrungen aufgrund sozialer Erwünschtheit. Inzwischen gibt es eine Reihe verschiedener Verfahren, mit denen implizite Kognitionen gemessen werden können (Gawronski und Payne 2010). Am häufigsten wird *der implizite Assoziationstest* (IAT; Greenwald, McGhee und Schwartz 1998) eingesetzt. Er ist bei verschiedenen Anbietern als Online-Test verfügbar und kann so auch außerhalb des Labors eingesetzt werden. Der IAT misst, inwiefern zwei Konzepte, z. B. Menschen mit und ohne körperliche Behinderung, in den Kognitionen der Befragten unbewusst mit einer negativen oder positiven Valenz verbunden sind. Hierzu erhalten die Versuchspersonen die Aufgabe, Wörter oder Bilder, die die beiden Gruppen repräsentieren, mittels zweier Antworttasten innerhalb kürzester Zeit in zwei Kategorien zu sortieren. Dabei werden die beiden sozialen Gruppen sowohl mit negativen als auch mit positiven Bewertungen verknüpft. Aus der Reaktionsgeschwindigkeit wird anschließend auf implizite Vorurteile geschlossen. Wenn die Zuordnung bei einer der beiden Gruppen schneller mit negativen Begriffen erfolgt, kann man die Existenz negativer Vorurteile gegenüber dieser Gruppe vermuten.

Auf den Punkt: Befragungsmessung
- Die meisten Experimente setzen auf Befragungen zur Messung der interessierenden Variablen.
- Dabei kommen verschiedene Befragungsmodi (Online- oder Papier-Fragebogen, Face-to-Face-Befragung) zum Einsatz, je nach den Erfordernissen des jeweiligen Experiments.
- Befragungen können offene und geschlossene Fragen beinhalten, wobei Experimentalstudien häufig geschlossene Fragen nutzen, weil die Antworten besser vergleichbar sind.

> - Insbesondere bei geschlossenen Fragen kann eine Reihe von Antwortverzerrungen und Antworttendenzen auftreten, die das Messergebnis verfälschen. Ein großes Problem verursachen z. B. Effekte sozialer Erwünschtheit oder Anforderungseffekte.
> - Für die Messung unmittelbarer Reaktionen wurden daher spezielle Verfahren entwickelt, wie die rezeptionsbegleitende RTR-Messung mittels Drehreglern oder der implizite Assoziationstest.

8.4 Beobachtungsmessung

Wie bereits erwähnt, hat die Messung per Befragung einige Nachteile. Sie kann nur bedingt Variablen messen, die jenseits bewusster Gedanken und Emotionen liegen. Sie ist anfällig für Verzerrungen und Antworttendenzen. Und sie kann nur unzureichend Verhaltensfolgen erfassen: Zwar können Befragte Auskunft über ihre Verhaltensabsichten geben (z. B. ob sie vorhaben, wählen zu gehen oder ein bestimmtes Produkt zu kaufen), aber ob sie sich dann tatsächlich so verhalten, wie sie angeben, lässt sich nicht sicher sagen. Forscherinnen und Forscher, die diesen Schwächen der Befragungsmessung Rechnung tragen wollen, müssen daher auf andere Varianten ausweichen, die allerdings meistens deutlich aufwendiger sind und auch ihre eigenen Probleme und Nachteile haben. Eine Reihe von verschiedenen Messverfahren wird unter dem Oberbegriff der Beobachtungsmessung zusammengefasst. Diese Verfahren werden dafür eingesetzt, menschliches Verhalten oder körperliche Reaktionen zu erfassen. Im Umkehrschluss eignen sie sich wiederum nur bedingt dazu, kognitive oder emotionale Prozesse abzubilden.

Die verschiedenen Beobachtungsverfahren lassen sich danach einteilen, ob die Versuchspersonen wissentlich oder unwissentlich beobachtet werden. Bei der *offenen Beobachtung* ist den Versuchspersonen schon während der Messung klar, dass sie beobachtet werden. Dadurch wird die Beobachtung, ähnlich wie die Befragung, zum reaktiven Verfahren: Es kann also vorkommen, dass sich die Probanden anders verhalten, weil sie wissen, dass sie beobachtet werden. Aus diesem Grund kommen in einigen Studien *verdeckte Beobachtungen* zum Einsatz. Die Versuchspersonen werden dabei zunächst im Unklaren gelassen, dass ihr Verhalten beobachtet wird. Sie erfahren erst im Rahmen des Debriefings davon (vgl. Abschn. 10.2.3). Unterscheiden lässt sich ferner die *nicht-teilnehmende* von der *teilnehmenden Beobachtung*. Bei der teilnehmenden Beobachtung befinden sich die Beobachter am gleichen Ort wie die Teilnehmerinnen und Teilnehmer und interagieren mit diesen. Die bloße Anwesenheit des Beobachters sowie dessen spezifisches Verhalten interagiert dabei zwangsläufig mit dem Verhalten der Versuchspersonen und könnte im Rahmen eines Experimentaldesigns daher eine Quelle für Konfundierung darstellen. In experimentellen Studien werden daher oft nichtteilnehmende Beobachtungen eingesetzt, bei denen die beobachtende Person nicht in unmittelbarer sozialer Interaktion mit den Probanden steht.

Die klassische Form der Beobachtungsmessung kommt weitestgehend ohne technisches Equipment aus. *Menschliche Beobachter* protokollieren das Verhalten von Versuchspersonen im Anschluss an eine experimentelle Manipulation (Gehrau und Schulze 2013). Die Beobachter müssen dafür genau instruiert werden. Die Daten werden mittels standardisierter Protokolle erfasst. Ein klassisches Beispiel hierfür sind die als „Bobo Doll Experimente" bekannt gewordenen Laborstudien von Bandura, Ross und Ross (1961, 1963) zur Nachahmung von Aggressivität bei Kindern. In einer Studie sahen Kinder in unterschiedlichen Experimentalbedingungen, wie sich ein Erwachsener entweder „live" oder medial vermittelt (als direkte Aufnahme oder als Cartoon inszeniert) aggressiv gegenüber einer Puppe (Bobo Doll) verhielt. Anschließend wurden die Kinder nach kurzer Frustration in einen Raum geführt, in dem sie die Möglichkeit hatten, mit verschiedenen Gegenständen zu spielen – unter anderem mit der Bobo Doll. Dabei wurde von einem anwesenden Versuchsleiter beobachtet, ob die Kinder ein ähnlich aggressives Verhalten gegenüber der Puppe zeigten. Das Verhalten wurde von den Beobachtern protokolliert.

Von der Beobachtung mit menschlichen Beobachtern grenzt sich die Beobachtung *mittels technischer Apparaturen* ab. Diese kann ganz unterschiedliche Formen annehmen. Beispielsweise werden die Fernseheinschaltquoten durch die Nürnberger Gesellschaft für Konsumforschung (GfK) über spezielle Messgeräte ermittelt, mit denen eine Stichprobe von Testhaushalten ausgestattet wird. Ein neuerer Ansatz ist die Beobachtung des Internetnutzungsverhaltens von Menschen mittels sogenannter *Logfile-Analysen*. Dabei wird, mit dem Einverständnis der Teilnehmerinnen und Teilnehmer, ihr persönlicher Browserverlauf gespeichert und ausgewertet. Neben solchen technischen Beobachtungsmessungen im Feld gibt es auch im Rahmen von Laborstudien eine Reihe von Beispielen für den Einsatz technischer Hilfsmittel. Wenn z. B. das Verhalten von Versuchspersonen in einer Laborstudie nicht von Beobachtern dokumentiert, sondern mittels Überwachungskamera aufgezeichnet und erst später ausgewertet wird, handelt es sich ebenfalls um eine Beobachtung mittels technischer Apparaturen.

Ein für kommunikationswissenschaftliche Experimente wichtiges Verfahren ist das *Eye-Tracking* (Duchowski 2009). Hier wird der Blickverlauf von Versuchspersonen beim Betrachten eines Medienstimulus aufgezeichnet, um beispielsweise folgende Fragen zu beantworten: Wohin blicken Menschen zuerst, wenn sie eine bestimmte Mediendarstellung zu sehen bekommen? Welche Bereiche des Stimulus werden wie lange betrachtet (Fixationsdauer)? Von welchen Stellen des Stimulus wandert der Blick wohin (Sakkaden)? Es geht hier also primär um Fragen der Informationsverarbeitung und der Wirkung visueller Stimuli. Typisches Einsatzgebiet ist die Werbewirkungsforschung. Hier wird untersucht, welche Elemente einer Werbeanzeige, eines Werbeclips oder einer Zeitungsseite von Rezipienten zuerst fokussiert werden, wie lange und in welcher Reihenfolge die verschiedenen Elemente betrachtet werden usw. Der Einsatz des Eye-Tracking-Verfahren ist jedoch aufwendig: Der Blickverlauf muss mittels spezieller Aufzeichnungsgeräte erfasst werden. Die Geräte müssen für jede Person eigens kalibriert werden, und auch die Auswertung der gewonnenen Daten erfordert spezielle Kenntnisse. Bei den zum Einsatz kommenden Geräten handelt es sich entweder um Eye-Tracking-Brillen, die von den Versuchspersonen aufgesetzt werden müssen, oder um fest installierte „Remote Eye Tracker", die keinen unmittelbaren Kontakt mit der Versuchsperson erfordern. Das macht die Betrachtungssituation für die Versuchspersonen zwar natürlicher, aber auch bei diesem Verfahren sollten die Teilnehmerinnen und Teilnehmer ihre Sitzposition während der Stimulusbetrachtung weitestgehend nicht verändern, sodass eine gewisse Künstlichkeit der Situation bleibt. Eye-Tracking-Brillen eignen sich auch für den mobilen Einsatz. Dennoch finden die meisten Eye-Tracking-Studien im Labor statt, um Störeinflüsse zu eliminieren und eine entspannte Situation für die Versuchspersonen zu schaffen.

Eine Reihe von technischen Beobachtungsverfahren rückt den Versuchspersonen im wahrsten Sinne des Wortes noch stärker zu Leibe, nämlich die so genannten *psychophysiologischen Messungen* (zur Einführung: Fahr und Hofer 2013; Potter und Bolls 2011). Mittels spezieller (und nicht selten relativ kostspieliger) Apparaturen kann eine Reihe unmittelbarer körperlicher Reaktionen auf einen präsentierten Stimulus gemessen werden. Die *Hautleitfähigkeit (elektrodermale Aktivität, EDA)* gibt Auskunft darüber, ob eine Person schwitzt (denn bei angefeuchteter Haut ist die Leitfähigkeit erhöht). Dies wird als Indikator für spontane Erregungszustände wie Angst, Wut oder Freude interpretiert, die unmittelbar aus einer Stimuluskonfrontation resultieren. Ein Nachteil besteht allerdings darin, dass die EDA-Messung alleine keine Auskunft darüber geben kann, welcher Art die affektive Reaktion war, die die erhöhte Erregung ausgelöst hat. Ob die Hautleitfähigkeit also aufgrund von Angst, Wut, Freude oder anderen spontanen Reaktionen erhöht ist, lässt sich nur aus dem Kontext des gezeigten Stimulusmaterials schließen oder per begleitender Befragung erfassen. Um die EDA zu messen, werden Versuchspersonen mit Elektroden „verkabelt". EDA-Messungen kommen im Rahmen kommunikationswissenschaftlicher Studien immer mal wieder zum Einsatz (Leiner et al. 2012).

Weitere, in der Kommunikationswissenschaft bislang seltener eingesetzte psychophysiologische Messverfahren befassen sich mit der *kardiovaskulären Aktivität (KVA)*, also dem Herzrhythmus bzw. Puls, der *Gesichtselektromyografie (fEMG)*, also der Erfassung von Gesichtsausdrücken, sowie der Gehirnaktivität mittels *Elektroenzephalografie (EEG)* und *funktionaler Magnetresonanztomografie (fMRT)*. Das EEG stellt eine direkte Messung der Hirnaktivität dar und kann genauer Auskunft über den zeitlichen Ablauf kognitiver und emotionaler Prozesse geben. Mit der fMRT wird beobachtet, in welchen Hirnregionen gerade vermehrt sauerstoffreiches Blut zu finden ist. Dies weist darauf hin, womit das Gehirn gerade beschäftigt ist. Mittels fEMG werden unmittelbare emotionale Reaktionen wie Freude, Wut oder Trauer durch die Beobachtung der Kontraktionen der Gesichtsmuskulatur erfasst. Dabei erlaubt fEMG die Differenzierung zwischen verschiedenen Emotionen, da diese mit unterschiedlichen Gesichtsausdrücken verbunden sind. Mit der Messung der Herzaktivität lassen sich auf Aufmerksamkeit und emotionale Erregung und zusätzlich auch auf das Erleben von Stress Rückschlüsse ziehen. Allen psychophysiologischen Messverfahren sind mehrere Nachteile gemein:

Sie sind nicht ohne die jeweils benötigte technische Ausstattung durchführbar. Sie sind in der Durchführung relativ zeit- und arbeitsintensiv, was dazu führt, dass Studien, die eines oder mehrere der Verfahren anwenden, meist mit eher kleinen Stichproben auskommen müssen. Und sie erfordern auf Seite der Forscherin bzw. des Forschers umfangreiches Spezialwissen über die richtige Vorgehensweise bei der Datenerhebung und -auswertung. Hinzu kommt, dass in vielen Fällen umstritten ist, wie genau die gemessenen Körperreaktionen genau interpretiert werden sollten, also auf welche kognitiven und emotionalen Prozesse sie hindeuten. Zusammengenommen führen diese Nachteile dazu, dass die angesprochenen Verfahren vergleichsweise selten eingesetzt werden. Dennoch haben psychophysiologische Messungen nicht von der Hand zu weisende Vorteile: Sie messen unmittelbare körperliche Reaktionen und damit vorbewusste Zustände, die nicht durch soziale Erwünschtheit verzerrt sein können.

Auf den Punkt: Beobachtungsmessung
- Menschliches Verhalten und körperliche Reaktionen auf einen Stimulus können am besten per Beobachtung gemessen werden.
- Bei der offenen Beobachtung ist den Versuchspersonen bekannt, dass ihr Verhalten oder ihre körperlichen Reaktionen, beobachtet werden. Bei der verdeckten Beobachtung erfahren sie dies erst im Nachhinein.
- Bei der teilnehmenden Beobachtung steht der Beobachter in direkter sozialer Interaktion mit den Probanden.
- Beobachtungsverfahren lassen sich ferner danach unterscheiden, ob die Beobachtung von menschlichen Beobachtern durchgeführt wird oder mittels technischer Apparaturen.
- Eye-Tracking-Verfahren verwenden technische Hilfsmittel, um den Blickverlauf von Versuchspersonen beim Betrachten eines Stimulus zu erfassen.
- Psychophysiologische Messverfahren ermöglichen es, unmittelbare körperliche Reaktionen wie Schwitzen, Herzschlag oder Gehirnaktivitäten zu erfassen und dadurch v. a. auf emotionale Abläufe zu schließen.

8.5 Inhaltsanalytische Messung

Die Inhaltsanalyse (Früh 2017; Rössler 2017) ist eines der wichtigsten Erhebungsverfahren in der Kommunikationswissenschaft. Sie dient der standardisierten, intersubjektiv nachvollziehbaren und quantifizierenden Erfassung von Inhalten der Medienberichterstattung. Sie erfasst die Merkmale größerer Textmengen anhand eines zuvor aufgestellten Kategoriensystems („Codebuch"). Es kann sich dabei sowohl um schriftliche Texte wie Zeitungsartikel handeln als auch um Bilder und Filmbeiträge. Klassischerweise wird die Inhaltsanalyse von *menschlichen Codierern* vorgenommen, die zuvor eine intensive Schulung unterlaufen, damit sie die Texte alle einheitlich codieren. Es gibt jedoch inzwischen auch Verfahren der *automatisierten Inhaltsanalyse*. Hierbei werden die Texte von Computerprogrammen analysiert. Bisher werden diese Programme vor allem genutzt, um zu ermitteln, wie oft und in welcher Kombination bestimmte Begriffe in Texten vorkommen. Am Erkennen von inhaltlichen Bedeutungen mittels automatisierter Inhaltsanalyse wird allerdings derzeit gearbeitet. Neben der, in der Kommunikationswissenschaft zumeist eingesetzten, standardisierten Inhaltsanalyse gibt es auch qualitative Verfahren, die einen hermeneutisch-verstehenden Ansatz verfolgen und nur für kleinere Textkorpora geeignet sind.

Auch im Experiment kann die inhaltsanalytische Messung sinnvoll sein, sie kommt in der Praxis allerdings eher selten zum Einsatz. Wenn, dann kommt in erster Linie die standardisierte Inhaltsanalyse infrage, weil ihre Ergebnisse es ermöglichen, Gruppenvergleiche durchzuführen. Notwendig wird die Inhaltsanalyse dann, wenn eine Forscherin oder ein Forscher Versuchspersonen unter kontrollierten Bedingungen Texte erstellen lässt. Diese können als Verhaltensspuren betrachtet und nachträglich inhaltsanalytisch untersucht werden. Ein denkbares Einsatzgebiet ist die Journalismusforschung: Hier könnte man sich dafür interessieren, wie unterschiedliche Arbeitsbedingungen die journalistische Erstellung von Texten beeinflusst. In einem Feldexperiment könnte z. B. untersucht werden, wie zwei Redaktionen mit unterschiedlichen inhaltlichen Vorgaben der Verlagsleitung unter ansonsten vergleichbaren Bedingungen (ähnliche technische und personelle Ausstattung, gleiches Verbreitungsgebiet usw.) über Politik berichten. Die Forschungsfrage wäre hier also, inwiefern verlegerische Vorgaben unmittelbar umgesetzt werden. Die gleiche Fragestellung könnte auch in einem Laborexperiment untersucht werden. Hierbei könnte man Journalisten bitten, einen Text zu einem bestimmten Thema zu produzieren, sie jedoch auf unterschiedliche Weise instruieren, um so verschiedene verlegerische Vorgaben zu simulieren. Die von den Journalisten produzierten Texte müssten dann nachträglich einer Inhaltsanalyse unterzogen werden. Der Forscher legt hierbei bestimmte Kategorien fest, bei denen er Unterschiede erwartet, z. B. die Häufigkeit mit der wertende Begriffe verwendet werden, die inhaltliche Tendenz dieser Wertungen, die Anzahl wörtlicher Zitate im Text usw. Für jeden Text oder für jede Aussage innerhalb der Texte (man spricht hier von unterschiedlichen „Analyseeinheiten") wird anschließend festgehalten, welche Ausprägungen die verschiedenen Merkmale annehmen. Im Rahmen unseres Experiments wären diese Merkmale der analysierten Texte die abhängigen Variablen, anhand derer sich ermitteln lässt, inwiefern Rahmenbedingungen die Berichterstattung beeinflussen.

Auch in psychologischen Studien sind *Schreibaufgaben* keine Seltenheit. Gerade bei Studien zu Vorurteilen gegenüber sozialen Gruppen finden sie sich oft (z. B. Gailliot et al. 2009; Wyer et al. 1988). Wenn es um Vorurteile gegenüber Menschen mit körperlicher Behinderung geht, könnten Versuchspersonen z. B. gebeten werden, eine kurze Geschichte zu verfassen, in der eine solche Person vorkommt. In einer anschließenden Inhaltsanalyse könnte man auswerten, wie viele stereotyp negative Zuschreibungen die Geschichte enthält. Wenn die klassische Befragungsmessung aufgrund sozialer

Erwünschtheit nicht geeignet erscheint, kann die Schreibaufgabe einen sinnvollen Ausweg darstellen. Sie erfasst vorhandene Vorurteile auf eine Weise, die für die Versuchspersonen weniger offensichtlich ist. Ihr Nachteil ist allerdings, dass das Verfassen einer Geschichte oder eines anderen Textes (außer bei journalistischen Stichproben) ein Verhalten darstellt, das in der sozialen Realität selten vorkommt. Es stellt sich hier also die Frage der externen Validität (vgl. Abschn. 4.1). Dies mag ein Grund dafür sein, dass die inhaltsanalytische Messung in kommunikationswissenschaftlichen Experimenten bisher selten zum Einsatz kommt.

> **Auf den Punkt: Inhaltsanalytische Messung**
> - Die Inhaltsanalyse ist eine Methode zur systematischen und intersubjektiv nachvollziehbaren Analyse größerer Textmengen.
> - Bei der standardisierten Inhaltsanalyse werden die Texte mittels eines vorher aufgestellten Kategoriensystems, des sog. Codebuchs, untersucht.
> - Im Rahmen experimenteller Studien können Schreibaufgaben eingesetzt werden, bei denen Probanden gebeten werden, Texte zu produzieren. Diese werden als Verhaltensspuren betrachtet und können anschließend inhaltsanalytisch untersucht werden.

8.6 Güte der Messung

Wie der kurze Überblick über die gängigsten Messverfahren in kommunikationswissenschaftlichen Experimenten gezeigt hat, gibt es fast immer eine ganze Reihe unterschiedlicher Möglichkeiten der Messung von Variablen. Die von uns beispielhaft herangezogenen Vorurteile gegenüber Menschen mit körperlicher Behinderung lassen sich auf sehr unterschiedliche Weise erfassen: Wir könnten auf Befragungsskalen zurückgreifen, die unterschiedliche kognitive und emotionale Bewertungen dieser Gruppe erfassen. Wir könnten die latenten Bewertungen der Gruppe mittels eines impliziten Assoziationstest erfassen. Wir könnten psychophysiologische Messungen während der Konfrontation mit einem Medienstimulus vornehmen, in dem Menschen mit Behinderung, je nach Experimentalbedingung, unterschiedlich dargestellt werden. Wir könnten sogar eine direkte Konfrontation mit einem Menschen mit körperlicher Behinderung im Labor inszenieren und die Reaktionen der Versuchspersonen beobachten. Bei der Entscheidung, welches Messverfahren zum Einsatz kommt, ist eine wichtige Überlegung natürlich immer, wie viel Aufwand man betreiben kann und will und welche Ressourcen (technische Messgeräte, Laborräume usw.) einem überhaupt zur Verfügung stehen. Die Auswahl des Messverfahrens darf allerdings nicht nur von Effizienzüberlegungen abhängen. Man muss sich darüber im Klaren sein, dass unterschiedliche Varianten der Messung eines Konstrukts unterschiedlich gute Ergebnisse zutage fördern.

8.6 Güte der Messung

Verschiedene Gütekriterien sollten dabei berücksichtigt werden. Man kann diese grob in zwei Kategorien einteilen: die Validität und die Reliabilität der Messung.

8.6.1 Validität der Messung

Wörtlich übersetzt bezeichnet der Begriff *Validität* die ‚Gültigkeit' der Messung. Mit der Frage nach der Validität von Experimenten und ihren verschiedenen Facetten haben wir uns bereits in Abschn. 4.1 ausführlich auseinandergesetzt. Dabei lag der Fokus auf der Versuchsanordnung und der experimentellen Manipulation – hier geht es nun speziell um die Gültigkeit der Messungen, die wir vornehmen. Kurz gesagt bedeutet Validität in diesem Zusammenhang, ob eine Messung auch wirklich das misst, was sie messen soll. Besonders wichtig sind Fragen der Validität bei der Messung latenter Konstrukte, also solcher Merkmale, die nicht unmittelbar erfasst werden können, sondern für die man näherungsweise Indikatoren verwenden muss. Die Validität der Messung hat verschiedene Facetten und lässt sich entsprechend auf unterschiedlichen Wegen überprüfen.

Man kann sich erstens fragen, ob die verwendete Operationalisierung alle Facetten des theoretischen Konstrukts abbildet *(Inhaltsvalidität)*. Dies ist insbesondere bei formativen Konstrukten von großer Bedeutung (vgl. Abschn. 8.2.1). Denken Sie wieder an das Thema Vorurteile, die man gegenüber einer bestimmten Gruppe hat: Vorurteile werden nach Allport (1954) definiert als generalisierende, negative Gefühle oder Gedanken gegenüber einer sozialen Gruppe. Wenn wir nun im Rahmen unserer Studie nur die Hautleitfähigkeit beim Betrachten eines Medienstimulus messen, erfassen wir auch nur die spontan-affektive Reaktion auf die Darstellung der sozialen Gruppe, aber keine kognitiven Bewertungen. Entsprechend müssen wir uns darüber im Klaren sein, dass wir das Konstrukt in der Definition von Allport (1954) nicht vollständig abbilden, sondern nur eine Sub-Dimension von Vorurteilen messen. Je breiter und schwerer zugänglich ein theoretisches Konstrukt ist, umso schwieriger wird es, Inhaltsvalidität herzustellen, es also vollständig und in allen seinen Facetten zu messen. In der Forschungspraxis muss man sich daher oft damit zufriedengeben, nur Teilaspekte eines Konstrukts zu erfassen. Das ist nicht grundsätzlich schlimm, es sollte aber im Forschungsbericht transparent gemacht werden. Sie sollten hier nicht behaupten, ein Konstrukt vollständig operationalisiert zu haben, wenn Ihre Messung nur einen bestimmten Teilaspekt erfasst.

Während die Inhaltsvalidität letztlich auf Basis eines Abgleichs theoretischer Überlegungen mit dem verwendeten Messinstrument beruht, lässt sich die *Konstruktvalidität* auch empirisch überprüfen. Sie beruht auf dem Vergleich mit anderen, jedoch eng verwandten Konstrukten. Am Anfang steht hier zunächst erneut eine theoretische Überlegung, nämlich mit welchen anderen Konstrukten ein gemessenes Konstrukt in engem Zusammenhang stehen sollte. Misst man dieses zweite Konstrukt ebenfalls, lässt sich anhand der gewonnen Daten die Konstruktvalidität überprüfen. Falls der Zusammenhang zwischen den beiden Konstrukten nicht wie erwartet ausfällt, muss man davon ausgehen, dass eine der beiden Messungen nicht das misst, was sie eigentlich messen sollte. Im Idealfall gibt es für das zweite, zur Überprüfung der Konstruktvalidität herangezogene Konstrukt bereits ein etabliertes Messinstrument, sodass es unwahrscheinlich ist, dass dieses die Problemquelle darstellt. Eine bereits etablierte Frage zur Überprüfung behindertenfeindlicher Einstellungen ist z. B. die „Elternschaftsfrage" („Finden Sie es in Ordnung, dass Geistig- oder Körperbehinderte eigene Kinder haben dürfen?"; Wocken 2000). Um zu überprüfen, ob ein entwickeltes Messinstrument Vorurteile gegenüber Menschen mit körperlicher Behinderung adäquat abbildet, könnte also diese Frage mit erhoben werden. Wenn beide Instrumente bei der anschließenden Datenauswertung relativ hoch korrelieren (vgl. Abschn. 2.1), kann davon ausgegangen werden, dass die Konstruktvalidität des neuen Messinstruments gegeben ist. Man spricht in diesem Fall von *Konvergenzvalidität*. Das gleiche Prinzip lässt sich auch anwenden, wenn man ein zweites etabliertes Konstrukt miterfasst, von welchem angenommen wird, dass es mit Vorurteilen gegenüber Menschen mit Behinderung negativ zusammenhängt, z. B. das Ausmaß an Sympathie, das man Menschen mit Behinderung entgegenbringt. Dann spricht man von *Diskriminanzvalidität*.

Nicht ganz einfach von der Konvergenzvalidität bzw. Diskriminanzvalidität abzugrenzen ist die *Kriteriumsvalidität*. Dabei sucht man ebenfalls nach Merkmalen, von denen sich theoretisch annehmen lässt, dass sie mit dem zu untersuchenden Konstrukt eng zusammenhängen. Diese Kriteriumsvariablen sollten allerdings externer Natur sein, also nicht auf der gleichen Ebene wie das zu untersuchende Konstrukt liegen. Möchte man etwa eine neue Skala zur Messung von Lernerfolg bei Kindern validieren, könnte man als externes Kriterium die Bewertung der Kinder durch die Lehrer oder ihre bisherigen Schulnoten heranziehen. Eine Möglichkeit zur Etablierung von Kriteriumsvalidität für ein Messinstrument zu Vorurteilen gegenüber Menschen mit körperlicher Behinderung wäre die Überprüfung bei Extremgruppen, von denen angenommen werden kann, dass sie solche Einstellungen sehr stark oder sehr schwach aufweisen dürften. Erhebt man die Vorurteile z. B. von Personen, die ehrenamtlich in der Behindertenförderung tätig sind, sollten die Vorurteile äußerst gering ausfallen. Der Abgleich mit externen Kriterien ist nicht immer einfach, weshalb die Überprüfung der Kriteriumsvalidität in der Forschungspraxis seltener stattfindet als die der Konvergenz- bzw. Diskriminanzvalidität.

Wie bereits mehrfach erwähnt, existieren zu einer Vielzahl von gängigen Konstrukten bereits Messinstrumente aus früheren Studien. Am Anfang jeder Operationalisierung sollte daher eine systematische Literaturrecherche und -auswertung stehen. Oft gibt es sogar Aufsätze, die sich explizit mit der Entwicklung eines Messverfahrens auseinandersetzen. Solche Beiträge haben dann das Ziel, ein neues, meist von den Autoren selbst entwickeltes, Messverfahren hinsichtlich seiner Konstrukt- und Kriteriumsvalidität zu untersuchen. Derart validierte Messverfahren einzusetzen, kann sehr sinnvoll sein, weil man Fragen nach der Validität der Messung nicht alleine beantworten muss, sondern auf die existierende Forschung verweisen kann. Insgesamt ist die Verwendung valider Messungen ein „Muss" der empirischen Forschung, da invalide Messinstrument systematische Fehler bedingen und zu fehlerhaften Befunden führen (vgl. Abschn. 6.1.2).

8.6.2 Reliabilität der Messung

Neben der Validität muss auch die Reliabilität der Messung sichergestellt werden. Wörtlich übersetzt geht es hier um die Zuverlässigkeit des Messverfahrens, also um die Frage, ob die mehrfache Messung des gleichen Sachverhalts stets zum gleichen Ergebnis führt. Ob eine Messung zuverlässig war, kann man am besten anhand empirischer Daten überprüfen. Bei verschiedenen Messverfahren gehören unterschiedliche Tests der Reliabilität inzwischen zum Standard und sollten in einem Forschungsbericht auch ausgewiesen werden. Grundsätzlich lassen sich zwei Aspekte der Reliabilität unterscheiden.

Die grundlegendere Frage ist die nach der *Stabilität* der Messung. Hier geht es darum, ob das Messinstrument bei wiederholtem Einsatz immer wieder die gleichen Ergebnisse zutage fördert. Wenn dies nicht der Fall ist, muss am Instrument noch weiter gefeilt werden, bevor es eingesetzt werden kann. Ansonsten ergeben sich zufällige Messfehler, die die Datenqualität trüben und das Überprüfen von Hypothesen erschweren (vgl. hierzu auch die Ausführungen zu zufälligen Fehlern in Abschn. 6.1.1). Die Stabilität der Messung ist z. B. bei Beobachtungsverfahren mittels technischer Apparaturen wichtig. Bei der EDA-Messung (Hautleitfähigkeit, vgl. Abschn. 8.4) muss sichergestellt sein, dass die Elektroden richtig angebracht sind, ein Eye-Tracking-Gerät muss für jeden Probanden eigens kalibriert werden, da Augen unterschiedlicher Menschen einfallendes Licht anders reflektieren usw. Zum Standard gehört die Überprüfung der Stabilität des Messinstruments auch bei der Inhaltsanalyse mit menschlichen Codierern. Hier stellt sich die Frage, ob mehrere Codierer für einen Text die gleichen Codes vergeben würden. Diese Intercoder-Reliabilität sollte bei allen Inhaltsanalysen empirisch überprüft werden, indem ein bestimmter Prozentsatz des zu codierenden Materials von allen Codierern bearbeitet wird. Anschließend lässt sich mittels statistischer Kennwerte (z. B. prozentuale Übereinstimmung nach Holsti oder Krippendorffs Alpha) überprüfen, ob die Codierer eine hinreichend große Menge an gleichen Codes vergeben haben, um von einem stabilen Messverfahren auszugehen. Codiert das Material nur ein Codierer, wird in ähnlicher Weise die Intracoder-Reliabilität getestet. Hier wird das gleiche Material zu zwei verschiedenen Zeitpunkten codiert, z. B. zu Beginn und nach Abschluss der Codierungen. Bei unzureichender Inter- oder Intracoder-Reliabilität muss eine Nachschulung der Codierer erfolgen. Womöglich müssen auch Anpassungen am Codebuch vorgenommen werden, die den Codierern die Entscheidung für den richtigen Code erleichtern. In ähnlicher Weise sollte auch bei der Beobachtung mit menschlichen Beobachtern überprüft werden, ob dieselben Situationen in gleicher Weise im Beobachtungsbogen erfasst werden.

Weitaus seltener wird die Stabilität der Messung bei Befragungen überprüft. Eine Möglichkeit bietet der Split-Half-Test. Hierbei werden die Befragten nach dem Zufallsprinzip in zwei Gruppen geteilt. Die Messung sollte in beiden Teilgruppen ähnliche Ergebnisse hinsichtlich Verteilung und statistischer Kenngrößen wie Mittelwert und Standardabweichung aufweisen. Dieses Verfahren eignet sich für Experimentalstudien nur bedingt, da einige der gemessenen Größen, nämlich die abhängigen Variablen, ja in Abhängigkeit von der vorgenommenen Manipulation sehr unterschiedlich ausfallen sollen. Der Split-Half-Test funktioniert daher nur innerhalb von Experimentalgruppen oder bei gleichmäßiger Verteilung der Mitglieder der verschiedenen Experimentalgruppen auf die beiden Split-Half-Gruppen. Beim Test-Retest-Verfahren wird der gleiche Fragebogen von denselben Befragten zu unterschiedlichen Messzeitpunkten beantwortet. Weichen die Antworten zu stark voneinander ab, muss die Forscherin bzw. der Forscher den Schluss ziehen, dass das Instrument nicht stabil genug ist. Bei der Befragungsmessung hat die Stabilität allerdings eine geringere Bedeutung als bei Verfahren mit menschlichen Codierern oder Beobachtern. Änderungen im Antwortverhalten über die Zeit müssen nicht zwangsläufig auf eine unzuverlässige Messung schließen lassen. Denn bei bestimmten Konstrukten gehen wir ja gerade davon aus, dass diese nicht stabil, sondern variabel sind, vermuten also Veränderungen über die Zeit. Daher gehört das Überprüfen der Messstabilität bei der Befragungsmessung nicht unbedingt zum Standardrepertoire. Wer ein neues Messinstrument einsetzt, also z. B. eine eigene Befragungsskala entwickelt, sollte sich aber mit Fragen der Stabilität auseinandersetzen.

Ein zweites Kriterium der Reliabilität wird hingegen bei Befragungsmessungen sehr regelmäßig überprüft und gehört hier zum absoluten Standard: die *interne Konsistenz* einer Messung. Sie muss immer dann getestet werden, wenn mehrere Indikatoren eines reflektiven Konstrukts gemessen wurden, die anschließend im Rahmen der statistischen Auswertung zusammengefasst werden sollen. Unter dem Begriff versteht man das Ausmaß, in dem alle Indikatoren tatsächlich dasselbe Konstrukt messen. Wie wir bereits gelernt haben, erwartet man dies nur bei reflektiven Konstrukten, bei denen alle gemessenen Indikatoren zu ähnlichen Antworten führen sollten (vgl. Abschn. 8.2.1). Bei verschiedenen Items zu Vorurteilen gegenüber Menschen mit körperlicher Behinderung ist das der Fall. Unterschiedliche Bewertungen dieser Gruppe sollten bei ein- und derselben Versuchsperson ähnlich ausfallen. Anders ist dies z. B. bei Wissenstests: Wenn mit verschiedenen Items gemessen werden soll, wie viel die Befragten über Politik wissen, werden nicht unbedingt uniforme Antworten auf die verschiedenen Items erwartet. Hier wird das formative Konstrukt Wissen darüber abgebildet, dass die unterschiedlichen Befragten unterschiedlich viele richtige Antworten geben, nicht darüber, dass sie bei mehreren Items entweder immer richtig oder immer falsch liegen. Die Überprüfung der internen Konsistenz ist in diesem Fall also nicht sinnvoll.

Zur Überprüfung der internen Konsistenz hat sich der Kennwert *Cronbachs Alpha* etabliert, dessen Berechnung in den gängigen Statistik-Softwares standardmäßig implementiert ist (Cronbach 1951). Er trifft eine Aussage darüber, wie eng die Items einer Skala miteinander in Beziehung stehen, er beschreibt also die durchschnittliche Korrelation der Items untereinander. Cronbachs Alpha kann maximal einen Wert von 1 erreichen, wobei Werte ab 0,7 als akzeptabel interpretiert werden können. Diese Interpretation sollte jedoch in Relation zur Anzahl der Items, die in die Berechnung eingingen, stehen: Der Wert ist stark davon abhängig, aus wie vielen Einzelitems ein Messinstrument besteht. Bei einer größeren Zahl von Items wird schnell ein hoher Testwert erreicht. Zu hohe

Werte zwischen 0,95 und 1 sind übrigens auch kritisch, weil sie auf eine Redundanz von Items hinweisen. Oftmals wird fälschlicherweise angenommen, es würde sich hier um ein Maß für die Eindimensionalität bzw. Homogenität der Skala handeln; dies ist jedoch nicht der Fall. Auch mehrdimensionale Konstrukte können hohe Cronbachs Alpha Werte erzielen (vgl. dazu ausführlich Cortina 1993). Der Test sollte entsprechend nur dann eingesetzt werden, wenn von einem eindimensionalen, reflektiven Konstrukt ausgegangen wird. Es wird daher bisweilen kritisiert, dass die Ausweisung von Cronbachs Alpha sich derart eingebürgert hat (Cortina 1993; Sijtsma 2009).

Bei der Überprüfung der internen Konsistenz kann sich herausstellen, dass bestimmte Items nicht in ausreichendem Maße mit den anderen korrelieren, also nicht zu dem gemessenen reflektiven Konstrukt gehören. Solche Items sollten dann von der Auswertung ausgeschlossen werden, da sie einen Messfehler darstellen und dadurch die Ergebnisse verfälschen würden. Wer latente Konstrukte im Rahmen von konfirmatorischen Faktorenanalysen bzw. Strukturgleichungsmodellen statistisch modelliert (vgl. Abschn. 9.8), hat es noch leichter. Denn hier zeigen bereits die Faktorladungen und die Indikatoren der Modellpassung an, ob verschiedene Indikatoren intern konsistent sind und einen gemeinsamen latenten Faktor bilden.

Wie bereits mehrfach erwähnt, erzeugt ein nicht-reliables Messinstrument zufällige Messfehler. Diese beeinflussen die Genauigkeit der Messung und sollten daher minimiert werden. Sie lassen sich jedoch nie vollständig eliminieren. Jede empirische Messung im Bereich der Sozialwissenschaft ist mit zufälligen Messfehlern behaftet: Man wird bei vielen Wiederholungsmessungen nicht immer zum exakt gleichen Ergebnis kommen. Und auch mehrere Indikatoren eines reflektiven Konstrukts werden nicht bei allen Befragten die exakt gleichen Werte annehmen. Dies liegt daran, dass wir es bei jeder sozialwissenschaftlichen Messung mit unterschiedlichen Menschen zu tun haben, deren körperliche, kognitive und emotionale Zustände sich zudem verändern. Da es sich hierbei jedoch um zufällige Fehler handelt, sind Probleme der Reliabilität weniger problematisch als Probleme der Validität, die im Extremfall die ganze Messung unbrauchbar machen können.

> **Auf den Punkt: Güte der Messung**
> - Die Güte einer Messung kann man anhand ihrer Validität (Gültigkeit) und Reliabilität (Zuverlässigkeit) beurteilen.
> - Die Inhaltsvalidität fragt danach, ob die gemessenen Indikatoren ein theoretisches Konstrukt vollständig abbilden.
> - Die Konstruktvalidität zeigt an, ob die Beziehung zwischen einem Messinstrument und einem anderen, eng verwandten Instrument so ausfällt, wie man es anhand theoretischer Vorüberlegungen erwarten würde.
> - Die Kriteriumsvalidität prüft, ob eine Messung mit einem externen, von dieser Messung unabhängigen Kriterium übereinstimmt.

> - Die Reliabilität zeigt an, ob ein Messverfahren zu den gleichen Ergebnissen führt, wenn es mehrfach bei den gleichen Untersuchungseinheiten angewendet wird (Stabilität), und ob die verschiedenen gemessenen Indikatoren eines reflektiven Konstrukts auch wirklich das gleiche Konstrukt messen (interne Konsistenz).

8.7 Berichten der Messung

Wie andere Aspekte des Forschungsprozesses sollte auch die Messung der Variablen im Methodenteil eines Forschungsberichts genau dokumentiert werden. Ziel ist es dabei, die vorgenommenen Überlegungen und Einzelschritte so eindeutig zu beschreiben, dass andere Forscherinnen und Forscher die Studie mit den gleichen Messverfahren erneut durchführen könnten. Die Messung erhält im Methodenteil eines Forschungsberichts üblicherweise einen eigenen Abschnitt, der meistens am Ende des Methodenkapitels steht. Der Abschnitt sollte Informationen zur Operationalisierung aller Variablen enthalten, die in die späteren Auswertungen im Ergebnisteil einfließen. Das betrifft sowohl die abhängigen Variablen als auch alle in den Auswertungen berücksichtigten Drittvariablen. Welche Informationen man genau angibt, ist bei den verschiedenen angesprochenen Messverfahren unterschiedlich, einige Aspekte sollten aber auf jeden Fall erwähnt werden. Wenn mehrere Variablen mit dem gleichen Messverfahren, z. B. im Rahmen eines Fragebogens, erhoben wurden, sollte dies zunächst kurz erläutert werden, bevor auf die einzelnen Operationalisierungen eingegangen wird. Dabei sind folgende Aspekte anzusprechen:

- Verwendetes Messverfahren
- Zeitpunkt der Messung innerhalb des Versuchsablaufs
- Reihenfolge der Messung der einzelnen Variablen
- Evtl. eingesetzte technische Hilfsmittel bei der Messung mit genauer Typenbezeichnung
- Evtl. vorgenommene Maßnahmen zur Qualitätssicherung wie das Pretesten der Messung oder die Kalibrierung von Messapparaturen

Wurden im Rahmen der Datenerhebung noch weitere Variablen gemessen, die jedoch in die Auswertung nicht einfließen, sollte dies kurz angesprochen werden. Nicht bei den Auswertungen berücksichtigte Variablen müssen jedoch nicht in der gleichen Ausführlichkeit berichtet werden wie die verwendeten Variablen. Letztere sollten im Anschluss an eine einleitende Zusammenfassung des Messverfahrens einzeln erläutert werden. Dabei beginnt man üblicherweise mit den wichtigsten gemessenen Variablen, im Experiment also vor allem mit den abhängigen Variablen, bevor man die Drittvariablen beschreibt. Innerhalb der Gruppe der Drittvariablen geht es ebenfalls nach Wichtigkeit.

8.7 Berichten der Messung

Moderatoren und Mediatoren werden vor bloßen Kovariaten erwähnt. Die Beschreibung der einzelnen Operationalisierungen sollte folgende Aspekte abdecken:

- Anzahl der verwendeten Indikatoren (bei der Befragungsmessung: Zahl der Items)
- Beschreibung der verwendeten Indikatoren (bei der Befragungsmessung: genauer Wortlaut der Items)
- Beschreibung der möglichen Variablenausprägungen (bei nominalen oder ordinalen Variablen: Nennung aller mögliche Ausprägungen; bei metrischen Variablen: Nennung von Minimum und Maximum der Skala, Anzahl der Skalenstufen und Beschriftung der Skalenendpunkte)
- Deskriptive Ergebnisse der Messung über alle Experimentalgruppen hinweg (bei nominalen oder ordinalen Variablen: prozentuale Häufigkeiten der verschiedenen Ausprägungen; bei metrischen Variablen: Mittelwert und Standardabweichung)
- Bei latenten Variablen: Vorgehensweise bei der Zusammenfassung der verschiedenen Indikatoren sowie Ergebnisse durchgeführter Reliabilitätstests
- Bei Verwendung von Messinstrumenten, die von anderen Forscherinnen und Forschern entwickelt wurden: Quellenangabe und möglicherweise vorgenommene Anpassungen des ursprünglichen Instruments

Die Dokumentation einer Messung könnte in einem Forschungsbericht z. B. folgendermaßen aussehen:

> Das Vertrauen in den Kommunikator wurde anhand der drei Items der deutschen Übersetzung (Koch und Zerback 2013) der ursprünglichen Skala von Infante (1980) abgefragt. Die drei entsprechenden Items lauten: „Ich halte den im Artikel zitierten Experten für ehrlich", „Ich vertraue dem Experten, der in dem Bericht zu Wort kam" sowie „Der Experte machte auf mich einen ehrlichen Eindruck". Die Zustimmung zu den Items wurde auf einer Likert-Skala von 1 (= stimme überhaupt nicht zu) bis 5 (= stimme und voll und ganz zu) erhoben. Die drei Items weisen eine zufriedenstellende interne Konsistenz auf (Cronbachs $\alpha = ,81$). Sie wurden für die weiteren Auswertungen zu einem Mittelwertindex ($M = 2,89$; $SD = 1,28$) zusammengefasst.

Neben diesen Erläuterungen zur Messung im Methodenteil eines Forschungsberichts sollten die verwendeten Messverfahren auch im Fazit noch einmal angesprochen werden. Hier muss die Methodik einer Studie kritisch reflektiert werden. Dabei sollte man auch die Einschränkungen ansprechen, die sich aus der Entscheidung für eine bestimmte Form der Messung ergeben. Alternative Operationalisierungen und ihre Vor- und Nachteile können hier diskutiert werden. Sie sollten deutlich machen, wie zukünftige Studien mit anderen Formen der Messung die Erkenntnisse Ihrer Studie ergänzen könnten. Wenn man besonders ungewöhnliche Entscheidungen bei der Operationalisierung getroffen hat, sich also z. B. gegen ein etabliertes und für ein seltener verwendetes Messverfahren entschieden hat, sollte dies schon im Methodenteil begründet werden. In einem solchen Fall würde man nicht bis zum Fazit warten, bis die Vor- und Nachteile der gewählten Operationalisierung mit denen anderer Varianten diskutiert werden.

> **Auf den Punkt: Berichten der Messung**
> - Die Messung der Variablen muss im Methodenteil eines Forschungsberichts präzise und transparent dokumentiert werden.
> - Welche Informationen man angibt, hängt z.T. vom Einzelfall ab, jedoch gibt es einige Parameter, die immer genannt werden sollten. Dazu gehören: das verwendete Messverfahren, Zeitpunkt und Reihenfolge der Messung, ggf. eingesetzte technische Hilfsmittel sowie ggf. Maßnahmen zur Qualitätssicherung (z. B. Ergebnis eines Pretests).
> - Bei der Beschreibung der einzelnen Indikatoren sollte deren Anzahl, deren genauer Wortlaut, ggf. die genauen Antwortvorgaben, die deskriptiven Ergebnisse der Messung (z. B. MW oder SD), ggf. die Vorgehensweise bei der Zusammenfassung der Indikatoren und ggf. die Ergebnisse durchgeführter Reliabilitätstests berichtet werden.
> - Wurden Messinstrumente von anderen Forscherinnen und Forschern benutzt, muss dies mit Quellenangaben belegt werden.

8.8 Zwischenfazit und Literaturhinweise

Dem Journalismus wird oft vorgeworfen, er verbreite zu viele schlechte und zu wenig gute Nachrichten. In ähnlicher Weise ist in jüngerer Zeit auch in der Medienwirkungsforschung die Erkenntnis gereift, dass sich viele Experimente mit Medieneffekten auf negative Verhaltensweisen, Gedanken oder Gefühle befassen. In einer Art Gegenbewegung versuchen Forscherinnen und Forscher seit einiger Zeit eine „positive Medienpsychologie" zu etablieren, die die Förderung positiver Verhaltensweisen, Gedanken und Gefühle durch Mediennutzung untersucht (z. B. Reinecke und Oliver 2017). Warum sollte man nur die negativen Folgen medialer Darstellungen von Athleten mit Behinderung untersuchen? Können solche Darstellungen nicht auch positive Auswirkungen haben? Sie könnten doch z. B. die Spendenbereitschaft für den Behindertensport erhöhen. Wenn man eine Studie plant, die genau dies überprüft, hat man mehrere Möglichkeiten, das zu untersuchende Phänomen bzw. die in diesem Zusammenhang relevanten Konstrukte messbar zu machen. Dies bezeichnet man als Operationalisierung. Man kann die Versuchspersonen im Rahmen einer Befragung einschätzen lassen, wie wahrscheinlich es ist, dass sie zur Förderung des Behindertensports Geld spenden würden. Alternativ könnte man sie bitten, einen konkreten Betrag anzugeben, den sie pro Jahr für diesen Zweck spenden würden. Möglich wäre jedoch auch eine sehr viel lebensechtere Form der Messung über die Beobachtung realen Verhaltens: In einer Laborstudie könnten Versuchspersonen zur Vergütung ihrer Teilnahme einen kleineren Geldbetrag in bar erhalten. Zum Ende der Studie könnte ihnen die Möglichkeit eingeräumt werden,

8.8 Zwischenfazit und Literaturhinweise

einen Teil dieser Summe bis hin zum gesamten Betrag für den Behindertensport zu spenden, also zu diesem Zweck direkt wieder abzugeben. In einem Online-Experiment könnte man die Befragten um eine Einzugsermächtigung für eine Geldspende an den Behindertensport bitten. Der Fantasie sind hier kaum Grenzen gesetzt.

In der Forschungspraxis erfolgt die Festlegung des Messverfahrens oft in zwei Schritten. Zunächst fällt die Entscheidung für eine Erhebungsmethode, z. B. die Befragung. Anschließend erfolgt die konkrete Übersetzung des zu messenden Konstrukts in geeignete Indikatoren. Bei der Auswahl aus den zur Verfügung stehenden Messverfahren und Operationalisierungen spielen die spezifischen Vor- und Nachteile der unterschiedlichen Verfahren eine wichtige Rolle. Experimentalforscher und -forscherinnen sollten ihre Auswahlentscheidungen daher insbesondere bei den abhängigen Variablen wohl überlegt treffen. Sie sollten sich fragen, wie zuverlässig („Reliabilität") und gültig („Validität") die verschiedenen Messverfahren sind, die ihnen potenziell zur Verfügung stehen. Daneben spielen natürlich immer auch forschungsökonomische und forschungsethische Überlegungen (vgl. Abschn. 10.2) eine Rolle. In jedem Fall sollten die Gründe, die zur Auswahl eines Messverfahrens und einer konkreten Operationalisierung geführt haben, festgehalten und im abschließenden Forschungsbericht diskutiert werden.

Weil die Messung in so vielen verschiedenen Varianten erfolgen kann, konnten in diesem Kapitel nur die im Rahmen medien- und kommunikationswissenschaftlicher Experimente gängigsten Verfahren angesprochen werden. Wer sich für eine bestimmte Variante der Messung entscheidet, sollte daher unbedingt noch weiterführende Literatur zurate ziehen, bevor er zur Operationalisierung schreitet. Einen sehr guten Überblick gibt das „Handbuch standardisierte Erhebungsverfahren in der Kommunikationswissenschaft" (Möhring und Schlütz 2013). Hier werden alle gängigen standardisierten Messverfahren kommunikationswissenschaftlicher Forschung angesprochen und tiefergehend diskutiert. Auch für speziellere und aufwendigere Verfahren wie implizite oder psychophysiologische Messungen finden sich hier ausführliche Einführungskapitel, die jeweils auf weiterführende Literatur verweisen. Allerdings gibt auch das Handbuch nur einen Überblick über existierende Messverfahren, ohne diese jeweils umfassend vorstellen zu können. Wenn die Entscheidung für ein bestimmtes Messverfahren gefallen ist, sollte man unbedingt noch tiefer in die umfangreiche sozialwissenschaftliche Methodenliteratur einsteigen. Zur Befragung sind in der Medien- und Kommunikationswissenschaft vor allem die Bücher der Fachvertreter Wiebke Möhring und Daniela Schlütz (2010) sowie Armin Scholl (2014) zu empfehlen. Lohnenswert ist auch ein Blick in das „Skalenhandbuch Kommunikationswissenschaft" (Rössler 2011). Hier werden bereits in anderen Studien eingesetzte und damit bewährte Abfragen für gängige kommunikationswissenschaftliche Konstrukte zusammengetragen. Von Volker Gehrau (2017) stammt ein umfassendes Lehrbuch zur Beobachtungsmessung. Für einen Einstieg in die Inhaltsanalyse empfehlen sich die Bücher von Werner Früh (2015) und Patrick Rössler (2017).

Auf den Punkt: Literaturhinweise
- Früh, W. (2015). *Inhaltsanalyse. Theorie und Praxis* (8. Aufl.). Konstanz: UVK.
- Gehrau, V. (2017). *Die Beobachtung als Methode in der Kommunikations- und Medienwissenschaft* (2. Aufl.). Konstanz: UVK.
- Möhring, W. & Schlütz, D. (2010). *Die Befragung in der Medien-und Kommunikationswissenschaft. Eine praxisorientierte Einführung* (2. Aufl.). Wiesbaden: VS Verlag für Sozialwissenschaften.
- Möhring, W. & Schlütz, D. (Hrsg., 2013). *Handbuch standardisierte Erhebungsverfahren in der Kommunikationswissenschaft*. Wiesbaden: VS Verlag für Sozialwissenschaften.
- Rössler, P. (2011). *Skalenhandbuch Kommunikationswissenschaft*. Wiesbaden: VS Verlag für Sozialwissenschaften.
- Rössler, P. (2017). *Inhaltsanalyse* (3. Aufl.). Konstanz: UVK.
- Scholl, A. (2014). *Die Befragung* (3. Aufl.). Konstanz: UVK.

Auswertung von Experimenten 9

Wenn Sie in diesem Kapitel angekommen sind, haben Sie Ihr Experiment schon durchgeführt und die Daten liegen vor. Das Gröbste ist also geschafft. Jetzt kommt ein sehr spannender Teil: Die Auswertung der erhobenen Daten. Nun entscheidet sich, ob sich Ihre Vermutungen, also die zuvor aufgestellten Hypothesen, bestätigen lassen. Die Auswertung umfasst mehrere Schritte und diese sollten wohlüberlegt sein. Auch wenn es Sie in den Fingern juckt, endlich herauszufinden, was bei Ihrem Experiment herauskommt: Keine Schnellschüsse! Wie Sie im Folgenden sehen werden, umfasst die Datenauswertung nämlich deutlich mehr als das Überprüfen der aufgestellten Hypothesen: Bevor man damit beginnen kann, müssen die Daten zunächst aufbereitet werden. Dieser Teilschritt nimmt viel Zeit in Anspruch, das Überprüfen der Hypothesen kann dann oftmals deutlich schneller ablaufen.

Im Folgenden werden wir die einzelnen Teilschritte beschreiben, die man im Rahmen der Datenauswertung durchlaufen muss. Wir beginnen mit den ersten Schritten der Auswertung, also Datensichtung, -aufbereitung und -modifikation. Im Anschluss geben wir einen Überblick über eine erste deskriptive Beschreibung der Daten, bevor wir uns ausführlich mit der Auswertungslogik im Rahmen von Experimenten sowie den gängigen Auswertungsverfahren beschäftigen. Wir werden uns dabei auf die in der Kommunikationswissenschaft verbreiteten Nullhypothesentests beschränken, andere statistische Herangehensweisen (z. B. Bayessche Statistik) werden in diesem Überblick nicht behandelt (wer sich darüber informieren möchte, findet bei Tschirk 2014, einen Vergleich beider Herangehensweisen). Abschließend zeigen wir, wie Befunde im Rahmen eines Forschungsberichts dargestellt werden sollten – ein Punkt, der in vielen Lehrveranstaltungen und Büchern zu kurz kommt, aber einen wichtigen Teil der Auswertung von Experimenten darstellt. Schließlich ist das im Resultat das Einzige, was andere Forscherinnen und Forscher letztendlich von der Datenauswertung zu sehen bekommen.

Dieses Kapitel muss freilich ein grober Überblick bleiben. Für eine gründliche Einführung in die Datenauswertung hätten wir ein separates Buch schreiben müssen – es gibt ganze Werke, die sich sogar nur mit einem einzigen Auswertungsverfahren beschäftigten (z. B. Urban und Mayerl 2011). Für eine tiefergehende Einführung sowie die praktische Umsetzung in den gängigen Analyseprogrammen (z. B. in SPSS) verweisen wir in Abschn. 9.10 auf einschlägige Lehrbücher. Entsprechend werden wir hier die verschiedenen Schritte im Auswertungsprozess zunächst in ihren Grundzügen erklären und nur ausgewählte Aspekte vertiefen, die in der Forschungspraxis für die Auswertung von Experimenten eine besondere Bedeutung haben.

9.1 Erste Schritte bei der Auswertung: Daten aufbereiten

Die Vorgehensweise bei der Datenauswertung folgt der Regel: Überprüfen – Modifizieren – Analysieren. Die Datenanalyse, also das eigentliche „Rechnen", erfolgt entsprechend erst ganz zum Schluss. Zuvor stehen zwei Schritte, die oft unter dem Begriff *Datenaufbereitung* zusammengefasst werden: Zuerst geht es an die Sichtung und Bereinigung der Daten, danach erfolgt die Datenmodifikation, also zum Beispiel das Bilden von Indices. Wir gehen an dieser Stelle davon aus, dass die Daten in Tabellenform vorliegen – auch das ist Teil der Datenaufbereitung. Gerade bei schriftlichen Befragungen ist die Dateneingabe und das Labeln (also die Beschriftung der Variablen und einzelnen Ausprägungen) aufwendig und muss sehr sorgfältig durchgeführt werden, damit sich keine Fehler einschleichen. Ein guter Überblick über diesen Vorgang findet sich bei Akremi, Baur und Fromm (2011).

9.1.1 Datensichtung und Datenbereinigung

Zunächst werden *die Daten gesichtet* und auf Plausibilität geprüft; man kontrolliert also, ob sich Fehler in die Daten eingeschlichen haben. Dies ist vor allem wichtig, wenn die Daten von Hand eingegeben wurden, also z. B. von Papierfragebögen in Excel-Tabellen übertragen wurden. Hier können sich Flüchtigkeitsfehler durch Vertippen einschleichen, z. B., dass man statt einer „5" eine „55" oder eine „6" eingibt. Insofern sollte man an dieser Stelle überprüfen, ob im Datensatz unsinnige Werte vorkommen (z. B. eine „6" bei einer fünfstufigen Likert-Skala). Darüber hinaus sollte man fehlende Werte als solche kenntlich machen, also mit einem speziellen Zahlencode versehen (z. B. als „−9"). Dadurch macht man transparent, dass hier tatsächlich keine Angabe des Befragten vorliegt und nicht etwa versehentlich der Wert nicht übertragen wurde. Man sollte hier unbedingt einen Code wählen, der sonst im Datensatz nicht vorkommt, und diesen anschließend im jeweiligen Datenanalyseprogramm auch als fehlenden Wert definieren. Tut man das nicht, gehen diese Werte in alle Berechnungen (z. B. bei der Bildung eines Mittelwerts) mit ein.

9.1 Erste Schritte bei der Auswertung: Daten aufbereiten

Hat man die Erhebung online durchgeführt, liegen die Daten in der Regel automatisch mit entsprechenden Beschriftungen vor und fehlende Werte sind als solche definiert. Damit entfällt die Überprüfung der Daten allerdings nicht, man muss nämlich auch dann noch kontrollieren, ob die Versuchspersonen fehlerhafte Werte erzeugt haben. Das kann passieren, wenn man offene Eingabefelder im Fragebogen verwendet hat, zum Beispiel bei der Erhebung des Alters, der Fernsehnutzungsdauer in Minuten usw. Gibt ein Befragter an, dass er am Tag durchschnittlich 25 h fernsieht, dann ist dies eindeutig ein fehlerhafter Wert. Aber was ist, wenn der Befragte 22 h angibt? Dies liegt zwar im Bereich des Möglichen, ist aber dennoch extrem unwahrscheinlich. Wahrscheinlicher ist es, dass der Proband sich vertippt hat (also eine „2" angeben wollte), übertreibt (weil er den letzten Binge-Watching-Marathon noch im Kopf hatte) oder bewusst falsche Angaben macht. Diese Überlegungen haben Einfluss darauf, wie man mit solchen Daten im Rahmen der Datenbereinigung umgeht (dazu mehr im nächsten Abschnitt). Ein sehr guter Überblick über die verschiedenen Möglichkeiten zur Identifikation von fehlerhaften Werten findet sich bei Lück (2011).

Die *Datenbereinigung* stellt den zweiten Schritt der Aufbereitung dar. Haben wir fehlerhafte oder nicht plausible Daten entdeckt, muss man diese entfernen. Ob es sich bei fehlerhaften Werten um einen Tippfehler bei der Übertragung schriftlicher Angaben in ein Datenblatt handelt, kann man durch einen Abgleich mit dem Originalfragebogen feststellen und diesen gegebenenfalls korrigieren. Bei Fehlern durch die Befragten, wie in unserem Fernsehnutzungs-Beispiel, ist die Entscheidung für das weitere Vorgehen schwieriger, weil man die Art des Fehlers (vertippt, verschätzt, gefälscht) im Nachhinein schwer ermitteln kann. Dies kann aber Konsequenzen dafür haben, wie man mit dem Fall umgeht. Handelt es sich um ein Versehen oder eine Übertreibung, gibt es zwei Möglichkeiten: Entweder man belässt den Wert im Datensatz (es handelt sich ja um einen zufälligen Fehler) oder man eliminiert den Wert. Letzteres ist dann sinnvoll, wenn der Wert eine starke Verzerrung des Mittelwerts hervorruft – entweder, weil es sich um eine sehr kleine Stichprobe handelt oder weil der Wert stark von den übrigen Werten abweicht (also wenn der Proband z. B. 3402 h als tägliche Fernsehnutzungsdauer angegeben hat). Hat man Grund zur Annahme, dass der Proband absichtlich falsche Angaben gemacht hat, sollte man überlegen, den ganzen Fall (also alle Angaben des Probanden) zu eliminieren. Leider gibt es hier keine Musterlösung, sondern es muss am Einzelfall entschieden werden. Ein mögliches Vorgehen ist dabei zu prüfen, ob der Proband auch bei anderen Fragen nicht plausible Angaben gemacht hat – ist dies der Fall, sollte er aus dem Datensatz ausgeschlossen werden (Lück 2011). Wichtig ist hier, dass man das Vorgehen transparent macht: Alle Entscheidungen im Rahmen der Bereinigung müssen im Forschungsbericht dokumentiert werden.

Fehlerhafte Daten sind aber nicht der einzige Grund, einen Probanden von weiteren Analysen auszuschließen. Es stellt sich auch die Frage, ob man nur vollständig ausgefüllte Fragebögen in die Auswertung aufnimmt oder auch die von Versuchspersonen, die das Experiment abgebrochen oder auf einige Fragen nicht geantwortet haben. Die Frage nach dem *Umgang mit fehlenden Werten* ist vor allem bei Online-Experimenten von Bedeutung, da bei diesen die Abbruchquote deutlich höher ausfällt als bei Laborexperimenten. Auch hier gibt es keine Pauschallösung, sondern es hängt von der Abbruchquote, dem Anteil fehlender Werte und der generellen Stichprobengröße ab. Entscheidend ist zum Beispiel, an welcher Stelle die Versuchsperson abgebrochen hat – wenn nur die Altersangabe auf der letzten Fragebogenseite fehlt, kann man den Fall durchaus im Datensatz behalten. Man sollte dabei prüfen, ob es möglicherweise zu systematischen Abbrüchen gekommen ist (englisch *biased dropout*): Fragt man etwa im Rahmen eines Experiments zur Wirkung idealisierter Körperdarstellungen nach dem Gewicht, kann es sein, dass gerade mit dem eigenen Körper unzufriedene Versuchspersonen keine Angaben machen oder abbrechen. Würde man diese aus der weiteren Analyse ausschließen, könnte das die Ergebnisse unbrauchbar machen. Bei Online-Befragungen bekommt man einige Meta-Daten, die bei der Bereinigung helfen können, wie z. B. die Dauer, die eine Versuchsperson zum Ausfüllen des Fragebogens benötigt hat bzw. die Verweildauer für jede Fragebogenseite. Ein Überblick zur Verwendung dieser Informationen zur Datenbereinigung findet sich bei Leiner (2013). Auch Teilnehmerinnen und Teilnehmer, die an Manipulations- bzw. Aufmerksamkeitschecks scheitern (vgl. Abschn. 5.5), sollte man unter Umständen aus der weiteren Datenauswertung ausschließen.

Generell sollte die Entscheidung, Werte oder Fälle aus der Untersuchung auszuschließen, wohlüberlegt sein, eher konservativ erfolgen und unbedingt vor der eigentlichen Hypothesenprüfung vorgenommen werden. Sonst ist die Gefahr groß, dass man – möglicherweise unbewusst – solange Versuchspersonen ausschließt, bis man die gewünschten Ergebnisse erhält (vgl. Abschn. 10.3). Aus diesem Grund ist es auch extrem wichtig, den Prozess der Datenbereinigung transparent zu machen, also im Forschungsbericht genau zu dokumentieren, wie viele Fälle aus welchem Grund für die Hypothesenprüfung ausgeschlossen wurden.

9.1.2 Datenmodifikation

Hat man die Datensichtung und -bereinigung abgeschlossen, geht es an die Datenmodifikation. Dieser Auswertungsschritt beansprucht in der Regel viel Zeit, denn viele Variablen liegen im Datensatz nicht in der Form vor, in der wir sie nachher für die Hypothesenprüfung brauchen. Grob kann man drei Arten der Datenmodifikation unterscheiden: die Bildung von Gruppen, die Bildung von Indizes und die Umcodierung von Variablen.

Gruppenbildung: Oft liegt ein Teil der Daten detaillierter vor als für die Auswertung benötigt. Wenn wir uns zum Beispiel für den moderierenden Einfluss von formaler Bildung interessieren, dann oft in der Dichotomie höhere vs. niedrigere formale Bildung. Im Fragebogen erfragen wir aber in der Regel den höchsten formalen Bildungsabschluss auf sechs oder mehr Stufen, sodass wir diese erst zu zwei Gruppen verdichten müssen. Dies ist insbesondere notwendig, wenn bei kategorialen Daten einzelne Ausprägungen kaum vorkommen. Auch bei metrischen Variablen kann es vorkommen, dass man diese gruppieren will und z. B. Probanden anhand der Variable Alter in jüngere und ältere Personen aufteilt. Ob man eine ursprünglich metrische Variable in Gruppen zusammenfasst, muss allerdings theoretischen Überlegungen folgen. Obwohl dies in der Auswertungspraxis oft angewandt wird, bringt ein solches Vorgehen aus datenanalytischer Sicht fast nur Nachteile mit sich, weil man dadurch Erklärungskraft und damit letztendlich Teststärke verliert (vgl. dazu ausführlich Cohen 1983; MacCallum et al. 2002).

Möchte man mehrere Ausprägungen einer Variable verdichten, gibt es prinzipiell zwei Herangehensweisen: eine theoretische und eine empirische Verdichtung. Theoretische Verdichtung bedeutet, dass man vorher unabhängig von der Verteilung der Daten festlegt, wie aggregiert wird. Es kann also sein, dass wir Altersgruppen analog zu den in der Reichweitenmessung verwendeten Zielgruppen einteilen wollen: 14- bis 29-Jährige als jüngste Gruppe, 30- bis 49-Jährige als mittlere Gruppe und 50+ als älteste Gruppe.

Bei einer empirischen Verdichtung könnte man sich an den tatsächlichen Ausprägungen des Alters in der Stichprobe orientieren und gleich „breite" Kategorien erstellen. Man achtet also darauf, dass in jeder Gruppe eine etwa gleich große Altersspanne abgebildet wird (vgl. Kuckartz et al. 2013): Hierzu berechnet man die gesamte Altersspanne in der Stichprobe und teilt sie durch die gewünschte Anzahl an Gruppen. Ist also z. B. die jüngste Versuchsperson 20 und die älteste Person 46 Jahre und man möchte drei Gruppen erstellen, dann würde jede Gruppe eine Spanne von neun Jahren umfassen, die erste also von 20 bis 28 gehen, die zweite von 29 bis 37 und die dritte von 38 bis 46. Allerdings wäre es möglich, dass in dieser Gruppe deutlich weniger Probanden vertreten sind als in den anderen, zum Beispiel, weil hauptsächlich Studierende und damit vor allem Personen unter 30 Jahren an der Studie teilgenommen haben. Unterschiedlich große Gruppen können allerdings später bei der Auswertung zu Problemen führen.

In diesem Fall kann man empirisch die Gruppen so bilden, dass in jeder eine etwa gleich große Anzahl an Personen vertreten ist. Möchte man nur zwei Gruppen unterscheiden, trennt man die Gruppen am Median, also dem Wert, der in der Mitte steht, wenn man alle Werte nach der Größe ordnet (ein sogenannter Median-Split). Bei mehreren Gruppen kann man sich an den jeweiligen Quantil-Grenzen orientieren, also z. B. drei, vier oder zehn gleich große Gruppen schaffen. Damit stellt man zwar sicher, dass in allen Gruppen etwa die gleiche Anzahl an Personen ist, hier kompromittiert man aber möglicherweise die theoretische Sinnhaftigkeit und damit die Erklärungskraft der Befunde: Haben hauptsächlich junge Studierende teilgenommen, könnte es beim Quantil-Split sein, dass die jüngste Gruppe von 20 bis 21 geht, die mittlere von 22 bis 25 und die älteste von 26 bis 46. Eine solche Verdichtung von Variablen sollte daher bestenfalls aus theoretisch plausiblen Gründen vorgenommen werden, weil man dadurch zwangsläufig Aussagekraft und Teststärke verliert.

Indexbildung: Auch bei der Bildung von Indizes handelt es sich um eine Verdichtung der Daten. Das trifft zunächst für alle latenten Konstrukte (also nicht direkt messbare Größen, vgl. Abschn. 8.2.1) zu, die wir über Skalen und damit über mehrere Items erhoben haben. Nehmen wir zum Beispiel das Unterhaltungserleben, das in der Forschung oft anhand von zwei Dimensionen operationalisiert wird: einerseits das unmittelbare Erleben von Vergnügen und positiven Emotionen (sog. hedonisches Unterhaltungserleben), wie man es vom Schauen von Sitcoms kennt, andererseits die bedeutungsvolle, tiefgründige Rezeptionserfahrung (sog. eudaimonisches Unterhaltungserleben), wie man sie z. B. bei Dramen erlebt. Beide Dimensionen werden jeweils über sechs Einzelitems erhoben (z. B. Oliver und Raney 2011). Möchte man nun zum Beispiel untersuchen, wie sich Humor in einem Film auf das hedonische Unterhaltungserleben auswirkt, dann braucht man pro Person *einen* Wert für hedonisches Unterhaltungserleben (und eben nicht sechs Einzelwerte).

Wie schon bei der Gruppenbildung, gibt es unterschiedliche Herangehensweisen bei der Frage, welche Items man zu einem Index zusammenfasst. Benutzt man validierte Skalen, gibt es bereits Erkenntnisse darüber, welche Items dasselbe latente Konstrukt beschreiben (etwa wie bei der Skala zum Unterhaltungserleben). Hier ist es üblich, bei der Beschreibung des gemessenen Konstrukts die Reliabilität der Skala auszuweisen, die in der Regel über die Maßzahl Cronbachs Alpha errechnet wird (Cronbach 1951). Dieses Maß für die interne Konsistenz der Skala haben wir bereits in Abschn. 8.6.2 ausführlich vorgestellt. Wendet man eine neu entwickelte Skala erstmals an oder verwendet man eine bestehende Skala in einem anderen Forschungskontext (oder bei einer anderen Stichprobe), sollte man eine Faktorenanalyse durchführen. Hat man keine theoretischen Vermutungen über die Anzahl an Dimensionen, die einem Konstrukt zugrunde liegen, führt man eine explorative Faktorenanalyse durch, ansonsten eine konfirmatorische Faktorenanalyse (weiterführende Einblicke findet man bei Moosbrugger und Schermelleh-Engel 2008). Die Berechnung von Cronbachs Alpha bzw. Durchführung von Faktorenanalysen eignet sich aber ausschließlich für reflektive Messungen (vgl. Abschn. 8.2.1). Hier geht man davon aus, dass das latente Konstrukt die manifesten Indikatoren (also die Antworten auf die Items) verursacht, was dann eben dazu führt, dass die Items korrelieren. Dies ist bei formativen Messungen nicht der Fall, weshalb die Verfahren hier auch nicht anwendbar sind.

Neben der Frage, welche Dimensionen bzw. Items in einen Index eingehen, muss man sich überlegen, auf welche Art diese zusammengefasst werden sollen. Die wohl gängigste Variante in den Sozialwissenschaften ist die Bildung eines Mittelwerts über alle Items, es gibt aber auch additive oder multiplikative Indizes (vgl. Schnell et al. 2013). Im Rahmen von Faktorenanalysen gehen die Items gewichtet in den Index ein, je nachdem, wie gut sie jeweils das latente Konstrukt repräsentieren.

Umcodierung: Unter Umcodierung verstehen wir jede Art von Datenmodifikation, die nicht unter die beiden oben genannten Punkte fällt, also zum Beispiel das so genannte „Drehen" von Items. Innerhalb einer Skala laufen einzelne Items oft in unterschiedliche Richtungen, sodass die Werte erst angepasst werden müssen, bevor die Items zu einem Index zusammengefasst werden können. Zum Beispiel gibt es im Rahmen einer gängigen Skala zur Messung des Selbstwerts einer Person das Item „Alles in allem bin ich mit mir selbst zufrieden", aber auch das Item „Alles in allem neige ich dazu, mich für einen Versager zu halten" (von Collani und Herzberg 2003). Kreuzt ein Proband eine „5" auf einer fünfstufigen Skala an, wäre das im ersten Fall ein Indikator für einen sehr hohen Selbstwert, im zweiten Fall für einen sehr niedrigen Selbstwert. Möchte man die beiden Items zusammenfassen, muss man eines von beiden umpolen, sodass der ursprüngliche Wert „5" dem neuen Wert „1" entspricht usw. Welches der Items man dreht, ist für die Berechnungen unerheblich – man sollte aber aus Gründen der Lesbarkeit darauf achten, dass beim gebildeten Selbstwertindex hohe Werte auch für einen hohen Selbstwert stehen (man würde also das „Versager"-Item drehen).

Bei mehrfaktoriellen Experimentaldesigns muss man zudem oft die unabhängige Variable, also die Gruppenzuteilung, erst in die zugrunde liegenden Faktoren zerlegen. Im Datensatz hat man in der Regel die Experimentalbedingung, der eine Versuchsperson ausgesetzt war, in einer Variable vorliegen. Bei einem 2×2-Design hat man vier Experimentalgruppen, also Werte von 1 bis 4. Dahinter stecken aber zwei unabhängige Faktoren. Nehmen wir an, wir haben den Faktor Medium (Qualitätszeitung vs. Boulevardzeitung) und den Faktor Sprecher (Experte vs. Politiker) manipuliert. Dann liegen diese beiden Faktoren in den Gruppen vermischt vor. Gruppe 1 hat also einen Artikel aus einer Qualitätszeitung mit einem Experten-Statement gelesen, Gruppe 2 den gleichen Artikel aus einer Boulevardzeitung, Gruppe 3 das Politiker-Statement in der Qualitätszeitung und Gruppe 4 das Politiker-Statement in der Boulevardzeitung. Möchten wir später Interaktionseffekte berechnen (vgl. Abschn. 5.2.4 und 9.7), brauchen wir aber zwei getrennte Variablen, eine für den Faktor Medium und eine für den Faktor Kommunikator. In der Variable „Medium" vergibt man zwei Werte, z. B. „1" für „Qualitätszeitung" und „2" für „Boulevardzeitung". Unter 1 sind nun beide Experimentalbedingung zusammengefasst, in der die Versuchspersonen einen Artikel aus einer Qualitätszeitung gelesen haben, unabhängig davon, wer der Kommunikator war (also die Gruppen 1 und 3) usw.

> **Auf den Punkt: Erste Schritte bei der Auswertung**
> - Vor der eigentlichen Auswertung erfolgen mehrere Schritte, die dazu dienen, den Datensatz für die Hypothesenprüfung bzw. Beantwortung der Forschungsfragen aufzubereiten.
> - Bei der Datensichtung und Datenbereinigung werden die Daten auf falsche oder unplausible Werte geprüft. Der Ausschluss einzelner Werte oder ganzer Fälle muss im Einzelfall entschieden und im Forschungsbericht transparent dargestellt werden.
> - Die Datenmodifikation umfasst mehrere Schritte: Bei der Gruppenbildung werden Ausprägungen derselben Variable zusammengefasst, bei der Indexbildung die Werte unterschiedlicher Items zu einem Gesamtwert verdichtet. Bei der Umcodierung handelt es sich um andere Formen von Neuberechnungen, zum Beispiel das Drehen von Items.

9.2 Deskriptive Statistik

Haben wir die Phase der Datenaufbereitung abgeschlossen, können wir uns an die eigentliche Auswertung machen. Auch dieser Schritt gliedert sich streng genommen in zwei Teile, nämlich die deskriptive und die induktive Statistik. Bevor wir uns an das Testen der Hypothesen machen (und damit die induktive Statistik kennenlernen), geht es zunächst darum, die Stichprobe zu beschreiben und die Daten über gängige Kennwerte zusammenzufassen. Möchten wir zum Beispiel das Alter unserer Stichprobe im Forschungsbericht beschreiben, wäre es mühsam und unübersichtlich, den Wert für jede einzelne Versuchsperson darzustellen. Stattdessen weisen wir Kennzahlen aus, mit denen sich die unterschiedlichen Ausprägungen des Alters anschaulich zusammenfassen lassen. Dies fällt in den Bereich der deskriptiven Statistik.

9.2.1 Absolute und relative Häufigkeiten

Die einfachste Form der Darstellung von Daten sind absolute und relative Häufigkeiten. Liegen die Daten einer Variable in nominaler oder ordinaler Form (also in Gruppen) vor, so gibt man an, wie häufig welche Ausprägung der Variable vorkommt. Bei einem Experiment mit Between-Subject Design liegt die unabhängige Variable in der Regel nominal vor, man hat also verschiedene Experimental- bzw. Kontrollgruppen. Hier gibt man im Normalfall die *absoluten Häufigkeiten* an. Haben Sie zum Beispiel ein Experiment mit zwei Gruppen (Experimental- und Kontrollgruppe) durchgeführt und daran haben 220 Versuchspersonen teilgenommen, dann geben Sie an, wie viele der Versuchspersonen in der Experimentalgruppe waren und wie viele in der Kontrollgruppe. Eine weitere Möglichkeit ist die Angabe von *relativen Häufigkeiten,* sprich Prozentwerten, die sich auf die Stichprobe als Basis beziehen (220 Personen = 100 %). Das Geschlecht bzw. den formalen Bildungsabschluss der Versuchspersonen weist man in der Regel in Prozent aus, aber auch andere nominale Variablen, etwa wie viel Prozent der Stichprobe einen Facebook-Account besitzen, SPD-Wähler sind und so weiter. Relative bzw. absolute Häufigkeiten werden entweder im Text beschrieben oder über Häufigkeitstabellen bzw. grafisch über Balkendiagramme dargestellt.

9.2.2 Lage- und Streuungsmaße

Im Experiment liegen die abhängigen Variablen, aber auch andere Drittvariablen, oft in metrischer Form vor. Metrische Daten beschreibt man in der Regel durch Lage- und Streuungsparameter. *Lageparameter* (auch Maße der zentralen Tendenz) dienen dazu, die Verteilung der Daten mit einer Zahl zu beschreiben – wir suchen also einen Wert, der die vielen unterschiedlichen Ausprägungen möglichst gut repräsentiert. Die gängigsten Lageparameter sind Modus, Median und arithmetisches Mittel. Der *Modus* beschreibt die am häufigsten vorkommende Ausprägung einer Variable in der Stichprobe und kann bei allen Datenniveaus angewendet werden. Der *Median* ist der mittlere Wert der Stichprobe, also der Wert, der die Stichprobe in zwei gleich große Hälften teilt. Um ihn zu ermitteln, werden die Werte der Größe nach geordnet. Bei einer ungeraden Anzahl an Werten ist der Median der mittlere Wert, bei einer geraden Anzahl das arithmetische Mittel aus den beiden mittleren Werten. Der Vorteil des Medians ist, dass er sich robust gegenüber sogenannten „Ausreißern", also einzelnen sehr hohen oder sehr niedrigen Werten, verhält und auch bei ordinalen Daten ausgewiesen werden kann. Das am häufigsten verwendete Lageparameter ist das arithmetische Mittel, auch kurz *Mittelwert* genannt. Hierbei handelt es sich um den Durchschnittswert aller Ausprägungen einer Variable – man summiert also alle Werte auf und teilt sie durch die Anzahl. Der Mittelwert kann nur bei metrischem bzw. quasi-metrischem Datenniveau errechnet werden. Er gibt z. B. an, wie alt die Stichprobe durchschnittlich ist. Dies allein lässt aber keinen Schluss darüber zu, wie stark die Daten streuen, wie das Alter in der Stichprobe also verteilt ist. Nehmen wir an, am Experiment haben zehn Versuchspersonen teilgenommen und wir errechnen für das Alter einen Mittelwert von 30 – was kann das bedeuten? Sind alle zehn Personen genau 30 Jahre alt? Sind fünf Leute 20 und fünf Leute 40 Jahre alt? Sind neun Leute 25 und eine Person 75 Jahre alt? All diese Verteilungen würden zu einem Mittelwert von 30 Jahren führen. Daher brauchen wir zur Beschreibung von metrischen Variablen noch weitere Maßzahlen, die angeben, wie unterschiedlich die einzelnen Werte sind, also wie stark die Daten vom Mittelwert abweichen – die sogenannten *Streuungsmaße* (auch Dispersionsmaße).

Der wohl wichtigste Kennwert in diesem Zusammenhang ist die sogenannte Standardabweichung, die auf der Berechnung der Varianz der Daten beruht. Der Begriff Varianz ist Ihnen im Laufe des Buches schon mehrfach begegnet und spielt für die Datenanalyse eine zentrale Rolle. Varianz und Standardabweichung sind Maße für die Unterschiedlichkeit der Daten und geben an, wie stark die Einzelwerte um den Mittelwert streuen. Zur Berechnung der *Varianz* wird für jeden Einzelwert die Distanz zum Mittelwert errechnet, quadriert (damit sich positive und negative Abweichungen nicht aufheben) und durch die Anzahl aller Werte geteilt.[1] Um die vorgenommene Quadrierung der Abweichungen zu eliminieren und damit zur ursprünglichen Einheit der Daten zurückzukehren, wird zur Errechnung der *Standardabweichung* die Wurzel aus der Varianz gezogen. Damit beschreibt die Standardabweichung die durchschnittliche Streuung der Daten um den Mittelwert in der ursprünglichen Einheit (also z. B. in Jahren beim Alter). Die Standardabweichung ist also ein Maß dafür, wie gut der Mittelwert die Daten repräsentiert; wären im oben genannten Beispiel tatsächlich alle zehn

---

[1] Bei der Berechnung der Varianz in der induktiven Statistik teilt man durch die Anzahl der Einzelwerte minus 1, was den Freiheitsgraden entspricht. Ein sehr anschauliches Beispiel für Freiheitsgrade finden Sie bei Field und Hole (2003, S. 129).

Versuchspersonen 30 Jahre alt, wäre die Standardabweichung gleich Null, denn in diesem Fall streuen die Daten nicht (es gibt nur eine Ausprägung). Der Mittelwert würde die Daten also perfekt abbilden. Entsprechend gilt: Je größer die Standardabweichung, desto stärker streuen die Daten.

Ein weiteres Maß, das Auskunft über die Streuung der Daten gibt, ist die *Spannweite*. Sie beschreibt die Breite des Bereichs, in dem alle beobachteten Werte liegen und berechnet sich aus der Differenz zwischen dem größten und kleinsten vorkommenden Wert. Eine fünfstufige Skala hat also eine theoretische Spannweite von 4. Über die beobachtete Spannweite kann man prüfen, ob eine vorgegebene Skala von den Befragten ausgeschöpft wurde. Die Spannweite wird häufig für das Alter im Rahmen der Stichprobenbeschreibung angegeben. Ist die jüngste Teilnehmerin 18 und die Älteste 70, hätte man eine Spannbreite von 52. Der Nachteil der Spannweite ist ihre Anfälligkeit für Ausreißer.

9.2.3 Häufigkeits- und Wahrscheinlichkeitsverteilungen

Ein entscheidender Schritt, um den Übergang zwischen deskriptiver und induktiver Statistik zu verstehen, ist das Verständnis von Häufigkeits- und Wahrscheinlichkeitsverteilungen. *Häufigkeitsverteilungen* beschreiben, wie oft welche Ausprägungen einer Variable in der Stichprobe vorkommen. Mit dem Modus haben wir den häufigsten Wert einer solchen Verteilung kennengelernt, mit dem Median den mittleren Wert und mit dem Mittelwert den Durchschnitt aller auftretenden Werte. Die Standardabweichung gibt Auskunft, wie stark die Werte um den Mittelwert streuen. Eine häufig auftretende Verteilungsform, die auch für das statistische Schließen eine wichtige Rolle spielen wird, ist die sogenannte *Normalverteilung*. Sie dürfte Ihnen aus dem Schulunterricht als Gauß-sche Glockenkurve bekannt sein. Die Normalverteilung ist symmetrisch, sprich die Werte streuen gleichmäßig um den Mittelwert herum; Median, Modus und Mittelwert sind identisch. Rund 68 % aller Datenpunkte liegen eine Standardabweichung über bzw. unter dem Mittelwert, rund 95 % aller Datenpunkte liegen plus/minus zwei Standardabweichungen vom Mittelwert entfernt und rund 99,9 % aller Daten liegen drei Standardabweichungen um den Mittelwert. Dies bedeutet in der Konsequenz, dass Werte mehr als drei Standardabweichungen über bzw. unter dem Mittelwert sehr unwahrscheinlich sind. Insofern ist der Weg über die Standardabweichung eine gute Möglichkeit, Ausreißer in den Daten zu identifizieren.

Viele Merkmale in der Realität sind annähernd normalverteilt, z. B. Körper- und Schuhgröße, Gewicht und Intelligenz. Ein Spezialfall der Normalverteilung ist die Standardnormalverteilung: Sie hat einen Mittelwert von 0 und eine Standardabweichung von 1. Jede Normalverteilung kann in eine Standardnormalverteilung umgerechnet werden (mittels einer sog. z-Transformation). Die Standardnormalverteilung kann in der Statistik dazu genutzt werden, Auftretenswahrscheinlichkeiten bestimmter Ereignisse zu berechnen und entsprechende Hypothesen zu testen. Bei der Auswertung von Experimentaldaten, wo wir uns meist mit Gruppenvergleichen beschäftigen, kommen auch andere Wahrscheinlichkeitsverteilungen zum Einsatz, z. B. die t-Verteilung (Abschn. 9.4.1) oder die F-Verteilung (Abschn. 9.5.1). Diesem Prinzip widmen wir uns im nachfolgenden Abschnitt.

> **Auf den Punkt: Deskriptive Statistik**
> - Im Rahmen der deskriptiven Statistik geht es darum, die beobachteten Werte, also die Stichprobe, zu beschreiben. Je nach Datenniveau eigenen sich dafür andere Kennwerte.
> - Die Lagemaße verdichten unterschiedliche Ausprägungen einer Variable zu einem Wert. Der Modus beschreibt den häufigsten Wert, der Median den mittleren Wert und der Mittelwert das arithmetische Mittel aus allen Werten.
> - Die Streuungsparameter geben Auskunft darüber, wie unterschiedlich die Daten sind. Varianz und Standardabweichung beschreiben die Streuung der Daten um den Mittelwert. Die Spannweite beschreibt die Breite der Daten vom niedrigsten zum höchsten Wert.
> - Bei einer Normalverteilung fallen Modus, Median und Mittelwert zusammen. Über die Standardabweichung kann angegeben werden, wie viel Prozent der Daten sich in einer gewissen Spanne um den Mittelwert befinden.

9.3 Induktive Statistik: Auswertungslogik bei experimentellen Daten

Nun ist es endlich soweit – wir kommen zur Prüfung unserer Hypothesen und bewegen uns damit von der deskriptiven zur induktiven Statistik (auch: Inferenzstatistik oder schließende Statistik). Bevor wir uns in diesem Kapitel näher mit der Logik des Hypothesentestens beschäftigen, soll es zunächst darum gehen, die Bedeutung von inferenzstatistischen Verfahren bei der Auswertung von Experimentaldaten näher zu beleuchten. Grund ist, dass es bisweilen zu Diskussionen und Missverständnissen kommt, ob die Anwendung von Inferenzstatistik bei nicht repräsentativen Stichproben überhaupt zulässig ist (z. B. Potter et al. 1995). Auslöser für die Diskussion ist die unterschiedliche Logik zwischen experimentellen und nicht-experimentellen Untersuchungen bei Inferenzschlüssen. Bei nicht-experimentellen Studien geht es in erster Linie darum, über die Stichprobe hinausgehende, verallgemeinernde Aussagen für die zugrunde liegende Grundgesamtheit zu treffen, wofür Repräsentativstichproben nötig sind. Sie kennen das Prinzip bereits aus Abschn. 7.1.2, wir wollen es aber noch mal am Beispiel der Umfrageforschung bei Wahlen verdeutlichen. Demoskopische Institute veröffentlichen regelmäßig Zahlen dazu, wie viel Prozent der Bevölkerung bei einer bevorstehenden Wahl eine bestimmte Partei wählen werden. Woher wissen die Institute das? Sie können ja nicht alle wahlberechtigten Deutschen befragen. Stattdessen ziehen sie Zufallsstichproben aus der Bevölkerung und versuchen auf Basis dieser Daten auf die Gesamtbevölkerung zu schließen. Diese Schlüsse sind aber mit einer gewissen Unsicherheit behaftet und diese Unsicherheit gilt es zu berechnen. Möchte man nun zum Beispiel die Hypothese prüfen, dass mehr Männer als Frauen bei der nächsten Bundestagswahl die CDU wählen wollen, dann versucht man über inferenzstatistische Verfahren abzuschätzen, mit welcher Wahrscheinlichkeit sich ein in der Stichprobe ermittelter Unterschied zwischen Männern und Frauen auch in der Grundgesamtheit, also bei allen Wahlberechtigten, wiederfindet. Ein solcher Inferenzschluss ist aber nur dann möglich, wenn die Stichprobe ein strukturgleiches Abbild der Grundgesamtheit darstellt.

Wie bereits in Abschn. 7.1.1 beschrieben, arbeiten wir in der sozialwissenschaftlichen Experimentalforschung oft mit anfallenden und seltener mit Repräsentativstichproben – ist der Einsatz von Inferenzstatistik dann überhaupt sinnvoll? Ja, denn wie schon angedeutet, ist die Logik beim experimentellen Vorgehen eine andere: Primäres Ziel eines Experiments ist es nicht, generalisierende Aussagen über die Stichprobe hinaus zu machen, sondern, einen Einfluss der experimentellen Manipulation auf die abhängige Variable in dem gewählten Setting nachzuweisen. Signifikanztests beziehen sich hier darauf, mit welcher Wahrscheinlichkeit die in der Stichprobe ermittelten Unterschiede zwischen den Experimentalbedingungen tatsächlich auf die Manipulation und nicht auf andere Ursachen (Zufall, Drittvariablen, Messfehler usw.) zurückzuführen sind (vgl. dazu ausführlich Lang 1996). Die Frage, ob man die Befunde letztendlich über unsere Stichprobe hinaus auf andere Personengruppen, Situationen, Stimuli etc. generalisieren darf, ist dann eine Frage der externen Validität (vgl. Abschn. 4.1).

9.3.1 Hypothesentests: Alles eine Frage der Wahrscheinlichkeit

Bei der Auswertung unserer Experimentaldaten geht es also darum, „Muster und Regelmäßigkeiten vom Zufall abzugrenzen" (Kuckartz et al. 2013, S. 104); wir wollen uns sozusagen gegen den Zufall absichern. Erst wenn es sehr unwahrscheinlich ist, dass von uns ermittelte Unterschiede zwischen Experimental- und Kontrollbedingungen durch Zufall entstanden sind, gehen wir davon aus, dass sie systematisch auftreten und unser Treatment entsprechend einen Einfluss ausgeübt hat. In den Sozialwissenschaften ist es üblich, inferenzstatistische Schlüsse über sogenannte Nullhypothesentests durchzuführen. Dieses Vorgehen ist nicht unumstritten, eine Diskussion über Alternativen würde aber den Rahmen des Buches sprengen. Interessierten sei dazu der Aufsatz von Nickerson (2000) empfohlen.

Welche Logik steckt hinter der Nullhypothesenprüfung? Denken Sie dazu an ein einfaches Beispiel aus dem Mathe-Unterricht zurück: das Werfen einer Münze. Wir wissen, dass bei einer normalen, nicht gezinkten Münze die Wahrscheinlichkeit, Kopf bzw. Zahl zu werfen, jeweils bei 50 % liegt. Nehmen wir an, ein Kommilitone hat Ihnen eine Münze gegeben, von der Sie die Vermutung haben, dass sie gezinkt ist und häufiger Kopf als Zahl zeigt. Ihre Hypothese ist also: „Kopf ist wahrscheinlicher als Zahl."

9.3 Induktive Statistik: Auswertungslogik bei experimentellen Daten

Die dazugehörige Nullhypothese (vgl. Abschn. 3.3.1) wäre: „Kopf und Zahl sind gleich wahrscheinlich oder Zahl ist wahrscheinlicher." Sie werfen die Münze zwei Mal – beide Male zeigt sie „Kopf." Ist Ihre Hypothese damit bestätigt? Rein intuitiv würden Sie wahrscheinlich „Nein" sagen, und das aus gutem Grund: Überlegen Sie, wie wahrscheinlich es ist, dass Sie zweimal Kopf werfen, wenn es sich um eine ganz normale Münze handelt – also, dass Sie einfach aus Zufall zwei Mal Kopf werfen. Diese Wahrscheinlichkeit liegt bei 25 %. Wenn Sie nach diesen zwei Würfen Ihrem Kommilitonen also vorwerfen: „Hey, die Münze ist gezinkt!", liegt die Wahrscheinlichkeit, dass Sie sich irren, bei 25 % – man spricht hier von *Irrtumswahrscheinlichkeit*. Ganz schön viel, oder?

Um auf Nummer sicher zu gehen, werfen Sie die Münzen noch zwei Mal, also insgesamt vier Mal. Auch die nächsten zwei Würfe zeigen Kopf. Wie wahrscheinlich ist das, wenn es sich um eine ganz normale Münze handelt? Die Wahrscheinlichkeit, bei einer normalen Münze bei vier Würfen zufällig vier Mal „Kopf" zu erhalten, liegt bei 6,25 %. Schon besser, oder? Nun können Sie schon etwas selbstsicherer auftreten, wenn Sie ihm den Vorwurf, die Münze sei gezinkt, um die Ohren hauen. Mit dieser Irrtumswahrscheinlichkeit sind Sie auch schon relativ nah an der sozialwissenschaftlichen Konvention: Wir legen an unsere Hypothesentests in der Regel eine Irrtumswahrscheinlichkeit von 5 % an. Erst wenn also die Wahrscheinlichkeit, dass wir uns bei der Annahme unserer Hypothese (und damit beim Ablehnen der Nullhypothese) irren, bei unter 5 % liegt, sehen wir eine Hypothese als (vorläufig) bestätigt an. Sie müssten die Münze also noch ein weiteres Mal werfen, um diese Konvention zu erfüllen: Zeigt die Münze bei einem fünften Wurf wieder Kopf an, liegt die Wahrscheinlichkeit eines Zufallsergebnisses bei 3,125 %. Je geringer also die Wahrscheinlichkeit wird, dass ein eingetretenes (von uns vorhergesagtes) Ereignis (Kopf ist wahrscheinlicher als Zahl) durch Zufall zustande gekommen ist, desto mehr Sicherheit haben wir, dass es sich um System und eben nicht um Zufall handelt. Wir berechnen bei unseren Hypothesentests also stets die Wahrscheinlichkeit für ein beobachtetes Ergebnis unter der Prämisse, dass die Nullhypothese zutrifft: Wie wahrscheinlich ist es, dass man bei fünf Würfen fünf Mal Kopf erhält, wenn die Münze nicht gezinkt ist?

Natürlich handelt es sich beim Münzwurf um kein klassisches Beispiel eines kommunikationswissenschaftlichen Experiments (dazu kommen wir im nachfolgenden Kapitel), allerdings lassen sich daran einige wichtige Begriffe bzw. Konzepte der Inferenzstatistik anschaulich erläutern. Zunächst verdeutlicht es die *Logik der Nullhypothesentests*: Wir vergleichen ein empirisches Ereignis (fünf Mal Kopf) mit einer theoretischen Wahrscheinlichkeitsverteilung. Die theoretische Verteilung ist im Münzwurfbeispiel eine Binominalverteilung und repräsentiert das Verhalten einer normalen Münze. Da wir wissen, wie sich eine normale, nicht gezinkte Münze verhält (wenn man sie oft genug wirft, nähert sich die Wahrscheinlichkeit für Kopf bzw. Zahl 0,5 bzw. 50 % an), können wir anhand dieser theoretischen Verteilung abschätzen, wie wahrscheinlich das vorliegende Ereignis (also z. B. fünf Mal in Folge Kopf) ist, wenn wir von einer normalen Münze ausgehen. Entsprechend überprüfen wir, wie gut sich die von uns erhobene Datenlage (5 Mal Zahl, 0 Mal Kopf) mit dem theoretischen Modell, das die Nullhypothese beschreibt, in Einklang bringen lässt. In den folgenden Kapiteln werden Sie noch andere Wahrscheinlichkeitsverteilungen kennen lernen, die im Rahmen von Nullhypothesentests eine Rolle spielen.

Damit einhergehend wissen Sie nun, was *Irrtumswahrscheinlichkeit* bedeutet. Sie drückt die Wahrscheinlichkeit aus, ein beobachtetes Ergebnis (oder ein extremeres) zu erhalten, wenn eigentlich die Nullhypothese zutrifft und entsprechend falsch zu liegen, wenn man die Alternativhypothese annimmt und die Nullhypothese ablehnt. Wir sprechen hier auch vom so genannten *α-Fehler (Alpha-Fehler)* oder *Fehler erster Art* bzw. *Typ-I-Fehler* (vgl. dazu auch Abschn. 7.1.3 sowie Tab. 9.1).

Nun kann es aber umgekehrt auch passieren, dass die Alternativhypothese zutrifft, wir dies aber fälschlicherweise nicht erkennen und sie ablehnen – also H0 beibehalten, obwohl eigentlich H1 zutrifft. In unserem Beispiel hieße das, dass wir auf Basis unserer Würfe von einer fairen Münze ausgehen, obwohl sie eigentlich gezinkt ist. Dies bezeichnet man als *Fehler zweiter Art* bzw. als *β-Fehler (Beta-Fehler)* oder *Typ-II-Fehler* (vgl. Tab. 9.1). Demgegenüber steht die Wahrscheinlichkeit, sich eben nicht zu irren, wenn man H1 annimmt – also die Sicherheit, mit der Ablehnung der Nullhypothese die richtige Entscheidung getroffen zu haben. Diese wird als *Teststärke* (englisch *statistical power*) bezeichnet und beschreibt die Wahrscheinlichkeit, einen Effekt auch tatsächlich nachweisen zu können. Das Konzept der Teststärke haben wir bereits in Abschn. 7.1.3 angesprochen; sie erhöht sich mit der Anzahl an Einzelversuchen, die man durchführt, also mit der Stichprobengröße. Im Münzwurfbeispiel ist dies gleichbedeutend mit der Anzahl an Würfen.

Sind bestimmte Parameter bekannt, kann man die benötigte Anzahl an Versuchen berechnen, um mit einer gewissen statistischen Wahrscheinlichkeit einen Effekt nachweisen zu können. Gehen wir in unserem Münzwurfbeispiel also davon aus, dass die Münze gezinkt ist und immer Kopf zeigt (die Wahrscheinlichkeit für Kopf beträgt also 100 %) und legen wir die übliche Irrtumswahrscheinlichkeit von 5 % an, können wir vorab berechnen, wie oft wir die Münze mindestens werfen müssen, um den Schwindel mit einer gewissen Sicherheit auffliegen lassen zu können (eben fünf Mal). Ist die Münze aber weniger stark manipuliert, sodass sie zum Beispiel in 75 % der Fälle Kopf zeigt und in 25 % Zahl, brauchen wir entsprechend mehr Versuche, und das zu zeigen.

Tab. 9.1 Übersicht über Fehler erster und zweiter Art bei Nullypothesentests am Beispiel des Münzwurfs

		Wirklichkeit	
Entscheidung des Forschenden		Normale Münze (H0)	gezinkte Münze (H1)
	Normale Münze (H0 beibehalten)	Richtige Entscheidung $1-\alpha$	Fehler zweiter Art β
	Gezinkte Münze (H0 wird abgelehnt)	Fehler erster Art α	Richtige Entscheidung $1-\beta$

Nach dieser Logik funktionieren a-priori Teststärkeanalysen (vgl. Abschn. 7.1.3). Wenn wir eine Münze nur drei Mal werfen und sie drei Mal Kopf zeigt, kann sie genauso gezinkt sein – wir können es aber nicht mit der gleichen Sicherheit sagen wie nach fünf Würfen. Hätten wir also eine gezinkte Münze vor uns, könnten aber nur drei Mal werfen (weil der Statistik-Kurs gleich anfängt), würden wir aufgrund der hohen Irrtumswahrscheinlichkeit die Nullhypothese fälschlicherweise beibehalten und davon ausgehen, dass die Münze nicht gezinkt ist – dann hätten wir also einen Fehler zweiter Art begangen. Mit jedem zusätzlichen Wurf steigt entsprechend die Teststärke, sprich die Sicherheit, dass wir bei der Aussage „Die Münze ist gezinkt" nicht falsch liegen. Mit abschließender Sicherheit können wir das aber natürlich nie sagen (dafür müssten wir die Münze unendlich oft werfen), eine gewisse Irrtumswahrscheinlichkeit bleibt also immer bestehen. Theoretisch könnte auch eine normale Münze hundert Mal hintereinander auf Kopf fallen (es ist nur sehr, sehr unwahrscheinlich).

Der Münzwurf ist natürlich ein sehr einfaches Beispiel. Hier treten keine Fehler durch die Unterschiedlichkeit von Versuchspersonen auf, weil wir ja keine Personen befragen bzw. beobachten, sondern eine Münze: Die Münze versucht z. B. nicht, unsere Hypothesen zu erraten (vgl. Abschn. 7.5), und auch die Messung ist wenig fehleranfällig, da es sich bei Kopf oder Zahl um ein manifestes Konstrukt handelt, das relativ einfach zu ermitteln ist. Natürlich könnte es trotzdem sein, dass Sie sich beim Aufschreiben vertun und einmal statt dem geworfenen „Kopf" aus Versehen „Zahl" notieren – dabei würde es sich um einen Messfehler handeln. Wenn Sie genug Wiederholungen haben, die Münze also oft werfen, fällt dies nicht wahnsinnig ins Gewicht. Auch Fehler durch Sie selbst als Versuchsleiterin bzw. Versuchsleiter sind eher unwahrscheinlich, es sei denn Sie lassen die Münze (bewusst oder unbewusst) immer so fallen, dass sie Kopf zeigt (z. B. aus geringer Höhe mit einer Umdrehung). Dabei würde es sich um einen systematischen Fehler handeln, der die Ergebnisse unbrauchbar macht – Sie wüssten ja dann nicht, ob das Ergebnis an der gezinkten Münze liegt oder an Ihrem Wurfstil. Anders gesagt: Nur, weil Sie beim Werfen einen Fehler machen, heißt das ja nicht, dass die Münze nicht trotzdem gezinkt ist.

9.3.2 Alles dreht sich um Varianz

Das grundsätzliche Prinzip des Hypothesentestens sollte am Münzwurf-Beispiel klargeworden sein. Nun werfen wir in der Kommunikationswissenschaft nur selten Münzen; unsere Forschungsgegenstände sind weitaus komplexer und die Datenlage entsprechend auch. Wir haben uns bereits in Abschn. 6.1 ausführlich damit beschäftigt, was man unter einem „Fehler" versteht, wie viele Fehlerquellen es im Rahmen eines Experiments gibt und wie diese Einfluss auf unsere abhängige Variable haben können. In der Auswertung dreht sich nun alles darum, den Einfluss dieser Fehler vom Einfluss unseres Treatments zu unterscheiden.

Die von uns gemessenen Ereignisse (also die abhängigen Variablen) liegen meist nicht dichotom vor (Kopf vs. Zahl), sondern in (quasi-)metrischer Form (vgl. Abschn. 8.2.2). Das heißt, dass auch mehrere unterschiedliche Werte auftreten können. Die Unterschiedlichkeit der ermittelten Werte bezeichnen wir als Varianz (vgl. Abschn. 9.2.2). Im Experiment gibt es zwei Arten von Varianz – die *Treatmentvarianz* und die *Fehlervarianz* (oft auch als systematische und unsystematische Varianz bezeichnet). Es gibt also, vereinfacht gesagt, zwei Ursachen dafür, warum sich die Werte der abhängigen Variable zwischen zwei Messungen (also z. B. zwischen zwei Probanden des Experiments) unterscheiden: 1) Weil die Probanden in unterschiedlichen Versuchsgruppen waren (Treatmentvarianz) und 2) alles andere, was Einfluss auf die abhängige Variable haben kann (Fehlervarianz).

Spielen wir dies an einem Beispiel durch: Nehmen wir an, wir wollen herausfinden, ob idealisierte Körperdarstellungen in den Medien die Körperzufriedenheit von jungen Frauen senken. Der Kontrollgruppe zeigen wir mehrere Bilder von Frauen, der Experimentalgruppe Bilder derselben Frauen, deren Körper allerdings mittels Fotoshop dem Werbeideal angepasst wurden. Im Anschluss erheben wir über fünf Items auf einer fünfstufigen Skala die Körperzufriedenheit der Probandinnen und bilden daraus den Mittelwert-Index „Körperzufriedenheit." Ein Wert von 1,00 repräsentiert eine sehr niedrige Körperzufriedenheit, der Wert 5,00 eine extrem hohe Zufriedenheit mit dem eigenen Körper. Unsere Hypothese ist, dass es einen Unterschied zwischen den beiden Gruppen bezüglich der Körperzufriedenheit gibt und zwar insofern, dass das Betrachten von idealisierten Bildern zu einer niedrigeren Körperzufriedenheit führt als das Betrachten der nicht bearbeiteten Bilder. Die dazugehörige Nullhypothese lautet: Es gibt keinen Unterschied zwischen den beiden Bedingungen bezüglich der Körperzufriedenheit oder idealisierte Bilder erhöhen diese.

Nehmen wir an, unsere Hypothese trifft zu – was für Werte würden wir dann erwarten? In einem perfekten Szenario, in dem nur unsere experimentelle Manipulation (also die Tatsache, welche Bilder die Probandinnen gesehen haben) einen Einfluss auf die Körperzufriedenheit hat, würden wir innerhalb der jeweiligen Gruppen die gleichen Werte erwarten – alle Probandinnen der Kontrollgruppe wären also relativ zufrieden mit ihrem Körper (Mittelwert von z. B. 4) und alle Probandinnen der Experimentalgruppe wären eher unzufrieden mit ihrem Körper (Mittelwert von z. B. 2). Das bedeutet, wir hätten unterschiedliche Werte in der Stichprobe (es gäbe die Werte 2 und 4), aber nur zwischen den Gruppen, innerhalb der jeweiligen Gruppe hätten alle den gleichen Wert. Der Effekt unseres Treatments sorgt also dafür, dass sich die Werte *zwischen* den Gruppen unterschieden (im Englischen spricht man von *between group variance*). Das ist der Varianzanteil, der durch das Treatment verursacht wurde (im Optimalfall – mehr dazu gleich).

Nun werden Sie sich schon denken können, dass es in so einem Experiment nicht nur zwei unterschiedliche Werte geben wird; eine Vielzahl von anderen Faktoren hat ja Einfluss darauf, wie zufrieden die Probandinnen jeweils mit ihrem Körper sind (z. B. der Selbstwert, der Stellenwert von Aussehen, der BMI, die Bewertung der Bilder etc.). Das

9.3 Induktive Statistik: Auswertungslogik bei experimentellen Daten

heißt, auch innerhalb derselben Versuchsgruppe wird es unterschiedliche Werte bezüglich der Körperzufriedenheit geben – manche Teilnehmerinnen sind zufriedener, andere unzufriedener (vgl. dazu auch Abschn. 6.1.1). Diese Varianz *innerhalb* der Gruppen *(within group variance)* kann ja aber nicht durch das Treatment verursacht sein, denn innerhalb dieser Versuchsgruppe haben ja alle dieselben Bilder gesehen. Diese Varianz wird also durch andere Einflüsse (also Störvariablen) verursacht und wird in der Experimentallogik Fehlervarianz genannt. Wie gesagt, dabei handelt es sich nicht nur um Messfehler, sondern jede Form von Unterschiedlichkeit in der abhängigen Variable, die sich nicht direkt auf die experimentelle Variation zurückführen lässt. Einen Teil der Fehlervarianz kann man messbar machen: Wenn wir um zusätzliche Variablen wissen, die unsere abhängige Variable beeinflussen, kann man diese mit erheben und später in der Analyse berücksichtigen (vgl. Abschn. 9.6). Dabei kann es sich eben um Eigenschaften der Versuchspersonen handeln (also in unserem Beispiel etwa BMI, Wichtigkeit von Aussehen, Selbstwert etc.), aber auch um zusätzliche Faktoren im Experiment, wie zum Beispiel die Reihenfolge der Stimuluspräsentation im Within-Subject Design.

Halten wir also an dieser Stelle fest: Die gesamte Unterschiedlichkeit der Werte unserer abhängigen Variablen bezeichnet man als Varianz. Diese setzt sich zusammen aus Varianz, die von unserem Treatment erzeugt wird und aus Varianz, die eben nicht durch das Treatment erzeugt wird. Auf dieser Basis berechnen wir nun die sog. *Teststatistik*, also einen Wert, den wir zur Prüfung unserer Hypothesen benötigen (auch *Prüfgröße* genannt). Wie wir im nachfolgenden Kapitel sehen werden, gibt es verschiedene Teststatistiken, die bei Hypothesenprüfungen im Rahmen experimenteller Studien zum Einsatz kommen. Die zugrunde liegende Logik ist aber stets dieselbe (vgl. Field und Hole 2003): Wir setzen die Treatmentvarianz mit der Fehlervarianz ins Verhältnis, sprich wir schauen uns an, wie groß der durch unsere Manipulation erzeugte Unterschied in den Daten im Vergleich zu den Fehlern ist. Je größer die Abweichungen innerhalb derselben Experimentalbedingung sind, desto wahrscheinlicher ist es auch, dass Abweichungen zwischen den Gruppen auf Zufall bzw. Fehlern basieren.

An dieser Stelle dürfte auch endgültig klar sein, warum eine randomisierte Zuteilung der Probanden zu den Experimentalbedingungen eine zentrale Voraussetzung des Experiments ist. Die Randomisierung soll ja dafür sorgen, dass sich individuelle Unterschiede zwischen den Probanden zufällig und damit gleichmäßig auf beide Gruppen verteilen. Dann sind Fehler, also Abweichungen innerhalb der Gruppen, zufällige Fehler. Ist dies nicht der Fall und sind die Gruppen damit vorher schon unterschiedlich, dann ist die Varianz zwischen den Gruppen nicht allein auf das Treatment zurückzuführen, sondern auch auf Störvariablen und damit auf Fehler. Solche systematischen Unterschiede zahlen also ebenfalls auf die Varianz zwischen den Gruppen ein.

> **Auf den Punkt: Induktive Statistik**
> - Die Logik von Inferenzstatistik unterscheidet sich bei experimentellen und nicht-experimentellen Daten.

- Bei Experimenten geht es darum, die Wahrscheinlichkeit zu berechnen, mit der ein beobachtetes Ereignis (also z. B. der Unterschied zwischen zwei Gruppen) überzufällig auftritt.
- Die Hypothesenprüfung erfolgt über Nullhypothesentests: Wir berechnen die Wahrscheinlichkeit, mit der ein vorliegendes Ereignis unter Gültigkeit der Nullhypothese auftritt. Diese Wahrscheinlichkeit wird Irrtumswahrscheinlichkeit genannt.
- Im Rahmen von Nullhypothesentests kann man Fehler erster Art (das fälschliche Zurückweisen der Nullhypothese) und Fehler zweiter Art (die fälschliche Annahme der Nullhypothese) begehen.
- Zum Hypothesentest errechnet man eine Teststatistik, die die durch die experimentelle Manipulation erzeugte Varianz (Treatmentvarianz) mit der Fehlervarianz ins Verhältnis setzt: Je größer die Unterschiede, die durch das Treatment verursacht wurden (und je kleiner die Unterschiede, die auf anderen Einflüssen beruhen), desto höher die Sicherheit, dass das Treatment gewirkt hat.

9.4 Der Vergleich von zwei Gruppen

Bei der Auswertung experimenteller Daten führen wir überwiegend Mittelwertvergleiche durch: Die unabhängige Variable ist die Zugehörigkeit zu den Experimentalgruppen und liegt entsprechend in der Regel nominal vor, die abhängige Variable wird meist (quasi-)metrisch erhoben. Bei unserem Experiment zum Einfluss von idealisierten Körperdarstellungen ist das der Fall: Unsere unabhängige Variable besteht im Betrachten retuschierter oder unretuschierter Fotos verschiedener Frauen, unsere abhängige Variable ist die gemessene Körperzufriedenheit der Teilnehmerinnen. Wie wird nun bei der Hypothesenprüfung vorgegangen?

Wie die Kapitelüberschrift schon verrät, vergleichen wir die Mittelwerte unserer beiden Gruppen. Die Logik dahinter ist einfach: Eine randomisierte Zuteilung zu Experimental- und Kontrollgruppe sollte dazu führen, dass sich die Gruppen vor der experimentellen Manipulation in etwa gleichen. Würden wir also die Körperzufriedenheit vor dem Treatment erheben, erhielten wir zwar unterschiedliche Werte (ein paar Leute sind vorher schon unzufrieden mit ihrem Körper, andere haben eine extrem hohe Körperzufriedenheit), diese Unterschiedlichkeit sollte sich aber einigermaßen gleichmäßig auf die Gruppen verteilen. Hätten wir also zum Beispiel 20 eher unzufriedene (Wert von 2) und 20 eher zufriedene Versuchspersonen (Wert von 4), dann sollten sich diese im Optimalfall so auf die Gruppen verteilen, dass sowohl in der Experimental- als auch der Kontrollgruppe jeweils zehn eher zufriedene und zehn eher unzufriedene Versuchspersonen sind. In beiden Gruppen hätten wir dann einen Mittelwert von 3; es gäbe also Unterschiede innerhalb der Gruppen, aber nicht zwischen den Gruppen. Wenn sich die

9.4 Der Vergleich von zwei Gruppen

Mittelwerte nun nach dem Treatment unterscheiden, können wir davon ausgehen, dass dies am Treatment und nicht an den individuellen Unterschieden zwischen den Versuchspersonen liegt. Denn wenn wir alles dafür getan haben, systematische Fehler zu vermeiden, dann sollten sich Fehler, die wir im Rahmen des Experiments erzeugen (durch die Messung, den Versuchsleiter, Versuchspersonen etc.), zufällig auf die Gruppen verteilen und damit die Varianz der Daten innerhalb der Gruppen, aber nicht zwischen den Gruppen beeinträchtigen.

Nun kann es aber sein, dass es zu kleinen Unterschieden zwischen den Gruppen kommt, die aufgrund von zufälligen Fehlern und nicht auf Basis unseres Treatments zustande gekommen sind. Wie wir schon gelernt haben, ist selbst Randomisierung kein Garant für eine exakt gleiche Verteilung aller möglichen Störvariablen, vor allem bei kleineren Stichproben. Denken Sie zurück an die Münze: Auch, wenn diese nicht gezinkt ist, kann sie allein durch Zufall mehrfach hintereinander auf dieselbe Seite fallen. Wenn wir also einen Unterschied zwischen den Mittelwerten unserer beiden Versuchsgruppen finden, müssen wir abschätzen, mit welcher Wahrscheinlichkeit dieser Unterschied auf Zufall beruht und nicht auf unserem Treatment. Das Gute ist: Wir haben einen Indikator dafür, wie viel Unterschied wir zwischen den Mittelwerten allein aus Zufall erwarten würden – nämlich die Varianz *innerhalb* unserer Versuchsgruppen, denn diese beruht ja auf zufälligen Fehlern. Das dafür genutzte Maß ist der sogenannte *Standardfehler* (nicht zu verwechseln mit der oben beschriebenen Standardabweichung). Er ist ein Maß für die Streuung der Mittelwertdifferenzen, wenn wir theoretisch unendlich viele Zufallsexperimente dieser Art durchführen – da wir das nicht tun, schätzen wir den Standardfehler auf Basis der Varianz innerhalb der Gruppen sowie der Gruppengröße (wir verzichten an dieser Stelle auf eine tiefergehende Erläuterung – wer sich für die Berechnung des Standardfehlers interessiert, sei auf die gängigen Lehrbücher wie z. B. Kuckartz et al. 2013 verwiesen).

9.4.1 Berechnung der Prüfgröße *t*

Wenn wir nur zwei Gruppen miteinander vergleichen, wird für die Hypothesenprüfung in der Regel die *Prüfgröße t* errechnet. Das Verfahren zur Berechnung dieser Größe heißt dementsprechend *t-Test*. Damit dieser Test durchgeführt werden darf, müssen einige Voraussetzungen erfüllt sein: Die abhängige Variable muss in (quasi-)metrischer Form vorliegen, damit Mittelwerte berechnet werden können, die unabhängige Variable wiederum muss dichotom vorliegen. Die genaue Formel zur Berechnung hängt zunächst davon ab, ob es sich um eine Messwiederholung handelt (*t*-Test für abhängige Stichproben) oder ob ein Between-Subject Design vorliegt (*t*-Test für unabhängige Stichproben). Bei letzterem stellt sich zudem die Frage, ob die Werte innerhalb beider Gruppen ähnlich stark streuen oder nicht (Test auf Varianzhomogenität; vgl. weiterführend Kuckartz et al. 2013). Je nach Voraussetzungen unterscheidet sich die genaue Berechnung des *t*-Werts, im Prinzip wird aber die Differenz der beiden Mittelwerte durch den Standardfehler dieser Mittelwertdifferenz geteilt.

Wie prüft man nun die Hypothese, dass sich Experimental- und Kontrollgruppe hinsichtlich ihrer Körperzufriedenheit unterscheiden? Zunächst gibt es eine Verteilung von t-Werten unter der Annahme, dass beide Gruppen aus der gleichen Grundgesamtheit stammen, es also keinen Mittelwertunterschied geben dürfte. Die Form der Verteilung ist abhängig von den Freiheitsgraden (und damit der Anzahl der Versuchspersonen) und ähnelt einer Normalverteilung. Die Verteilung hat einen Mittelwert von 0, was damit auch der wahrscheinlichste Wert ist, wenn es keinen Unterschied zwischen den Gruppen gibt. Unterscheiden sich die im Experiment gemessenen Mittelwerte der abhängigen Variable, dann lässt sich über die dazugehörige t-Verteilung die Wahrscheinlichkeit abschätzen, einen solchen Wert zu erhalten, wenn eigentlich die Nullhypothese zutrifft – es also keinen systematischen Unterschied zwischen den Gruppen gibt, das Treatment folglich nicht gewirkt hat. Grundsätzlich gilt: Je größer der (Betrag des) t-Wert (also je weiter der Wert von Null entfernt ist), desto geringer die Wahrscheinlichkeit, einen solchen t-Wert unter Gültigkeit der Nullhypothese zu erhalten.

Aber wovon hängt es ab, wie hoch der t-Wert ausfällt? *Erstens von der Größe der Mittelwertdifferenz:* Je stärker die Mittelwerte der beiden Gruppen voneinander abweichen, desto unwahrscheinlicher ist es, dass diese Abweichung durch Zufall zustande gekommen ist. *Zweitens ist dafür die Stichprobengröße essenziell* verantwortlich: Auf umso mehr Einzelmessungen die Daten beruhen (also je mehr Probanden pro Gruppe), desto geringer wird der Standardfehler und desto sicherer können wir uns sein, dass auch kleine Mittelwertunterschiede durch das Treatment und nicht vom Zufall verursacht wurden. Auch hier wieder die Analogie der Münze: Mit zwei Würfen können wir wenig darüber aussagen, ob die Münze gezinkt ist, mit 100 Würfen können wir das mit sehr großer Sicherheit feststellen. Mittelwertdifferenz und Stichprobengröße stehen dabei in Zusammenhang – je stärker der im Experiment erzeugte Effekt, desto größer die Mittelwertdifferenz; je größer die Mittelwertdifferenz, desto weniger Einzelmessungen braucht man, um den Effekt mit einer bestimmten Wahrscheinlichkeit nachweisen zu können. Wenn die Münze so massiv manipuliert wurde, dass sie immer auf Kopf fällt, wissen wir das relativ schnell (mit einer festgelegten Irrtumswahrscheinlichkeit von 5 % eben nach fünf Würfen). Wenn die Manipulation aber schwächer ist, sodass die Münze nicht immer auf Kopf fällt (aber eben deutlich häufiger als auf Zahl), bräuchten wir wesentlich mehr Versuche, um das herauszufinden.

Drittens ist die *Streuung der Daten innerhalb der Gruppen* wesentlich für die Höhe des t-Werts verantwortlich. Je größer die Streuung und je unterschiedlicher entsprechend die Werte innerhalb derselben Gruppe sind, desto mehr Störvariablen sind im Spiel und desto wahrscheinlicher werden auch zufällige Unterschiede zwischen den Mittelwerten. Wenn sich alle Versuchspersonen in Experimental- und Kontrollgruppe ähnlich verhalten, zwischen beiden Gruppen aber ein Unterschied besteht, können wir diesen relativ sicher auf das Treatment zurückführen; wenn sich aber die Versuchspersonen *innerhalb* der Experimentalgruppe schon stark unterscheiden, dann wird es entsprechend schwieriger, Unterschiede zwischen Experimental- und Kontrollgruppe mit einer gewissen Sicherheit auf das Treatment zurückzuführen. Das heißt

9.4 Der Vergleich von zwei Gruppen

aber nicht automatisch, dass der Unterschied nicht durch das Treatment zustande gekommen ist – es bedeutet lediglich, dass wir es nicht sehr sicher sagen können. Jedes dieser drei Parameter beeinflusst die Teststärke, also die Wahrscheinlichkeit, einen durch das Treatment entstandenen Unterschied auch korrekt zu identifizieren (dazu gleich mehr).

9.4.2 Signifikanz

Wie oben bereits erwähnt, können wir für den ermittelten t-Wert an seiner Verteilung ablesen, wie wahrscheinlich es ist, einen solchen Wert allein aus Zufall zu erhalten, sodass eigentlich die Nullhypothese gilt. Diese Irrtumswahrscheinlichkeit ist maßgeblich für unsere Entscheidung zugunsten von Null- oder Alternativhypothese. Erst wenn sie unter einen bestimmten Wert fällt, verwerfen wir H0 und nehmen H1 an. Dieser Grenzwert wird in der Kommunikationswissenschaft (und in den meisten anderen Sozialwissenschaften) in der Regel bei ,05 (= 5 %) angesetzt – man spricht hier auch vom Signifikanzniveau, das in der Regel in Prozent ausgewiesen wird. Das *Signifikanzniveau* bezeichnet also einen Grenzwert, ab dem wir von einem signifikanten Ergebnis sprechen und damit die Nullhypothese verwerfen. Erst wenn also die Wahrscheinlichkeit, uns bei der Annahme der Alternativhypothese (z. B. „Es gibt einen Unterschied zwischen Experimental- und Kontrollgruppe") zu irren, unter diesen Grenzwert fällt, gehen wir davon aus, dass unser Treatment zum Unterschied zwischen den Gruppen geführt hat. Man bezeichnet das Ergebnis dann als signifikant. Berechnet man die Teststatistiken mittels einer Auswertungssoftware (z. B. SPSS), erhält man für den ermittelten t-Wert die exakte Irrtumswahrscheinlichkeit. Eine andere Variante, die etwa bei Berechnungen per Hand zum Zuge kommt, ist der Abgleich mit dem kritischen t-Wert für ein vorher festgelegtes Signifikanzniveau. Legt man also z. B. ein 5 %-Signifikanzniveau für seinen Test an, kann man eine Tabelle zur t-Verteilung zurate ziehen, die für die entsprechende Anzahl an Freiheitsgraden den t-Wert angibt, dessen Irrtumswahrscheinlichkeit genau 5 % beträgt. Liegt der ermittelte Wert darüber, kann die Nullhypothese zurückgewiesen werden.

Die Konvention für ein fünfprozentiges Signifikanzniveau geht auf Fisher (1925) zurück und stellt eine willkürliche Grenze dar (in der Psychologie herrscht rege Diskussion über eine Neubestimmung des Signifikanzniveaus, die von der Forderung über eine Herabsenkung auf ,05 % über eine Anhebung auf 10 % bis zur gänzlichen Abschaffung von Signifikanztests reicht). Fällt die Irrtumswahrscheinlichkeit unter ein Niveau von einem Prozent (also einer Wahrscheinlichkeit von ,01), sprechen wir von einem hochsignifikanten Ergebnis, bei einem Wert kleiner ,001 von einem höchstsignifikanten Ergebnis. Die Irrtumswahrscheinlichkeit bzw. das Signifikanzniveau wird mit p abgekürzt. Durch die vereinfachte Berechnung mittels Computerprogrammen hat es sich mittlerweile etabliert, die genaue Irrtumswahrscheinlichkeit (und nicht das Signifikanzniveau) anzugeben (vgl. Abschn. 9.9.3).

Eine Studie zweier Kollegen hat gezeigt, dass selbst gestandene Kommunikationswissenschaftler Probleme bei der Interpretation von Signifikanz haben (Rinke und Schneider 2015). Die American Statistical Association (ASA) hat 2016 ein Statement über die Bedeutung von Signifikanzwerten veröffentlicht (Wasserstein und Lazar 2016). Das Wichtigste zuerst: Ein signifikantes Ergebnis bedeutet nicht, dass die Alternativhypothese „wahr" ist, und eine niedrige Irrtumswahrscheinlichkeit macht sie auch nicht „wahrer". Das fünfmalige Werfen von Kopf bedeutet ja nicht, dass die Münze auf jeden Fall gezinkt ist – es macht es nur sehr wahrscheinlich. Eine hohe Irrtumswahrscheinlichkeit lässt auch nicht den Schluss zu, dass ein beobachtetes Ereignis (z. B. eine Reihe an Münzwürfen oder eine Mittelwertdifferenz) aus Zufall entstanden ist, sondern lediglich, dass sie sich mit einer zuvor aufgestellten, theoretischen Vermutung deckt (nämlich die der Nullhypothese). Signifikanz kann also keine Auskunft über Wahrheit bzw. die Ursache eines beobachteten Effekts geben, sondern gibt lediglich Wahrscheinlichkeiten dafür an, mit welcher theoretischen Erklärung sich die vorliegenden Ergebnisse besser vereinbaren lassen.

Signifikanz sagt auch nichts – und das ist vermutlich einer der häufigsten Irrtümer – über Stärke bzw. Bedeutsamkeit des ermittelten Effekts aus. Dafür gibt es einen eignen Kennwert, die Effektstärke. Das erschließt sich schon alleine dann, wenn man sich nochmals vor Augen hält, was alles Einfluss auf die Größe einer Teststatistik ausübt, zum Beispiel eben die Stichprobengröße: Derselbe Mittelwertunterschied kann bei 20 Personen pro Versuchsgruppe nicht signifikant sein, bei 25 aber schon. Auch hier hilft wieder das Münzbeispiel: Bei nur drei Würfen hätten wir die Hypothese „Die Münze ist gezinkt" abgelehnt, nach fünf Würfen konnten wir sie annehmen – das ändert aber nichts daran, wie stark die Münze gezinkt ist.

9.4.3 Effektstärke

Bei der *Effektstärke* handelt es sich um einen Parameter, der etwas über die Bedeutung bzw. die Größe des ermittelten Effekts aussagt. Wenn wir herausfinden, dass sich unsere Experimental- und Kontrollgruppe signifikant hinsichtlich ihrer Körperzufriedenheit unterscheiden, wissen wir zunächst nur, dass der Unterschied mit hoher Wahrscheinlichkeit auf das Treatment zurückzuführen ist. Aber wie stark ist dieser Effekt? Reden wir über einen Unterschied von 0,1 Skalenpunkten auf einer fünfstufigen Skala? Das wäre wohl nicht so beeindruckend, wie wenn sich die beiden Gruppen um einen ganzen Skalenpunkt unterschieden (mit der nötigen Stichprobengröße wären aber beide Effekte signifikant). Der Unterschied um einen Skalenpunkt wäre wiederum weniger beeindruckend, wenn auf einer elfstufigen Skala gemessen worden wäre. Deshalb benötigt man für die Interpretation der Stärke eines Effekts eine Maßzahl, die einerseits unabhängig von der zugrunde liegenden Skala, andererseits unabhängig von der Stichprobengröße eine Aussage über die Bedeutsamkeit zulässt.

9.4 Der Vergleich von zwei Gruppen

Analog zu den Teststatistiken gibt es verschiedene Arten von Effektstärken; im Rahmen von *t*-Tests wird vorrangig Cohen's *d* berechnet (Cohen 1988). Es berechnet sich aus der Mittelwertdifferenz, die durch die Wurzel der mittleren Varianz beider Gruppen geteilt wird.[2] Damit ist die Effektstärke unabhängig von der Skala, auf der gemessen wurde und – anders als die Signifikanz – auch unabhängig von der Stichprobengröße. Dies erlaubt einen Vergleich von Effektstärken über unterschiedliche Studien hinweg. Cohen (1988) schlägt zur Interpretation dieses Wertes vor, dass man ab 0,20 von einem kleinen Effekt, ab 0,50 von einem mittleren Effekt und ab 0,80 von einem starken Effekt spricht. Letztendlich empfiehlt aber bereits Cohen, die Interpretation der Effektstärke und damit die praktische Bedeutsamkeit eines Effekts auch immer von der Fragestellung und damit verbundenen Erwartungen abhängig zu machen. In der Gewaltforschung etwa können bereits sehr kleine Effekte in Experimenten bedeutsame Hinweise liefern, da man hier durch einmalige Präsentation eines Gewaltfilms bzw. das einmalige Spielen eines gewalthaltigen Computerspiels gar nicht erwarten würde, dass sich große Effekte zeigen (man geht ja davon aus, dass sich solche Effekte eher kumulativ über die Zeit entwickeln).

9.4.4 Teststärke

Teststärke wird in Einführungskursen und -büchern oft nicht ausführlich thematisiert, dabei ist sie essenziell für das Verständnis von Hypothesentests und für die Berechnung der benötigten Stichprobe. Das Prinzip von Teststärke haben wir bereits in den Abschn. 7.1.3 und 9.3.1 besprochen – es hilft uns vor der Durchführung unseres Experiments, die benötigte Stichprobengröße abzuschätzen (a-priori Berechnung). Zur Berechnung der Stichprobengröße brauchen wir das von uns angelegte Signifikanzniveau (in der Regel 5 %), die zu errechnende Teststatistik, Annahmen über die erwartete Effektstärke und die gewünschte Teststärke. Auf Basis dieser Parameter können wir abschätzen, wie viele Probanden wir für unser Experiment benötigen, um mit einer gewissen statistischen Sicherheit Effekte nachweisen zu können. In den Sozialwissenschaften ist eine Teststärke von 0,8–0,95 üblich (vgl. Rasch et al. 2010). Die zu erwartende Effektstärke ist stark vom Untersuchungsgegenstand abhängig und sollte auf Basis bisheriger Studienergebnisse geschätzt werden. Ist das Experiment durchgeführt, können wir die Effektstärke berechnen und auf dieser Basis auch die genaue Teststärke unseres Hypothesentests (a-posteriori Berechnung). Dies ist vor allem dann nötig, wenn ein nicht signifikantes Ergebnis auftritt und im Vorfeld keine Poweranalyse durchgeführt wurde (vgl. Rasch et al. 2010, S. 80). Die Forscherin bzw. der Forscher muss dann also

---

[2]Unterschiedliche Effektstärken-Maße unterscheiden sich hauptsächlich darin, wie diese Streuung geschätzt wird.

zeigen, dass die Teststärke hoch genug war, um einen Effekt statistisch nachweisen zu können – andernfalls ist die Annahme der Nullhypothese problematisch.

Wie bereits in Abschn. 7.1.3 beschrieben, ist Teststärke eine wichtige Größe im Rahmen von Experimenten. Hat man zu wenig „Power", kann man systematische Effekte nicht nachweisen (wenn wir die gezinkte Münze nur vier Mal werfen dürfen, müssten wir die Nullhypothese beibehalten, obwohl die Münze gezinkt ist). Bei zu viel „Power" werden hingegen auch sehr kleine Abweichungen signifikant, man überschätzt also womöglich die Bedeutung der gefundenen Effekte. Genug Teststärke ist aber entscheidend dafür, ob überhaupt eine sinnvolle Hypothesenprüfung stattfinden kann.

> **Auf den Punkt: Der Vergleich von zwei Gruppen**
> - Beim Vergleich von zwei Gruppenmittelwerten kommt in der Regel ein *t*-Test zum Einsatz.
> - Der *t*-Test setzt den beobachteten Mittelwertunterschied mit der Streuung der Daten und der Stichprobengröße ins Verhältnis.
> - Ein Ergebnis gilt als signifikant, wenn die Wahrscheinlichkeit, einen beobachteten Mittelwertunterschied unter Gültigkeit der Nullhypothese zu erhalten, unter einem vorher festgelegten Niveau liegt (Irrtumswahrscheinlichkeit; in den Sozialwissenschaften in der Regel unter fünf Prozent).
> - Die Irrtumswahrscheinlichkeit sagt nichts über die Bedeutsamkeit des Effekts aus. Diese wird über die Effektstärke ausgedrückt, die bei *t*-Tests in der Regel über Cohens d berechnet wird.
> - Die Teststärke gibt an, wie wahrscheinlich es ist, einen existierenden Effekt im Experiment auch nachweisen zu können. Durch die Teststärke kann vor der Durchführung des Experiments die benötigte Stichprobengröße errechnet werden.

9.5 Der Vergleich von mehr als zwei Gruppen: einfaktorielle Varianzanalyse

Der im vorherigen Kapitel beschriebene *t*-Test eignet sich zum Vergleich zweier Experimentalbedingungen. In der kommunikationswissenschaftlichen Experimentalforschung haben wir es aber oft mit komplexeren Designs zu tun, sodass wir entweder mehr als zwei Gruppen haben oder gleich mehrere Experimentalfaktoren variieren. Zur Auswertung solcher Designs eignet sich die sogenannte Varianzanalyse (englisch *Analysis of Variance*, kurz ANOVA). Die ANOVA besitzt ähnliche Voraussetzungen wie andere parametrische Verfahren. Die abhängige Variable sollte innerhalb jeder Gruppe annähernd normalverteilt sein und die Varianz innerhalb der jeweiligen Gruppen sollte vergleichbar sein (bei Messwiederholungen bezieht sich dies auf die Varianz der jeweiligen Mittelwertunterschiede – diese Voraussetzung wird Sphärizität genannt). Eine Diskussion, wie die Verletzung der Voraussetzungen die Ergebnisse einer ANOVA beeinträchtigt, findet sich bei Field (2013). Im Rahmen dieses Verfahrens kommt ein *F-Test* zum Einsatz. Die Logik des Verfahrens ist analog zum *t*-Test, die Hypothesenprüfung erfolgt also nach demselben Prinzip, lediglich die Kennwerte berechnen sich etwas anders. Entsprechend werden hier nur die Unterschiede zum *t*-Test erklärt. Einer davon ist, dass für die Signifikanzprüfung der Unterschiede zwischen den einzelnen Gruppen sogenannte *Post-hoc-Tests* durchgeführt werden, die wir in diesem Kapitel kurz erläutern.

Auch hier wollen wir das Verfahren an einem Beispiel illustrieren. Stellen Sie sich vor, wir führen ein Feldexperiment zur Effektivität von Medienkompetenzunterricht in Schulen durch. Dabei gilt es, die Effektivität zwei unterschiedlicher Lehrkonzepte zu testen. In zwei Parallelklassen wird jeweils ein Konzept ausprobiert (Konzept A vs. Konzept B), eine dritte Klasse (C) erhält keinen Medienkompetenzunterricht, sondern stattdessen Sprachunterricht (Kontrollgruppe). Am Ende nehmen alle drei Klassen an einem Test teil, der ihre Medienkompetenz ermittelt. Unsere Hypothese ist, dass sich die drei Klassen bezüglich ihrer Medienkompetenz unterscheiden.

Können wir nicht einfach alle Gruppen miteinander vergleichen und entsprechend drei einzelne *t*-Tests durchführen? Dagegen spricht das Problem der sogenannten *Alpha-Fehlerkumulation* (englisch *familywise error rate*): Durch die Durchführung mehrerer Einzeltests erhöhen wir die Wahrscheinlichkeit, durch Zufall ein signifikantes Ergebnis zu erhalten. Selbst wenn man bei allen drei Einzeltests ein Signifikanzniveau von 5 % anlegt, liegt die kumulierte Irrtumswahrscheinlichkeit der Tests bei etwa 14 % ($0{,}95 \times 0{,}95 \times 0{,}95 = 0{,}857$, was ca. 14 % entspricht; vgl. weiterführend Field 2013). Gleichzeitig verringert man durch die paarweisen *t*-Tests die Teststärke, da nicht alle Versuchspersonen in die jeweiligen Tests mit einbezogen werden. Daher greifen wir auf die Prüfgröße *F* zurück.

9.5.1 Berechnung der Prüfgröße *F*

Wie sieht die Berechnung des *F*-Tests konkret aus? Wir bleiben bei unserem Beispiel mit drei unabhängigen Experimentalgruppen. Wie wir in Abschn. 9.3.2 gelernt haben, gehen wir idealtypisch davon aus, dass Abweichungen zwischen den Gruppen auf unser Treatment zurückzuführen sind, Abweichungen innerhalb der Gruppen stellen Fehler dar. Auch beim *F*-Test ist das Ziel, den Anteil der Varianz, der durch das Treatment verursacht wurde, mit der Fehlervarianz ins Verhältnis zu setzen. Beginnen wir mit der Fehlervarianz bzw. der unsystematischen Varianz: Diese lässt sich wieder durch die Varianz *innerhalb* der Gruppen schätzen, also die Abweichungen der Einzelmessungen vom jeweiligen Gruppenmittelwert. Hätte nur das jeweilige Medienkompetenz-Konzept Einfluss auf die individuelle Medienkompetenz, so müssten alle Schüler einer Bedingung den gleichen Wert aufweisen – unterschiedliche Werte innerhalb derselben Experimentalgruppe deuten also auf Einflüsse anderer Art hin (vgl. dazu und nachfolgend Abb. 9.1).

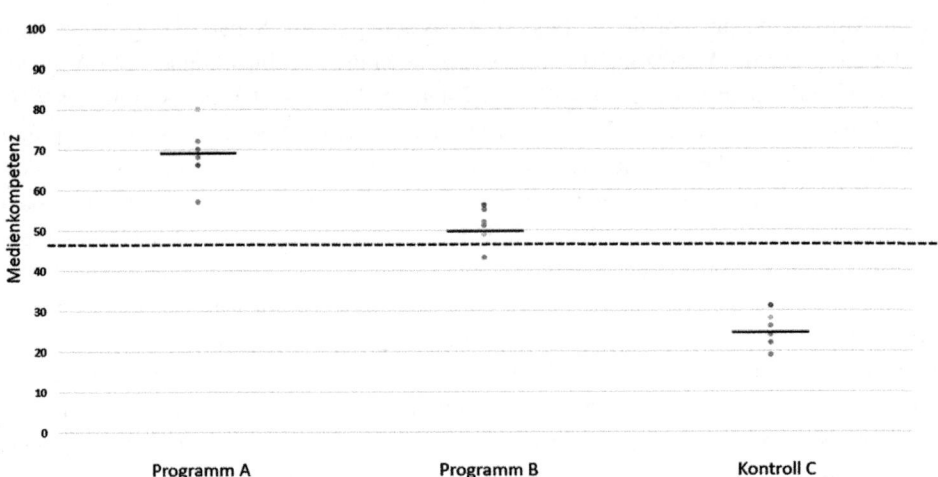

Abb. 9.1 Abweichungen der einzelnen Gruppenmittelwerte vom Gesamtmittelwert

Wie viel Varianz unser Treatment erzeugt hat, lässt sich durch die Abweichungen der einzelnen Gruppenmittelwerte vom Gesamtmittelwert berechnen, also über die Varianz *zwischen* den Gruppen – man spricht hier auch von systematischer Varianz. Gäbe es keinen Unterschied zwischen den Gruppen, müssten die Mittelwerte der einzelnen Gruppen nahe am Gesamtmittelwert (über alle Gruppen hinweg) liegen – je stärker die Abweichungen, desto mehr Effekt sollten wir durch unser Treatment erzeugt haben. Der F-Wert berechnet sich nun, analog zum t-Test, aus der systematischen Varianz geteilt durch die unsystematische Varianz. Je mehr Varianz durch unser Treatment erklärt werden kann und je weniger Fehlervarianz vorliegt, desto größer wird der F-Wert. Analog zum t-Wert gilt: Je größer der Wert, desto geringer die Wahrscheinlichkeit, diesen Wert zu erhalten, wenn eigentlich die Nullhypothese zutrifft.

Während das Prüfen mehrerer Mittelwertunterschiede durch einzelne t-Tests aus den oben genannten Gründen nicht ratsam ist, kann der Unterschied zwischen nur zwei Gruppen sehr wohl auch durch einen F-Test auf Signifikanz geprüft werden (dazu gleich mehr).

Der im Zusammenhang mit dem F-Test üblicherweise verwendete Indikator für die Effektstärke ist η^2 (gesprochen: eta-Quadrat). Er gibt den relativen Anteil der Varianzaufklärung durch das Treatment an der Gesamtvarianz[3] der abhängigen Variable an, oder einfach gesagt, wie viel Prozent der Unterschiedlichkeit der Schüler hinsichtlich ihrer

---

[3]Bzw. streng genommen durch die Treatmentvarianz+Fehlervarianz. Bei der einfaktoriellen Varianzanalyse macht dies keinen Unterschied, bei der mehrfaktoriellen sowie der Kovarianzanalyse aber sehr wohl (vgl. Abschn. 9.6 und 9.7).

Medienkompetenz durch die unterschiedlichen Konzepte erklärt werden kann. Dazu wird die Treatmentvarianz durch die Gesamtvarianz der abhängigen Variable geteilt.

9.5.2 Post-hoc-Tests

Durch die Berechnung von F und dessen Prüfung auf Signifikanz wissen wir, ob sich systematische Gruppenunterschiede in unseren Daten zeigen. Ist das der Fall, lässt es allerdings noch keinen Schluss darüber zu, welche Gruppen genau überzufällig voneinander abweichen. Der F-Test prüft zunächst nur die Nullhypothese, dass es keine signifikanten Gruppenunterschiede gibt. Ein signifikantes Ergebnis und damit verbunden die Annahme der Alternativhypothese besagt also zunächst nur, dass es einen signifikanten Unterschied gibt, sich also mindestens zwei Mittelwerte überzufällig voneinander unterscheiden. Welche Mittelwerte sich in welche Richtung unterscheiden, kann so nicht festgestellt werden. Es könnte in unserem Beispiel also sein, dass sich Medienkompetenz-Unterricht generell lohnt und beide Konzepte gleichermaßen zu mehr Medienkompetenz führen als der Sprachunterricht in der Kontrollgruppe. Genauso wäre denkbar, dass Konzept A zu mehr Medienkompetenz führt, Konzept B aber wirkungslos ist und sich die Schüler in dieser Gruppe nicht von der Kontrollgruppe unterscheiden usw. Mehrere verschiedene Szenarien würden also zu einem signifikanten F-Test führen.

Um signifikante Unterschiede zwischen den einzelnen Gruppen zu ermitteln, müssen wir auf sogenannte *Post-hoc-Tests* zurückgreifen. Das Auswertungsprogramm SPSS bietet 18 verschiedene Post-hoc-Tests an, die sich primär anhand zweier Kriterien unterscheiden lassen: Zum einen gibt es Post-hoc-Tests, die eine Varianzgleichheit der Gruppen voraussetzen (also eine ähnliche Streuung der abhängigen Variable in den jeweiligen Gruppen) und solche, die mit Varianzheterogenität umgehen können (vgl. dazu weiterführend Field 2013). Darüber hinaus lassen sich die Verfahren dahin gehend unterscheiden, wie die Mittelwerte der einzelnen Gruppen verglichen werden. Bei den *Paarvergleichen* wird die Mittelwertdifferenz aller möglichen Gruppenpaare auf Signifikanz geprüft, man erhält für jeden Paarvergleich die exakte Irrtumswahrscheinlichkeit. Eine zweite Kategorie stellen die *Spannweitentests* dar, die nach nicht-signifikanten Differenz zur Bildung homogener Untergruppen suchen. Bei diesen Verfahren erhält man als Ergebnis gruppierte Mittelwerte, wobei sich Mittelwerte derselben Gruppierung nicht auf einem vorher festgelegten Signifikanzniveau unterscheiden, Mittelwerte unterschiedlicher Gruppierungen hingegen schon. Im Einzelnen unterscheiden sich die Tests vor allem darin, wie stark sie die Alpha-Fehler-Kumulation kontrollieren bzw. bezüglich ihrer statistischen Power. Insofern gibt es Post-hoc-Test, die sehr liberal testen, sprich „schneller" signifikant werden (z. B. LSD oder Duncan). Für eine tiefere Auseinandersetzung mit Post-hoc-Tests sei der Aufsatz von Jaccard et al. (1984) empfohlen.

Eine andere Möglichkeit, die einzelnen Gruppen miteinander zu vergleichen, bieten so genannte geplante Kontraste. Während Post-hoc-Verfahren alle Gruppen miteinander vergleichen, braucht man für dieses Verfahren spezifische Vorannahmen darüber, welche

Gruppenunterschiede man erwartet, weshalb sie in der Auswertungspraxis eher selten angewendet werden. Eine ausführliche Darstellung des Verfahrens findet sich bei Field (2013).

> **Auf den Punkt: Der Vergleich von mehr als zwei Gruppen**
> - Beim Vergleich von mehr als zwei Gruppenmittelwerten erfolgt die Auswertung über eine einfaktorielle Varianzanalyse; bei der Signifikanzprüfung kommt der F-Test zum Einsatz.
> - Beim F-Test wird die Treatmentvarianz mit der Fehlervarianz ins Verhältnis gesetzt.
> - Der F-Test zeigt nur an, ob signifikante Gruppenunterschiede existieren. Um herauszufinden, welche Gruppen sich signifikant voneinander unterscheiden, müssen Post-hoc-Tests oder Kontrastanalysen durchgeführt werden.

9.6 Statistische Kontrolle von Störvariablen: Kovarianzanalyse

In Abschn. 6.1 haben wir uns sehr ausführlich mit verschiedenen Fehlerarten und ihren Ursprüngen beschäftigt. Dort haben wir auch erklärt, warum die Kenntnis von Störvariablen und ihr Einbezug in das Experiment hilfreich sein kann. An dieser Stelle erklären wir, wie diese Variablen bei der Auswertung berücksichtigt werden können. Dazu widmen wir uns einem Verfahren, das die Varianzanalyse um zusätzliche Variablen erweitert, die *Kovarianzanalyse*. Die Kovarianzanalyse berücksichtigt den Einfluss von Drittvariablen auf die abhängige Variable und berücksichtigt deren Einfluss, wenn wir uns den Effekt unseres Treatments ansehen. Man nennt diese Variablen Kovariaten, weil sie mit der abhängigen Variable Varianz teilen, also mit ihr kovariieren (siehe dazu weiterführend nächster Abschnitt).

Wie kann man sich das konkret vorstellen? Erinnern Sie sich daran, wie sich der F-Wert der Varianzanalyse berechnet: die Treatmentvarianz wird durch die Fehlervarianz geteilt. Wir setzen also den Anteil an Varianz, den wir durch unseren Experimentalfaktor erklären können, mit dem Varianzanteil ins Verhältnis, den wir nicht dadurch erklären können (vgl. Abb. 9.2). Je größer dieser Fehleranteil ist, desto geringer ist der F-Wert und desto geringer ist auch die Wahrscheinlichkeit, einen systematischen Effekt unseres Treatments nachweisen zu können. Nun ist aber nicht jegliche Varianz, die wir nicht durch unser Treatment erklären können, Fehlervarianz im engeren Sinne (also z. B. Messfehler). Einen Großteil davon können wir durch andere Variablen erklären. In unserem Beispiel hängt die Medienkompetenz möglicherweise nicht nur davon ab, in welcher Experimentalgruppe der jeweilige Schüler war, sondern von seiner generellen Erfahrung mit Medien. Je mehr und je häufiger verschiedene Medien bereits genutzt wurden, desto kompetenter sind die Jugendlichen wahrscheinlich im Umgang

9.6 Statistische Kontrolle von Störvariablen: Kovarianzanalyse

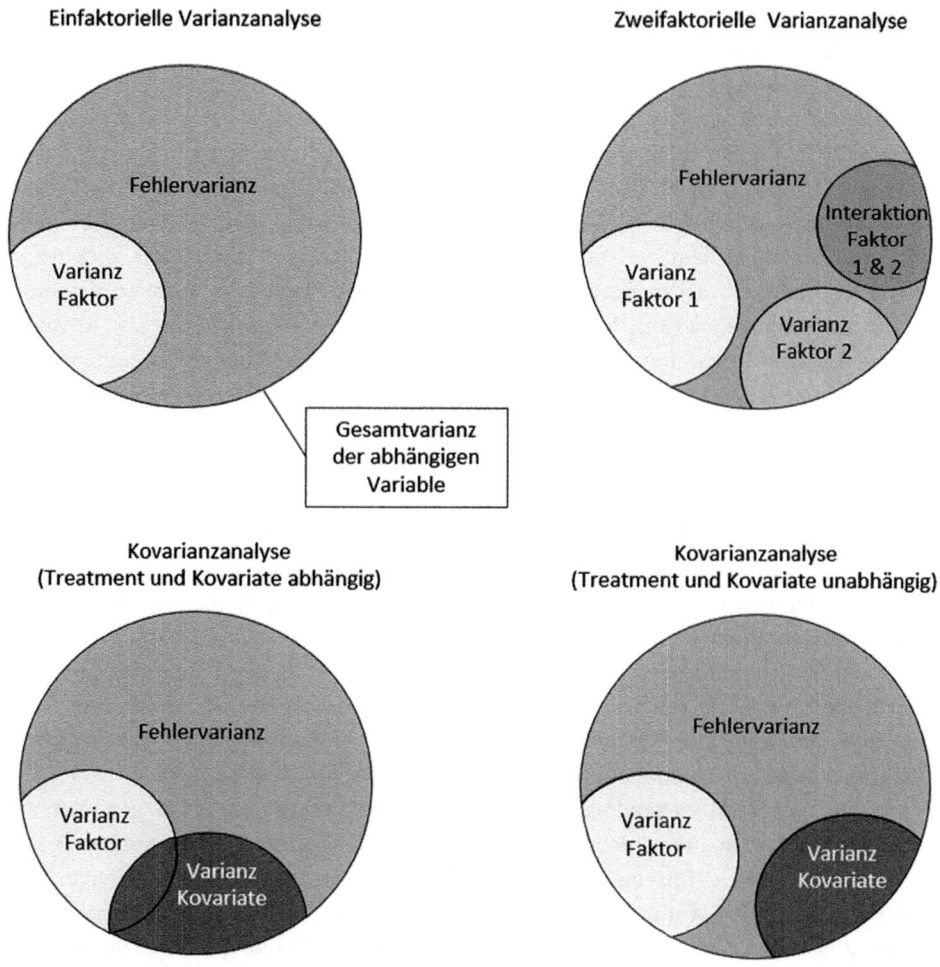

Abb. 9.2 Prinzip der Varianzzerlegung

damit. Einen Teil der Varianz, den wir nicht durch das im Experiment angewandte Kompetenz-Konzept erklären können, können wir also durch die generelle Mediennutzung erklären – die Fehlervarianz reduziert sich entsprechend (vgl. Abb. 9.2). Für die Berechnung des F-Werts unseres Treatments im Rahmen der Kovarianzanalyse wird die Treatmentvarianz nur noch mit dem Varianzanteil ins Verhältnis gesetzt, der nicht durch das Treatment und nicht durch die Kovariate, also die generelle Mediennutzung, erklärt werden. Obwohl sich also die durch das Treatment erklärte Varianz (und damit auch die Effektstärke des Treatments) nicht ändert, erhöhen wir die Wahrscheinlichkeit, den Effekt als überzufällig identifizieren können – wir erhöhen damit die Teststärke des Verfahrens. Rasch et al. (2010, S. 41) vergleichen dies mit dem Heraushören eines Tons bei Störgeräuschen: Je stärker das Störrauschen, desto schwieriger ist es, den Ton zu identifizieren. Reduziert man die Störgeräusche, während der Ton gleichbleibt, wird es leichter, ihn zu hören.

Eine ganz grundsätzliche Voraussetzung für die Sinnhaftigkeit einer Kovarianzanalyse ist, dass die Kovariate einen nennenswerten Zusammenhang mit der abhängigen Variable aufweist. Tut sie das nicht, hilft sie auch nicht bei der Reduktion der Fehlervarianz. Die Kovariate muss außerdem (quasi-)metrisch oder dummycodiert (d. h. dichotom codiert, z. B. in 1 ‚Merkmal liegt vor' und 0 ‚Merkmal liegt nicht vor') vorliegen. Möchte man eine kategoriale Kovariate berücksichtigen, kann man diese als weiteren Faktor ins Modell mit einbeziehen (vgl. Abschn. 5.2.2). Eine weitere Voraussetzung der Kovarianzanalyse ist, dass Kovariate und Treatment weitestgehend unabhängig voneinander sein sollten, also keine bzw. kaum gemeinsame Varianz an der abhängigen Variable erklären (dies lässt sich durch eine separate, einfache Varianzanalyse prüfen, indem man das Treatment als unabhängige und die Kovariate als abhängige Variable benutzt). Der Grund dafür ist einfach: Dadurch, dass man den von der Kovariate erklärten Varianzanteil bei der Berechnung des Treatment-Effekts „herausrechnet", entfernt man bei starker Überschneidung auch einen Teil der Varianz, den man durch das Treatment hätte erklären können (vgl. Abb. 9.2). Wären in unserem Fall also in einer Experimentalgruppe signifikant mehr Jugendliche mit hoch ausgeprägter Mediennutzung als in einer anderen, würde die Integration dieser Kovariate dazu führen, dass wir den Effekt des Treatments nicht mehr zuverlässig schätzen können (Campbell und Stanley 1963). Bei einer randomisierten Zuteilung der Versuchspersonen sollte ein starker Zusammenhang zwischen Kovariaten und dem Treatment allerdings ohnehin unwahrscheinlich sein.

Ein häufiges Missverständnis ist, dass eine Kovarianzanalyse dazu geeignet wäre, bestehende Gruppenunterschiede im Experiment (z. B. bei Quasi-Experimenten) statistisch zu kontrollieren (für eine ausführliche Diskussion vgl. Miller und Chapman 2001). Daher warnen einige Autoren vor dem Einsatz einer Kovarianzanalyse in Experimenten mit nicht-randomisierter Gruppenzuteilung (z. B. Campbell und Stanley 1963). Weitere Voraussetzungen bei der Kovarianzanalyse beschreiben Peter (2017) sowie Wildt und Ahtola (1978).

> **Auf den Punkt: Statistische Kontrolle von Störvariablen**
> - Eine Kovarianzanalyse berücksichtigt den Einfluss von Drittvariablen bei der Schätzung des Treatmenteffekts.
> - Der Einbezug der Drittvariable, auch Kovariate genannt, reduziert die Fehlervarianz und erhöht damit die Teststärke (also die Wahrscheinlichkeit, einen Effekt des Treatments nachweisen zu können).
> - Für den sinnvollen Einsatz einer Kovarianzanalyse bei Experimentaldaten sollten Treatment und Kovariate möglichst wenig Varianz teilen.

9.7 Mehrfaktorielle Varianzanalyse: Interaktionseffekte

Im Rahmen der bisherigen Ausführungen zur Varianzanalyse haben wir gelernt, wie man mehr als zwei Gruppen desselben Experimentalfaktors vergleicht. Nun ist es aber häufig so, dass wir im Rahmen von Experimenten mehr als nur einen Faktor variieren. Außerdem interessiert uns oft, ob und wie quasi-experimentelle Faktoren die Effekte unseres Experiments moderieren. In unserem Medienkompetenz-Beispiel könnten wir zum Beispiel zusätzlich daran interessiert sein, ob der Erfolg der einzelnen Medienkompetenz-Konzepte davon abhängt, in welcher Klasse man den Unterricht anbietet (quasi-experimenteller Faktor). Wir untersuchen also, in welcher Klasse (vierte oder sechste Klasse) welches Konzept zur Vermittlung von Medienkompetenz (Konzept A oder B) besser funktioniert.

In diesem Design haben wir also zwei Faktoren (die Art des Medienkompetenz-Konzepts und die Klassenstufe), deren Einfluss auf die abhängige Variable getestet wird. Diese beiden Einflüsse nennt man *Haupteffekte* (vgl. Abschn. 5.2.4). Zudem interessiert uns die Wechselwirkung beider Faktoren, also ob der Erfolg eines bestimmten Konzepts in einer Klassenstufe höher ist als in einer anderen – man spricht hier auch von einem *Interaktionseffekt* (auch *Moderationseffekt* oder *Wechselwirkung*). Mit der Bedeutung von Haupt- und Interaktionseffekten haben wir uns in Abschn. 5.2.4 bereits ausführlich beschäftigt, hier geht es nun um die Auswertung solcher Designs und die Interpretation der Ergebnisse. Im Folgenden werden wir vor allem auf die Unterschiede zur Auswertung einfaktorieller Designs eingehen.

Bei dem oben beschriebenen Design ohne die Kontrollgruppe handelt es sich um ein 2×2-Design: Der erste Faktor „Medienkompetenz-Konzept" wird auf zwei Stufen manipuliert (Konzept A vs. Konzept B), der zweite Faktor „Klassenstufe" ebenfalls auf zwei Stufen variiert (vierte Klasse vs. sechste Klasse). Entsprechend haben wir vier Experimentalgruppen, deren Mittelwerte für die Auswertung von Interesse sind.

Der *Haupteffekt* beschreibt die Wirkung einer einzelnen unabhängigen Variable. Variiert man beispielsweise drei Faktoren in einem Experiment, kann man bei der Auswertung auch drei Haupteffekte analysieren. In unserem Beispiel gibt es zwei Faktoren, entsprechend differenzieren wir zwei Haupteffekte: Bei der Berechnung des Haupteffekts des Medienkompetenz-Konzepts (Faktor 1) ist dann nur von Interesse, ob eines der beiden Konzepte die Medienkompetenz beeinflusst – unabhängig davon, in welcher Klasse die getesteten Schüler waren (also unabhängig vom Faktor Klassenstufe). Wir berechnen also die mittlere Medienkompetenz für Versuchspersonen, die Konzept A absolviert haben und vergleichen diese mit der mittleren Medienkompetenz der Gruppe, die Konzept B absolviert hat. Schüler der verschiedenen Klassenstufen, die die gleiche Art von Medienkompetenz-Schulung erhalten haben, werden dabei also zunächst miteinander vermischt. Auch hier kann sich durch die Integration des zweiten Faktors „Klassenstufe" (sowie des Interaktionsterms) der F-Wert im Vergleich zur einfaktoriellen Betrachtung ändern, weil der zweite Faktor analog zu einer Kovariate die Fehlervarianz reduziert: Ein Teil der Varianz der Medienkompetenz kann ja möglicherweise durch die Klassenstufe bzw. die Interaktion beider Faktoren erklärt werden. Zur Berechnung des zweiten Haupteffekts, also des Einflusses des Faktors „Klassenstufe", wird die Medienkompetenz für Schüler der vierten mit der von Schülern der sechsten Klasse verglichen; dies geschieht über die Mittelwerte der beiden Gruppen. Hier ist also zunächst nur von Interesse, ob sich die Medienkompetenz zwischen den beiden Klassenstufen unterscheidet, unabhängig davon, welches Konzept in der Klasse angewandt wurde.

Ein *Interaktionseffekt* beschreibt den Einfluss, der durch das Zusammenwirken bestimmter Stufen zweier (oder mehrerer) Faktoren zustande kommt und nicht durch die Haupteffekte erklärt werden kann. In unserem Beispiel könnte es also sein, dass Konzept A besser funktioniert als Konzept B, aber nur bei Sechstklässlern, während es bei Viertklässlern keinen Unterschied gibt. Haupt- und Interaktionseffekt können dabei völlig unabhängig voneinander auftreten und dementsprechend unterschiedliche Formen und Muster annehmen. Man betrachtet sie stets auf Basis der Mittelwerte der einzelnen Gruppen bezüglich der abhängigen Variable. Es hilft dabei sehr, sich die Mittelwerte grafisch vor Augen zu führen, um die vorhandenen Muster zu erkennen. Man kann drei Arten von Interaktionseffekten bzw. Wechselwirkungen unterscheiden (vgl. Rasch et al. 2010):

Bei einer *ordinalen Wechselwirkung* ist der Interaktionseffekt kleiner als beide Haupteffekte; dies ist in Abb. 9.3 für unser Beispiel dargestellt. Beide Haupteffekte sind interpretierbar: Sechstklässler besitzen in beiden Gruppen mehr Medienkompetenz als Viertklässler und Konzept B ist in beiden Gruppen effektiver als Konzept A. Es zeigt

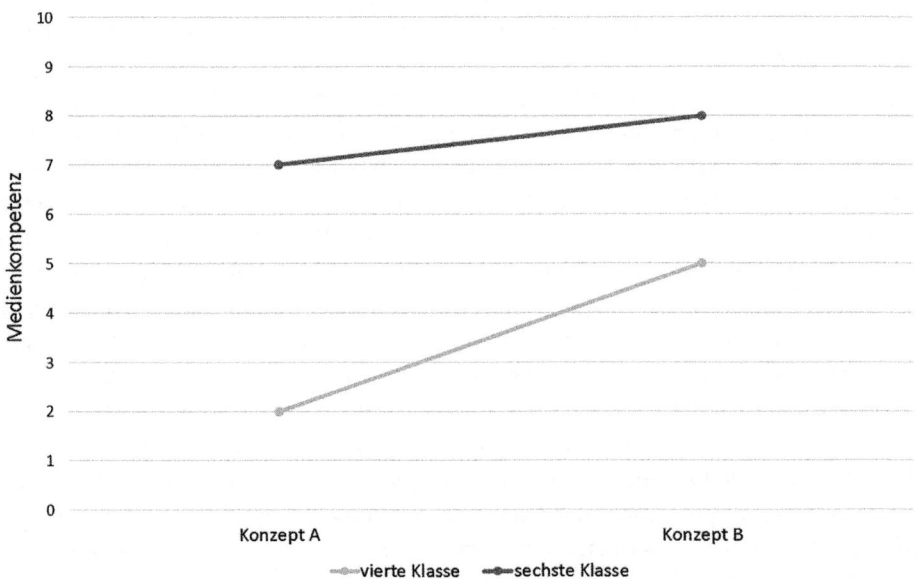

Abb. 9.3 Ordinale Wechselwirkung

9.7 Mehrfaktorielle Varianzanalyse: Interaktionseffekte

sich eine schwache Interaktion, insofern, dass Konzept B bei den Viertklässlern etwas besser funktioniert als Konzept A, bei den Sechstklässlern ist der Unterschied nicht ganz so groß.

Eine *semidisordinale Wechselwirkung* (auch hybride Wechselwirkung genannt) liegt vor, wenn der Interaktionseffekt größer ist als der eine, aber kleiner als der andere Haupteffekt ausfällt. In Abb. 9.4 zeigt sich zwar immer noch der Haupteffekt der Klassenstufe, aber nicht mehr des Konzepts: Während Konzept B in der vierten Klasse besser funktioniert, schneidet es bei den Sechstklässlern eher etwas schlechter ab als Konzept A. Vorsicht: Auch wenn sich hier ein – womöglich signifikanter – Mittelwertunterschied zwischen Konzept A und B zeigt, wäre die Interpretation „Konzept B funktioniert besser als Konzept A" nicht zulässig, weil dies nur für einen Teil der Stichprobe zutrifft. Der Effekt wird also allein durch den großen Unterschied zwischen den Konzepten bei den Viertklässlern erzeugt. Insofern ist bei einer semidisordinalen Wechselwirkung einer der Haupteffekte nicht für sich interpretierbar.

Schließlich gibt es noch *disordinale Wechselwirkungen*, bei denen der Interaktionseffekt größer ist als beide Haupteffekte (Abb. 9.5); beide Haupteffekte sind in diesem Szenario nicht für sich interpretierbar. Obwohl gemittelt über die Klassenstufen Konzept B einen etwas höheren Medienkompetenzwert erzielt als Konzept A, ist auch hier die Aussage „Konzept B funktioniert besser als Konzept A" nicht zulässig; genauso wenig wie die Feststellung, dass Sechstklässler über mehr Medienkompetenz verfügen als Viertklässler. Tatsächlich ist es so, dass Viertklässler von Konzept B so stark profitierten,

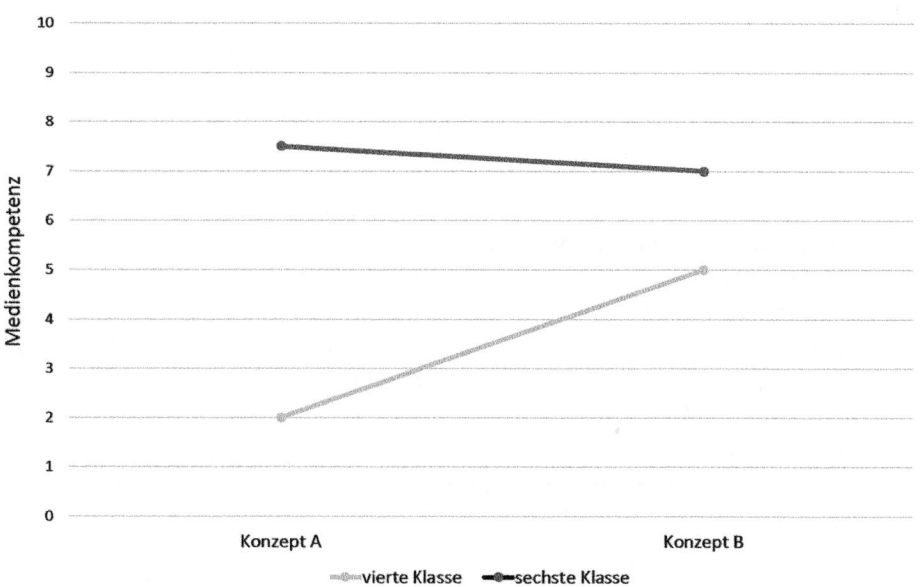

Abb. 9.4 Semidisordinale bzw. hybride Wechselwirkung

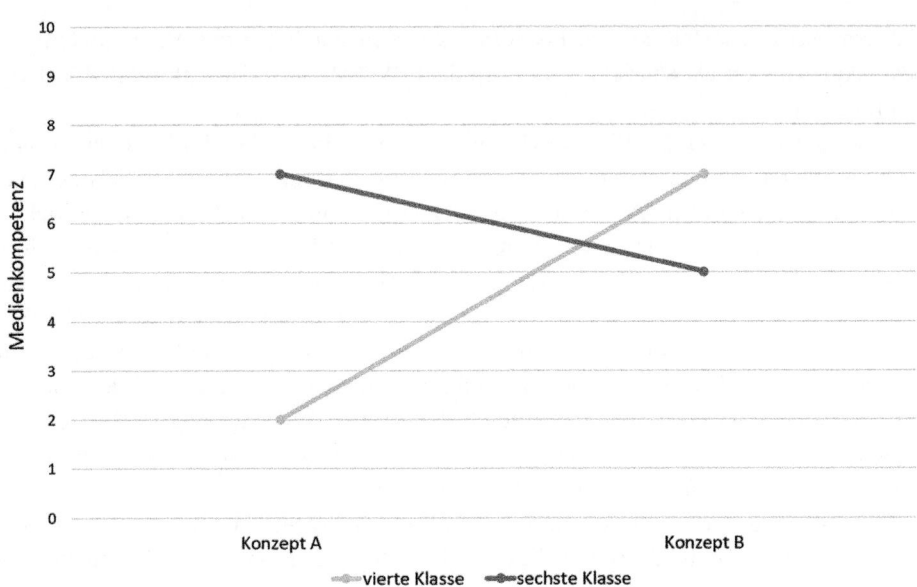

Abb. 9.5 Disordinale Wechselwirkung

dass sie mehr Medienkompetenz aufweisen als Sechstklässler, die das gleiche Konzept absolviert haben. Bei den Sechstklässlern wiederum funktioniert Konzept A besser.

Wie bereits in Abschn. 5.2.2 beschrieben, können in einem Experiment beliebig viele Faktoren variiert werden – entsprechend viele Möglichkeiten gibt es dann auch bei deren Interaktion. Zum Beispiel könnte man in unserem Medienkompetenz-Experiment noch einen Ländervergleich einbauen und prüfen, ob die Befunde in Deutschland und Österreich ähnlich sind oder divergieren. Dann hätten wir es mit einer Dreifach-Interaktion oder Dreifach-Wechselwirkung zu tun.

> **Auf den Punkt: Mehrfaktorielle Varianzanalyse**
> - Bei der mehrfaktoriellen Varianzanalyse wird neben den Haupteffekten auch der Interaktionseffekt zwischen den Faktoren berücksichtigt.
> - Interaktionseffekte beschreiben den Einfluss, der nur durch das Zusammenwirken bestimmter Stufen beider Faktoren auftritt.
> - Interaktionseffekte unterscheiden sich nach ihrer Stärke in Relation zu den Haupteffekten und deren Interpretierbarkeit. Man unterscheidet ordinale, semi-disordinale und disordinale Interaktionen.

9.8 Andere Auswertungsverfahren

T-Tests und Varianzanalysen sind die gängigsten Verfahren, um Experimentaldaten auszuwerten – sie stellen aber nicht die einzigen Möglichkeiten dar. Es gibt verschiedene Gründe, warum Forscherinnen und Forscher auch auf andere Verfahren zurückgreifen: Zum einen kann es sein, dass die Daten in anderer Form vorliegen als diese Verfahren es voraussetzen. Die abhängige Variable könnte z. B. ein nominales Skalenniveau aufweisen (z. B. bei einem Entscheidungsszenario), sodass nicht-parametrische Verfahren bei der Auswertung zum Einsatz kommen (z. B. Kreuztabellen verbunden mit einem Chi-Quadrat-Test). Darüber hinaus kann die unabhängige Variable in manchen Fällen metrisches Datenniveau aufweisen (z. B., wenn wir die Anzahl an negativen Wörtern in einem Medientext manipulieren, von 0 bis 10) und auch Moderatoren liegen oft (quasi)-metrisch vor. Hier bietet sich dann die Auswertung über regressionsbasierte Verfahren an. Für das in der Kommunikationswissenschaft gängige Auswertungsprogramm SPSS gibt es z. B. das Programm PROCESS von Hayes (2017).

Zum anderen kann man an komplexeren Modellen interessiert sein, die sich über einfache Mittelwertvergleiche nicht abbilden lassen, z. B. Pfadanalysen. Damit können Mediationseffekte in die Berechnung integriert werden (Mediator-Variablen haben wir in Abschn. 8.1.2 kennengelernt); auch hierfür bietet sich das Programm PROCESS an. Strukturgleichungsmodelle wiederum kombinieren konfirmatorische Faktorenanalysen und Pfadmodelle, sodass eine genauere Schätzung der latenten Variablen und somit der Effekte möglich ist. Die Vorstellung all dieser Verfahren würde den Rahmen eines Überblickswerks zu Experimenten mehr als sprengen, weshalb wir hier nur auf weiterführende Literatur verweisen können. Für Moderations- und Mediationsanalysen sei das sehr lesenswerte Buch: „Introduction to Mediation, Moderation, and Conditional Process Analysis" von Hayes (2017) empfohlen, das gleichzeitig das Begleitbuch zu PROCESS darstellt. Ein guter Überblick über Strukturgleichungsmodellierung findet sich bei Urban und Mayerl (2014).

> **Auf den Punkt: Andere Auswertungsverfahren**
> - Experimentaldaten können neben Mittelwertvergleichen auch mit anderen statistischen Verfahren ausgewertet werden, wenn die Datenlage es erfordert.
> - Besonders regressionsbasierte Verfahren und Pfadanalysen eigenen sich für die Betrachtung metrischer Moderatoren oder Mediatoren.
> - Strukturgleichungsmodelle kombinieren konfirmatorische Faktorenanalyse und Pfadmodell und lassen eine präzisere Schätzung der Effekte zu.

9.9 Berichten der Befunde

Ein wesentlicher Teil des Forschungsprozesses ist das Berichten der Befunde – schließlich hat Forschung ja den Zweck, Wissen über die Realität zu generieren und der Gesellschaft zu Verfügung zu stellen. Einige Grundsätze des Berichtens, wie etwa Transparenz und intersubjektive Nachvollziehbarkeit, haben wir schon in den Abschn. 7.1.4 und 8.7 beim Berichten der Stichprobe und der Messung kennengelernt. Darüber hinaus sind die Regeln zum Berichten der Befunde im Publication Manual der American Psychological Association (APA) festgelegt, an deren Standards man sich auch in anderen sozialwissenschaftlichen Disziplinen orientieren kann. Die wichtigsten Grundsätze haben wir hier zusammengefasst.

9.9.1 Datenmodifikation

Zunächst sollte sich die Struktur beim Berichten der Befunde an der Auswertungslogik orientieren. Das bedeutet: Zuerst sollten Sie, wenn vorhanden, Schritte der Datenbereinigung und -modifikation berichten. Beide Gesichtspunkte werden in der Regel schon vor dem eigentlichen Auswertungskapitel im Forschungsbericht bzw. im Aufsatz dargestellt: Die Bildung von Indizes und deren deskriptive Darstellung (Mittelwert, Standardabweichung) berichtet man im Rahmen des Methodenteils im Unterkapitel zu den gemessenen Konstrukten (vgl. Abschn. 8.7). Andere Umcodierungen (zum Beispiel die Bildung von Gruppen) können aber auch an der entsprechenden Stelle im Ergebnisteil berichtet werden, z. B. „Zur Prüfung von Hypothese 2 wurde das Alter analog zu den gängigen werberelevanten Zielgruppen in drei Gruppen unterteilt: 14 bis 29-Jährige als jüngste Gruppe, 30 bis 49-Jährige als mittlere Gruppe und 50-Jährige und Ältere als älteste Gruppe". Bei umfangreicheren Datenmodifikationen kann es sich auch lohnen, dazu ein gesondertes Kapitel an den Anfang des Ergebnisteils zu stellen. Wichtig ist zu beschreiben, nach welcher Regel die Gruppen zusammengefasst wurden (theoretische Gruppierung, Median-Split o. ä.).

Die deskriptive Darstellung der Stichprobe erfolgt in einem eigenen Kapitel „Beschreibung der Stichprobe", das in der Regel ins Methodenkapitel (und nicht ins Auswertungskapitel) integriert ist (vgl. dazu ausführlich Abschn. 7.1.4). In dieses Kapitel gehören in der Regel auch die Ausführungen zur Datenbereinigung (vgl. Abschn. 9.1.1). Bei der Darstellung der Datenbereinigung ist es wichtig, jeden Schritt transparent darzustellen. Insbesondere sollte jede Entscheidung für den Ausschluss einzelner Versuchspersonen klar dokumentiert sein und mit einer Begründung gerechtfertigt werden. Insofern kann die Beschreibung der Stichprobengröße in mehreren Schritten erfolgen: Die ursprüngliche Anzahl an rekrutierten Versuchspersonen (bzw. die Anzahl an verschickten Emails bei einem Online-Experiment), die Anzahl an Versuchspersonen, die auch tatsächlich am Experiment teilgenommen haben und die Anzahl an Teilnehmerinnen und Teilnehmern, die letztendlich in die Hypothesenprüfung eingehen. Zwischen den letzten beiden Schritten liegt die Beschreibung der Stichprobenbereinigung. Werden aus unterschiedlichen Gründen Personen ausgeschlossen (z. B. unsinnige oder unvollständige Antworten, zu kurze Betrachtung des Stimulus), muss dokumentiert werden, über welchen Schritt wie viele Versuchspersonen ausgeschlossen wurden. Eine schlüssige Begründung sowie ein transparenter Umgang mit der Datenbereinigung ist oberstes Gebot, da sich durch den Ausschluss von Versuchspersonen die Ergebnisse verändern können und die Gefahr besteht, dass hier so lange Personen ausgeschlossen werden, bis sich die gewünschten Effekte einstellen (vgl. Abschn. 10.3). Entsprechend gibt es sogar Forderungen, Autorinnen und Autoren in Fachzeitschriften dazu zu verpflichten, die Ergebnisse für die unbereinigte Stichprobe mit auszuweisen (z. B. Simmons et al. 2011).

9.9.2 Darstellung der Hypothesentests

Mit der Hypothesenprüfung bzw. Beantwortung der Forschungsfragen beschäftigt man sich im Kapitel „Ergebnisse" (englisch *Results*). In der Regel erfolgt hier eine Beschreibung der Auswertungsschritte, das Berichten der Ergebnisse und die Hypothesenentscheidung – die Interpretation der Ergebnisse erfolgt dann in einem gesonderten Kapitel. Bei der Darstellung der Hypothesentests sollte chronologisch vorgegangen werden: Die Hypothesenprüfung sollte in der Reihenfolge beschrieben werden, in der die einzelnen Hypothesen (und Forschungsfragen) auch im Theorieteil abgeleitet wurden. Nur in Ausnahmefällen sollte man davon abweichen (etwa, weil es das datenanalytische Vorgehen erfordert). Aus Gründen der Lesefreundlichkeit bietet es sich an, die Hypothese nochmals inhaltlich zu wiederholen. Danach erfolgt die Beschreibung des Verfahrens, das zur Analyse angewendet wurde, mit allen nötigen Spezifikationen. Ein entsprechender Satz könnte zum Beispiel lauten „Hypothese 1 geht davon aus, dass das Betrachten von Werbemodels zu einer niedrigeren Körperzufriedenheit führt als das Betrachten normaler Personen. Zur Überprüfung der Hypothese wurde ein t-Test für unabhängige Stichproben durchgeführt, mit der Experimental- bzw. Kontrollbedingung als unabhängige und der Körperzufriedenheit als abhängige Variable."

Daran schließt sich die Darstellung der Ergebnisse des jeweiligen Tests an. Laut APA-Richtlinien sollen alle Informationen ausgewiesen werden, die der Leser zum Nachvollziehen der berechneten Kennwerte benötigt. Das sind zum einen Mittelwerte und Standardabweichungen für alle Gruppen sowie die dazugehörige Teststatistik (z. B. t- oder F-Wert sowie die dazugehörigen Freiheitsgrade in Klammern), die genaue Irrtumswahrscheinlichkeit und die Effektstärke. Diese sollten in die inhaltliche Interpretation der Ergebnisse eingebettet werden. Eine entsprechende Darstellung der Ergebnisse zum Körperzufriedenheits-Experiment könnte wie folgt aussehen: „Es zeigt sich ein signifikanter Unterschied zwischen Experimental- und Kontrollgruppe, $t(85)=2{,}58$, $p={,}01$, $d=0{,}56$. Wie vermutet weisen Versuchspersonen, denen Bilder von Werbemodels vorgelegt wurden, eine geringere Körperzufriedenheit auf ($M=2{,}35$, $SD=0{,}95$) als Versuchspersonen, die Bilder von normalen Personen sahen ($M=2{,}85$, $SD=0{,}87$). Damit bestätigt sich Hypothese 1." Die inhaltliche Interpretation der Befunde sowie deren Einordnung in die bestehende Forschung erfolgt dann im Fazit.

Neben den eigentlichen Hypothesentests können auch weitere Auswertungsschritte präsentiert werden, falls diese notwendig erscheinen. Zum Beispiel könnte sich in unserem Medienkompetenz-Experiment herausstellen, dass es Unterschiede zwischen Mädchen und Jungen gibt, ohne dass es dazu eine Hypothese gab. Solche zusätzlichen Analysen werden in der Forschungspraxis vor allem dann angestellt, wenn sich die in den Hypothesen vermuteten Effekte nicht zeigen – man geht sozusagen auf Ursachensuche. Dabei sollte man allerdings zwei Dinge beachten: Zum einen sollte man diese Analysen unbedingt als das kennzeichnen, was sie sind – eine explorative Inspektion der Daten ohne zugrunde liegende Hypothesen. Auf gar keinen Fall sollte man sich nach Kenntnis der Ergebnisse dazu hinreißen lassen, zu diesen Befunden noch mal eben schnell eine Hypothese aufzustellen; dieses Vorgehen ist als *HARKing* bekannt (Hypothesizing After Results are Known; Kerr 1998) und forschungsethisch höchst bedenklich (vgl. Abschn. 10.3). Zum anderen sollte man mit solchen zusätzlichen Analysen sehr sparsam umgehen. Wenn man lange testet, finden man zwangsläufig – allein aus Zufall – auch signifikante Unterschiede, die inhaltlich aber nicht sinnvoll sein müssen (man erinnere sich an die in Abschn. 2.3 beschriebenen Scheinkausalitäten). Dieses ebenfalls problematische Vorgehen wird gemeinhin als *fishing* bezeichnet (Matthes et al. 2015). Wenn man sich an diese Grundsätze hält, können zusätzliche, explorative Analysen aber durchaus fruchtbar für den Erkenntnisgewinn und für die Konzeption nachfolgender Studien sein.

9.9.3 Allgemeine Hinweise zum Berichten von Kennwerten

An dieser Stelle möchten wir noch auf einige generelle Konventionen zur Darstellung von Kennwerten hinweisen. Beginnen wir mit der Frage, auf wie viele Dezimalstellen man die unterschiedlichen Kennwerte rundet. Die APA-Richtlinien empfehlen, alle Kennwerte auf höchstens zwei Stellen nach dem Komma zu runden. Eine weitere Regel, die sich auf Dezimalstellen bezieht (und häufig zu Verwirrung bei Studierenden führt), ist das Ausweisen einer Null vor dem Komma; heißt es $p=0{,}02$ oder $p={,}02$? Dazu gibt es eine einfache Daumenregel: Kann ein Kennwert größer als 1 bzw. kleiner als -1 werden (z. B. Mittelwerte und Standardabweichung, t- und F-Werte, Cohen's d), dann weist man eine Null vor dem Komma aus; handelt es sich um Werte zwischen 0 und 1 bzw. -1 (z. B. Irrtumswahrscheinlichkeit, η^2, α), wird die Null vor dem Komma weggelassen. In der amerikanischen Schreibweise ersetzt außerdem ein Dezimalpunkt das Komma (also .01 statt ,01).

Die Irrtumswahrscheinlichkeit *(p)* soll laut APA bei signifikanten und hochsignifikanten Ergebnissen genau (in der Regel auf drei Nachkommastellen gerundet, z. B.

$p = ,025$) und nicht als Signifikanzniveau (z. B. $p < ,05$) ausgewiesen werden. Letzteres sieht man zwar noch häufig in Publikationen, gilt aber mittlerweile als veraltet und stammt aus einer Zeit vor der Nutzung von Software-Programmen zur Auswertung, als man noch kritische Werte aus Tabellen ablesen musste. Ausnahmen bilden hier die Kennzeichnung von signifikanten Ergebnissen in Tabellen bzw. Grafiken (vgl. nachfolgendes Kapitel) sowie das Berichten von Post-hoc-Spannweitentests (da hier nur auf Basis von vorher festgelegten Signifikanzniveaus gruppiert wird, vgl. Abschn. 9.5.2). Höchstsignifikante Ergebnisse (also p-Werte kleiner als ,001) werden dann allerdings immer als $p < ,001$ angegeben (da man maximal auf drei Nachkommastellen rundet). Auch wenn das Auswertungsprogramm die Irrtumswahrscheinlichkeit mit 0,000 ausweist, muss man dies immer als $p < ,001$ angeben – die Irrtumswahrscheinlichkeit kann zwar unendlich klein werden, aber nie Null. Eine solche Darstellung im Auswertungsprogramm heißt lediglich, dass das Programm nicht mehr als drei Dezimalstellen anzeigt.

Alle Kennwerte, die durch Buchstaben abgekürzt werden, sind im Text kursiv zu setzen (also M, t, d usw.). Dies gilt allerdings nicht für griechische Buchstaben (also α oder η^2). Eine Übersicht über die Abkürzungen von hier behandelten Kennwerten findet sich in Tab. 9.2. Eine ausführliche Übersicht finden Sie im APA-Manual.

Tab. 9.2 Abkürzung typischer Kennwerte und ihre Darstellung im Text

Abkürzung	Definition	Im Text	
M	Mittelwert	$M = 1,23$	Kursiv, mit 0
SD	Standardabweichung	$SD = 1,23$	Kursiv, mit 0
N	Größe der Gesamtstichprobe	$N = 123$	Kursiv
n	Größe einer Teilstichprobe (z. B. einer Experimentalgruppe)	$n = 61$	Kursiv
t	t-Statistik	$t(121) = 1,23$	Kursiv, mit 0
F	F-Statistik	$F(2, 120) = 1,23$	Kursiv, mit 0
p	Irrtumswahrscheinlichkeit, Signifikanzniveau	$p = ,025$ $p < ,001$	Kursiv, ohne 0
d	Cohen's d (Effektstärke, häufig im Rahmen von t-Tests)	$d = 0,12$	Kursiv, mit 0
η^2	Eta-Quadrat (Effektstärke, meist im Rahmen von Varianzanalysen)	$\eta^2 = ,12$	Ohne 0
α	Cronbachs Alpha (Reliabilitätskoeffizient, Maß für die innere Konsistenz einer Skala)	$\alpha = ,89$	Ohne 0

9.9.4 Tabellarische bzw. grafische Darstellung

Tabellarische und grafische Darstellungen bzw. Abbildungen eignen sich, um eine größere Anzahl an Werten kompakt und übersichtlich darzustellen. Man sollte sich bei der Präsentation von drei oder weniger Werten (z. B. Mittelwerte) auf die Darstellung in Textform beschränken, erst ab vier oder mehr Werten lohnt sich eine Darstellung in Form von Tabellen oder Abbildungen. Für die Darstellung von Zweifach-Interaktionen hat sich deren Abbildung über ein Liniendiagramm etabliert (vgl. Abschn. 9.7), bei mehreren Faktoren und entsprechend vielen Werten kann aber auch eine Tabelle zielführender sein. Eine Integration in den Fließtext von Tabelle bzw. Abbildung sollte dann erfolgen, wenn die Werte für das Verständnis der Hypothesentests wichtig sind; weiterführende Auswertungen oder detailliertere Ergebnisdarstellungen können in den Anhang gepackt werden.

Tabellen und Abbildungen müssen jeweils chronologisch nummeriert sein. Neben der Nummer steht ein aussagekräftiger Titel, der den Inhalt der Tabelle zusammenfasst. Es sollte daraus bereits hervorgehen, um welche Art von Daten es sich handelt (z. B. Mittelwerte) und welche Variablen dargestellt werden. Spezifischere Anmerkungen (z. B. Abkürzungen, verwendeter Post-hoc-Test) stehen unter der Tabelle/Abbildung. Grundsätzlich sollten die Darstellungen ohne Text verständlich sein und alle nötigen Kennwerte enthalten. Aus Gründen der Übersichtlichkeit kann es nötig sein, statt der genauen Irrtumswahrscheinlichkeit für einzelne Effekte die Signifikanzniveaus anzugeben. Dazu werden signifikante Werte mit einem oder mehreren Sternchen markiert (z. B. hinter einem t-Wert: $3{,}12^*$) und in den Anmerkungen festgehalten, wofür diese stehen. Meist steht ein Sternchen für ein Signifikanzniveau kleiner ,05, zwei Sternchen signalisieren ein Signifikanzniveau unter ,01 und drei Sternchen ein Signifikanzniveau unter ,001.

Bei Diagrammen (speziell bei der Darstellung von Interaktionseffekten) stellt sich oft die Frage, welchen Wertebereich man an die y-Achse anlegt. Hier gibt es unterschiedliche Vorgehensweisen in der Praxis. Grundsätzlich sollte man Ergebnisse nicht spektakulärer erscheinen lassen als sie sind; wenn man also die abhängige Variable auf einer fünfstufigen Skala erhoben hat, sollte man diese auch in der Abbildung anlegen. Den Grund dafür sehen Sie in Abb. 9.6: Die linke Grafik suggeriert einen starken Interaktionseffekt zwischen den gezeigten Bildern und dem BMI der Teilnehmerinnen. Die Interaktion erscheint jedoch stärker als sie eigentlich ist, weil die Y-Achse nicht die Breite der Originalskala, auf der gemessen wurde, abbildet. Die Ergebnisse werden quasi unter der Lupe dargestellt. Betrachtet man die rechte Grafik mit einer Breite von 1 bis 5, sieht man, dass es sich in Wirklichkeit um einen schwachen Effekt handelt. Eine Ausnahme bilden Fälle, in denen die Skala nicht komplett ausgeschöpft wird: Hier ist es üblich, die tatsächlich beobachtete (und nicht die theoretisch mögliche) Spannweite anzulegen (bei der Abfrage von Prozentzahlen ist dies oft der Fall).

9.9 Berichten der Befunde

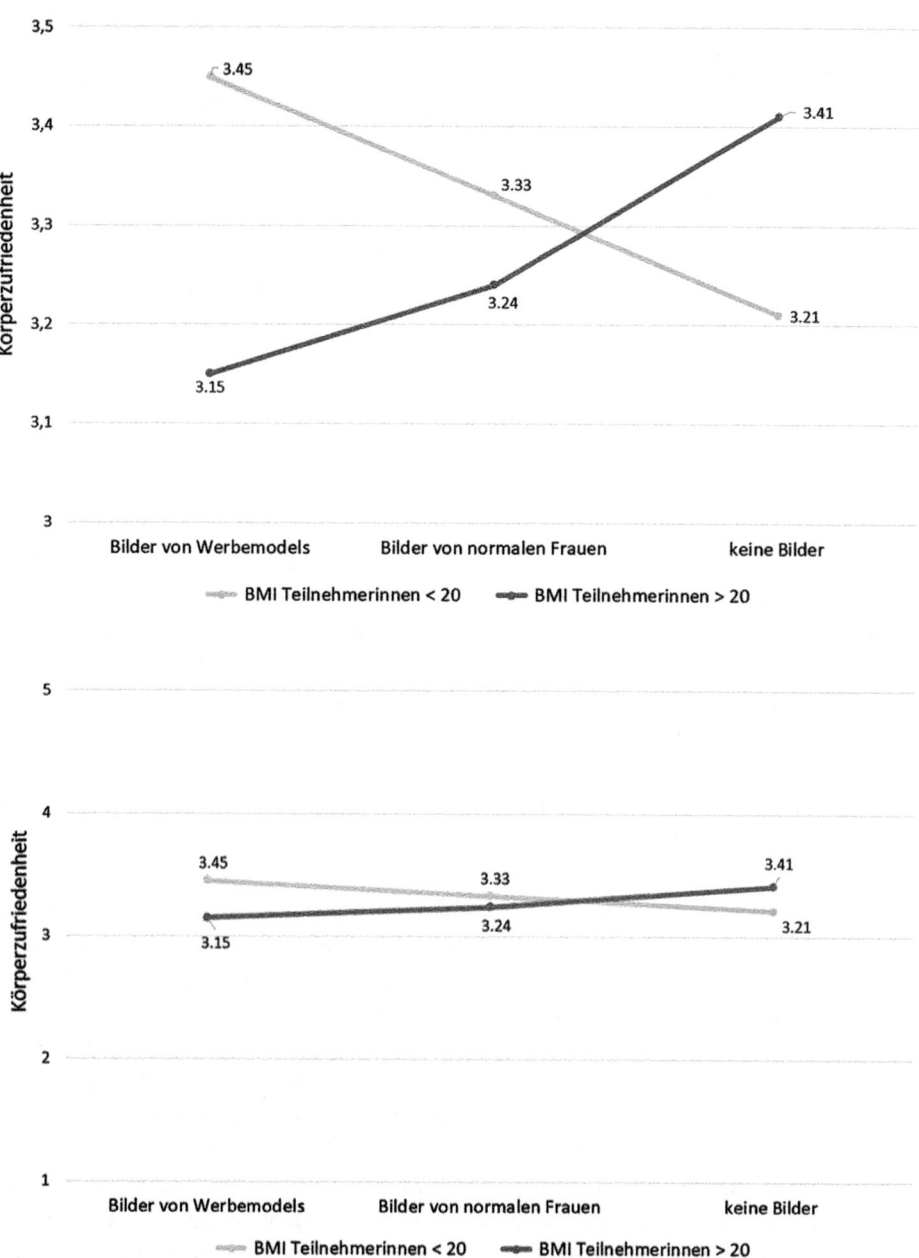

Abb. 9.6 Liniendiagramme mit unterschiedlicher Spannweite auf der y-Achse

> **Auf den Punkt: Berichten der Befunde**
> - Beim Berichten der Befunde orientiert man sich in der Kommunikationswissenschaft häufig an den Richtlinien der American Psychological Association (APA-Manual).
> - Oberste Gebote sind eine transparente Beschreibung des Vorgehens und Einheitlichkeit.
> - Die Einbindung von Tabellen ist bei größeren Mengen von Einzelwerten zu empfehlen. Einfache Mittelwertvergleiche können in Textform dargestellt werden.

9.10 Zwischenfazit und Literaturhinweise

Die Datenauswertung ist für viele Wissenschaftlerinnen und Wissenschaftler das Highlight im empirischen Forschungsprozess. All die Mühen der Literaturrecherche, Planung und Durchführung des Experiments liegen hinter einem, und nun wartet man gespannt darauf, ob die Daten die theoretischen Vermutungen stützen. Was kommt raus? So wie beim berühmten Paar Socken unterm Weihnachtsbaum, kann sich aber auch bei der Auswertung schnell Ernüchterung einstellen, nämlich dann, wenn die vermuteten Effekte eben nicht auftreten. Die Enttäuschung ist dann oft groß: „Es kommt nichts raus!" heißt es dann verzweifelt.

Aber warum ist das eigentlich so? Sind nur bestätigte Hypothesen gute Hypothesen? Ist ein nicht hypothesenkonformes Ergebnis nicht auch ein Ergebnis? Wäre es beispielsweise nicht auch gut zu wissen, dass das Betrachten von Werbemodels die Körperzufriedenheit junger Frauen vermutlich gar nicht senkt? Die Enttäuschung über so genannte „null results" hat verschiedene Ursachen: Zunächst schwingt darin die Unsicherheit mit, dass man an irgendeiner Stelle im Experiment etwas falsch gemacht hat. War die theoretische Herleitung korrekt? Ist die Manipulation nicht gelungen oder war sie zu schwach? Hat man als Versuchsleiter die Situation ungünstig beeinflusst? All das sind Punkte, über die man sich bei der Interpretation der Ergebnisse Gedanken machen muss. Aber auch wenn alles methodisch sauber funktioniert hat, kann es sein, dass sich ein vermuteter Effekt bei einer bestimmten Stichprobe nicht zeigt – selbst wenn eine andere Studie diesen vorher aufdeckte. Möglicherweise sind dann aber nicht die neuen Befunde fehlerhaft, sondern die Originalstudie. Hier kommt ein weiteres, ganz grundsätzlicheres Problem ins Spiel: Null-Ergebnisse bzw. widerlegte Hypothesen lassen sich schlechter publizieren im Wissenschaftssystem – ein Phänomen, dass als *Publication Bias* bzw. *File Drawer Problem* bekannt ist. Das ist insofern hochproblematisch, als dass auch Studien, die Hypothesen nicht bestätigen, essenziell zum Erkenntnisgewinn

9.10 Zwischenfazit und Literaturhinweise

beitragen und somit nicht in der Schublade landen sollten – sonst besteht die Gefahr, dass Effekte generell überschätzt werden. Zuletzt bewirkt auch der sog. Bestätigungsfehler, dem die meisten Menschen und damit natürlich auch alle Forscherinnen und Forscher, unterliegen, dass wir die Nicht-Bestätigung einer Hypothese als enttäuschend empfinden: Wir bewerten Informationen intuitiv positiver, wenn sie zu unseren bestehenden Grundannahmen passen, und das tun unseren Hypothesen widersprechende Ergebnisse nicht.

Dieser Aspekt ist eng mit der ethischen Verantwortung bei der Auswertung von Experimentalstudien verknüpft, was wir in Abschn. 10.3 thematisieren werden. Publikationen sind eine wichtige Währung in der Wissenschaft und wenn sich Ergebnisse nicht publizieren lassen, war ein Großteil des Aufwands umsonst. Das macht die Versuchung groß, in den Daten zu fischen und so lange zu rechnen, bis man signifikante Zusammenhänge findet. Die Wissenschaft ist sich der Problematik bewusst und arbeitet an Lösungen. Ein erster vielversprechender Schritt in diese Richtung ist die Pre-Registrierung von Studien bei Fachzeitschriften. Es bedeutet, dass nicht der vollständige Aufsatz eingereicht und begutachtet wird, sondern die theoretische Herleitung und Ableitung der Hypothesen, die Konzeption der Studie und die Auswertungsstrategie. Wird die Einreichung angenommen, verpflichten sich die HerausgeberInnen, den fertigen Aufsatz zu publizieren – unabhängig davon, ob die Hypothesen nach der Datenerhebung bestätigt werden können (wir kommen in Abschn. 10.3 noch mal darauf zu sprechen). Halten Sie sich also stets vor Augen, dass nicht nur bestätigte Hypothesen „gute" oder „richtige" Wissenschaft sind, dass Null-Ergebnisse nicht zwangsläufig ein Resultat von Fehlern sind, die im Rahmen des Experimentierens gemacht wurden und, dass man auch bei bestätigten Hypothesen kritisch mit der eigenen Studie umgehen sollte.

Die Ausführungen dieses Kapitels sollten Ihnen einen Überblick über den Auswertungsprozess, die Logik hinter inferenzstatistischen Verfahren bei Experimentaldaten sowie die wichtigsten Kennwerte und Teststatistiken liefern. Es ersetzt nicht den Blick in Lehrbücher, die sich ausschließlich mit der Datenauswertung beschäftigen. Erfreulicherweise gibt es hier eine Vielzahl an empfehlenswerter Literatur. Für Einsteiger oder zur Auffrischung der Statistikkenntnisse eignet sich das Buch „Statistik – Eine verständliche Einführung" von Kuckartz et al. (2013), bei dem der Name Programm ist. Etwas umfangreicher, dafür aber unterhaltsamer, ist das neue Buch von Field mit dem schönen Titel „An adventure in statistics – the reality enigma" (2016). Ebenfalls sehr empfehlenswert ist sein Buch „Discovering statistics using SPSS", das mittlerweile in der vierten Auflage erschienen ist und selbst gestandene Statistik-Füchse im Regal stehen haben. Das Buch ist eine verständliche und sehr unterhaltsame Einführung in die Statistik, geht durchaus in die Tiefe und liefert jeweils die praktische Anwendung in SPSS mit (Gibe es auch für das Open-Source Auswertungsprogramm *R*). Zuletzt bieten auch die beiden Bücher „Quantitative Methoden 1 und 2" von Rasch und Kollegen (2009 bzw. 2010) einen tieferen Einblick in statistische Verfahren und das Prinzip der Inferenzstatistik.

Auf den Punkt: Literaturhinweise
- Field, A. (2013). *Discovering statistics using IBM SPSS statistics.* Thousand Oaks, CA: Sage.
- Field, A. (2016). *An adventure in statistics – the reality enigma.* Thousand Oaks, CA: Sage.
- Kuckartz, U., Rädiker, S., Ebert, T. & Schehl, J. (2013). *Statistik: Eine verständliche Einführung. Wiesbaden:* VS Verlag für Sozialwissenschaften.
- Rasch, B., Friese, M., Hofmann, W. J. & Naumann, E. (2009). *Quantitative Methoden 1. Einführung in die Statistik für Psychologen und Sozialwissenschaftler.* Wiesbaden: VS Verlag für Sozialwissenschaften.
- Rasch, B., Friese, M., Hofmann, W. & Naumann, E. (2010). *Quantitative Methoden 2. Einführung in die Statistik für Psychologen und Sozialwissenschaftler.* Wiesbaden: VS Verlag für Sozialwissenschaften.

Ethik in der experimentellen Forschung 10

Die meisten empirischen Studien in der Sozialwissenschaft (mit Ausnahme z. B. von Inhalts- oder Dokumentenanalysen) arbeiten mit Menschen. Das ist auch bei allen Varianten des sozialwissenschaftlichen Experiments so. Wenn empirische Forschung mit Menschen arbeitet, hat sie eine besondere Verantwortung: Sie muss das Wohlergehen, die Rechte und Interessen der teilnehmenden Personen berücksichtigen. Bei Experimenten trifft das sogar in besonderer Weise zu. Denn hier werden Menschen nicht nur befragt oder beobachtet, sondern „manipuliert" (vgl. Abschn. 5.3). In der Experimentalforschung greift man also aktiv in Kognitionen, Emotionen oder Verhalten der Versuchspersonen ein. Ziel des Experimentierens ist es ja gerade zu überprüfen, ob eine angewandte Manipulation zu Veränderungen des Denkens, Fühlens oder Verhaltens der Teilnehmerinnen und Teilnehmer führt. Es liegt in der Verantwortung der Forscherin oder des Forschers, dass im Zuge dessen bei den Versuchspersonen kein nachhaltiger Schaden entsteht. Bei der Planung und Durchführung von Experimenten müssen daher verschiedene forschungsethische Aspekte im Umgang mit Versuchspersonen beachtet werden. Doch die Verantwortung von Forschenden endet nicht mit der Datenerhebung. Auch beim Umgang mit Experimentaldaten und beim Berichten von Experimenten gilt es, forschungsethische Prinzipien zu beachten. Denn damit die Versuchspersonen mit der Teilnahme an einer Studie ihre Zeit nicht verschwendet haben, muss sichergestellt werden, dass ihre Ergebnisse wirklich zum wissenschaftlichen Erkenntnisgewinn beitragen. Bevor diese Punkte in jeweils eigenen Unterkapiteln diskutiert werden, stellen wir zunächst ganz grundsätzliche forschungsethische Prinzipien vor.

10.1 Forschungsethische Grundprinzipien

Menschliches Handeln sollte sich immer an ethischen Prinzipien orientieren, so also auch das forscherische Handeln. Forscherinnen und Forscher haben zudem eine besondere Verantwortung, die sich aus dem sozialen Kontext der Forschungstätigkeit ergibt. Wir agieren nicht nur in Interaktion mit unseren Versuchspersonen, sondern auch als Teil der wissenschaftlichen Fachgemeinschaft. Wer als Forscherin oder Forscher im Rahmen einer kommunikationswissenschaftlichen Studie forschungsethische Grundsätze verletzt, schadet damit dem eigenen Fach und der Sozialwissenschaft insgesamt. Das trifft auch für studentische Projekte und Abschlussarbeiten zu. Es ist natürlich wünschenswert, dass problematische oder unethische Forschungspraktiken öffentlich bekannt werden, wenn diese vorkommen. Gleichzeitig können Wissenschaftsskandale jedoch schwerwiegende Folgen für das Image der Wissenschaft insgesamt und der betroffenen Disziplin im Speziellen haben. Es ist anzunehmen, dass sie das Vertrauen in die Ergebnisse wissenschaftlicher Forschung verringern und sich negativ auf die Teilnahmebereitschaft an Studien auswirken. Der beste Schutz dagegen ist, forschungsethische Fehltritte gar nicht erst zuzulassen. Daher sollte man bereits ab der frühesten Planungsstufe von Experimenten mögliche forschungsethische Probleme bedenken.

Das Wissenschaftssystem hat inzwischen eine Reihe von Maßnahmen entwickelt, um dies sicherzustellen: Die meisten wissenschaftlichen Fachgesellschaften, so auch die Deutsche Gesellschaft für Publizistik- und Kommunikationswissenschaft (DGPuK 2015), haben sogenannte Ethik-Kodizes aufgestellt, auf die sich ihre Mitglieder verpflichten. An vielen Universitäten gibt es ständige Ethik-Kommissionen, die im Einzelfall angerufen werden können, um zu überprüfen, ob eine geplante Studie ethisch bedenklich sein könnte. Wissenschaftliche Fachzeitschriften in ethisch sensiblen Feldern, vor allem aus dem Bereich der Psychologie, veröffentlichen Forschungsartikel oft nur noch, wenn das Ethik-Votum einer solchen Kommission im Vorfeld eingeholt wurde.

Ein besonders eindrückliches Beispiel für ein derart sensibles Forschungsfeld der Medien- und Kommunikationswissenschaft ist die Wirkung von Suizidberichterstattung. Dabei geht es darum, wie Medienberichte über Suizide auf Menschen mit depressiven Symptomen oder sogar akuter Suizidgefährdung wirken (zusammenfassend: Scherr 2013). Die Frage ist hier, welche Art von Berichterstattung eher zur Nachahmung anregt („Werther-Effekt") und welche eher eine abschreckende oder heilsame Wirkung entfalten und damit Suizide verhindern kann („Papageno-Effekt"; Niederkrotenthaler et al. 2010). Obwohl es sich hierbei um eine klassische Fragestellung der Medienwirkungsforschung handelt, für die experimentelle Forschung eigentlich prädestiniert wäre, finden sich hierzu kaum Experimentalstudien. Stattdessen vergleicht man z. B. Medieninhaltsanalysen zur Suizidberichterstattung mit amtlichen Suizidstatistiken, um den Zusammenhängen zwischen Berichterstattung und depressiven Tendenzen oder Einstellungen zum Thema Suizid nachzuspüren. Das liegt in erster Linie an forschungsethischen Überlegungen. Schon wenn Studien lediglich ermitteln, ob teilnehmende Personen an Depressionen leiden, berührt dies die Forschungsethik. Denn sobald der Forscherin

10.1 Forschungsethische Grundprinzipien

bzw. dem Forscher dieser Umstand bekannt ist, gebietet es die Ethik, dass sie bzw. er Maßnahmen trifft, um der erkrankten Person zu helfen. Womöglich befindet sich diese nämlich noch nicht in einer für ihr Krankheitsbild geeigneten Behandlung. Oftmals ist es aber gar nicht einfach, den richtigen Weg zu finden, um mit der entdeckten Erkrankung umzugehen, sodass die erkrankten Personen bestmögliche Hilfe erfahren (Sheehan und McGee 2013). Derart gefährdete Personen in einem Experiment mit Medieninhalten zu konfrontieren, die dazu geeignet sein könnten, ihre Depression zu verstärken oder sogar zu suizidalen Handlungen anzuregen, ist offensichtlich unverantwortlich.

Doch auch bei weniger offensichtlich problematischen Themen sollte man schon im Planungsstadium eines Experiments forschungsethische Überlegungen anstellen. Was ist also im Einzelfall zu tun? So vielfältig, wie mögliche Experimentaldesigns sind, so vielfältig sind auch die forschungsethischen Konflikte, die auftreten können. Es gibt also kein Patentrezept, keinen eindeutigen Fahrplan zur Vermeidung ethischer Fehltritte in der Forschung. Vielmehr liegt es in der Verantwortung jedes einzelnen Forschenden, ethische Überlegungen bei der Studiengestaltung einzubeziehen. Man spricht hier von einer *kasuistischen, also am Einzelfall orientierten, Entscheidungsfindung*. Für diese Entscheidungen im Einzelfall gibt es allerdings auch grundlegende Prinzipien. Genauer lassen sich zwei verschiedene Grundhaltungen zur Forschungsethik unterscheiden (Schlenker und Forsyth 1977):

1) Die *utilitaristische Position* vertritt die Ansicht, dass eine Handlung dann als moralisch gut bewertet werden kann, wenn sie den Gesamtnutzen bzw. das Wohlergehen aller Beteiligten nicht verringert bzw. möglichst erhöht. Dieser Nutzenmaximierungsansatz nimmt also eine pragmatische Position ein. Er fragt danach, welche konkreten Konsequenzen aus einer Handlung zu erwarten sind. Auf die Experimentalforschung übertragen bedeutet dies, eine Balance zwischen den potenziellen negativen Folgen einer Studie und ihrem wissenschaftlichen Ertrag anzustreben. Viele kommunikationswissenschaftliche Experimentalstudien arbeiten z. B. mit fiktiven Medienstimuli, in denen auch erfundene bzw. unwahre Informationen enthalten sind, weil untersucht werden soll, ob von diesen fingierten Aussagen Wirkungen ausgehen. Aus utilitaristischer Perspektive ist dies nur dann ein Problem, wenn zu befürchten ist, dass die Versuchspersonen sich die falschen Informationen merken, also nachhaltig getäuscht werden. Dann würde die Studienteilnahme zur Verbreitung von Unwahrheiten beitragen. Wenn die Teilnehmerinnen und Teilnehmer jedoch im Anschluss an die Studie über die Fehlerhaftigkeit der präsentierten Informationen aufgeklärt werden, entschärft sich das Problem aus der utilitaristischen Perspektive. Die Studie würde dann einerseits zum wissenschaftlichen Erkenntnisgewinn beitragen, andererseits jedoch nicht zur Verbreitung von Fehlinformationen führen. Der Gesamtnutzen wäre höher, als wenn die Studie nicht durchgeführt würde.

2) Davon grenzt sich die *deontologische Position* ab: Sie geht davon aus, dass nicht nur die Konsequenzen einer Handlung, sondern die Handlung selbst als moralisch gut oder schlecht bewertet werden kann. Sie legt allgemeine und unveränderliche Regeln zur ethischen Bewertung einer Handlung an, die von möglichen Konsequenzen völlig

unabhängig sind. Nach dieser Betrachtungsweise sind bestimmte, als unmoralisch anzusehende Handlungen unter allen Umständen zu unterlassen. Eine solche Regel könnte zum Beispiel lauten, dass man unter keinen Umständen lügen darf. Auf unser Beispiel bezogen würde das heißen, dass Versuchspersonen grundsätzlich nicht mit unwahren Informationen konfrontiert werden dürfen. Eine derartige Experimentalstudie dürfte also keinesfalls durchgeführt werden – selbst dann nicht, wenn sichergestellt wäre, dass die Versuchspersonen im Anschluss über die Unwahrheit der erhaltenen Information aufgeklärt werden.

Das Beispiel illustriert sehr gut, dass die deontologische Position die deutlich strikteren Handlungsleitlinien bereithält. Wenn eine bestimmte Art des Vorgehens als grundsätzlich falsch erkannt wird, darf es nicht angewandt werden. Die utilitaristische Ethik ermöglicht dies, wenn sichergestellt wird, dass keine negativen Konsequenzen aus dem Vorgehen entstehen. Letztere wird daher in der Forschungspraxis häufiger angewendet. Letztlich obliegt es aber der Verantwortung jeder Forscherin bzw. jedes Forschers, selbst zu entscheiden, in welchen Situationen man auf welche Art von forschungsethischer Grundhaltung zurückgreift. Gerade bei besonders sensiblen Bereichen, wie der bereits angesprochenen Suizidforschung, empfiehlt sich eine besonders vorsichtige und damit eher deontologische Grundhaltung.

> **Auf den Punkt: Forschungsethische Grundprinzipien**
> - Forschungsethische Überlegungen sollten in die Gestaltung jeder experimentellen Studie einfließen. Hierbei sind stets Einzelfallentscheidungen zu treffen.
> - Eine utilitaristische Herangehensweise fragt nach den Konsequenzen, die eine Studie mit sich bringt. Wenn negative Folgen vermieden werden können und sich ein Erkenntnisgewinn erwarten lässt, erscheint eine Studie aus dieser Perspektive ethisch zulässig.
> - Eine deontologische Herangehensweise geht davon aus, dass bestimmte Arten des Vorgehens grundsätzlich unethisch sind und daher nicht eingesetzt werden sollten – auch wenn negative Folgen vermieden werden können.

10.2 Forschungsethik bei der Planung und Durchführung von Experimenten

Schon in der frühen Planungsphase eines Experiments sollten forschungsethische Aspekte berücksichtigt werden. Bei der Planung und während der Durchführung von Experimenten stehen die Versuchspersonen im Mittelpunkt der Überlegungen. Es gilt, Schaden von ihnen abzuwenden und ihre Interessen nach besten Möglichkeiten zu wahren. Wie bereits erwähnt, gibt es hierfür keine Patentrezepte, da jede empirische Fragestellung und jedes experimentelle Design seine Eigenheiten hat und seine eigenen

Anforderungen und möglichen ethischen Probleme aufweist. Einige Grundregeln des Umgangs mit Versuchspersonen lassen sich jedoch formulieren, an denen sich die zu treffenden Einzelfallentscheidungen orientieren können (Sales und Folkman 2000).

10.2.1 Freiwilligkeit der Studienteilnahme

Eine der wichtigsten Regeln besteht darin, dass die Teilnahme an einer Studie auf Freiwilligkeit beruhen sollte. Versuchspersonen dürfen weder zur Teilnahme gezwungen werden, noch sollte diese ohne ihr Wissen geschehen (vgl. Abschn. 7.2): Ein *Zwang zur Teilnahme* könnte z. B. dann entstehen, wenn studentische Versuchspersonen in Lehrveranstaltungen rekrutiert werden und die Dozentin die Teilnahme am Experiment zur Bedingung macht, um den Kurs zu bestehen. Diese Vorgehensweise wäre nicht nur forschungsethisch problematisch; sie würde höchstwahrscheinlich auch die Qualität der gewonnenen Daten verschlechtern. Denn Versuchspersonen, die erzwungenermaßen an einer Studie teilnehmen, könnten der Studie gegenüber Reaktanz (Brehm 1966) entwickeln und diese in der Folge boykottieren, z. B. indem sie Stimuli nicht aufmerksam zur Kenntnis nehmen oder Fragen nicht ernsthaft beantworten. Eine erzwungene Studienteilnahme kann daher nicht im Sinne der Forschung sein.

Auch die *unbewusste Studienteilnahme* ist ethisch fragwürdig. Hierbei bemerken Versuchspersonen überhaupt nicht, dass sie Teil einer wissenschaftlichen Untersuchung sind bzw. waren und werden nicht einmal im Anschluss an die Studienteilnahme darüber aufgeklärt. So haben sie keine Möglichkeit, der Verwendung der über sie dokumentierten Daten zuzustimmen bzw. zu widersprechen. Vorstellbar ist dies nur bei einer bestimmten Form des Experimentaldesigns, nämlich bei Feldexperimenten. Damit eine Versuchsperson nicht merkt, dass sie an einer Studie teilnimmt, muss diese in der natürlichen Lebenswelt der Versuchspersonen durchgeführt werden. Sobald sich jemand zur Teilnahme in ein Forschungslabor begeben soll oder einem per E-Mail zugesandten Link folgen muss, ist sich diese Person natürlich der Tatsache bewusst, Teil einer wissenschaftlichen Untersuchung zu sein. Spätestens wenn bei einem Feldexperiment zur Datenerhebung die reaktive Methode der Befragung gewählt wird, gerät die Studienteilnahme ins Bewusstsein. Problematischer wird es in Fällen, in denen die Messung der abhängigen Variablen nicht per Befragung erfolgt, sondern über Beobachtungsverfahren oder Ex-Post-Inhaltsanalysen. In solchen Fällen bemerken Versuchspersonen womöglich überhaupt nicht, dass sie Teil eines Experiments sind bzw. waren. Denkbar wäre dies z. B. im Rahmen von Gewaltwirkungsstudien. Ein Feldexperiment von Malamuth und Check (1981) befragte Kinozuschauer, die entweder einen Film, in dem sexualisierte Gewalt vorkam, oder einen gewaltfreien Film gesehen hatten, nach ihren Einstellungen zu Gewalt gegen Frauen. Hier wäre auch eine Beobachtungsmessung möglich. Die Kino-Zuschauer könnten beim Verlassen des Kinosaals mit einem nachgestellten sexuellen Übergriff konfrontiert und ihre Reaktion darauf beobachtet werden. Dann wäre es möglich, dass sie überhaupt nicht bemerken, dass sie Teil eines Experiments waren, weil es weder eine Einwilligung im Vorfeld der Studienteilnahme noch eine anschließende Aufklärung gab. Dies wäre forschungsethisch problematisch.

Aber nicht nur in solchen Extremfällen sollten sich Experimentalforschende über die Freiwilligkeit der Teilnahme Gedanken machen. Denn das forschungsethisch einwandfreie, idealtypische Modell der Teilnahme kann von den wenigsten Studien vollständig umgesetzt werden: die *informierte Einwilligung* („informed consent"). Diese sieht vor, dass Versuchspersonen im Vorfeld der Studie ein sog. „Briefing" erhalten, bei dem sie über den Zweck der Forschung, die Dauer und Vorgehensweise der Untersuchung, potenzielle Risiken der Teilnahme, die Gewährleistung von Vertraulichkeit und die Möglichkeit zum Studienabbruch informiert werden (Döring und Bortz 2016). Insbesondere die Aufklärung über den Untersuchungszweck und die Vorgehensweise der Studie kann oftmals nicht vorab kommuniziert werden. Verrät man Versuchspersonen im Vorfeld die forschungsleitende Frage, was manipuliert wird und welche möglichen Effekte der Manipulation erfasst werden sollen, könnte die Manipulation wirkungslos bleiben, obwohl sie eigentlich, bei unaufgeklärten Personen, einen Effekt hätte. Ein solches Briefing würde also die interne Validität des Experiments gefährden (vgl. dazu ausführlich Abschn. 4.1).

Es hat sich daher in der forschungsethischen Debatte die Ansicht durchgesetzt, dass man bei risikoarmen Studien – also bei solchen, bei denen eine nachhaltige Schädigung der Versuchspersonen nicht zu erwarten ist – auf die informierte Einwilligung im Vorfeld der Studienteilnahme zumindest in Teilen verzichten kann. Zentrale Aspekte der Untersuchung sollte man allerdings im Vorfeld kommunizieren (wenn dies möglich ist, ohne den eigentlichen Untersuchungszweck offenzulegen). So sollten Versuchspersonen in jedem Fall über die Dauer der Studie und die vorgenommenen Maßnahmen zur Gewährleistung von Datenschutz und Vertraulichkeit informiert werden (vgl. Abschn. 7.4). Wenn ein vollständiges „Briefing" nicht möglich ist, muss ein Debriefing über den Untersuchungszweck und die vorgenommene Manipulation am Ende des Experiments erfolgen (mehr dazu in Abschn. 10.2.3). Bei Studien, die mit Risiken für die Versuchspersonen behaftet sind, muss im Vorfeld der Teilnahme auf diese Risiken hingewiesen werden. Das ist z. B. der Fall, wenn im Rahmen des Experiments Stimuli gezeigt werden, die starken emotionalen Stress auslösen oder aggressionsfördernd sein können. Auch bei Experimenten mit besonders schutzbedürftigen Stichproben, z. B. Kindern und Jugendlichen, ist eine Aufklärung über mögliche negative Konsequenzen der Studienteilnahme in jedem Fall geboten (vgl. Abschn. 7.2.2).

Wenn kein vollständiges Briefing über den Untersuchungszweck erfolgt, spricht man auch von einer Täuschung der Versuchspersonen. Diese ist, wie gesagt, nur dann legitim, wenn aus der Studienteilnahme keine Schädigungen der Versuchspersonen entstehen können. Es lassen sich zwei Varianten der Täuschung unterscheiden: Bei der *passiven Täuschung* wird lediglich der Untersuchungszweck verschwiegen, ohne dass aktiv falsche Informationen gegeben werden. Diese Variante erscheint, auch aus einer deontologischen Perspektive, weniger problematisch. Jedoch kann sie aus pragmatischen Überlegungen ungeeignet sein. Denn passive Täuschung würde bedeuten, überhaupt keine Informationen zum Untersuchungszweck zu geben. Dies dürfte potenzielle Versuchspersonen jedoch misstrauisch machen und die Teilnahmebereitschaft reduzieren. Es könnte sogar dazu führen, dass diese sich verstärkt über den eigentlichen Zweck des Experiments Gedanken machen (vgl. Abschn. 7.5).

Um das zu vermeiden, wenden Forscherinnen und Forscher in der Praxis oft die *aktive Täuschung* an. Hierbei erhalten die Versuchspersonen bei der Einladung zur Studie oder zu Beginn ihrer Teilnahme einen Hinweis über den Untersuchungszweck, der jedoch nicht die eigentlich untersuchte Fragestellung offenlegt. Diese Angabe sollte möglichst nah am tatsächlichen Untersuchungszweck liegen und vor allem auch zu der Manipulation passen, welche die Versuchspersonen im Anschluss erhalten. Bei kommunikationswissenschaftlichen Studien, die den Einfluss von Medienstimuli auf verschiedene abhängige Variablen messen, finden sich daher oft Formulierungen wie: „Wir interessieren uns für Ihre Meinung zu aktuellen Themen aus der Medienberichterstattung." Gerade wenn solche allgemeinen Formulierungen relativ nah am wahren Untersuchungszweck liegen, sind sie forschungsethisch vertretbar. In bestimmten Fällen kann es allerdings notwendig sein, den Untersuchungszweck noch stärker zu verschleiern. Wenn z. B. die Wirkung von Product-Placements in Online-Computerspielen untersucht wird (Lee und Faber 2007), sollte man im Vorfeld natürlich vermeiden, die Versuchspersonen explizit darauf hinzuweisen, dass derartige Werbeeinblendungen im Spiel auftauchen. Die Effektivität von Product-Placements lebt ja auch davon, dass sie unterbewusst verarbeitet, vom Rezipienten also gar nicht bemerkt werden. Am besten sollte daher gar nicht erwähnt werden, dass es um Werbung geht. Stattdessen könnte den Versuchspersonen erklärt werden, dass das Studienziel darin besteht, ein neues Computerspiel vor der Markteinführung zu testen. Eine derartige aktive Täuschung scheint vertretbar, wenn man die Versuchspersonen im Anschluss an die Studienteilnahme über den eigentlichen Zweck der Studie und das Product-Placement im Stimulus aufklärt.

Schließlich sollten Forscherinnen und Forscher auch beim Einsatz von *Anreizen zur Studienteilnahme* (den sog. „Incentives") ethisch denken. Viele Forschende verlosen unter den Versuchspersonen Wertgutscheine oder zahlen Versuchspersonen einen kleineren Geldbetrag aus, um zur Teilnahme zu animieren (vgl. Abschn. 7.3). Selbst wenn größere finanzielle Mittel zur Verfügung stehen, sollten sich diese Anreize im Rahmen halten. Es gilt zu vermeiden, dass Teilnehmerinnen und Teilnehmer aus finanziellen Notlagen heraus an Untersuchungen teilnehmen. Auch darf man im Interesse der gesamten Forschungscommunity keine zu hohe Erwartungshaltung unter potenziellen Versuchspersonen erzeugen. Bei Laborexperimenten greifen Forscherinnen und Forscher z. B. oft auf studentische Versuchspersonen zurück – einfach, weil sich die meisten Forschungslabore in Universitätsgebäuden befinden und dort vor allem Studierende anzutreffen sind. Wenn in einem solchen Kontext nun einzelne Projektteams übermäßig hohe Incentives auszahlen, kann dies dazu führen, dass potenzielle Versuchspersonen auch im Rahmen anderer Studien ähnlich hohe Incentives erwarten, die möglicherweise deren finanzielle Möglichkeiten übersteigen.

10.2.2 Vermeiden einer Schädigung der Versuchspersonen

Es wurde bereits mehrfach angesprochen, dass ein weiterer wichtiger Punkt bei der Durchführung von Experimenten die Vermeidung von Risiken für die Versuchspersonen ist. In vielen Abhandlungen zur Forschungsethik (z. B. Döring und Bortz 2016, S. 121–139; Israel und Hay 2006) finden sich hierzu dezidierte Warnhinweise, die sich vor allem an Forschende aus den Bereichen Psychologie und Medizin richten. So soll vermieden werden, Versuchspersonen *physischen oder psychischen Schmerz* zuzufügen oder *körperliche Schäden* zu verursachen.

Insbesondere physische Schmerzen oder Beeinträchtigungen dürften im Rahmen der wenigsten kommunikationswissenschaftlichen oder medienpsychologischen Forschungsdesigns zu erwarten sein. Psychischer Schmerz aufseiten der Probanden könnte allerdings auch in einigen kommunikationswissenschaftlichen Forschungsfeldern ein unerwünschter Nebeneffekt eines Experiments sein. Insbesondere in sensiblen Bereichen der Medienwirkungsforschung mit abhängigen Variablen wie Depressivität und Suizidalität, die Wahrnehmung des eigenen Körpers, das Gefühl sozialer Ausgrenzung oder der Selbstwert im Allgemeinen sollten Forscherinnen und Forscher besondere Vorsicht walten lassen. Bestimmte Forschungsdesigns verbieten sich aus ethisch-moralischen Gründen aufgrund ihrer zu erwartenden negativen Folgen grundsätzlich, selbst wenn ein berechtigtes Erkenntnisinteresse besteht. Die Verwendung potenziell traumatisierender oder emotional aufwühlender Medienstimuli darf nur in Ausnahmefällen erfolgen – und nur, wenn sichergestellt ist, dass die Versuchspersonen über mögliche negative Folgen informiert und diese im Nachhinein abgefangen werden können. z. B. sollten Teilnehmerinnen und Teilnehmer, die mit expliziten Gewaltdarstellungen konfrontiert werden, im Vorfeld über diese Tatsache aufgeklärt werden und nur dann an einer solchen Studie teilnehmen, wenn sie explizit zustimmen. Im Anschluss an die Studienteilnahme könnte man zudem die Möglichkeit einräumen, über das Gesehene mit dafür geschulten Personen zu sprechen, um die Erfahrung besser verarbeiten zu können. Für eventuellen Redebedarf zu einem späteren Zeitpunkt sollte eine Kontaktmöglichkeit für die Versuchspersonen eingerichtet werden.

Speziell bei kommunikationswissenschaftlichen Studien kommt eine weitere mögliche Schadensquelle hinzu, die bei anderen sozialwissenschaftlichen Forschungsfeldern weniger virulent ist: In der Medienwirkungsforschung liegt die erklärte Zielgröße im Bereich der Kognitionen, Emotionen oder des Verhaltens von Individuen. Wenn diese Merkmale der Versuchspersonen mittels Medienstimuli manipuliert werden, kann dies auch als Schädigung der Teilnehmerinnen und Teilnehmer aufgefasst werden. Denken Sie dabei z. B. an Studien zur Wirkung von medial vermittelten Stereotypen über ethnische Minderheiten auf die Einstellung gegenüber diesen Gruppen. Wenn die Teilnahme an einem Experiment dazu führt, dass man anschließend stärkere Vorurteile gegenüber ethnischen Minderheiten im Kopf hat, ist dies auch eine Schädigung der Versuchspersonen, die ihnen gegenüber als auch gesamtgesellschaftlich unverantwortlich wäre. Ähnlich negativ müsste man ein Experiment zur Wirkung von Tabakwerbung bewerten, das dazu führte, dass die Versuchspersonen anschließend tatsächlich mehr Zigaretten rauchten. Studien, die derartige Medienwirkungen untersuchen, müssen im Anschluss an die Studienteilnahme also möglichst sicherstellen, dass die erzeugten negativen Wirkungen nicht nachhaltig bestehen.

10.2.3 Debriefing der Versuchspersonen

Um nachhaltige negative Folgen der Studienteilnahme zu minimieren, ist das sog. „Debriefing" essenziell. Es ist wichtig, die Versuchspersonen über die experimentelle Manipulation und ihre möglichen Folgen aufzuklären und nach Möglichkeit ergänzende Informationen zur Verfügung zu stellen, z. B. Originalartikel, Zusammenfassungen von Studien zum Thema, Experteninterviews oder ähnliches. Das Debriefing kann auf verschiedenen Wegen erfolgen. Bei Laborexperimenten bietet sich zunächst ein mündliches Debriefing durch den Versuchsleiter an. Anschließend sollte jedoch im Idealfall noch eine gedruckte Version verteilt werden, die die Versuchspersonen mitnehmen können, um sie zu einem späteren Zeitpunkt noch einmal nachlesen zu können. Die schriftliche Version hat zudem den Vorteil, dass auch komplexere Sachverhalte geschildert werden können und im Vergleich zum mündlichen Debriefing eine bessere Kontrolle gegeben ist, dass die Aufklärung auch wirklich fehlerfrei und für alle Teilnehmerinnen und Teilnehmer einheitlich erfolgt. Bei Online-Experimenten findet das Debriefing meist auf der letzten Seite des Fragebogens im Rahmen der Verabschiedung der Versuchspersonen statt. Bei jeder Variante des Debriefings sollten alle Aspekte angesprochen werden, über die die Versuchspersonen zunächst im Unklaren gelassen wurden. Das heißt:

- Der eigentliche Untersuchungszweck und die konkrete Forschungsfrage sollten offengelegt werden, wenn dies nicht bereits zu Beginn der Studie geschehen konnte.
- Falls für die Studie eigens erzeugtes Stimulusmaterial zum Einsatz kam, sollte klargestellt werden, dass es sich nicht um authentisches Material handelte.
- Falls im Stimulus oder in den Instruktionen unwahre Informationen gegeben wurden, sind diese richtigzustellen.
- Falls persuasive Strategien angewandt wurden, um die Kognitionen, Emotionen oder das Verhalten von Versuchspersonen zu manipulieren, sollte man diese Strategien offenlegen, um so einen nachhaltigen Eingriff in diese Merkmale der Versuchspersonen zu vermeiden. So sollte man z. B. auf ein verstecktes Product-Placement im Rahmen einer gezeigten Spielfilmszene dezidiert hinweisen.

Zudem sollte das Debriefing ausdrücklich die Möglichkeit zu Rückfragen erwähnen und die dafür nötigen *Kontaktinformationen* beinhalten (bei Laborstudien durch mündliche Nachfrage, jedoch auch im Nachhinein z. B. über eine E-Mail-Adresse). Empfehlenswert ist außerdem, die Versuchspersonen zu einem späteren Zeitpunkt über die Ergebnisse der Studie zu informieren – etwa, indem sie ihre E-Mail-Adresse hinterlassen können, an die

die Forscherin bzw. der Forscher dann nach Abschluss der Datenauswertung eine kurze *Ergebniszusammenfassung und -interpretation* sendet. Die E-Mail-Adressen der Teilnehmerinnen und Teilnehmer müssen in diesem Fall natürlich unabhängig von den anderen erhobenen Daten gespeichert werden, um die Anonymität der Untersuchung nicht zu gefährden.

Mehrere Gründe sprechen dafür, dem Debriefing einige Aufmerksamkeit zu widmen und es sorgfältig durchzuführen. Es kann dazu beitragen, eine nachhaltige Manipulation oder Schädigung der Versuchspersonen zu verhindern. Fehlerhafte Informationen werden korrigiert und die angewandten Mechanismen zur Manipulation der abhängigen Variablen offengelegt. Dies trägt nicht nur zum Vermeiden von Schädigungen der Versuchspersonen bei, sondern auch dazu, ihren Wissenshorizont um die untersuchten Phänomene zu erweitern. Hierin besteht ja letztlich der gesellschaftliche Auftrag jeder Art von wissenschaftlicher Forschung. Durch die gegebenen Kontaktmöglichkeiten räumt man den Versuchspersonen zudem die Möglichkeit ein, der Verwendung ihrer Daten nachträglich zu widersprechen. Auf die Möglichkeit zum nachträglichen Widerspruch kann man sogar noch einmal gesondert hinweisen. Hier sollte man den Versuchspersonen eine Frist von etwa 14 Tagen einräumen. So kann rückwirkend die bereits angesprochene informierte Einwilligung erfolgen.

Außerdem zwingt ein ausführliches Debriefing die Forschenden zur *Rechtfertigung* gegenüber den Versuchspersonen. Dies sollte noch einmal zum Hinterfragen der eigenen Vorgehensweise anregen: Ist es gerechtfertigt, was ich den Versuchspersonen abverlange bzw. zumute? Sind die im Experiment vorgenommenen Täuschungen wirklich notwendig und unter Abschätzung ihrer möglichen Folgen vertretbar? Wenn diese und ähnliche Fragen mit Ja beantwortet werden können, sollte es kein Problem sein, die Versuchspersonen im Nachhinein über die vorgenommenen Manipulationen und Täuschungen aufzuklären. Bekommt man dabei Bauchschmerzen, spricht dies dafür, dass die Vorgehensweise womöglich forschungsethisch bedenklich ist. Dann sollte man sich externen Rat einholen, z. B. von Kolleginnen und Kollegen oder, noch besser, von der Ethikkommission der jeweiligen Forschungseinrichtung.

10.2.4 Vertraulichkeit und Datenschutz

Die sog. „informationelle Selbstbestimmung" stellt nach Urteilen des Bundesverfassungsgerichts in Deutschland ein *Grundrecht* dar. Das bedeutet, dass jeder Mensch über die Preisgabe und die Verwendung personenbezogener Daten bestimmen darf. Vertraulichkeit und Datenschutz sind daher nicht nur aus ethischer, sondern auch aus rechtlicher Perspektive wichtige Güter, um deren Einhaltung man sich im Rahmen experimenteller Forschung unbedingt bemühen muss. Wenn Unklarheit darüber besteht, was in diesem Kontext ethisch und rechtlich zulässig ist, sollte die bzw. der Datenschutzbeauftragte konsultiert werden; diese gibt es an jeder öffentlichen Forschungseinrichtung in Deutschland.

Um die Privatsphäre der Versuchspersonen zu schützen und rechtliche Probleme zu umgehen, findet die Datenerhebung bei den meisten experimentellen Studien *anonym* statt. Das heißt, dass zusammen mit den erhobenen Daten keine Informationen abgespeichert werden, die dazu geeignet wären, die jeweilige Person zu identifizieren, also z. B. keine Namen oder E-Mail-Adressen. Es lohnt sich, auf die Anonymität der Datenerhebung zu Beginn der Untersuchung bzw. schon bei der Einladung von Versuchspersonen hinzuweisen, nicht nur, weil ein für die Versuchspersonen transparenter Umgang mit den gewonnen Daten ethisch und juristisch notwendig ist, sondern auch, weil dies die Teilnahmebereitschaft an der Studie erhöhen dürfte (vgl. Abschn. 7.4).

In bestimmten experimentellen Settings ist es nicht möglich, die Daten im ersten Schritt anonymisiert zu speichern. Dies ist insbesondere dann der Fall, wenn Beobachtungsmessungen vorgenommen werden, z. B. mit Videoaufzeichnung. Ein im Rahmen kommunikationswissenschaftlicher Studien mittlerweile relativ gebräuchlicher Anwendungsfall hierfür sind Eye-Tracking-Studien, bei denen die Blickverläufe der Befragten aufgezeichnet werden (vgl. Duchowski 2009). Wenn solche *identifizierenden Rohdaten* für eine nachträgliche Auswertung gespeichert werden, muss ein vertraulicher Umgang gewährleistet sein: Forscherinnen und Forscher müssen sicherstellen, dass das Datenmaterial nur einem ausgewählten Personenkreis zugänglich ist. Physische Datenträger sollten so aufbewahrt werden, dass nur die Forschenden selbst Zugang zu ihnen haben. Datenmaterial, das in digitaler Form gespeichert wird, sollte passwortgeschützt sein. Im Zuge der Datenaufbereitung, wenn z. B. bei Eye-Tracking-Studien aus den aufgezeichneten Blickverläufen Fixationszeiten und Areas of Interest berechnet werden, sollte man alle identifizierenden Merkmale entfernen.

> **Auf den Punkt: Forschungsethik bei der Planung und Durchführung von Experimenten**
> - Grundsätzlich sollte die Studienteilnahme auf Freiwilligkeit beruhen und die Versuchspersonen sollten wissen, worauf sie sich einlassen. Abweichungen von dieser informierten Einwilligung sind nur zulässig, wenn dies zum Verfolgen der Untersuchungszwecke unbedingt nötig ist und den Versuchspersonen kein mit der Teilnahme verbundenes Risiko verschwiegen wird.
> - Jegliche Form der Schädigung von Versuchspersonen ist zu vermeiden.
> - Auch die nachhaltige Veränderung der Kognitionen, Emotionen oder des Verhaltens von Versuchspersonen sollte verhindert werden.
> - Wichtig ist hierfür ein ausführliches „Debriefing", also eine nachträgliche Aufklärung über die Vorgehensweise und die Ziele der Untersuchung.
> - Zudem sind Maßnahmen zu treffen, damit die Daten der Versuchspersonen anonym und vertraulich behandelt werden.

10.3 Forschungsethik beim Umgang mit Experimentaldaten

Mit der Durchführung eines Experiments endet die Bedeutung wissenschaftsethischer Überlegungen nicht. Auch in den weiteren Schritten des Forschungsprozesses müssen Forscherinnen und Forscher ethische Grundsätze berücksichtigen. Neben der Verantwortung gegenüber den Versuchspersonen tritt dann stärker die Verantwortung gegenüber der wissenschaftlichen Gemeinschaft und ihrer gesellschaftlichen Funktion in den Vordergrund. Eine Gesellschaft „leistet" sich wissenschaftliche Forschung mit dem Ziel, Erkenntnisse zu generieren, die zum gesellschaftlichen Fortschritt beitragen. Jede Forscherin und jeder Forscher ist dem Wissenschaftssystem und der Gesellschaft als Träger dieses Systems verpflichtet. Diese Verpflichtung beinhaltet auch, durchgeführte Studien transparent und nach bestem Wissen und Gewissen auszuwerten und zu berichten. Nur so kann eine Studie wirklich zum wissenschaftlichen Erkenntnisfortschritt beitragen.

Fehlerhafte Studienergebnisse verfälschen nicht nur den wissenschaftlichen Kenntnisstand über ein Thema; sie tragen auch dazu bei, wissenschaftliche Forschung insgesamt zu diskreditieren. Ein Extrembeispiel ist der Fall des niederländischen Sozialpsychologen Diederik Stapel, auf den wir bereits in Abschn. 4.5 kurz zu sprechen kamen. Stapel räumte 2011 ein, die Daten von über 50 zum Teil hochrangig publizierten Studien, darunter vor allem Experimente, frei erfunden zu haben. Ihm wurde daraufhin sowohl seine Professur als auch sein Doktortitel entzogen. Die Fälschungen schadeten nicht nur Stapel selbst und seinen direkten Kolleginnen und Kollegen, sie brachten die psychologische Experimentalforschung insgesamt in große Erklärungsnöte. Der Fall erhielt hohe Medienaufmerksamkeit und führte zu einer kritischen Debatte über die Methoden experimenteller Forschung. Offensichtlich schaden derartige Wissenschaftsfälschungen der Forschung und ihrem Ruf in vielfacher Hinsicht. In jedem Fall laufen *Wissenschaftsfälschungen* dem Erkenntnisfortschritt im jeweiligen Forschungsfeld zuwider und sind deshalb forschungsethisch absolut unakzeptabel.

Auch weniger offensichtliche Täuschungen bei der Auswertung von Studien kann man bereits als Fälschung betrachten. Die Fälschung beginnt im Kleinen. Sie ist auch dann möglich, wenn die Daten eines Experiments eigentlich ordnungsgemäß erhoben wurden. Der erste Schritt nach der Datenerhebung ist die Datenaufbereitung (vgl. Abschn. 9.1). Stellt man dabei Unstimmigkeiten fest, z. B., dass viele Versuchspersonen bei einer bestimmten Frage ungültige oder gar keine Antworten gegeben haben, kann im schlimmsten Fall absehbar sein, dass mit den gewonnenen Daten keine sinnvolle Auswertung mehr möglich ist. Die Versuchung ist dann groß, die fehlenden oder fehlerhaften Werte durch Werte zu ersetzen, die den vermuteten Antworten der Befragten nahekommen. Als statistisches Verfahren zum Umgang mit fehlenden Werten ist dies zwar zulässig. Dieses Verfahren nennt sich multiple Imputation (Rubin 1987). Ihm liegt jedoch ein statistisches Schätzverfahren für die fehlenden Werte zugrunde. Wenn es angewandt wird, muss dies bei der Ergebnisdarstellung dokumentiert werden. Auf keinen Fall dürfen händisch einzelne Werte im Datensatz nach Gutdünken geändert und die Anzahl der fehlenden oder fehlerhaften Werte bei der Datenauswertung verschwiegen werden. Eine derartige *Datenmanipulation* ist als Datenfälschung zu betrachten, auch wenn sie nur wenige Fälle betrifft. Bei zu vielen fehlenden Werten muss die Datenerhebung wiederholt werden, nicht jedoch ohne vorher nach der Fehlerquelle zu suchen, sich also zu fragen, weshalb so viele fehlerhafte oder fehlende Werte zustande gekommen sind und wie die Frageformulierung geändert werden könnte, um mehr gültige Antworten zu erhalten.

Auch aus *unerwarteten oder widersprüchlichen Ergebnissen* ergeben sich für den Forschenden womöglich Probleme. Oft ist in solchen Fällen unklar, wie die Ergebnisse zu interpretieren sind. Haben methodische Probleme oder Fehler bei der Datenerhebung oder Auswertung die überraschenden Ergebnisse hervorgerufen oder verhält sich das untersuchte Phänomen tatsächlich anders als zuvor angenommen? Um zum ursprünglich erwarteten Ergebnis zu kommen, mag die Versuchung groß sein, eine Datenerhebung einfach noch einmal mit anderen Versuchspersonen und kleineren oder größeren Änderungen des Studiendesigns zu wiederholen. Wenn es wahrscheinlich scheint, dass bei der ursprünglichen Datenerhebung methodische Fehler gemacht wurden, ist dies auch legitim. Es sollte jedoch bei der späteren Auswertung und Ergebnisdarstellung dokumentiert werden. Keinesfalls darf man eine Datenerhebung einfach so oft wiederholen, bis sie die gewünschten Ergebnisse zeigt, um dann nur diesen „geglückten" Versuch auszuwerten. Stattdessen sollten alle Wiederholungsversuche dokumentiert werden.

Da die Wiederholung einer Datenerhebung aber sehr aufwendig ist, erscheinen oft noch viel problematischere „Tricksereien" bei der Datenauswertung verführerisch. Wenn unerklärliche Antwortmuster nicht in allen Experimentalgruppen auftauchen, könnte man es sich einfach machen, indem man diejenigen Gruppen bzw. experimentellen Faktoren, deren Ergebnisse schwer zu erklären sind, einfach bei der Ergebnisdarstellung unterschlägt. Ein solches *Verschweigen von Experimentalbedingungen* ist jedoch höchst problematisch, da es kein vollständiges Bild über die ursprünglich angedachte Untersuchung und die erlangten Ergebnisse zulässt und so den wissenschaftlichen Erkenntnisgewinn behindert. Genauso problematisch ist das *Verschweigen von Störungen* bei der Datenerhebung. Stellen wir uns vor, bei einer Laborstudie wird zunächst ein Film gezeigt und danach ein Fragebogen am PC ausgefüllt. Wenn dabei nun bei einer von mehreren Versuchsgruppen ein technisches Problem an den PCs dazu führt, dass zwischen Stimulus-Präsentation und Beantwortung des Fragebogens deutlich mehr Zeit liegt als bei den anderen Gruppen, kann dies die Ergebnisse erheblich beeinflussen. Die Vergleichbarkeit der Gruppen wäre eingeschränkt. Eine derartige Konfundierung, die durch Störungen im Ablauf entsteht (vgl. Abschn. 6.1.2), darf auf keinen Fall unter den Tisch gekehrt, sondern muss beim Berichten einer Studie transparent gemacht werden.

Nicht weniger problematisch können bestimmte Praktiken der *Datenanalyse* sein, welche die Suche nach signifikanten Ergebnissen zum Ziel haben. Viele unserer Analysemethoden und Auswertungsstrategien unterscheiden aufgefundene Zusammenhänge danach, ob diese statistisch signifikant sind oder nicht. Es wird also getestet, wie hoch die Irrtumswahrscheinlichkeit ist, wenn man annimmt, dass sich ein in einer Stichprobe gefundener Effekt auf die Grundgesamtheit übertragen lässt (vgl. dazu ausführlich

Abschn. 9.4.2). Hier hat sich ein Schwellenwert von 5 % eingebürgert, den die Wahrscheinlichkeit, einen solchen sog. „Alpha-Fehler" zu begehen, nicht überschreiten soll. Diese Fixierung auf die 5 %-Schwelle ist allerdings umstritten (Vermeulen et al. 2015; Ziliak und McCloskey 2008). Denn es herrscht die Furcht vor, eine Studie, die keine oder nicht die gewünschten signifikanten Ergebnisse erbringe, sei weniger wert. Dies führt in der Praxis zu einem sog. „Publication Bias": Studien mit nicht-signifikanten Ergebnissen haben in vielen Fällen geringere Publikationschancen. Sowohl die Forschenden selbst als auch die Herausgeberinnen und Herausgeber von Fachzeitschriften räumen Studien mit signifikanten Ergebnissen oft mehr Gewicht ein. Dabei ist die Nicht-Signifikanz eines Zusammenhangs ebenfalls ein wichtiger Befund. Werden Studien, die einen erwarteten Zusammenhang eben gerade nicht nachweisen können, systematisch seltener publiziert, führt dies zu einer Überschätzung vieler Zusammenhänge im Wissenschaftssystem.

Wenn eine geeignete Stichprobengröße gewählt wurde und auch ansonsten keine offensichtlichen Fehler im Studiendesign vorliegen, sollten nicht signifikante Effekte also nicht weniger wertgeschätzt werden als signifikante. Sie sagen nichts über die Qualität einer Studie aus, zumal die 5 %-Signifikanzgrenze eine relativ willkürliche Schwelle darstellt. Zwei Effekte mit p-Werten von ,49 und ,51 liegen hinsichtlich ihrer statistischen Signifikanz deutlich näher beieinander als zwei Effekte mit p-Werten von ,01 und ,49. Trotzdem werden die letzteren beiden üblicherweise als statistisch signifikant interpretiert und derjenige mit $p = ,51$ nicht. Die Orientierung an starren Grenzen bei der statistischen Signifikanz kann also ganz schön in die Irre führen. Die große Bedeutung starrer Signifikanzgrenzen verleitet zum sog. „*p-Hacking*" (Vermeulen et al. 2015). Konkret bedeutet dies, dass man bei der Datenanalyse gezielt auf die Suche nach signifikanten Effekten geht und sich dadurch seine Ergebnisse „schönrechnet". *P*-Hacking tritt oft in Kombination mit dem sog. *HARKing* (kurz für: Hypothesizing After Results are Known) auf. Dies bezeichnet die Praxis, Hypothesen erst dann zu generieren, wenn die Datenanalyse bereits erfolgt und bekannt ist, welche Zusammenhänge zwischen erhobenen oder manipulierten Variablen signifikant sind (Kerr 1998). Mögliche Varianten des p-Hacking und HARKing bei Experimentalstudien sind z. B.:

- Es wurden mehrere abhängige Variablen oder verschiedene Operationalisierungen der gleichen abhängigen Variablen erhoben. In der Folge wird getestet, welche dieser verschiedenen Messungen von der experimentellen Manipulation signifikant beeinflusst wurden, und nur diese werden im Forschungsbericht oder in einer Publikation berichtet.
- Es wird eine Reihe von Drittvariablen erhoben, die den zu untersuchenden Effekt moderieren oder mediieren könnten (vgl. Abschn. 8.1.2). Der Forschende könnte nun verschiedene statistische Modelle durchrechnen, die unterschiedliche Kombinationen von Variablen als Moderatoren oder Mediatoren einbeziehen, und dann derjenigen Variante den Vorzug geben, die den Effekt der experimentellen Manipulation auf die abhängige Variable am deutlichsten herausstellt.

- Nach einer Stimuluskonfrontation möchte man diejenigen Versuchspersonen ausschließen, die den Stimulus zu kurz betrachtet haben, um die enthaltene Botschaft wahrzunehmen. Man könnte nun ausprobieren, welchen Schwellenwert man bei dieser sog. Latenzzeit wählen muss und welche der Befragten man folglich aus der Analyse ausschließt, um möglichst deutliche Effekte der experimentellen Manipulation zu erhalten.

Diese und ähnliche Tüfteleien bei der Datenauswertung führen jedoch dazu, die Ergebnisse einer Studie ins falsch Positive zu verzerren. Das heißt, die Forscherin bzw. der Forscher zieht am Ende fälschlicherweise die Schlussfolgerung, dass eine Alternativhypothese zutrifft, obwohl es mehr Evidenz für die Nullhypothese gibt (dass also kein signifikanter Zusammenhang besteht). Dieser sog. Alpha-Fehler tritt in solchen Fällen auf, weil man so lange an den Daten herumprobiert, bis diese ein bestimmtes signifikantes Ergebnis zeigen. Es empfiehlt sich daher, im Vorfeld der Datenanalyse und ohne Kenntnis der Ergebnisse einen genauen Auswertungsplan aufzustellen, der auf im Voraus entwickelten Hypothesen beruht. Welche unabhängigen und abhängigen Variablen möchte ich miteinander in Bezug setzen? Welche Moderatoren und Mediatoren sind zu berücksichtigen? Welche Fälle müssen von der Analyse ausgeschlossen werden? All diese Fragen sollten auf Basis von Überlegungen aus der existierenden Literatur vor der Datenanalyse beantwortet werden. Wer sich bei der Datenanalyse an den zuvor aufgestellten Plan hält, läuft nicht Gefahr, seine Ergebnisse zu verfälschen. Dies trägt auch dazu bei, den sogenannten *„Experimenter's Regress"* (Collins 1981) zu reduzieren. Dieser Begriff beschreibt die Tendenz von Forschenden, ihre Ergebnisse so zu interpretieren, dass sie die vor der Studiendurchführung getroffenen Annahmen bestätigen. Auch als empirische Forscher sind wir natürlich nur Menschen, die den bei allen Individuen mehr oder weniger stark vorkommenden kognitiven Verzerrungen (wie z. B. dem Bestätigungsfehler) unterliegen (Gilovich et al. 2002). Selbst wenn wir uns also Objektivität bei der Auswertung unserer Experimente fest vornehmen, ist es sehr schwer, die eigenen Vorannahmen komplett auszuschalten. Mit einem im Voraus aufgestellten Auswertungsplan kann man diese Gefahr verringern.

Noch einen Schritt weiter geht die Möglichkeit, ein komplettes Studiendesign inklusive des angedachten Auswertungsplanes im Vorhinein festzulegen. Immer mehr wissenschaftliche Fachzeitschriften, darunter z. B. das Journal of Media Psychology, bieten inzwischen eine sog. *Pre-Registrierung* von Studien an. Forscherinnen und Forscher können hier eine komplett ausgearbeitete Idee für eine Studie einreichen, die allerdings noch nicht durchgeführt wurde. Diese wird dann zur Publikation angenommen, ohne dass die Ergebnisse bereits bekannt sind. Das soll zum einen die oben angesprochenen Probleme bei der Datenauswertung reduzieren und zum anderen dem Publication Bias begegnen. Im Kleinen ist eine ähnliche Vorgehensweise auch bei studentischen Forschungsprojekten sinnvoll. Neben Forschungsidee, Hypothesen sowie der genauen methodischen Vorgehensweise sollte auch der Auswertungsplan eines Experiments vorab festgelegt und mit den betreuenden Dozentinnen und Dozenten vereinbart werden, bevor eine Studie ins Feld geht.

> **Auf den Punkt: Forschungsethik beim Umgang mit Experimentaldaten**
> - Erhobene Rohdaten dürfen nicht im Nachhinein verändert oder manipuliert werden. Ein Eingriff in die Daten (z. B. der Ausschluss bestimmter Fälle) muss offengelegt und begründet werden.
> - Experimentalbedingungen dürfen nicht nachträglich von der Datenauswertung ausgeschlossen werden.
> - Stör- und Fehlerquellen, die die Ergebnisse beeinträchtigt haben könnten, sind offenzulegen.
> - Nicht signifikante Ergebnisse sind genauso viel wert wie signifikante Ergebnisse. Unerwartete Befunde sollten nicht verschwiegen werden.
> - Das gezielte Suchen nach signifikanten Effekten bei der Datenanalyse (p-Hacking) verfälscht Studienergebnisse. Die Datenanalyse sollte einem vorher aufgestellten Auswertungsplan folgen.

10.4 Forschungsethik beim Berichten von Experimenten

Ein Forschungsprojekt leistet nur dann einen Beitrag zum wissenschaftlichen Erkenntnisfortschritt, wenn seine Ergebnisse anderen Forscherinnen und Forschern zugänglich gemacht werden. Doch es reicht nicht aus, einfach nur zu berichten, zu welchen Ergebnissen eine Studie gelangt ist. Es muss genau dokumentiert werden, wie diese Ergebnisse zustande kamen. So entsteht *intersubjektive Nachvollziehbarkeit* – eines der wichtigsten Prinzipien der empirischen Forschung. Zu diesem Zweck verfassen Wissenschaftlerinnen und Wissenschaftler nach Abschluss ihrer empirischen Studien Forschungsberichte, die als wissenschaftliche Publikationen der (Fach-)Öffentlichkeit zugänglich gemacht werden. Die obersten Maximen beim Verfassen von Forschungsberichten lauten: Genauigkeit und Transparenz. Forschungsberichte sollen präzise und detailliert erklären, wie genau ein Experiment vorgegangen ist, um zu seinen Ergebnissen zu gelangen und dabei alle relevanten Aspekte offenlegen. Dies zieht sich durch alle Abschnitte, die ein Forschungsbericht üblicherweise enthält:

1) Im Rahmen eines *Theorie- bzw. Literaturteils* sollten die im Experiment überprüften Hypothesen und Forschungsfragen klar und nachvollziehbar hergeleitet werden. Dabei sollten alle Überlegungen offengelegt und dokumentiert werden, die zum Aufstellen der Hypothesen und Forschungsfragen geführt haben. Es muss deutlich werden, warum Annahmen auf eine bestimmte Art und Weise getroffen wurden und nicht anders. Leserinnen und Leser müssen verstehen können, inwiefern das empirische Forschungsdesign eine Reaktion auf den existierenden Forschungsstand darstellt. Alle während der Studienkonzeption verwendeten Quellen müssen dabei angesprochen und mit Zitationen belegt werden.

2) Daran schließt sich der *Methodenteil* an. Dieser Abschnitt ist für die intersubjektive Nachvollziehbarkeit einer durchgeführten Studie von höchster Bedeutung. Hier muss das empirische Studiendesign vollständig und transparent dokumentiert werden. Üblicherweise enthält der Methodenteil genaue Beschreibungen der Stichprobe und der verwendeten Sampling-Strategie, des Experimentaldesigns und der experimentellen Manipulation, der verwendeten Messinstrumente und des Studienablaufs. Ziel dieser Beschreibungen ist es, die Umstände, unter denen die jeweiligen Forschungsergebnisse entstanden sind, komplett offenzulegen und damit nicht zuletzt auch die Möglichkeit zur Replikation der Studie zu schaffen: Auch wer an der ursprünglichen Studie nicht mitgewirkt hat, soll anhand der Beschreibungen im Methodenteil eines Forschungsberichts dazu in der Lage sein, die durchgeführte Studie unter den gleichen Bedingungen noch einmal zu wiederholen. Sogenannte Replikationsstudien, die ein einmal durchgeführtes Experiment erneut durchführen und seine Befunde so auf die Probe stellen, sind zur Sicherung des wissenschaftlichen Erkenntnisgewinns sogar sehr bedeutsam (Amir und Sharon 1990; Francis 2012; siehe auch Abschn. 4.5). Um sie zu ermöglichen, enthält der Forschungsbericht im Anhang üblicherweise das Stimulusmaterial und das Messinstrument eines Experiments, z. B. den verwendeten Fragebogen. Komplexere Stimuli, z. B. Video- oder Tonaufzeichnungen, sollten digital verfügbar gemacht werden, z. B. über eine beigefügte CD-ROM oder einen dauerhaft verfügbaren Online-Link. Wichtig ist, dass die verwendete Methodik nicht nur exakt beschrieben wird, sondern der Methodenteil auch erklärt, inwiefern das Studiendesign dazu geeignet ist, die zuvor aufgestellten Hypothesen oder Forschungsfragen zu überprüfen.

3) Der *Ergebnisteil* zeigt auf, zu welchen Befunden ein Experiment hinsichtlich seiner zuvor aufgestellten Hypothesen und Forschungsfragen gelangt ist. Dabei muss man verdeutlichen, welche Verfahren der Datenanalyse eingesetzt wurden. Statistische Auswertungen sollten, genau wie das Experimentaldesign, transparent und nachvollziehbar dargestellt werden. Unbeteiligte Dritte müssen anhand der Ausführungen im Ergebnisteil dazu in der Lage sein, mittels des gleichen Datensatzes zu den gleichen Ergebnissen zu gelangen. Daher muss man genau dokumentieren, welche statistischen Verfahren und gegebenenfalls welche Software zur Datenanalyse verwendet wurden und welche unabhängigen und abhängigen Variablen, aber auch welche Drittvariablen als Moderatoren, Mediatoren oder Kovariaten, in ein statistisches Modell einbezogen wurden. Alle relevanten statistischen Kennwerte müssen vollständig berichtet werden (vgl. hierzu die Hinweise in Abschn. 9.9.3). Um die Ergebnisse vergleichbar zu machen, ist es zudem wichtig, dass man bei allen Zusammenhangsanalysen standardisierte Schätzer der Effektstärke angibt (vgl. Abschn. 9.4.3). Einen guten Überblick darüber, wie statistische Auswertungen von Experimenten sauber im Forschungsbericht aufbereitet werden können, liefern Field und Hole (2003).

Warum aber ist diese genaue und transparente Darstellung eines durchgeführten Experiments so wichtig? Was hat sie mit Forschungsethik zu tun? Nun, intersubjektive Nachvollziehbarkeit ist nicht ohne Grund eines der wichtigsten Ziele eines

Forschungsberichts. Jede Art von Forschung lebt davon, auf bereits durchgeführten Studien aufzubauen. Dafür ist es notwendig, dass möglichst klar nachvollzogen werden kann, welche inhaltlichen und methodischen Entscheidungen zu bestimmten Ergebnissen geführt haben. Wenn ein Forschungsbericht dies nicht transparent macht, kann die darin beschriebene Studie von anderen kaum beurteilt werden. Sie kann damit auch nicht zum Ausgangspunkt für Anschlussforschung werden, was den Aufwand sowie die Befunde einer Studie entwertet. In der Psychologie ist in jüngerer Zeit eine Debatte über die *Replikation von Experimenten* entbrannt (Maxwell et al. 2015). Auslöser war, dass Forscherinnen und Forscher eine Reihe von bereits durchgeführten Experimenten nachgestellt haben, jedoch nicht zu den gleichen (signifikanten) Ergebnissen der ursprünglichen Studien gekommen sind (Open Science Collaboration 2015). Das wirft Zweifel an der Zuverlässigkeit der entsprechenden Studien auf. Vor diesem Hintergrund erscheint es umso dringlicher, dass Forschungsberichte zu sozialwissenschaftlichen Experimentalstudien den gesamten Forschungsprozess gut nachvollziehbar dokumentieren und sich damit auch der Überprüfung durch andere Wissenschaftlerinnen und Wissenschaftler stellen. Im Idealfall werden nach Abschluss der Auswertungen die vollständigen Materialien eines Experiments zur Überprüfung zur Verfügung gestellt, also sowohl das eingesetzte Stimulusmaterial als auch der anonymisierte Rohdatensatz.

Auf den Punkt: Forschungsethik beim Berichten von Experimenten
- Alle Schritte des Forschungsprozesses müssen genau und transparent in einem Forschungsbericht dokumentiert werden. Dies betrifft:
  - die verwendeten Quellen und alle Überlegungen beim Aufstellen von Hypothesen und Forschungsfragen
  - alle Aspekte des Studiendesigns von der Stichprobe über die experimentelle Manipulation bis zu den verwendeten Messinstrumenten
  - alle Details der vorgenommenen statistischen Analysen
- Ziel ist es, dass andere Forscherinnen und Forscher die durchgeführte Studie anhand der gegebenen Informationen nachvollziehen und ggf. replizieren können.

10.5 Zwischenfazit und Literaturhinweise

Welche Auswirkungen hat es, wenn Menschen sechs Wochen in Folge regelmäßig pornografische Filme ansehen? Als das Internet noch in den Kinderschuhen steckte und die Hauptquelle für pornografisches Material Videotheken waren, stellten sich die Kommunikationswissenschaftler Dolf Zillmann und Jennings Bryant diese Frage – und untersuchten sie in einem Experiment (Zillmann und Bryant 1988). Eine Stichprobe aus studentischen und nicht-studentischen Versuchspersonen bekam in einer wöchentlichen Laborsitzung entweder Pornos (Experimentalgruppe) oder anderes Videomaterial

10.5 Zwischenfazit und Literaturhinweise

(Kontrollgruppe) zu sehen. In der siebten Woche wurde anhand einer Befragungsmessung ermittelt, wie sich der Porno-Konsum auf Einstellungen zu Partnerschaft, Sexualität und Familie ausgewirkt hatte. Tatsächlich zeigte sich, dass die Experimentalgruppe vor- und außerehelichen Sex eher akzeptierte, toleranter gegenüber offenen Beziehungen war, eher glaubte, dass Promiskuität normal ist, geringere Ambitionen hatte, Kinder zu bekommen, und männliche Dominanz sowie weibliche Unterordnung stärker akzeptierte.

Vermutlich kommt Ihnen diese Studie ungewöhnlich vor, womöglich bringt sie Sie zum Schmunzeln oder aber Sie ärgern sich sogar darüber. Tatsächlich finden sich in jüngerer Zeit kaum mehr experimentelle Studien zur Wirkung pornografischen Materials. Neuere Studien, die sich vor allem mit den Auswirkungen von Internet-Pornografie befassen, arbeiten meist mit nicht experimentellen Befragungsstudien, also auf der Basis von Selbstauskünften über den Umfang der Porno-Nutzung. Dass es kaum noch Experimente mit pornografischem Material gibt, dürfte forschungsethische Gründe haben. Bei verschiedenen Aspekten der Studie von Zillmann und Bryant kann man sich fragen, ob die gewählte Vorgehensweise ethisch problematisch ist. Das Hervorrufen derart stereotyper Vorstellungen von männlicher Dominanz und weiblicher Unterordnung, wie sie bei einer Gruppe der Versuchspersonen durch das Experiment erzeugt bzw. verstärkt wurden, ist äußerst bedenklich. Insbesondere scheint unklar, inwiefern diese bei den Probanden ausgelösten Wirkungen des wiederholten Porno-Konsums durch ein anschließendes Debriefing wieder rückgängig gemacht werden konnten. Darüber, ob sexuelle Promiskuität, Monogamie oder außerehelicher Sex abzulehnen oder zu befürworten sind, lässt sich sicherlich streiten. Unstrittig ist jedenfalls, dass es sich insgesamt um moralisch höchst aufgeladene Themen handelt. Mit einem Experiment gezielt in diesen sensiblen und sehr persönlichen Bereich der Einstellungen von Studienteilnehmerinnen und -teilnehmern einzugreifen, ist daher forschungsethisch zumindest fragwürdig. Daneben ließe sich auch nach ethischen Problemen mit dem verwendeten Stimulusmaterial fragen. Sicherlich konnten die Forscher die Produktionsbedingungen des pornografischen Materials, das sie verwendeten, nicht kontrollieren. Immer wieder finden sich Berichte über problematische Vorgehensweisen in der Porno-Industrie (z. B. Tankard Reist und Bray 2011). Vor diesem Hintergrund kann man sich fragen, ob die Verwendung pornografischen Materials zu Studienzwecken diese möglicherweise problematischen Produktionsbedingungen indirekt unterstützt.

Entgegnen lässt sich diesen Einwänden, dass das durchgeführte Experiment im Resultat ja genau derartige negative und potenziell schädliche Wirkungen des Pornografie-Konsums thematisiert und damit einen Beitrag dazu leistet, die Probleme von Pornografie aufzudecken. Es ist also nicht immer einfach zu entscheiden, ob ein Experiment oder einzelne Aspekte eines Forschungsdesigns ethisch so problematisch sind, dass man sie besser nicht umsetzen sollte, bzw. ab wann der Gesamtnutzen einer Studie ein Vorstoßen in ethische Grauzonen rechtfertigt. Für derartige Fragen wollte Sie dieses Kapitel sensibilisieren. Dabei wurde deutlich, dass bestimmte Praktiken aus guten Gründen grundsätzlich abzulehnen sind, dass es jedoch oft auch ethische Grauzonen gibt, in denen es gar nicht so einfach ist zu entscheiden, ob eine geplante Studie, so wie angedacht, durchgeführt werden kann oder sollte. Die im Rahmen dieses Kapitels angestellten Überlegungen folgten meist einer utilitaristischen Logik. Noch radikaler könnte man an forschungsethische Fragen auch mit einer deontologischen Perspektive herangehen. Dann müsste man bestimmte Vorgehensweisen, z. B. die Täuschung von Versuchspersonen, grundsätzlich ablehnen, egal ob sie tatsächlich Schaden verursachen oder nicht. Diese Position ist in der Forschungspraxis allerdings kaum durchzuhalten.

Das Kapitel hat eine Reihe von Aspekten angesprochen, die bei der Planung und Durchführung von Experimenten aus forschungsethischer Perspektive überdacht werden müssen. Insbesondere sollte jedes Risiko der Schädigung von Versuchspersonen vermieden werden. Teilnehmerinnen und Teilnehmer sollten nach Möglichkeit im Vorfeld ihrer Studienteilnahme über alle relevanten Aspekte informiert werden und im Anschluss an die Datenerhebung ein Debriefing über die vorgenommenen Manipulationen erhalten. Wichtig sind außerdem der Schutz ihrer Privatsphäre und eine vertrauliche Behandlung der erhobenen Daten. Doch forschungsethische Überlegungen enden nicht mit der Durchführung einer Studie. Damit ein Experiment zum wissenschaftlichen Erkenntnisgewinn beitragen kann und so die für die Durchführung eingesetzten Ressourcen nicht verschwendet wurden, gilt es auch beim Umgang mit den erhobenen Daten und dem anschließenden Berichten der Studie einiges zu beachten. Die erhobenen Daten dürfen nicht im Nachhinein manipuliert werden. Statistische Auswertungen sollten nicht so lange verändert werden, bis sich die gewünschten signifikanten Ergebnisse zeigen. Mögliche Stör- und Fehlerquellen müssen transparent gemacht werden. Ebenso sollte die gesamte Vorgehensweise bei der Datenerhebung und der späteren Datenauswertung detailliert und nachvollziehbar in einem Forschungsbericht dokumentiert werden. Die Ausführungen sollen dabei so klar und eindeutig ausfallen, dass es der Forschungsbericht anderen Forschenden ermöglicht, die durchgeführte Studie zu replizieren, das heißt sie unter den gleichen Bedingungen noch einmal durchzuführen, um zu testen, ob sich die erlangten Ergebnisse replizieren lassen. Erfüllt ein Forschungsbericht diese Forderungen nicht, kann die Güte einer Studie nicht beurteilt werden. Sie trägt dann nicht zum wissenschaftlichen Erkenntnisgewinn bei.

Wer noch tiefer in den Komplex Forschungsethik einsteigen will, für den empfiehlt sich ein Blick in einen Sammelband der American Psychological Association (APA), der sich ausführlich mit allen Aspekten des Umgangs mit Versuchspersonen auseinandersetzt (Sales und Folkman 2000). Auch wissenschaftsethische Aspekte wie Plagiarismus und intellektuelle Urheberschaft werden hier angesprochen. Einen sehr lesenswerten Einstieg in die Debatte über Forschungsethik in der deutschsprachigen Kommunikationswissenschaft stellt der Aufsatz „Kommunikationswissenschaftliche Forschungsethik – Sonntagsworte, Selbstzweck, Notwendigkeit?" von Daniela Schlütz und Wiebke Möhring (2016) dar. Die Autorinnen reflektieren, wie unser Fach mit dem Thema Forschungsethik umgeht und leiten eine Reihe hilfreicher praktischer Ratschläge ab. Empfohlen sei auch ein Blick in den Band „Research Ethics for Social Scientists" von Mark Israel und Iain Hay (2006). Dieser bietet eine vollständige Einführung in die Materie. Eine Besonderheit besteht bei diesem Buch darin, dass es ethisch-moralische Fragestellungen der empirischen Sozialforschung mit rechtlichen Regelungen in Verbindung bringt. Denn empirische Forschung muss sich logischerweise nicht nur ethischen Richtlinien gegenüber verantworten, sondern im Zweifelsfall auch juristischen Überprüfungen standhalten können. Immer mehr medien- und kommunikationswissenschaftliche Experimentalforschung findet online statt. Hier erhalten insbesondere Aspekte des Datenschutzes eine noch stärkere Bedeutung als bisher. Verschiedene Kapitel in Band 1 der Handbuch-Reihe „SAGE Internet Research Methods" (Hughes 2012) befassen sich mit den forschungsethischen und rechtlichen Besonderheiten, die Online-Studien mit sich bringen. Wer das Thema Forschungsethik komplett durchdringen will, findet einen gelungenen Rundumschlag im „Handbook of Social Research Ethics" (Mertens und Ginsberg 2009). Hier gibt es neben praktischen Empfehlungen auch ausführliche Beiträge zu den wissenschaftshistorischen, theoretischen und philosophischen Hintergründen der sozialwissenschaftlichen Forschungsethik.

Auf den Punkt: Literaturhinweise
- Hughes, J. (Hrsg.). (2012). *SAGE Internet Research Methods. Volume 1: Core Issues, Debates and Controversies in Internet Research*. Los Angeles, CA: Sage.
- Israel, M., & Hay, I. (2006). *Research Ethics for Social Scientists. Between Ethical Conduct and Regulatory Compliance*. London: Sage.
- Mertens, D. M., & Ginsberg, P. E. (Hrsg.). (2009). *The Handbook of Social Research Ethics*. London: Sage.
- Schlütz, D., & Möhring, W. (2016). Kommunikationswissenschaftliche Forschungsethik – Sonntagsworte, Selbstzweck, Notwendigkeit? *Medien & Kommunikationswissenschaft, 64*, 483–496.
- Sales, B. D., & Folkman, S. E. (Hrsg.). (2000). *Ethics in Research with Human Participants*. Washington, DC: American Psychological Association.

Ein Leitfaden für die praktische Durchführung von Experimenten

11

Zum Abschluss des Buchs möchten wir Ihnen noch einen Leitfaden für die praktische Durchführung von Experimenten an die Hand geben. Dieses Kapitel wird den prototypischen Ablauf einer experimentellen Studie – von der ersten Idee bis zur abschließenden Reflexion – vorstellen. Dabei erinnern wir Sie noch einmal an verschiedene Fragen, die sich Forscher und Forscherinnen in den unterschiedlichen Phasen eines experimentellen Forschungsprozesses stellen müssen. All diese Fragen sind im Rahmen der vorherigen Kapitel des Buchs bereits angesprochen und diskutiert worden. Dieses Abschlusskapitel dient somit in erster Linie als Zusammenfassung: ein Leitfaden, an dem Sie sich „entlanghangeln" können, während Sie eine experimentelle Studie planen, durchführen und auswerten. Die Antworten auf die hier zusammengestellten Fragen können für verschiedene Studien ganz unterschiedlich ausfallen. Wir verzichten daher in diesem Kapitel darauf, noch einmal alle möglichen Herangehensweisen mit ihren jeweiligen Vor- und Nachteilen durchzusprechen – dafür sollten Sie, wenn Sie an der entsprechenden Stelle im Forschungsprozess angekommen sind, unbedingt die dazu gehörigen Kapitel dieses Buches lesen.

11.1 Eine Forschungsidee finden und ausarbeiten

Am Anfang jeder empirischen Studie steht eine Idee bzw. eine Fragestellung. Die Forscherin muss sich also darüber im Klaren werden, was sie eigentlich untersuchen will. Die erste Frage lautet also immer:

▶ Was möchte ich herausfinden bzw. worüber möchte ich forschen?

Auf Ideen für Untersuchungen kann man auf ganz unterschiedlichen Wegen kommen. Die nächstliegende Variante ist dabei sicherlich die *Beschäftigung mit der existierenden*

Forschung. Wenn Sie in Studien oder Lehrbüchern etwas über die Wirkung von gewalthaltigen Videospielen lesen oder eine Lehrveranstaltung zu dem Thema besuchen, kommt Ihnen vielleicht eine gute Idee oder Sie identifizieren eine Forschungslücke, die aus Ihrer Sicht gefüllt werden müsste. Vielleicht entsteht diese aber auch aus *Alltagsbeobachtungen:* Wer mit offenen Augen und Ohren durch die Welt geht, entdeckt überall Anregungen für Forschungsideen. Wenn Sie Ihrem kleinen Bruder z. B. beim Spielen eines Online-Games über die Schulter schauen und beobachten, wie er mit anderen Spielern weltweit in einem Clan zusammenarbeitet, fragen sie sich vielleicht, ob das sein Interesse an fremden Kulturen erhöht und seine Reiselust weckt. Das wäre bereits eine sehr konkrete Idee. Vielleicht denken Sie aber auch allgemeiner, dass es doch mal interessant wäre, ob die Zusammenarbeit in Clans irgendwelche Folgen für das Verhalten oder die Einstellungen von Spielern hat. Das wäre etwas breiter gedacht, ist aber ebenfalls ein sehr guter Anfang.

Bevor Sie eine solche Forschungsidee weiterverfolgen, sollten Sie sich immer auch Gedanken über die *gesellschaftliche Relevanz* Ihres Forschungsproblems machen. Sie sollten sich also klarmachen, weshalb die Fragestellung, die Sie verfolgen möchten, in der sozialen Realität wichtig ist. Welche gesellschaftlichen Fragen beantwortet sie? Welche Probleme hilft sie zu lösen? Welche Bedeutung hat sie z. B. für die Medienpraxis, die Medienbildung oder die Medienpolitik? Indem Sie sich solche Fragen stellen, wird sich Ihre Idee wird immer weiter konkretisieren. Zudem stellen Sie dadurch sicher, dass Sie Ihre Studie nicht bloß zum Selbstzweck durchführen, sondern sich tatsächlich mit einem wichtigen Problem befassen.

Wenn Sie eine gut begründete Forschungsidee und damit eine übergeordnete Forschungsfrage haben, folgt im nächsten Schritt eine systematische Literatursuche und -auswertung. Sie müssen sich also fragen:

▶ **Welche empirischen Studien oder theoretischen Abhandlungen gibt es bereits zu dem Themenfeld?**

Um dies herauszufinden, sollten Sie eine *systematische Literaturrecherche* vornehmen (vgl. Dahinden et al. 2013, S. 73–110). Sie müssen also nach bestimmten, für Ihr Thema wichtigen Schlagwörtern in Literatur-Datenbanken wie *Google Scholar* oder *Communication Abstracts* suchen und die so gefundenen wissenschaftlichen Quellen sammeln. Sie können auch das sog. *Schneeballverfahren* verwenden. Dabei nimmt man aktuelle bzw. zentrale Studien zu einem Thema als Startpunkt und prüft, welche früheren Forschungsarbeiten darin zitiert werden. Auch in früheren Arbeiten kann man dann nach wichtigen zitierten Quellen schauen. Der Nachteil dieser Vorgehensweise liegt allerdings darin, dass Sie vor allem auf Literatur stoßen, die von vielen anderen Autoren verwendet wird, und von Ihrer Ausgangsstudie aus in zeitlicher Perspektive nur rückwärts suchen können. Die Suche nach dem Schneeballprinzip kann eine systematische Suche also nur ergänzen, nicht jedoch ersetzen.

11.1 Eine Forschungsidee finden und ausarbeiten

Letztlich gelangen Sie auf diese Weise zu einer Übersicht über die bestehende Forschungslage zu Ihrem Thema. Die gefundenen Studien sollten Sie sichten, also kursorisch lesen und sich überlegen, wo Anknüpfungspunkte zu Ihrer eigenen Idee bestehen. In manchen Fällen werden Sie auf ein bereits sehr umfangreich erforschtes Feld stoßen, z. B., wenn Sie sich für die Wirkung von Gewaltdarstellungen in Computerspielen interessieren. In anderen Fällen wird es noch wenig Literatur geben, z. B. wenn es um die Auswirkungen der interkulturellen Kooperation in Gamer-Clans für das Interesse an fremden Kulturen geht. Manchmal gibt es vielleicht auch noch gar keine Literatur. Gerade (aber nicht nur) dann lohnt es sich auch, Literatur aus angrenzenden Disziplinen zu sichten, die für Ihre Fragestellung relevant sein können (also z. B. Befunde aus der Arbeitspsychologie zu kulturell gemischten Teams). In jedem Fall stellt sich als nächstes die Frage:

▶ **Wo knüpft meine Idee an die bestehende wissenschaftliche Literatur an?**

Ein wichtiges Ergebnis der Literatursuche besteht also darin, Verbindungen zum Forschungsstand herzustellen. Nachdem Sie sich bereits ganz zu Beginn der Themenfindung Gedanken über die gesellschaftliche Relevanz Ihrer Forschungsidee gemacht haben, geht es nun also um die *wissenschaftliche Relevanz*. Man muss klarmachen, warum es vor dem Hintergrund der bestehenden Literatur lohnenswert ist, die angepeilte Forschungsidee zu verfolgen. Wenn eine Fragestellung gesellschaftlich relevant erscheint, hierzu jedoch noch keine Untersuchungen vorliegen, liegt die wissenschaftliche Relevanz auf der Hand. Denn dann besteht eine Forschungslücke zu einer für die soziale Realität bedeutsamen Frage. Zu vielen Themenfeldern gibt es allerdings schon Untersuchungen. Dies bedeutet jedoch nicht, dass eine weitere Studie nicht lohnenswert wäre. Oft findet sich in der bestehenden Literatur eine sich aufdrängende Anschlussfrage, die noch nicht beantwortet wurde. Dies ist z. B. der Fall, wenn sich die Befunde verschiedener Studien widersprechen oder wenn in der Literatur ein bestimmter Effekt gut belegt ist, aber seine Ursachen und Gründe bisher noch nicht ausreichend erforscht worden sind. Zudem sind auch Replikationsstudien (vgl. Abschn. 4.5) von großer Bedeutung für den wissenschaftlichen Erkenntnisfortschritt. Hierbei werden bereits durchgeführte Untersuchungen möglichst genau nachgestellt, um zu überprüfen, ob ein bereits empirisch festgestelltes Phänomen einer erneuten Überprüfung standhält.

Fragen nach der wissenschaftlichen Relevanz helfen oft dabei, die Forschungsidee noch weiter zu konkretisieren. Es schält sich heraus, welche Zusammenhänge Sie untersuchen wollen, worüber Sie mit ihrer Studie eine Aussage treffen wollen und welche Konstrukte in diesem Zusammenhang wichtig sind (vgl. Kap. 2). Am Ende der Literaturarbeit steht also eine Antwort auf folgende Frage:

▶ **Welche Hypothesen oder Forschungsfragen möchte ich untersuchen?**

Durch das Lesen der relevanten Literatur ergeben sich oft schon konkrete Annahmen über die Gestalt und die Richtung der Zusammenhänge. Diese Annahmen sollten in Form von *Hypothesen* formuliert und festgehalten werden (vgl. Kap. 3). Jede Hypothese benötigt eine klare und schlüssige Begründung. Wo die Argumente nicht eindeutig sind, können anstatt von Hypothesen auch ergebnisoffene *Forschungsfragen* formuliert werden. Wenn Sie sich hierüber im Klaren sind, ist schon viel geschafft. Denn Sie wissen nun, was Sie mit Ihrer Studie herausfinden wollen, also welchen Sachverhalt der sozialen Realität Sie untersuchen möchten. Sie können sich im nächsten Schritt darüber Gedanken machen, wie Sie Ihre Hypothesen und Forschungsfragen überprüfen wollen.

11.2 Ein Untersuchungsdesign entwickeln

Es gibt eine ganze Reihe unterschiedlicher empirischer Forschungsmethoden in den Sozialwissenschaften (für einen Überblick vgl. Schnell et al. 2013). Die Entscheidung für einen bestimmten methodischen Ansatz und gegen mögliche Alternativen ist nicht willkürlich. Welche Methodik die richtige ist, hängt immer davon ab, was genau Sie untersuchen möchten. Dabei sollte stets das Erkenntnisinteresse die methodische Herangehensweise bestimmen und nicht umgekehrt. Bevor Sie an die Planung eines Experiments gehen, ist demnach die erste Frage:

▶ **Eignet sich eine experimentelle Untersuchungsanlage, um meine Forschungsidee zu untersuchen?**

Der Zweck eines experimentellen (oder quasi-experimentellen) Designs liegt darin, durch Manipulation und Kontrolle *Kausalzusammenhänge* aufzuspüren (vgl. Abschn. 1.1). Sie sollten sich demnach nur dann für ein Experimentaldesign entscheiden, wenn Sie Kausalannahmen überprüfen möchten, wenn Sie sich also dafür interessieren, wie Phänomene der sozialen Realität ursächlich zusammenhängen. Doch selbst wenn Sie Kausalannahmen haben, ist die experimentelle Herangehensweise nicht zwangsläufig die „Beste", um diese Annahmen zu testen. Für manche Fragestellungen oder Einsatzgebiete können nicht-experimentelle Ansätze besser geeignet sein (vgl. Abschn. 2.5). Wenn Sie sich z. B. dafür interessieren, wie sich Medienwirkungen und Medienauswahlentscheidungen gegenseitig beeinflussen („Reinforcing-Spirals"-Ansatz; Slater 2007) sollten Sie eine Längsschnittbefragung mit mindestens drei Messzeitpunkten durchführen. Haben Sie hingegen konkrete Annahmen darüber, wie sich bestimmte Merkmale einer Medienbotschaft auf die Einstellungen oder Verhaltensweisen von Rezipientinnen und Rezipienten auswirken, bietet es sich an, diese experimentell zu überprüfen. Auch in anderen medien- und kommunikationswissenschaftlichen Forschungsfeldern können Experimentaldesigns hilfreich sein, z. B. in der Journalismusforschung. Wenn Sie überzeugt sind, dass die Experimentallogik für Ihre Forschungsidee die richtige Herangehensweise ist, stellt sich eine weitere Frage:

11.2 Ein Untersuchungsdesign entwickeln

▶ **Welche Art von Experiment und welches experimentelle Design sind für meine Forschungsidee geeignet?**

In Kap. 4 haben wir gelernt, dass es verschiedene Arten von experimentellen Designs gibt, die für jeweils unterschiedliche Untersuchungsziele die richtige Wahl sind. Bleiben wir einmal bei unserem bereits erwähnten Beispiel, wie sich das Spielen in interkulturellen Online-Clans auf das Interesse an fremden Kulturen auswirkt. Hier könnten Sie sich fragen, wie sich entsprechende Effekte bei mehrfachem Spielen über die Zeit entwickeln. Dies spräche für ein *Within-Subject Design* (vgl. Abschn. 5.1.2). Sie würden also die gleichen Probanden mehrfach in interkulturellen Clans spielen lassen und danach jeweils deren Interesse an fremden Kulturen messen. Alternativ könnten Sie auch daran interessiert sein, ob unterschiedlich zusammengestellte Clans (z. B. nur deutsche Spieler vs. deutsche und US-amerikanische Spieler vs. Spieler aus vielen verschiedenen Ländern) zu unterschiedlichen Resultaten führen. Dies spräche dann für ein *Between-Subject Design* (vgl. Abschn. 5.1.1). Sie würden also Probanden miteinander vergleichen, nachdem diese in einer der drei Clan-Varianten ein Spiel absolviert haben. Beide Beispiele wären *einfaktorielle Designs* (vgl. Abschn. 5.2.1). Bei der ersten Variante hätten Sie die Häufigkeit des Spielens in Clans manipuliert, bei der zweiten Variante die Zusammensetzung der Clans. Eventuell wirken sich aber auch die Inhalte des jeweiligen Spiels auf das Interesse an fremden Kulturen aus: So könnte ein Spiel, bei dem man eine gegnerische Armee bekämpfen muss, die aus einem anderen Kulturkreis stammt, das Interesse an fremden Kulturen verringern bzw. sogar zu negativen Einstellungen gegenüber anderen Kulturen führen, schließlich sind diese im Spiel ja „der Feind". Den Einfluss der Art des Spiels könnten Sie zusätzlich überprüfen und hätten dann ein *zweifaktorielles Design* (vgl. Abschn. 5.2.2). Natürlich können Sie alle Fragestellungen auch kombiniert in einem *gemischten Design* untersuchen.

Daneben stellen sich noch weitere relevante Fragen zum Design des Experiments: Sollen die Spieler in ihrer gewohnten Umgebung am Spiel teilnehmen (z. B. jeweils zu Hause am eigenen PC) oder bitten Sie diese ins Forschungslabor? Wollen Sie also ein *Feld-* oder ein *Laborexperiment* durchführen? Beides hat spezifische Vor- und Nachteile (vgl. Abschn. 4.2). Die gewohnte Umgebung kann sich positiv auf das Spielerleben auswirken und die externe Validität der Befunde steigern, macht es aber natürlich auch schwieriger, die Experimentalsituation zu kontrollieren. Gerade das Messwiederholungs-Design könnte zudem als Feldexperiment einfacher umsetzbar sein, weil man die Spieler nicht wiederholt ins Labor bitten muss. Welches Experimentaldesign und Setting Sie letztlich auswählen, hängt also von Ihren theoretischen Annahmen, von Überlegungen zur Validität und letztendlich auch forschungsökonomischen Überlegungen ab. Zwar sind meist mehrere Optionen denkbar, doch drängt sich oftmals ein bestimmtes Design stärker auf als andere Varianten.

Nachdem Sie sich für ein bestimmtes Untersuchungsdesign entschieden haben, stellt sich direkt die nächste Frage:

▶ **Wie sollte die Stichprobe meiner Untersuchung zusammengesetzt sein und wie rekrutiere ich die Versuchspersonen?**

Verschiedene Forschungsideen erfordern ganz unterschiedliche *Stichproben* (vgl. Abschn. 7.1). Zunächst sollten sie sich überlegen, wodurch sich der Personenkreis auszeichnet, über den Sie mit Ihrer Studie eine Aussage treffen möchten. Man spricht hier von den Merkmalen der *Grundgesamtheit*. Spielt das Geschlecht für die untersuchten Zusammenhänge womöglich eine Rolle? Für welche Alters- und Bildungsgruppen interessieren Sie sich? Gibt es andere wichtige Voraussetzungen, die erfüllt sein müssen? Bei Studien zu den Auswirkungen von Computerspielen stellt sich z. B. die Frage, ob die Versuchspersonen regelmäßige Gamer sein sollten. Es könnte sein, dass Auswirkungen eines bestimmten Spiels bei Personen, die dieses Spiel auch im Alltag intensiv spielen, im Experiment weniger deutlich zu beobachten sind, weil sie durch die Alltagserfahrungen auch bei der Kontrollgruppe wirken. Andererseits kann man mit Blick auf die externe Validität (vgl. Abschn. 4.1) hinterfragen, ob es sinnvoll ist, die Folgen des Computerspielens bei Personen zu untersuchen, die dies im Alltag nie tun.

Wenn Sie sich dafür entscheiden, eine bestimmte Personengruppe, z. B. Gamer, als Versuchspersonen zu gewinnen, benötigen sie ganz spezifische *Rekrutierungsstrategien*. Vermutlich müssen Sie sich in Online-Foren zum Thema Gaming begeben, oder Clans direkt anschreiben und deren Mitglieder um die Teilnahme an der Studie bitten. Wollen Sie hingegen ein Laborexperiment durchführen, müssten Sie Personen rekrutieren, die auch gewillt sind, zum Zeitpunkt der Erhebung in das Labor zu kommen. Sämtliche Fragen der Stichprobenrekrutierung (vgl. Abschn. 7.2) sind also immer Gegenstand eines Abwägungsprozesses zwischen den Erfordernissen der zu untersuchenden Hypothesen und des Untersuchungsdesigns auf der einen Seite und der ganz pragmatischen Frage auf der anderen Seite, wie und ob Sie überhaupt an die Probanden kommen, die Sie benötigen. Je spezifischer die Anforderungen Ihrer Studie sind und damit je schwerer Ihre Grundgesamtheit zugänglich ist, desto wichtiger wird es, potenzielle Versuchspersonen durch gezielte Maßnahmen wie Incentives zur Teilnahme zu motivieren (vgl. Abschn. 7.3).

Zuletzt stellt sich die Frage, wie viele Versuchspersonen Sie überhaupt benötigen. Hier sollten Sie bereits im Planungsstadium an die spätere Datenauswertung denken: Wie stark sind die zu erwartenden Effekte und welche statistische Power soll Ihr Experiment am Ende haben? Machen Sie am besten eine *A-Priori-Poweranalyse* (vgl. Abschn. 7.1.3), um die Zahl der benötigten Personen pro Experimentalgruppe festzulegen.

11.3 Die Untersuchung vorbereiten und durchführen

Wenn die grundsätzlichen Weichen für Ihre Untersuchung gestellt sind, Sie sich also einer Fragestellung verschrieben haben, dazu Hypothesen bzw. Forschungsfragen formuliert wurden und Sie sich auf ein Untersuchungsdesign festgelegt haben, geht es an die

Umsetzung. Das Gelingen eines Experiments hängt maßgeblich von der Vorbereitung ab. Wenn Sie mit Ihrer Untersuchung überhastet in die Feldphase starten und darüber einen wichtigen Aspekt vergessen oder ein relevantes Detail übersehen, kann im schlimmsten Fall die gesamte Untersuchung hinfällig sein und Sie müssen noch einmal ganz vorne starten. Sie sollten daher für die Vorbereitung Ihres Experiments ausreichend viel Zeit einplanen, um einerseits die verschiedenen Schritte gewissenhaft erledigen zu können und andererseits auch um Ihre getroffenen Entscheidungen kritisch zu reflektieren.

Der nächste Schritt ist nun die Beschäftigung mit der oder den unabhängigen Variablen. Durch die vorherige Formulierung von Hypothesen und Forschungsfragen wissen Sie bereits, was Sie manipulieren möchten, doch ist die konkrete Ausgestaltung der experimentellen Manipulation noch unklar. Sie beschäftigen sich also nun mit der Frage:

▶ **Wie soll meine experimentelle Manipulation aussehen?**

In medien- und kommunikationswissenschaftlichen Experimenten kommen oft manipulierte *Medienstimuli* zum Einsatz. Die experimentelle Manipulation kann jedoch auch in anderer Weise umgesetzt werden, z. B. durch systematisch variierende Instruktionen oder eine manipulierte soziale Situation, mit der die Probanden konfrontiert werden. In den Abschn. 5.3 und 5.4 haben wir ausführlich zusammengefasst, was es bei der Entwicklung einer experimentellen Manipulation zu beachten gilt.

Abschn. 4.1 sowie 5.3 haben gezeigt, dass es bei der Entscheidung für eine bestimmte Variante der experimentellen Manipulation stets zwischen *interner und externer Validität* des Experiments abzuwägen gilt. Bei der internen Validität geht es darum, mithilfe der Manipulation einen eindeutigen Kausalschluss zu ermöglichen. Hier sollte insbesondere darauf geachtet werden, *Konfundierung* zu vermeiden (vgl. Abschn. 6.1). Verschiedene Experimentalbedingungen sollten sich möglichst nur in dem einen manipulierten Merkmal unterscheiden. Wenn Sie, um in unserem Beispiel zu bleiben, eine Versuchsgruppe in einem international zusammengesetzten Clan ein englischsprachiges Spiel spielen lassen und die andere Versuchsgruppe spielt das Spiel in einer deutschen Sprachversion in einem ausschließlich mit deutschen Spielern besetzten Clan, wäre dies eine klassische Konfundierung. Die beiden Gruppen würden sich nicht nur in der kulturellen Zusammensetzung des Clans, sondern auch hinsichtlich der Sprachversion unterscheiden. So wäre unklar, worauf mögliche Gruppenunterschiede zurückzuführen sind.

Oft kollidiert das Ziel eines eindeutigen Kausalnachweises (und damit das Streben nach hoher interner Validität) allerdings mit der externen Validität. Hier geht es um die Aussagekraft der im Experiment gewonnen Erkenntnisse über die Experimentalsituation hinaus. Wichtig ist insbesondere der *Realitätsgrad* der experimentellen Manipulation. Zum Beispiel könnte es auf Mitglieder eines nur aus deutschen Muttersprachlern zusammengesetzten Clans befremdlich bzw. künstlich wirken, wenn diese das Spiel in englischer Sprachversion spielen müssen. Die dadurch ausgelöste Irritation könnte das Experiment insgesamt gefährden und die Übertragbarkeit der Ergebnisse einschränken. Insofern könnte es an dieser Stelle sinnvoll sein, die oben genannte Konfundierung der

Sprachversionen in Kauf zu nehmen, um die externe Validität der Ergebnisse zu erhöhen. Oft müssen Sie bei der Umsetzung der experimentellen Manipulation also Kompromisse eingehen. Wie Sie im Laufe des Buchs gelernt haben, spielt die Abwägung zwischen interner und externer Validität aber nicht nur bei der Manipulation eine Rolle, sondern auch bei allen anderen Aspekten des Experiments, z. B. bei der Auswahl der Stichprobe oder bei der Messung. Und damit wären wir auch schon bei der nächsten entscheidenden Frage:

▶ **Wie sollen die für meine Untersuchung relevanten Konstrukte gemessen werden?**

Wie wir in Kap. 8 gesehen haben, gibt es eine ganze Reihe möglicher *Erhebungsverfahren,* die Experimentalforscherinnen und -forscher verwenden können, um die interessierenden Variablen zu erfassen. Am häufigsten werden in Experimentalstudien *Befragungen* eingesetzt, aber auch Beobachtungsverfahren, physiologische Messungen und sogar Inhaltsanalysen kommen infrage. Das gleiche Konstrukt lässt sich dabei oft auf sehr unterschiedliche Weise messen (vgl. Abschn. 8.2). So ließe sich das Interesse an fremden Kulturen dadurch erheben, dass Sie relativ direkt danach fragen (etwa: „Wie sehr interessieren Sie sich für fremde Kulturen?"). Sie könnten die Probanden jedoch auch danach fragen, wie gerne Sie eine Fernreise in die Länder der Mitspieler antreten würden. Ob beispielsweise die im Fragebogen angegebene Reisebereitschaft auch in der Realität so auftreten würde, ist zumindest fraglich. Eine Alternative wäre hier z. B., dass Sie den Probanden nach Abschluss der Studie die Möglichkeit einräumen, an einer Verlosung teilzunehmen. Sie könnten sie dabei etwa vor die Wahl stellen, ob sie lieber eine Fernreise in ein entsprechendes Land oder einen neuen Fernseher gewinnen wollen.

Wie viel Aufwand Sie in die Operationalisierung eines Konstrukts investieren, sollten Sie einerseits anhand der *Untersuchungsziele* entscheiden. Aufwendigere Messungen, z. B. eine Abfrage mittels einer Vielzahl von Items in der Befragung oder gar eine psychophysiologische Messung, sollten Sie vor allem für die ganz zentralen Konstrukte in Erwägung ziehen, z. B. für die abhängigen Variablen. Bei den Drittvariablen fällt die Wahl aus pragmatischen Gründen oft auf eine weniger aufwendige Variante. Andererseits sollten Sie jedoch auch die Entscheidung für ein bestimmtes *Untersuchungsdesign* im Auge behalten. Nicht jedes Messverfahren ist beliebig mit allen denkbaren experimentellen Settings kombinierbar. Eine verdeckte Beobachtung der Versuchspersonen während des Spielens eines Computerspiels geht z. B. kaum außerhalb eines Forschungslabors. Auch die *Passung zur Stichprobe* sollte bei der Wahl des Messverfahrens und der Operationalisierung von Variablen beachtet werden. Bei der Befragungsmessung sollten Sie sich z. B. immer überlegen, ob die Teilnehmerinnen und Teilnehmer die entsprechenden Fragen auch (in Ihrem Sinne) verstehen. Insofern kann es sinnvoll sein, sich zuerst Gedanken über das Erhebungsverfahren zu machen, bevor man sich auf eine Variante des Experiments und eine bestimmte Stichprobe festlegt. In jedem Fall bedingen sich die verschiedenen Entscheidungen gegenseitig.

11.3 Die Untersuchung vorbereiten und durchführen

Wenn Sie die einzelnen Bausteine Ihres Experiments, also die Untersuchungsanlage, die Manipulation und die Operationalisierung der zu messenden Konstrukte, festgelegt haben, gilt es, aus diesen Bausteinen einen Versuchsablauf zusammenzustellen. Sie müssen sich also fragen:

▶ **Wie soll der Ablauf meines Experiments aussehen?**

Dabei gibt es einige Elemente, die bei nahezu allen Experimenten gleich sind. Sofern es sich bei Ihrer Studie nicht um ein verdecktes Feldexperiment handelt, welches erst ganz zum Schluss aufgeklärt wird (vgl. Abschn. 4.2), steht am Beginn immer eine *Begrüßung* der Probanden (vgl. Abschn. 7.4). Die Form der Begrüßung unterscheidet sich allerdings: Bei Online-Experimenten geschieht sie in Form eines schriftlichen Einleitungstexts, beim Labor-Experiment handelt es sich in aller Regel um eine vom Versuchsleiter mündlich vorgetragene Begrüßung, die allerdings ebenfalls vorab ausformuliert werden sollte, um hier zwischen den verschiedenen Laborsessions keine Abweichungen zu produzieren (vgl. Abschn. 6.5). Die Begrüßung kann bereits erste *Instruktionen* enthalten, z. B. Informationen über den Versuchsablauf (vgl. Abschn. 6.4). Instruktionen können aber auch zwischendurch gegeben werden, z. B. im Vorfeld der Konfrontation mit einem Medienstimulus. Enden sollten alle Experimente mit einer mündlichen oder schriftlichen *Verabschiedung* der Versuchspersonen, die ein ausführliches *Debriefing* enthält (vgl. Abschn. 10.2.3).

In welcher Reihenfolge die verschiedenen Elemente Ihrer Versuchsanordnung zwischen Begrüßung und Verabschiedung angeordnet sind, kann im Einzelfall ganz unterschiedlich aussehen. Schon rein logisch ist es erforderlich, dass abhängige Variablen erst nach der Konfrontation mit der experimentellen Manipulation, also z. B. einem Medienstimulus, gemessen werden, denn ansonsten kann die Manipulation ja nicht auf diese gewirkt haben. Das bedeutet aber nicht, dass Ihr Experiment direkt mit der Manipulation beginnen muss. Moderatorvariablen oder Kovariaten werden in der Regel bereits vor der Konfrontation mit der Manipulation erhoben bzw. kann im Rahmen eines Messwiederholungs-Designs eine Vorher-Messung der abhängigen Variable durchgeführt werden. Darüber hinaus sollten Sie bei der Anordnung von Skalen auch *Reihenfolgeeffekte* im Blick haben, die dadurch entstehen können, dass verschiedene Konstrukte in einer bestimmten Abfolge gemessen werden (vgl. Abschn. 8.1.4). Diese können Ihre Untersuchungsergebnisse systematisch verzerren.

An dieser Stelle müssen Sie sich auch über die *Aufteilung der Versuchspersonen zu den Versuchsgruppen* Gedanken machen (vgl. Abschn. 6.2). In der Regel erfolgt diese Zuordnung randomisiert; dabei müssen Sie sich überlegen, an welcher Stelle im Versuchsablauf und auf welche Weise die *Randomisierung* stattfinden soll. Bei Online-Experimenten kann man Losverfahren programmieren, welche die Personen zufällig einer Versuchsgruppe zuweisen und auch sicherstellen, dass alle Gruppen am Ende ähnlich groß sind. Bei Laborstudien kann eine randomisierte Zuteilung schwieriger werden. Hier gelangen manchmal Personen, die innerhalb der gleichen Sitzung an einer Studie teilnehmen, in die gleiche Versuchsgruppe, weil sie z. B. alle die gleiche Filmsequenz gezeigt bekommen. Entscheidet dann die individuelle Terminplanung der Teilnehmerinnen und Teilnehmer über die Zugehörigkeit zu einer Versuchsgruppe und nicht der Zufall, ist dies keine randomisierte Zuteilung mehr. Entsprechend bräuchten Sie bereits vorab einen geeigneten Zufallsmechanismus. Diese Beispiele sollen verdeutlichen, dass der Versuchsablauf nicht erst mit dem Eintreffen der Versuchspersonen im Forschungslabor oder dem Aufruf des Online-Fragebogens beginnt, sondern bereits mit dem Einladungsschreiben zur Teilnahme oder der Rekrutierung im öffentlichen Raum.

Wenn der Ablauf Ihrer Untersuchung feststeht, ist die Vorbereitungsphase fast abgeschlossen. Bevor Sie nun mit der Umsetzung Ihrer Studie beginnen, sollten Sie sich ein wenig Zeit nehmen, um Ihre Entscheidungen noch einmal kritisch zu reflektieren. Am besten lassen Sie Ihr fertiges Experimentaldesign ein paar Tage ruhen und beschäftigen sich währenddessen mit etwas anderem. Schauen Sie dann noch einmal kritisch auf Ihre geplante Studie und fragen Sie sich:

▶ **Bin ich mit der Untersuchung, wie ich sie geplant habe, zufrieden?**

Diese *kritische Reflexion* sollte nicht rein anhand Ihres Bauchgefühls erfolgen. Befassen Sie sich noch einmal mit der externen und internen Validität Ihrer Studie. Hinterfragen Sie, ob Ihre experimentelle Manipulation geeignet ist und ob Ihre Messungen auch wirklich die Konstrukte erfassen, die Sie benötigen. Überlegen Sie sich, ob es in Ihrem Experimentaldesign Probleme mit Konfundierung geben könnte. Versetzen Sie sich in die Rolle Ihrer Versuchspersonen: Ist der Versuchsaufbau schlüssig? Versteht man Ihre Instruktionen und Fragen? Wirkt das Stimulusmaterial realistisch? Ist die experimentelle Manipulation eindeutig und deutlich genug? Zur Beantwortung dieser Fragen hilft es, einen *Pretest* durchzuführen (vgl. Abschn. 5.5). Wenn Ihnen dies aus Zeit- oder Ressourcengründen nicht möglich ist, sollten Sie sich wenigstens die Meinung unbeteiligter Dritter einholen. Zeigen Sie Ihre Materialien anderen Forscherinnen und Forschern, aber auch Laien aus Ihrem privaten Umfeld. Fragen Sie diese Personen, ob ihnen etwas Besonderes auffällt, ob und wie sie die einzelnen Fragen, Instruktionen oder Stimuli jeweils verstehen. Wenn dabei Probleme, Unklarheiten oder Missverständnisse auftauchen, können Sie Ihre Stimuli, Messungen oder Untersuchungsanlage nochmals überarbeiten oder ergänzen. Dies kann sich auf das Hinzufügen einzelner Wörter im Stimulus oder der Instruktion beschränken, es kann aber auch bedeuten, dass Sie den Stimulus noch einmal komplett neu erstellen müssen oder sogar eine zusätzliche Experimentalbedingung ergänzen.

Seien Sie in dieser Phase also offen für Anregungen und Kritik und betrachten Sie Ihr eigenes Projekt selbstkritisch. Auch Forscher und Forscherinnen mit jahrzehntelanger Erfahrung überarbeiten ein Untersuchungsdesign mehrfach, bevor sie es ins Feld schicken. Niemand kann eine experimentelle Studie auf Anhieb völlig perfekt entwerfen. In diesem Stadium hilft es, noch einmal in die einschlägige *Methodenliteratur* zu blicken, z. B. in dieses Buch, andere Lehrbücher zur verwendeten Methode oder in den

Aufsatz von Thorson, Wicks und Leshner (2012). Fragen Sie sich selbst, ob Sie mit Ihrer geplanten Studie gegen die dort auffindbaren Empfehlungen für Experimente verstoßen. Im Einzelfall kann das natürlich notwendig und sinnvoll sein – Sie sollten dies aber gut begründen können. Zum Schluss sollten Sie noch einmal *forschungsethische Prinzipien* reflektieren: Ist Ihre Studie an irgendeiner Stelle ethisch problematisch? Können Sie noch mehr tun, um die entsprechende Problematik zu entschärfen (vgl. Kap. 10)?

Nach Abschluss der Reflexionsphase können Sie endlich an die praktische Umsetzung Ihrer Studie gehen. Bevor es losgeht, sollten Sie sich noch fragen:

▷ **Welche Ressourcen brauche ich zur Durchführung meiner Studie und woher bekomme ich diese?**

Diese Frage sollten Sie sich natürlich nicht zum ersten Mal unmittelbar vor Beginn der Feldphase, sondern durchaus schon ein bisschen früher stellen, da sie auch Einfluss auf die Wahl des Vorgehens haben kann. Im Falle eines Laborexperiments benötigen Sie entsprechende *Räumlichkeiten* sowie *Versuchsleiter* für die Experimentalsessions. Zudem sollten Sie sicherstellen, dass das Labor über die benötigte technische Ausstattung verfügt. Wollen Sie z. B. eine Filmsequenz vorführen, Ihr Laborraum hat allerdings weder Fernsehgerät noch Beamer, müssen Sie dieses Manko noch beheben. Nicht zuletzt sollten Sie auch sicherstellen, dass Sie zu Beginn der Feldphase eine ausreichend große Zahl an Versuchspersonen rekrutiert haben und dass diese schließlich auch wirklich an Ihrer Studie teilnehmen. Bei einem Online-Experiment müssen Sie einen *Online-Fragebogen* vorbereiten. Kostenfrei geht dies z. B. bei soscisurvey.de. Wenn Sie diese praktischen Vorkehrungen getroffen haben, ist es so weit: Sie können mit Ihrer Studie ins Feld gehen.

Während der Feldphase selbst stellt sich schließlich eine Reihe von Fragen, die sehr unterschiedlich ausfallen können, je nachdem, wie Ihr experimentelles Design aussieht. Zusammenfassend sollten Sie sich fragen:

▷ **Läuft meine Untersuchung nach Plan und wo treten Probleme auf?**

Unter anderem sollten Sie kontinuierlich die *Teilnehmerzahlen* beobachten. Sollten weniger Personen an der Studie teilnehmen als erwartet, sollten Sie Maßnahmen entwickeln, um weitere Teilnehmerinnen und Teilnehmer zu rekrutieren. Auch die *Randomisierung* der Versuchspersonen auf die Versuchsgruppen sollten Sie im Blick haben: Haben einzelne Gruppen mehr Personen als andere, müssen Sie auch hier versuchen gegenzusteuern. Zudem können Sie bereits während der Feldphase überprüfen, ob Ihre experimentelle Manipulation oder die Operationalisierung der zentralen Variablen problemlos funktioniert. Eine Möglichkeit hierfür sind *Rückmeldungen der Teilnehmerinnen und Teilnehmer und der Versuchsleiter.* Bei einer Laborstudie erhalten Sie womöglich unaufgefordert Hinweise darauf, wenn Versuchspersonen z. B. eine gestellte Frage nicht verstehen oder nicht wissen, was bei einer gestellten Aufgabe von ihnen verlangt wird. Um sicher zu gehen, sollten Sie jedoch am Ende des Versuchsablaufs direkt nach derartigen Problemen fragen. Dies empfiehlt sich insbesondere bei experimentellen Settings ohne Versuchsleiter, z. B. bei Online-Experimenten, und wird in der Regel mit einer offenen Frage am Ende des Fragebogens realisiert (z. B. „Möchten Sie noch Anmerkungen zur Studie machen?"). Eine weitere Möglichkeit ist ein erster *Blick in die Daten.* Es kann z. B. sinnvoll sein, die Ergebnisse des Manipulationschecks bereits während der Feldphase einmal zu sichten. Eventuell erkennen Sie dadurch Probleme der experimentellen Manipulation. Eigentlich sollten derartige Probleme bereits im Vorfeld der Feldphase, z. B. im Pretest, aufgefallen sein. Sollte sich allerdings trotz vorheriger Sicherheitsmaßnahmen erst während der Feldphase zeigen, dass eine Manipulation von den Versuchspersonen nicht wie vorgesehen verstanden wird, müssen Sie die Feldphase eventuell zunächst abbrechen und die Manipulation noch einmal verbessern. Dies ist immer noch besser als die Untersuchung komplett durchzuführen und erst dann einen solchen Fehler zu bemerken. Während der Feldphase ist es zudem wichtig, für eine kontinuierliche *Dokumentation* der Vorgehensweise zu sorgen. Dies hilft Ihnen später beim Berichten des methodischen Vorgehens im Forschungsbericht.

11.4 Die Daten auswerten und Bilanz ziehen

Die Feldphase eines Experiments kann je nach Art und Design mehrere Monate (Längsschnittstudie) bis zu wenigen Tagen (Online-Experiment) dauern. Sobald Sie Ihre Daten gesammelt haben, können Sie mit der Auswertung beginnen. Diese beginnt mit der Datenaufbereitung; sie müssen sich also zunächst fragen:

▶ **Wie muss ich meine Daten aufbereiten, bevor ich mit der Überprüfung der Hypothesen bzw. der Beantwortung der Forschungsfragen beginnen kann?**

Hierbei geht es einerseits darum, die Daten zu *bereinigen,* also z. B. nach fehlerhaften Werten zu suchen oder Versuchspersonen zu identifizieren, die die experimentelle Manipulation womöglich nicht ausreichend lange oder aufmerksam wahrgenommen haben. Darauf folgt die *Datenmodifikation,* also z. B. die nachträgliche Gruppenbildung oder das Umcodieren und Zusammenfassen von Variablen. Wie Sie dabei genau vorgehen, erklären wir in Abschn. 9.1 Insbesondere bei der Datenmodifikation sollten Sie bereits klare Vorstellungen darüber haben, was Sie im nächsten Schritt mit Ihren Daten anstellen wollen. Sie sollten sich also währenddessen schon um folgende Frage kümmern:

▶ **Mit welchen statistischen Verfahren will ich meine Daten auswerten?**

Diese Frage sollten Sie sich im Optimalfall schon einmal während der Operationalisierung der Konstrukte gestellt haben, da das gewählte Skalen- und damit das erzeugte Datenniveau bestimmt, welche Verfahren Sie bei der Auswertung anwenden können (vgl.

11.4 Die Daten auswerten und Bilanz ziehen

Abschn. 8.2.2). Dass es eine ganze Reihe unterschiedlicher statistischer Auswertungsverfahren gibt, haben wir in Kap. 9 ausführlich beschrieben. Für die Beschreibung Ihrer Stichprobe und der Ergebnisse, die Ihre einzelnen Messungen jeweils produziert haben (z. B. Mittelwerte, Standardabweichungen oder Cronbachs Alpha), greifen Sie auf Verfahren der *deskriptiven Statistik* zurück (vgl. Abschn. 9.2). Derartige Auswertungen finden sich in einem zu verfassenden Forschungsbericht meist im Methodenkapitel. Um die zuvor aufgestellten Hypothesen anhand der Daten zu prüfen, verwenden Sie in der Regel inferenzstatistische Verfahren (vgl. Abschn. 9.3). Sie werden hier vermutlich in erster Linie den Gruppenvergleich mittels t-Tests (vgl. Abschn. 9.4) oder (Ko-)Varianzanalysen (vgl. Abschn. 9.5, 9.6 und 9.7) nutzen; aber auch andere, komplexere Auswertungsverfahren sind denkbar (vgl. Abschn. 9.8). Wichtig ist an dieser Stelle vor allem, dass Sie einen *Auswertungsplan* erstellen, bevor Sie ans Werk gehen. Nehmen Sie sich also Ihre Hypothesen und Forschungsfragen als Startpunkt und überlegen Sie, welche statistischen Verfahren Sie anwenden müssen, um diese zu überprüfen bzw. zu beantworten. Was sind Ihre zentralen abhängigen und unabhängigen Variablen? Mit welchen Verfahren können Sie deren Zusammenhang überprüfen? Denken Sie bereits im Vorfeld der Auswertungen darüber nach, welche Drittvariablen, also Mediatoren, Moderatoren oder Kovariaten Sie auf welche Weise in Ihre Rechnungen einbeziehen wollen. Lassen Sie sich dabei von Ihren Vorannahmen leiten. Auf keinen Fall sollten Sie planlos mit der Datenanalyse beginnen und auf gut Glück nach interessanten oder signifikanten Ergebnissen suchen (vgl. Abschn. 10.3). Auch bei der Datenanalyse spielt *Forschungsethik* eine große Rolle.

Wenn Sie Ihre Daten ausgewertet und Ergebnisse bezüglich Ihrer Hypothesen und Forschungsfragen erhalten haben, sollten Sie sich im nächsten Schritt fragen:

▶ **Was bedeuten meine Ergebnisse und welche Relevanz haben sie für das Forschungsfeld und die Gesellschaft?**

Hier geht es also um die *Interpretation* der Befunde. Dabei sollten Sie versuchen, den Beitrag Ihrer neu gewonnenen Erkenntnisse zum *Forschungsstand* innerhalb Ihres Feldes deutlich zu machen. Sie müssen sich also auf den ganz zu Beginn erarbeiteten Forschungsstand beziehen und herausarbeiten, inwiefern Ihre Befunde dabei helfen, die Ergebnisse aus vorherigen verwandten Studien besser einzuordnen oder zu verstehen und was sie insgesamt für das Forschungsfeld bedeuten. Wenn Ihre Ergebnisse im Widerspruch zu bisherigen Erkenntnissen stehen, ist es besonders wichtig, auf diese Widersprüche einzugehen und sie zu erklären bzw. Vermutungen über ihre Ursachen anzustellen. Liegt es daran, dass Sie eine andere Stichprobe untersucht haben, Ihre Studie in einem anderen Land oder zu einer anderen Zeit durchgeführt haben? War Ihre experimentelle Manipulation anders gestaltet? Wurden die Daten mit anderen Verfahren ausgewertet oder zusätzliche Moderatoren berücksichtigt? Auch Ideen für sich aufdrängende Anschlussforschung zu Ihrer Studie sollten Sie an dieser Stelle generieren.

Darüber hinaus ist es wichtig, dass Sie noch einmal auf die *gesellschaftliche Relevanz* Ihrer Ergebnisse zurückkommen. Was bedeuten Ihre Befunde für die soziale Realität? Wodurch lassen Sie sich erklären? Welche Rückschlüsse können Medienpraktiker, Politikerinnen, Rezipientinnen und Rezipienten usw. aus Ihren Befunden ziehen? Was lernen wir über die sozialen und psychologischen Prozesse der medienvermittelten Kommunikation? Hier können Sie gerne kreativ sein und sich auch einmal weiter aus dem Fenster lehnen. Sie sollten sich allerdings stets klarmachen, welche Ihrer Schlussfolgerungen unmittelbare Schlussfolgerungen aus Ihren empirischen Befunden darstellen und an welcher Stelle Sie diese gesicherten Erkenntnisse um eher spekulative Überlegungen ergänzen.

Wenn Ihnen klar ist, wie Sie Ihre Befunde interpretieren, sollten Sie sich spätestens jetzt einer Frage zuwenden, die Sie aber vermutlich schon den gesamten Forschungsprozess hinweg begleitet hat:

▶ **In welcher Form möchte ich mein Experiment dokumentieren?**

An verschiedenen Stellen des Buchs sind wir immer wieder darauf eingegangen, wie Sie experimentelle Studien in einem *Forschungsbericht* festhalten können und sollten. Dieser kann entweder als universitäre Seminar- oder Abschlussarbeit gedacht sein, als Konferenzpapier oder wissenschaftliche Publikation. Aufbau, Struktur und Inhalt sind für die unterschiedlichen Verwendungszwecke sehr ähnlich. Üblicherweise beginnt Ihr Forschungsbericht nach der Einleitung mit einer Zusammenfassung des Forschungsstands und einer Ausarbeitung Ihres Forschungsinteresses. Dies mündet in die Aufstellung von Hypothesen oder Forschungsfragen für Ihre empirische Studie. Anschließend beschreiben Sie Ihre methodische Vorgehensweise und präsentieren dann Ihre Ergebnisse. Abschließend werden die Ergebnisse interpretiert und diskutiert. Alle Schritte eines Experiments sollten also im Forschungsbericht dokumentiert werden. Es ist daher empfehlenswert, an den verschiedenen Stellen im Forschungsprozess Materialien und Notizen für den Forschungsbericht zu sammeln oder die einzelnen Abschnitte des Berichts bereits abzufassen.

Wichtig ist in jedem Fall der *„rote Faden"* des Forschungsberichts. Lesen Sie ihn sich zum Abschluss Ihres Projekts und bevor Sie ihn einreichen oder veröffentlichen noch einmal in Ruhe durch. Finden sich im Fazit tatsächlich Antworten auf das in der Einleitung aufgeworfene Problem oder die dort gestellten Fragen? Greifen die einzelnen Kapitel gut ineinander und ist immer klar, warum Sie welchen Schritt unternommen haben oder welches Argument anführen? Wenn Ihnen beim Lesen Ihres Forschungsberichts inhaltliche Brüche auffallen, sollten Sie hier noch einmal nacharbeiten. Im schlimmsten Fall deuten diese Brüche darauf hin, dass Ihre empirische Studie nicht ideal an die zuvor geleistete Literaturarbeit und die aufgestellten Hypothesen anknüpft. Das würde die Qualität Ihrer durchgeführten Studie insgesamt infrage stellen. In den meisten Fällen ist es aber nicht so schlimm und die inhaltlichen Brüche lassen sich durch eine bessere Argumentation oder eine präzisere Darstellung im Forschungsbericht korrigieren. Auch beim Forschungsbericht gilt wieder: Holen Sie ruhig den Rat und die Meinung anderer Forscherinnen und Forscher ein. Niemand, nicht einmal eine Professorin oder ein Professor mit jahrzehntelanger Erfahrung, schreibt auf Anhieb perfekte wissenschaftliche Texte.

Ganz zum Schluss Ihres Experiments sollten Sie noch einmal für sich persönlich Bilanz ziehen:

▶ **Was lerne ich persönlich aus dem Experiment?**

Das kann z. B. heißen, dass Sie Ideen für weiterführende Projekte generieren, die Sie gerne im Anschluss durchführen möchten. Es kann aber auch bedeuten, dass Sie sich in Manöverkritik üben. Wenn bei der Planung und Durchführung Ihrer Studie etwas nicht so geklappt hat, wie Sie sich das vorgestellt haben, sollten Sie sich Gedanken machen, woran dies gelegen haben könnte, und daraus Schlussfolgerungen ziehen, was Sie in Zukunft bei der Durchführung von Experimenten anders machen wollen. Derartige Überlegungen helfen Ihnen einerseits, für Ihren Forschungsbericht ein gut überlegtes und durchdachtes Fazit zu schreiben. Sie tragen andererseits dazu bei, dass Sie sich als Forscherin oder Forscher selbst immer weiter verbessern.

Literatur

Akremi, L., Baur, N., & Fromm, S. (Hrsg.). (2011). *Datenanalyse mit SPSS für Fortgeschrittene 1: Datenaufbereitung und uni-und bivariate Statistik*. Wiesbaden: VS Verlag.

Allport, G. W. (1954). *The nature of prejudice*. Oxford: Addison-Wesley.

Amir, Y., & Sharon, I. (1990). Replication research: A "must" for the scientific advancement of psychology. *Journal of Social Behavior and Personality, 5*(4), 51–69.

Arendt, F., Peter, C. & Beck, J. (2016). Idealized female beauty, social comparisons, and awareness intervention material: Evidence for preventive effects in young women. *Journal of Media Psychology*. Advance online publication.

Arnett, J. (2008). The neglected 95%: Why American psychology needs to become less American. *American Psychologist, 63*, 602–614.

Asch, S. E. (1951). Effects of group pressure upon the modification and distortion of judgment. In H. Guetzkow (Hrsg.), *Groups, leadership and men*. Pittsburgh: Carnegie Press.

Bandura, A., Ross, D., & Ross, S. A. (1961). Transmission of aggression through the imitation of aggressive models. *Journal of Abnormal and Social Psychology, 63*, 575–582.

Bandura, A., Ross, D., & Ross, S. A. (1963). Imitation of film-mediated aggressive models. *Journal of Abnormal and Social Psychology, 66*, 3–11.

Baron, R. M., & Kenny, D. A. (1986). The moderator–mediator variable distinction in social psychological research: Conceptual, strategic, and statistical considerations. *Journal of Personality and Social Psychology, 51*, 1173–1182.

Baur, N., & Florian, M. J. (2009). Stichprobenprobleme bei Online-Umfragen. In N. Jackob, H. Schoen & T. Zerback (Hrsg.), *Sozialforschung im Internet. Methodologie und Praxis der Online-Befragung* (S. 109–128). Wiesbaden: VS Verlag.

Bellman, S., & Varan, D. (2012). Modeling self-selection bias in interactive-communications research. *Communication Methods and Measures, 6*, 163–189.

Berkowitz, L., & Donnerstein, E. (1982). External validity is more than skin deep: Some answers to criticisms of laboratory experiments. *American Psychologist, 37*, 245–257.

Brandt, M. J., Ijzerman, H., Dijksterhuis, A., Farach, F. J., Geller, J., Giner-Sorolla, R., Grange, J. A., Perugini, M., Spies, J. R., & Veer, A. van 't (2014). The replication recipe: What makes for a convincing replication? *Journal of Experimental Social Psychology, 50*, 217–224.

Brehm, J. W. (1966). *A theory of psychological reactance*. Oxford: Academic Press.

Brosius, H.-B., Haas, A., & Koschel, F. (2016). *Methoden der empirischen Kommunikationsforschung. Eine Einführung* (7. Aufl.). Wiesbaden: VS Verlag.

Brüggen, E., Wetzels, M., Ruyter, K. de & Schillewaert, N. (2011). Individual differences in Brüggen motivation to participate in online panels. The effect on response rate and response quality perceptions. *International Journal of Market Research, 53,* 369–390.

Brunswik, E. (1956). *Perception and the representative design of psychological experiments* (2. Aufl.). Berkeley: University of California Press.

Bullock, J. G., Green, D. P., & Ha, S. E. (2010). Yes, but what's the mechanism? (don't expect an easy answer). *Journal of Personality and Social Psychology, 98,* 550–558.

Burkart, T. (2010). Qualitatives Experiment. In G. Mey & K. Mruck (Hrsg.), *Handbuch Qualitative Forschung in der Psychologie* (S. 252–262). Wiesbaden: VS Verlag.

Campbell, D. T., & Stanley, J. C. (1963). *Experimental and quasi-experimental designs for research.* Boston, MA: Houghton Mifflin.

Chapman, L. J., & Chapman, J. P. (1969). Illusory correlation as an obstacle to the use of valid psychodiagnostic signs. *Journal of Abnormal Psychology, 74,* 271–280.

Christophersen, T., & Grape, C. (2009). Die Erfassung latenter Konstrukte mit Hilfe formativer und reflektiver Messmodelle. In S. Albers, D. Klapper, U. Konradt, A. Walter, & J. Wolf (Hrsg.), *Methodik der empirischen Forschung* (3. Aufl.). Wiesbaden: Gabler.

Cohen, J. (1983). The cost of dichotomization. *Applied Psychological Measurement, 7,* 249–253.

Cohen, J. (1988). *Statistical power analysis for the behavioral sciences.* Hillsdale: Lawrence Erlbaum Associates.

Collani, G. von, & Herzberg, P. Y. (2003). Eine revidierte Fassung der deutschsprachigen Skala zum Selbstwertgefühl von Rosenberg. *Zeitschrift für differentielle und diagnostische Psychologie, 24,* 3–7.

Collins, H. M. (1981). Son of seven sexes: The social destruction of a physical phenomenon. *Social Studies of Science, 11,* 33–62.

Cook, T. D., & Shadish, W. R. (1994). Social experiments: Some developments over the past fifteen years. *Annual Review of Psychology, 45,* 545–580.

Cortina, J. M. (1993). What is coefficient alpha? An examination of theory and applications. *Journal of Applied Psychology, 78,* 98–104.

Crano, W. D., Brewer, M. B., & Lac, A. (2014). *Principles and methods of social research* (3. Aufl.). London, UK: Routledge.

Cronbach, L. J. (1951). Coefficient alpha and the internal structure of tests. *Psychometrika, 16,* 297–334.

Czeschlik, D. (Hrsg.). (1987). *Irrtümer in der Wissenschaft.* Berlin: Springer.

Dahinden, U., Sturzenegger, S., & Neuroni, A. C. (2013). *Wissenschaftliches Arbeiten in der Kommunikationswissenschaft* (2. Aufl.). Bern: Haupt.

DGPuK (2015). Ethik-Kodex. http://www.dgpuk.de/wp-content/uploads/2012/01/Ethik-Kodex-der-DGPuK-vom-13.-Mai-2015.pdf.

Döring, N., & Bortz, J. (2016). *Forschungsmethoden und Evaluation in den Sozial- und Humanwissenschaften* (5. Aufl.). Heidelberg: Springer.

Duchowski, A. T. (2009). *Eye tracking methodology: Theory and practice* (2. Aufl.). Heidelberg: Springer.

Dunning, T. (2012). *Natural experiments in the social sciences: A design-based approach.* Cambridge: University Press.

Edwards, A. L. (1957). *The social desirability variable in personality assessment and research.* Fort Worth: Dryden.

Emde-Lachmund, K., Schabram, N., & Schlütz, D. (2017). Geteilte Aufmerksamkeit und Erinnerungsleistung. Ein Experiment zur Verarbeitung von Audioinhalten in Multitasking-Situationen. *Medien & Kommunikationswissenschaft, 65,* 28–44.

Fahr, A., & Hofer, M. (2013). Psychophysiologische Messmethoden. In W. Möhring & D. Schlütz (Hrsg.), *Handbuch standardisierte Erhebungsverfahren in der Kommunikationswissenschaft* (S. 347–365). Wiesbaden: VS Verlag.

Faul, F., Erdfelder, E., Lang, A. G., & Buchner, A. (2007). G*Power 3: A flexible statistical power analysis program for the social, behavioral, and biomedical sciences. *Behavior Research Methods, 39*, 175–191.

Field, A. (2013). *Discovering statistics using IBM SPSS statistics.* Thousand Oaks: Sage.

Field, A. (2016). *An adventure in statistics–the reality enigma.* Thousand Oaks: Sage.

Field, A., & Hole, G. (2003). *How to design and report experiments.* Thousand Oaks: Sage.

Fisher, R. A. (1925). *Statistical methods for research workers.* Edinburgh: Oliver & Boyde.

Francis, G. (2012). The psychology of replication and replication in psychology. *Perspectives on Psychological Science, 7*, 585–594.

Früh, W. (2017). *Inhaltsanalyse: Theorie und Praxis* (9. Aufl.). Konstanz: UVK.

Gailliot, M. T., Peruche, B. M., Plant, E. A., & Baumeister, R. F. (2009). Stereotypes and prejudice in the blood: Sucrose drinks reduce prejudice and stereotyping. *Journal of Experimental Social Psychology, 45*, 288–290.

Gawronski, B., & Payne, B. K. (Hrsg.). (2010). *Handbook of implicit social cognition: Measurement, theory, and application.* New York: Guilford.

Gehrau, V. (2017). *Die Beobachtung als Methode in der Kommunikations- und Medienwissenschaft* (2. Aufl.). Konstanz: UVK.

Gehrau, V., & Schulze, A. (2013). Quantitative Beobachtung: Grundprinzipien und Anwendungen. In W. Möhring & D. Schlütz (Hrsg.), *Handbuch standardisierte Erhebungsverfahren in der Kommunikationswissenschaft* (S. 329–346). Wiesbaden: VS Verlag.

Gerber, A. S., & Green, D. P. (2012). *Field experiments: Design, analysis, and interpretation.* New York: W.W. Norton & Company.

Gerbner, G., & Gross, L. (1976). Living with television: The violence profile. *Journal of Communication, 26*, 173–199.

Gerbner, G., Gross, L., Signorielli, N., Morgan, M., & Jackson-Beeck, M. (1979). The demonstration of power: Violence profile No. 10. *Journal of Communication, 29*, 177–196.

Germelmann, C. C., & Gröppel-Klein, A. (2009). Forciert Forced-exposure Fehler bei der Datenerhebung? *Die Betriebswirtschaft, 69*, 229–251.

Gilovich, T., Griffin, D. W., & Kahneman, D. (Hrsg.). (2002). *Heuristics and biases: The psychology of intuitive judgment.* Cambridge: Cambridge University Press.

Goggin, G., & Newell, C. (2000). Crippling paralympics? Media, disability and olympism. *Media International Australia, 97*, 71–83.

Greenwald, A. G., & Banaji, M. R. (1995). Implicit social cognition: Attitudes, self-esteem, and stereotypes. *Psychological Review, 102*, 4–27.

Greenwald, A. G., McGhee, D. E., & Schwartz, M. (1998). Measuring individual differences in implicit cognition. The implicit association test. *Journal of Personality and Social Psychology, 74*, 1464–1480.

Grimm, J. (1999). *Fernsehgewalt. Zuwendungsattraktivität, Erregungsverläufe, sozialer Effekt.* Opladen: Westdeutscher Verlag.

Groeben, N., & Westmeyer, H. (1981). *Kriterien psychologischer Forschung.* München: Juventa.

Haunberger, S. (2011). Explaining unit nonresponse in online panel surveys: An application of the extended theory of planned behavior. *Journal of Applied Social Psychology, 41*, 2999–3025.

Hayes, A. F. (2017). *Introduction to mediation, moderation, and conditional process analysis: A regression-based approach.* New York: The Guilford Press.

Henrich, J., Heine, S., & Norenzayan, A. (2010). The weirdest people in the world? *Behavioral and Brain Sciences, 33*(2–3), 61–83.

Hoefnagels, C., & Baartman, H. (1997). On the threshold of disclosure. The effects of a mass media field experiment. *Child Abuse & Neglect, 21,* 557–573.
Huber, O. (2013). *Das psychologische Experiment: Eine Einführung* (6. Aufl.). Bern: Huber.
Hughes, J. (Hrsg.). (2012). *SAGE internet research methods: Bd. 1. Core issues, debates and controversies in internet research.* Los Angeles: Sage.
Hussy, W., & Jain, A. (2002). *Experimentelle Hypothesenprüfung in der Psychologie.* Göttingen: Hogrefe.
Hussy, W. & Möller, H. (1994). Hypothesen. In T. Herrmann & W. H. Tack (Hrsg.), *Enzyklopädie der Psychologie. Themenbereich B: Methodologie und Methoden. Serie I: Forschungsmethoden der Psychologie: B 1. Methodologische Grundlagen der Psychologie* (S. 475–507). Göttingen: Hogrefe.
Hussy, W., Schreier, M., & Echterhoff, G. (2010). *Forschungsmethoden in Psychologie und Sozialwissenschaften.* Heidelberg: Springer.
Infante, D. A. (1980). The construct validity of semantic differential scales for the measurement of source credibility. *Communication Quarterly, 28,* 19–26.
Israel, M., & Hay, I. (2006). *Research ethics for social scientists. between ethical conduct and regulatory compliance.* London: Sage.
Jaccard, J., Becker, M. A., & Wood, G. (1984). Pairwise multiple comparison procedures: A review. *Psychological Bulletin, 96,* 589–596.
Jackob, N., Schoen, H., & Zerback, T. (Hrsg.). (2009). *Sozialforschung im Internet. Methodologie und Praxis der Online-Befragung.* Wiesbaden: VS Verlag.
Jackson, S. A. (1992). *Message effects research: Principles of design and analysis.* New York: Guilford Press.
Jobber, D., Saunders, J., & Mitchell, V.-W. (2004). Prepaid monetary incentive effects on mail survey response. *Journal of Business Research, 57,* 21–25.
Karsay, K., Matthes, J., Platzer, P., & Plinke, M. (2018). Adopting the objectifying gaze: Exposure to sexually objectifying music videos and subsequent gazing behavior. *Media Psychology, 21,* 27–49.
Kastenmüller, A., Fischer, P., Jonas, E., Greitemeyer, T., Frey, D., Köppl, J., & Aydin N. (2010). Selective exposure: The impact of framing information search instructions as gains and losses. *European Journal of Social Psychology, 40,* 837–846.
Kelle, U. (2008). *Die Integration qualitativer und quantitativer Methoden in der empirischen Sozialforschung.* Wiesbaden: VS Verlag.
Kerr, N. L. (1998). HARKing: Hypothesizing after the results are known. *Personality and Social Psychology Review, 2,* 196–217.
Keusch, F. (2015). Why do people participate in web surveys? Applying survey participation theory to internet survey data collection. *Management Review Quarterly, 65,* 183–216.
Kidd, R. F. (1976). Manipulation checks: Advantage or disadvantage? *Representative Research in Social Psychology, 7,* 160–165.
Kleining, G. (1986). Das qualitative Experiment. *Kölner Zeitschrift für Soziologie und Sozialpsychologie, 38,* 724–750.
Klimmt, C., & Weber, R. (2013). Das Experiment in der Kommunikationswissenschaft. In W. Möhring & D. Schlütz (Hrsg.), *Handbuch standardisierte Erhebungsverfahren in der Kommunikationswissenschaft* (S. 125–144). Wiesbaden: VS Verlag.
Knoll, J., Schramm, H., & Schallhorn, C. (2014). Mood effects of televised sports events. The impact of televised FIFA world cups on viewer's mood and judgments. *Communication & Sport, 2,* 242–260.
Koch, T. (2017). Replication. In J. Matthes, C. S. Davis, & R. F. Potter (Hrsg.), *International en-cyclopedia of communication research methods.* Hoboken: Wiley-Blackwell.

Koch, T., & Zerback, T. (2013). Helpful or harmful. How frequent repetition affects per-ceived statement credibility. *Journal of Communication, 63*, 993–1010.

Kramer, A. D., Guillory, J. E., & Hancock, J. T. (2014). Experimental evidence of massive-scale emotional contagion through social networks. *Proceedings of the National Academy of Sciences, 111*, 8788–8790.

Krämer, W. (2009). *So lügt man mit Statistik*. Frankfurt a. M.: Campus.

Kruglanski, A. W. (1989). *Lay epistemics and human knowledge. Cognitive and motivational bases.* New York: Springer Science + Business Media.

Kuckartz, U., Rädiker, S., Ebert, T., & Schehl, J. (2013). *Statistik: Eine verständliche Einführung*. Wiesbaden: VS Verlag.

Kunczik, M., & Zipfel, A. (2010). *Medien und Gewalt. Befunde der Forschung 2004–2009*. Berlin: Bericht für das Bundesministerium für Familie, Senioren, Frauen und Jugend.

Lang, A. (1996). The logic of using inferential statistics with experimental data from non-probability samples: Inspired by Cooper, Dupagne, Potter, and Sparks. *Journal of Broadcasting & Electronic Media, 40*, 422–430.

Lecheler, S., & De Vreese, C. H. (2011). Getting real: The duration of framing effects. *Journal of Communication, 61*, 959–983.

Lee, M., & Faber, R. J. (2007). Effects of product placement in on-line games on brand memory: A perspective of the limited-capacity model of attention. *Journal of Advertising, 36*, 75–90.

Lefevere, J., De Swert, K., & Walgrave, S. (2012). Effects of popular exemplars in television news. *Communication Research, 39*, 103–119.

Leiner, D. (2013). Too fast, too straight, too weird: Post hoc identification of meaningless data in internet surveys. Unveröffentlichtes Manuskript. https://www.researchgate.net/publication/258997762_Too_Fast_Too_Straight_Too_Weird_Post_Hoc_Identification_of_Meaningless_Data_in_Internet_Surveys.

Leiner, D. J. (2016). Our research's breadth lives on convenience samples. A case study of the online respondent pool 'SoSci Panel'. *SCM – Studies in Communication| Media, 5*, 367–396.

Leiner, D. L., Fahr, A., & Früh, H. (2012). EDA positive change: A simple algorithm for electrodermal activity to measure general audience arousal during media exposure. *Communication Methods and Measures, 6*, 237–250.

Lengauer, G., Esser, F., & Berganza, R. (2012). Negativity in political news: A review of concepts, operationalizations and key findings. *Journalism, 13*, 179–202.

Likert, R. (1932). *A technique for the measurement of attitudes*. New York: The Science Press.

Lück, D. (2011). Mängel im Datensatz beseitigen. In L. Akremi, N. Baur, S. & Fromm (Hrsg.), *Datenanalyse mit SPSS für Fortgeschrittene 1: Datenaufbereitung und uni- und bivariate Statistik* (S. 66–80). Wiesbaden: VS Verlag.

MacCallum, R. C., Zhang, S., Preacher, K. J., & Rucker, D. D. (2002). On the practice of dichotomization of quantitative variables. *Psychological Methods, 7*, 19–40.

Maier, J., Maier, M., Maurer, M., & Reinemann, C. (Hrsg.). (2009). *Real-time response measurement in the social sciences. Methodological perspectives and applications.* Frankfurt a. M.: Lang.

Malamuth, N. M., & Check, J. V. (1981). The effects of mass media exposure on acceptance of violence against women: A field experiment. *Journal of Research in Personality, 15*, 436–446.

Matthes, J., Marquart, F., Naderer, B., Arendt, F., Schmuck, D., & Adam, K. (2015). Questionable research practices in experimental communication research: A systematic analysis from 1980 to 2013. *Communication Methods and Measures, 9*, 193–207.

Matthews, R. (2000). Storks Deliver Babies (p = 0.008). *Teaching Statistics, 22*, 36–38.

Maurer, M., Reinemann, C., Maier, J. & Maier, M. (2007). *Schröder gegen Merkel. Wahrnehmung und Wirkung des TV-Duells 2005 im Ost-West-Vergleich.* Wiesbaden: VS Verlag.

Maxwell, S. E., Lau, M. V., & Howard, G. S. (2015). Is psychology suffering from a replication crisis? What does "failure to replicate" really mean? *American Psychologist, 70,* 487–498.

Mayer, H. O. (2013). *Interview und schriftliche Befragung: Grundlagen und Methoden empirischer Sozialforschung* (6. Aufl.). München: Oldenbourg.

McCombs, M. E., & Shaw, D. L. (1972). The agenda-setting function of mass media. *Public Opinion Quarterly, 36,* 176–187.

Meltzer, C. E., Naab, T., & Daschmann, G. (2012). All student samples differ: Participant selection in communication science. *Communication Methods and Measures, 6,* 251–262.

Mertens, D. M., & Ginsberg, P. E. (Hrsg.). (2009). *The handbook of social research ethics.* London: Sage.

Meyen, M., Löblich, M., Pfaff-Rüdiger, S., & Riesmeyer, C. (2011). *Qualitative Forschung in der Kommunikationswissenschaft. Eine praxisorientierte Einführung.* Wiesbaden: VS Verlag.

Mill, J. S. (2002). *A system of logic. Ratiocinative and inductive.* Honolulu: University Press of the Pacific.

Miller, G. A., & Chapman, J. P. (2001). Misunderstanding analysis of covariance. *Journal of Abnormal Psychology, 110,* 40–48.

Mitchell, M. L., & Jolley, J. M. (2012). *Research design explained.* Wadsworth: Cengage Learning.

Möhring, W., & Schlütz, D. (2010). *Die Befragung in der Medien-und Kommunikationswissenschaft. Eine praxisorientierte Einführung* (2. Aufl.). Wiesbaden: VS Verlag.

Möhring, W., & Schlütz, D. (Hrsg.). (2013). *Handbuch standardisierte Erhebungsverfahren in der Kommunikationswissenschaft.* Wiesbaden: VS Verlag.

Mook, D. G. (1983). In defense of external invalidity. *American Psychologist, 38,* 379–387.

Moosbrugger, H., & Schermelleh-Engel, K. (2008). Exploratorische (EFA) und Konfirmatorische Faktorenanalyse (CFA). In H. Moosbrugger & A. Kelava (Hrsg.), *Testtheorie und Fragebogenkonstruktion.* Heidelberg: Springer VS.

Mutz, D., & Pemantle, R. (2011). The Perils of Randomization Checks in the Analysis of Experiments. *Unveröffentlichtes Manuskript.* https://pdfs.semanticscholar.org/3da4/1b23649e-3d0705aba48f4dbef8d7072c48ff.pdf.

Mutz, D. C. (2011). *Population-based survey experiments.* Princeton, NJ: Princeton University Press.

Neuliep, J. W., & Crandall, R. (1990). Editorial bias against replication research. *Journal of Social Behavior and Personality, 5,* 85–90.

Nickerson, R. S. (2000). Null hypothesis significance testing: A review of an old and continuing controversy. *Psychological Methods, 5,* 241–301.

Niederkrotenthaler, T., Voracek, M., Herberth, A., Till, B., Strauss, M., Etzersdorfer, E., Eisenwort, B., & Sonneck, G. (2010). Role of media reports in completed and prevented suicide: Werther vs. Papageno effects. *The British Journal of Psychiatry, 197,* 234–243.

Noelle-Neumann, E., & Petersen, T. (2005). *Alle, nicht jeder. Einführung in die Methoden der Demoskopie* (4. Aufl.). Berlin & Heidelberg: Springer.

Oliver, M. B., & Raney, A. A. (2011). Entertainment as pleasurable and meaningful: Identifying hedonic and eudaimonic motivations for entertainment consumption. *Journal of Communication, 61,* 984–1004.

O'Keefe, D. J. (2003). Message properties, mediating states, and manipulation checks: Claims, evidence, and data analysis in experimental persuasive message effects research. *Communication Theory, 13,* 251–274.

Open Science Collaboration. (2015). Estimating the reproducibility of psychological science. *Science, 349.*

Orne, M. T. (1962). On the social psychology of the psychological experiment: With particular reference to demand characteristics and their implications. *American Psychologist, 17,* 776–783.
Parigi, P., Santana, J. J., & Cook, K. S. (2017). Online field experiments: Studying social interactions in context. *Social Psychology Quarterly, 80,* 1–19.
Patrick, M. E., Singer, E., Boyd, C. J., Cranford, J. A., & McCabe, S. E. (2013). Incentives for college student participation in web-based substance use surveys. *Addictive Behaviors, 38,* 1710–1714.
Peter, C. (2017). Analysis of Covariance. In J. Matthes, C. S. Davis, & R. F. Potter (Hrsg.), *International encyclopedia of communication research methods.* London: Wiley-Blackwell.
Peter, C., & Brosius, H. B. (2010). Grenzen der Wirksamkeit von Fallbeispielen? Exemplification effects limited? *Publizistik, 55,* 275–288.
Petersen, T. (2002). *Das Feldexperiment in der Umfrageforschung.* Frankfurt a. M: Campus.
Petrova, P. K., Cialdini, R. B., & Sills, S. J. (2007). Consistency-based compliance across cultures. *Journal of Experimental Social Psychology, 43,* 104–111.
Popper, K. (1989). *Logik der Forschung.* Wien: Springer.
Porter, S. R., & Whitcomb, M. E. (2005). E-mail subject lines and their effect on web survey viewing and response. *Social Science Computer Review, 23,* 380–387.
Potter, R. F., & Bolls, P. D. (2011). *Psychophysiological measurement and meaning. Cognitive and emotional processing of media.* London: Routledge.
Potter, W. J., Cooper, R., & Dupagne, M. (1995). Reply to Sparks's critique. *Communication Theory, 5,* 280–286.
Pürer, H. (2003). *Publizistik- und Kommunikationswissenschaft. Ein Handbuch.* Konstanz: UVK.
Rasch, B., Friese, M., Hofmann, W. J., & Naumann, E. (2009). *Quantitative Methoden 1. Einführung in die Statistik für Psychologen und Sozialwissenschaftler.* Wiesbaden: VS Verlag.
Rasch, B., Friese, M., Hofmann, W., & Naumann, E. (2010). *Quantitative Methoden 2. Einführung in die Statistik für Psychologen und Sozialwissenschaftler..* Wiesbaden: VS Verlag.
Reeves, B., Yeykelis, L., & Cummings, J. J. (2016). The use of media in media psychology. *Media Psychology, 19,* 49–71.
Reinecke, L., & Oliver, M. B. (Hrsg.). (2017). *The Routledge handbook of media use and well-being. International perspectives on theory and research on positive media effects.* New York: Routledge.
Reinemann, C., Maurer, M., Zerback, T., & Jandura, O. (2013). *Die Spätentscheider, Medieneinflüsse auf kurzfristige Wahlentscheidungen.* Wiesbaden: VS Verlag.
Rind, B., & Bordia, P. (1996). Effect on restaurant tipping of male and female servers drawing a happy, smiling face on the backs of customers' checks. *Journal of Applied Social Psychology, 26,* 218–225.
Rinke, E. M., & Schneider, F. M. (2015). *Probabilistic misconceptions are pervasive among communication researchers.* Paper presented at the 65th Annual Conference of the International Communication Association (ICA), San Juan, Puerto Rico.
Roethlisberger, F. J., & Dickson, W. J. (1939). *Management and the worker. An account of a research program conducted by the Western Electric Company, Hawthorne Works, Chicago.* Cambridge: Harvard University Press.
Rosenthal, R. (2009). Replications and their assessment. In R. Rosenthal & R. L. Rosnow (Hrsg.), *Artifacts in behavioral research* (S. 552–560). Oxford: Oxford University Press.
Rosenthal, R., & Fode, K. L. (1963). The effect of experimenter bias on the performance of the albino rat. *Behavioral Science, 8,* 183–189.
Rosenthal, R., & Jacobson, L. (1966). Teachers' expectancies: Determinants of pupils' IQ gains. *Psychological Reports, 19,* 115–118.

Rössler, P., & Brosius, H.-B. (2001). Prägen Daily Talks die Vorstellungen Jugendlicher von der Wirklichkeit? Ein Intensiv-Experiment zur Kultivierungshypothese. In C. Schneiderbauer (Hrsg.), *Daily Talkshows unter der Lupe. Wissenschaftliche Beiträge aus Forschung und Praxis* (S. 119–151). München: Reinhard Fischer.

Rössler, P. (2011). *Skalenhandbuch Kommunikationswissenschaft*. Wiesbaden: VS Verlag.

Rössler, P. (2017). *Inhaltsanalyse* (3. Aufl.). Konstanz: UVK.

Rubin, D. B. (1987). *Multiple imputation for nonresponse in surveys*. Hoboken: Wiley.

Sales, B. D., & Folkman, S. E. (Hrsg.). (2000). *Ethics in research with human participants*. Washington, DC: American Psychological Association.

Scherr, S. (2013). Medien und Suizide: Überblick über die kommunikationswissenschaftliche Forschung zum Werther-Effekt. *Suizidprophylaxe, 40*, 96–107.

Scheufele, B., & Engelmann, I. (2009). *Empirische Kommunikationsforschung*. Konstanz: UVK.

Schlenker, B. R., & Forsyth, D. R. (1977). On the ethics of psychological research. *Journal of Experimental Social Psychology, 13*, 369–396.

Schlütz, D., & Möhring, W. (2016). Kommunikationswissenschaftliche Forschungsethik – Sonntagsworte, Selbstzweck, Notwendigkeit? *Medien & Kommunikationswissenschaft, 64*, 483–496.

Schmidt, S. (2009). Shall we really do it again? The powerful concept of replication is neglected in the social sciences. *Review of General Psychology, 13*, 90–100.

Schnell, R., Hill, P. B., & Esser, E. (2013). *Methoden der empirischen Sozialforschung* (10. Aufl.). München: Oldenbourg Wissenschaftsverlag.

Scholl, A. (2014). *Die Befragung* (3. Aufl.). Konstanz: UVK.

Schulz, W. (1970). *Kausalität und Experiment in den Sozialwissenschaften: Methodologie und Forschungstechnik*. Mainz: v. Hase & Koehler.

Shadish, W. R., Cook, T. D., & Campbell, D. T. (2002). *Experimental and quasi-experimental designs for generalized causal inference*. Boston: Houghton Mifflin Company.

Shaklee, H., & Mims, M. (1982). Sources of error in judging event covariations: Effects of memory demands. *Journal of Experimental Psychology: Learning, Memory, and Cognition, 8*, 208–224.

Shaklee, H., & Tucker, D. (1980). A rule analysis of judgments of covariation between events. *Memory & Cognition, 8*, 459–467.

Sheehan, A. M., & McGee, H. (2013). Screening for depression in medical research: Ethical challenges and recommendations. *BMC Medical Ethics, 14*, 2–4.

Sijtsma, K. (2009). On the use, the misuse, and the very limited usefulness of Cronbach's alpha. *Psychometrika, 74*, 107–120.

Simmons, J. P., Nelson, L. D., & Simonsohn, U. (2011). False-positive psychology: Undisclosed flexibility in data collection and analysis allows presenting anything as significant. *Psychological Science, 22*, 1359–1366.

Slater, M. D. (2007). Reinforcing spirals: The mutual influence of media selectivity and media effects and their impact on individual behavior and social identity. *Communication Theory, 17*, 281–303.

Slater, M. D., & Gleason, L. S. (2012). Contributing to theory and knowledge in quantitative communication science. *Communication Methods and Measures, 6*, 215–236.

Slater, M. D., Peter, J., & Valkenburg, P. M. (2015). Message variability and heterogeneity: A core challenge for communication research. *Annals of the International Communication Association, 39*, 3–31.

Spitzer, M. (2008). *Vorsicht Bildschirm! Elektronische Medien, Gehirnentwicklung, Gesundheit und Gesellschaft* (5. Aufl.). Stuttgart: dtv.

Springer, N., Koschel, F., Fahr, A., & Pürer, H. (2015). *Empirische Methoden der Kommunikationswissenschaft*. Konstanz und München: UVK.

Squire, P. (1988). Why the 1936 Literary Digest poll failed. *Public Opinion Quarterly, 52*, 125–133.

Statistisches Bundesamt. (2017). Anzahl der in deutschen Krankenhäusern diagnostizierten Fälle von Anorexie und Bulimie in den Jahren 2000 bis 2015. https://de.statista.com/statistik/daten/studie/28909/umfrage/in-krankenhaeusern-diagnostizierte-faelle-von-anorexie-und-bulimie/.

Sukalla, F. (2017). *Narrative Persuasion und Einstellungsdissonanz: Ein konservativer Test der zentralen Wirkungszusammenhänge*. Wiesbaden: VS Verlag.

Sulz, S. K. D., & Müller, S. (2000). Bedürfnisse, Angst und Wut als Komponenten der Persönlichkeit. *Psychotherapie, 5*, 22–37.

Taddicken, M. (2013). Online-Befragung. In W. Möhring & D. Schlütz (Hrsg.), *Handbuch standardisierte Erhebungsverfahren in der Kommunikationswissenschaft* (S. 201–217). Wiesbaden: VS Verlag.

Tankard Reist, M., & Bray, A. (Hrsg.). (2011). *Big Porn Inc. Exposing the harms of the global pornography industry*. Melbourne: Spinifex Press.

Thorson, E., Wicks, R., & Leshner, G. (2012). Experimental methodology in journalism and mass communication research. *Journalism & Mass Communication Quarterly, 89*, 112–124.

Töpfer, A. (2012). *Erfolgreich Forschen. Ein Leitfaden für Bachelor-, Master-Studierende und Doktoranden* (3. Aufl.). Wiesbaden: Gabler.

Trafimow, D. (2015). Introduction to the special issue on mediation analyses: What if planetary scientists used mediation analysis to infer causation? *Basic and Applied Social Psychology, 37*, 197–201.

Tschirk, W. (2014). *Statistik: Klassisch oder Bayes. Zwei Wege im Vergleich*. Berlin: Springer.

University of Alberta. (2015). If you've heard a glass of wine is an excuse to skip the gym, think again… http://www.med.ualberta.ca/news/2015/january/resveratrol.

Urban, D., & Mayerl, J. (2011). *Regressionsanalyse: Theorie, Technik und Anwendung*. Wiesbaden: VS Verlag.

Urban, D., & Mayerl, J. (2014). *Strukturgleichungsmodellierung. Ein Ratgeber für die Praxis*. Wiesbaden: VS Verlag.

Vermeulen, I., Beukeboom, C. J., Batenburg, A., Avramiea, A., Stoyanov, D., Velde, B., van de & Oegema, D. (2015). Blinded by the light: How a focus on statistical "significance" may cause p-value misreporting and an excess of p-values just below. 05 in communication science. *Communication Methods and Measures, 9*, 253–279.

Vigen, T. (2016). Spurious Correlations. http://tylervigen.com/spurious-correlations.

Vreeman, R. C., & Carroll, A. E. (2007). Medical myths. *British Medical Journal, 335*, 1288–1289.

Ward, W. C., & Jenkins, H. M. (1965). The display of information and the judgment of contingency. *Canadian Journal of Psychology, 19*, 231–241.

Wasserstein, R. L., & Lazar, N. A. (2016). The ASA's statement on p-values: Context, process, and purpose. *The American Statistician, 70*, 129–133.

Weber, R., Ritterfeld, U., & Mathiak, K. (2006). Does playing violent video games induce aggression? Empirical evidence of a functional magnetic resonance imaging study. *Media Psychology, 8*, 39–60.

Welker, M., & Matzat, U. (2009). Online-Forschung: Gegenstände, Entwicklung, Institutionalisierung und Ausdifferenzierung eines neuen Forschungszweiges. In N. Jackob, H. Schoen, & T. Zerback (Hrsg.), *Sozialforschung im Internet* (S. 33–47). Wiesbaden: VS Verlag.

WHO. (2017). Health topics: Disabilities. http://www.who.int/topics/dis-abilities/en/.

Wildt, A. R., & Ahtola, O. (1978). *Analysis of covariance*. Beverly Hills: Sage Publications.

Winer, R. S. (1999). Experimentation in the 21st century: The importance of external validity. *Journal of the Academy of marketing Science, 27*, 349–358.

Wocken, H. (2000). Der Zeitgeist: Behindertenfeindlich? Einstellungen zu Behinderten zur Jahrtausendwende. In F. Albrecht, A. Hinz, V. Moser (Hrsg.), *Perspektiven der Sonderpädagogik. Disziplin- und professionsbezogene Standortbestimmungen* (S. 283–306). Neuwied: Luchterhand.

Wyer, N. A., Sherman, J. W., & Stroessner, S. J. (1988). The spontaneous suppression of racial stereotypes. *Social Cognition, 16,* 340–352.

Yule, G. U. (1926). Why do we sometimes get nonsense-correlations between time-series? A study in sampling and the nature of time-series. *Journal of the Royal Statistical Society, 89,* 1–63.

Zajonc, R. B. (1968). Attitudinal effects of mere exposure. *Journal of Personality and Social Psychology, 9*(2), 1–27.

Zerback, T. (2016). Der Einfluss des Tenors von TV-Nachrichten auf die wahrgenommene öffentliche Meinung. *Publizistik, 61,* 267–286.

Zerback, T., & Fawzi, N. (2017). Can online exemplars trigger a spiral of silence? Examining the effects of exemplar opinions on perceptions of public opinion and speaking out. *New Media & Society, 19,* 1034–1051.

Zick, A., Küpper, B., & Hövermann, A. (2011). *Die Abwertung der Anderen. Eine europäische Zustandsbeschreibung zu Intoleranz, Vorurteilen und Diskriminierung*. Bonn: Bonner Universitäts-Buchdruckerei.

Ziliak, S. T., & McCloskey, D. N. (2008). *The cult of statistical significance: How the Standard error costs us jobs, justice, and lives*. Ann Arbor: University of Michigan Press.

Zillich, A. F. (2013). *Fernsehen als Event: Unterhaltungserleben bei der Fernsehrezeption in der Gruppe*. Köln: Herbert von Halem.

Zillmann, D., & Bryant, J. (1988). Effects of prolonged consumption of pornography on family values. *Journal of Family Issues, 9,* 518–544.

Zimmermann, E. (1972). *Das Experiment in den Sozialwissenschaften*. Stuttgart: Teubner Studienskripten.

Sachverzeichnis

A
Abbrecher, 59, 130
Adaptionsphase, 127, 139
Ad-hoc Stichprobe, 118
Aggregatebene, 30, 96
Akquieszenz, 20, 160
Aktivität, elektrodermale, 165
Alpha-Fehler, 121, 192
    Kumulation, 203
Alternativhypothese, 40, 192, 199
Anforderungseffekt, 82, 135, 136, 159
Anonymisierung, 133, 233
ANOVA, 202
Antworttendenz, 20, 160
Assoziationstest, impliziter, 162
Aufmerksamkeitscheck, 85, 182
Aufwärmphase, 127, 139
Ausstrahlungseffekt, 148
Auswahl
    bewusste, 117
    geschichtete, 117
    willkürliche, 117

B
Baseline, 68
Befragung, 157
    schriftliche, 157
Beobachtung, 163
    nicht-teilnehmende, 163
    offene, 163
    teilnehmende, 163
    verdeckte, 163
Bestätigungsfehler, 23, 221, 237
Beta-Fehler, 121, 192
Between-Subject Design, 68, 71, 90, 249
Biased dropout, 138, 182
Briefing, 228

C
CATI, 158
Computer Assisted Self Interviewing, 158
Confirmation bias, 23
Convenience sample, 118, 120, 141
Counterbalancing, 75
Cover story, 131, 136, 147
Cronbachs Alpha, 172, 184

D
Datenaufbereitung, 180
Datenauswertung, 179
Datenbereinigung, 181
Datenmodifikation, 182, 214
Datenschutz, 232
Datensichtung, 180
Debriefing, 59, 132, 231
Deduktion, 34
Definition, Experiment, 4, 6
Demand characteristics, 135
Design, 67, 74
    dreifaktorielles, 76
    einfaktorielles, 75
    gemischtes, 72, 77
    mehrfaktorielles, 76, 78
    mit ungleichen Gruppen, 68
    unvollständiges, 77

zweifaktorielles, 76, 79
Diskriminanzvalidität, 170
Dispersionsmaß, 187
Doppel-Blind-Studie, 112
Dreifach-Blind-Studie, 112
Drittvariable, 98, 146

E
Effekt, indirekter, 146
Effektstärke, 63, 96, 120, 200
Einwilligung, informierte, 228
Einzelversuch, 102
Eisbrecherfrage, 147
Empirie, 8
Ermüdungseffekt, 71, 138
Erwartungseffekt
    Versuchsleiter, 109
    Versuchspersonen, 135
Erwünschtheit, soziale, 109, 157
Ethik, 223
    deontologische, 225
    utilitaristische, 225
Existenzhypothese, 39
Experiment
    Definition, 4, 6
    natürliches, 55, 60, 65
    qualitatives, 9
Experimentalgruppe, 4, 68
Experimenter's regress, 237
Eye-Tracking, 164

F
Face-to-Face-Befragung, 158
Faktor, 67
    quasi-experimenteller, 60, 98, 209
Fälschung, 62
Falsifizieren, 46
Fehler, 52, 94
    erster Art, 121, 192
    systematischer, 96, 103
    zufälliger, 95
    zweiter Art, 121, 192
Fehlervarianz, 194
Feldexperiment, 54, 65, 104
Feldphase, 93
File Drawer Problem, 220
Filterfrage, 147

Fishing, 216
Forced exposure, 105
Forschung
    deskriptive, 8
    explanative, 8
    quantitative, 9
Forschungsfrage, 37
Frage
    geschlossene, 159
    offene, 159
F-Test, 203
Funktionsfrage, 147

G
Generalisierbarkeit, 62, 118
Gewöhnungseffekt, 139
    Versuchsleiter, 109
Grundgesamtheit, 115
Gruppe, strukturgleiche, 100
Gruppenbildung, 182
Gruppenversuch, 102
Guinea pig effect, 137

H
HARKing, 216, 236
Häufigkeit, 186
Häufigkeitsverteilung, 188
Haupteffekt, 78, 209
Hautleitfähigkeit, 165
Hawthorne-Effekt, 82, 137
Hypothese, 33
    beschränkt universelle, 38
    konditionale, 39
    pseudosinguläre, 39
    quasiuniverselle, 39
    singuläre, 39
    statistische, 40
    unbeschränkt universelle, 38
    universelle, 38
Hypothesenrate, 20, 105, 135

I
Incentives, 229
Indexbildung, 183
Indikator, 152
Individualebene, 30

Induktion, 35
Inferenzschluss, 116
Inferenzstatistik, 189
Inhaltsanalyse, 29, 166
Inhaltsvalidität, 169
Instruktion, 106
Interaktion, 78, 146, 210
Intercoder-Reliabilität, 171
Intervallskala, 155
Intracoder-Reliabilität, 171
Irrtumswahrscheinlichkeit, 122, 192, 199

K
Kausalität, 15, 23
Klumpenauswahl, 117
Konformitätseffekt, 135
Konfundierung, 26, 96
Konsistenz, interne, 172
Konstrukt, 43, 150
    formatives, 153
    latentes, 152
    manifestes, 152
    reflektives, 153, 173
Konstruktvalidität, 169
Kontexteffekt, 148
Kontrastanalyse, 205
Kontrolle, 5
Kontrollgruppe, 4, 68
Konvergenzvalidität, 170
Korrelation, 16, 17, 23
Korrelationsanalyse, 29
Kovarianzanalyse, 206
Kovariate, 98, 147, 206
Kovariation, 16
Kriteriumsvalidität, 170

L
Laborexperiment, 54, 65, 104
Lagemaß, 186
Längsschnittstudie, 29
Last-Birthday-Methode, 116
Lateinisches Quadrat, 75
Lerneffekt, 71, 137
    Versuchsleiter, 109
Likert-Skala, 156
Longitudinalstudie, 29

M
Manipulation, 67, 80, 82
    instruktionsbasierte, 82
    soziale, 83
    stimulusbasierte, 84
    umweltbasierte, 83
Manipulationscheck, 85, 145
Matching, 101
Median, 187
Median-Split, 183
Mediation, 21, 146, 213
Mediatorvariable, 146
Medieninhalt, 88
Messartefakt, 149
Messniveau, 154
Messung, 143
    psychophysiologische, 165
    reaktive, 148, 163
    Reihenfolge, 148
    Stabilität, 171
Messwiederholung, 70, 73
Metaanalyse, 121
Mittel, arithmetisches, 187
Mittelwert, 187
Mixed-design, 72
Moderationseffekt, 79, 209
Moderationshypothese, 39, 146
Moderator, 79, 98, 146
Modus, 186
Motivation
    extrinsische, 130
    intrinsische, 129, 132
    zur Teilnahme, 128

N
Nachvollziehbarkeit, intersubjektive, 238
Normalverteilung, 188
Nullhypothese, 40, 191
Nullhypothesentest, 191

O
One-Shot Case Study, 60
Online
    Befragung, 158
    Beobachtung, 57
    Experiment, 56, 57, 65, 103

Rekrutierung, 126
Umgebung, 89
Operationalisierung, 43, 150
Overpowered study, 122

P
Paarvergleich, 205
Panelstudie, 29
Parallelisieren, 101
P-Hacking, 236
Placebo-Effekt, 135
Post-hoc-Test, 205
Power, 121, 192
Poweranalyse, 120
Pre-Registrierung, 221, 237
Pretest, 86, 107
Proband, 115
Prüfgröße, 195
Publication Bias, 220, 236
Pygmalion-Effekt, 111

Q
Quasi-Experiment, 59, 65, 101
Querschnittdesign, 28

R
Random digit dialing, 116
Randomisierung, 60, 69, 100
Randomisierungscheck, 100
Real-Time Response Messung, 161
Reifungseffekt, 138
Reihenfolgeeffekt, 70, 75
Rekrutierung, 125
  passive, 125
Rekrutierungsstrategie, 124
Reliabilität, 171
Replikation, 61, 239, 240
  direkte, 62
  konzeptuelle, 62
Repräsentativität, 116, 118, 140, 189
Response
  Bias, 160
  Set, 160
Rosenthal-Effekt, 110
Rotation
  gezielte, 75

zufällige, 75

S
Sättigungseffekt, 138
Scheinkausalität, 23
Schneeballverfahren, 126, 246
Selbstselektion, 114, 125
Sensibilisierung, 72
Sensitivierung, 137
Signifikanz, 199
Skalenniveau, 154
Sozialwissenschaft, 7
Spannweite, 188
Spannweitentest, 205
Split-Half-Test, 171
Standardabweichung, 187
Standardfehler, 197
Standardnormalverteilung, 188
Statistik
  deskriptive, 186
  induktive, 189
  schließende, 189
Stichprobe, 116
  anfallende, 118
Stichprobengröße, 120
Stichprobenmortalität, 138
Stimulus, 81, 88
Störvariable, 52, 60, 95, 97, 206
Straight-Lining, 160
Streuungsmaß, 187
Studienabbruch, 58
Studienteilnahme, unbewusste, 227

T
Täuschung, 228
Teilnahme
  freiwillige, 227
  Zwang, 124, 227
Teilnehmer, 115
Tendenz
  zu Extremkategorien, 160
  zur Mitte, 160
Test-Retest-Verfahren, 172
Teststärke, 72, 96, 121, 192, 201
Teststatistik, 195
Testungseffekt, 137
Treatment, 81

Treatmentcheck, 85, 145
Treatmentvarianz, 194
Trendstudie, 29
T-Test, 197
Typ-I-Fehler, 121, 192
Typ-II-Fehler, 121, 192

U
Übungseffekt, 138
Umcodierung, 184
Underpowered study, 122
Unterschiedshypothese, 41
Untersuchungsanlage, 6
Untersuchungsanordnung, 6
Untersuchungsdesign, 6

V
Validität, 51, 88, 95, 104
    externe, 51, 104
    interne, 51, 104
    Messung, 169
Variable
    abhängige, 4, 12, 145
    endogene, 145
    erklärende, 144
    erklärte, 145
    exogene, 144
    intervenierende, 21
    metrische, 155
    nominale, 154
    ordinale, 155
    quasi-metrische, 155
    unabhängige, 4, 12, 144
Varianz, 187, 193
Varianzanalyse, einfaktorielle, 202
Vergleichsmaßstab, 68

Verhältnisskala, 155
Verifizieren, 46
Versuchsleiter, 108
Versuchsleitereffekt, 57, 108
Versuchsperson, 115
    Ausschluss, 181
    Jugendlicher, 127
    Kind, 127
    Schädigung, 230
Versuchspersonenstunde, 124
Versuchssituation, 104
Verteilungshypothese, 40
Vertraulichkeit, 232
Voreinstellung, 95
Vorher-Nachher-Messung, 70

W
Wahrscheinlichkeitsverteilung, 188
Web-based experiments, 56
Wechselwirkung, 79, 209
    disordinale, 211
    hybride, 211
    ordinale, 210
    semidisordinale, 211
Wert, fehlender, 181, 234
Within-Subject Design, 69

Z
Zeitreihenanalyse, 29
Zielsetzung, 36
Zufallsstichprobe, 116, 189
Zusammenhang, 15
    negativer, 16
    positiver, 16
Zusammenhangshypothese, 40

GPSR Compliance

The European Union's (EU) General Product Safety Regulation (GPSR) is a set of rules that requires consumer products to be safe and our obligations to ensure this.

If you have any concerns about our products, you can contact us on ProductSafety@springernature.com

In case Publisher is established outside the EU, the EU authorized representative is:

Springer Nature Customer Service Center GmbH
Europaplatz 3
69115 Heidelberg, Germany

Batch number: 08567166

Printed by Printforce, the Netherlands